Manuela Hirsch

Wettbewerbsorientierte Managerentlohnung im F&E-Kontext

GABLER EDITION WISSENSCHAFT

Management, Organisation und ökonomische Analyse, Band 9

Herausgegeben von Professor Dr. Peter-J. Jost
WHU – Otto Beisheim School of Management, Vallendar

In den vergangenen zwei Jahrzehnten hat sich ein neuer mikroökonomischer Ansatz entwickelt, der nicht wie die traditionelle neoklassische Analyse auf den Marktbereich beschränkt ist, sondern der grundsätzlich für die Analyse sozialer Interaktionssituationen geeignet ist. Informationsökonomie, Spieltheorie, experimentelle Studien, Neue Institutionenökonomie und Ökonomische Psychologie sind wichtige Bausteine dieses ökonomischen Ansatzes.

Ziel der Schriftenreihe ist die Anwendung und Weiterentwicklung dieses Ansatzes auf betriebswirtschaftliche Fragestellungen. Gegenstand der Untersuchungen sind die unterschiedlichsten unternehmensinternen Probleme aus den Bereichen Finanzierung, Organisation und Strategisches Management. Die Reihe soll so zu einer mikroökonomischen Fundierung des Faches beitragen.

Manuela Hirsch

Wettbewerbsorientierte Managerentlohnung im F&E-Kontext

Eine ökonomische Analyse ausgewählter Performancemaße

Mit einem Geleitwort von
Univ.-Prof. Mag. Dr. Christian Riegler

Deutscher Universitäts-Verlag

Bibliografische Information Der Deutschen Nationalbibliothek
Die Deutsche Nationalbibliothek verzeichnet diese Publikation in der Deutschen Nationalbibliografie; detaillierte bibliografische Daten sind im Internet über <http://dnb.d-nb.de> abrufbar.

Dissertation Wirtschaftsuniversität Wien, 2006

1. Auflage Dezember 2007

Lektorat: Frauke Schindler / Stefanie Loyal

Der Deutsche Universitäts-Verlag ist ein Unternehmen von Springer Science+Business Media.
www.duv.de

Umschlaggestaltung: Regine Zimmer, Dipl.-Designerin, Frankfurt/Main
Gedruckt auf säurefreiem und chlorfrei gebleichtem Papier

ISBN 978-3-8350-0977-6

Geleitwort

Die Messung des Zielbeitrags der Aktivitäten eines Unternehmens nimmt in der betriebswirtschaftlichen Literatur und Praxis des vergangenen Jahrzehnts eine herausragende Stellung ein. Anwendungsfelder und instrumentelle Ausgestaltung der Performancemessung werden für das Unternehmen insgesamt bzw. für einzelne betriebliche Funktionalbereiche ausführlich diskutiert. Dies gilt in den vergangenen Jahren verstärkt auch für die Forschungs- und Entwicklungsaktivitäten (F&E) in Unternehmen. Die Messung des Zielbeitrags von F&E bzw. die bestmögliche Ausrichtung der F&E an den Unternehmenszielen steht im Mittelpunkt zahlreicher Forschungsarbeiten. Dabei übernimmt die F&E-Performancemessung unterschiedliche Aufgaben wie z.B. die Verbesserung der Grundlagen für die Zuteilung von Ressourcen zu einzelnen F&E-Projekten, die Überwachung des Erfolgs laufender Projekte oder die Erhöhung der Motivation von F&E-Mitarbeitern.

Frau Hirsch greift nun in ihrer Arbeit eine in diesem Kontext bisher wenig beachtete Fragestellung auf und widmet sich der Analyse von Wettbewerbswirkungen eines F&E-Performancemess- bzw. eines darauf aufbauenden Anreizsystems. Denn die Ausgestaltung eines Anreizsystems erfordert auch die Analyse der Wirkungen von F&E-Aktivitäten eines betrachteten Unternehmens auf seine Mitbewerber: Spillover-Effekte können dabei auf die Vorteilhaftigkeit von F&E-Aktivitäten wirken und strategische Interaktionen am Absatzmarkt beeinflussen die Preis- bzw. Produktionspolitik. Diese Überlegungen werden von Frau Hirsch in einem strategischen Delegationsmodell formalisiert und einer Analyse zugeführt. Weiters stellt das Modell die wichtige Verbindung zur Unternehmensrechnung her, die häufig als Informationslieferant für die Ermittlung der Messgrößen der Performancemessung dient. Häufig verwendete Performancemaße wie Gewinn, Residualgewinn oder erzielte Kosteneinsparungen werden in den Modellkontext eingeführt und in ihrer Vorteilhaftigkeit verglichen. Der Arbeit gelingt es nun, die Komplexität der zu berücksichtigenden Zusammenhänge zu verdeutlichen und in der Analyse einen Weg zu deren Durchdringung aufzuzeigen. Als Ergebnis können kontextspezifische Einflussgrößen auf die Vorteilhaftigkeit der Verwendung einzelner Performancemaße festgemacht werden.

Die Arbeit verbindet verschiedene Forschungsfelder wie F&E, Unternehmensrechnung, Anreizsysteme und Marktwettbewerb, durch die übergreifende Analyse werden wichtige integrative Erkenntnisse gewonnen. Diese können als Ausgangspunkt für weitere Forschungsarbeiten dienen, liefern aber auch Praktikern wichtige Orientierungshilfen über Einflussgrößen der Vorteilhaftigkeit von F&E bezogenen Anreizsystemen. Ich wünsche dem Buch eine entsprechend umfassende Leserschaft.

Christian Riegler

Vorwort

Die dieser Arbeit zugrunde liegende Dissertationsschrift entstand während meiner Tätigkeit als Wissenschaftliche Mitarbeiterin an der Abteilung für Integrierte Unternehmensrechnung der Wirtschaftsuniversität Wien und wurde im Oktober 2006 approbiert. Für die vorliegende Publikation wurde die Dissertation in Kapitel 4 ergänzt bzw. in den Kapiteln 6 und 7 in der Darstellung der Ergebnisse gekürzt.

Herrn Univ.Prof. Dr. Christian Riegler möchte ich an dieser Stelle für die engagierte und motivierende Betreuung bei der Erstellung der Dissertation danken. Durch die Bereitschaft zur Diskussion aber auch durch wertvolle Anregungen und Hinweise hat er sehr zum Gelingen der Arbeit beigetragen. Mein Dank gilt auch Herrn Ao.Univ. Prof. Dr. Michael Kopel, welcher sich als zweiter Beurteiler zur Verfügung gestellt hat. Durch Gespräche und Diskussionen haben beide Beurteiler mein Interesse für die weitere Bearbeitung wissenschaftlicher Fragestellungen geweckt.

Darüber hinaus möchte ich mich bei Herrn Univ.Prof. Dr. Peter-J. Jost für die freundliche Aufnahme meiner Dissertation in die von ihm herausgegebene Reihe sowie bei Frau Stefanie Loyal für die Übernahme des Lektorats und die Unterstützung bei der Manuskripterstellung bedanken.

Weiters gebührt auch den Mitarbeiterinnen und Mitarbeitern der Abteilung für Integrierte Unternehmensrechnung Dank für ihre fachliche, aber vor allem auch moralische Unterstützung während der Erstellung der Dissertationsschrift.

Nicht zuletzt danke ich allen meinen Eltern, meiner Schwester und auch meiner Großmutter für ihre liebevolle Unterstützung während meiner Studienzeit und darüber hinaus.

Manuela Hirsch

Inhaltsverzeichnis

Abbildungsverzeichnis

Tabellenverzeichnis

Abkürzungs- und Symbolverzeichnis

A .... Basisproduktionskosten
a .... Prohibitivpreis
α .... Beteiligungsparameter, Kapitalkostensatz
c .... Grenzkosten pro Stück
EIRMA .... European Industrial Research Management Association
f .... Elastizitätsparameter
F&E .... Forschung und Entwicklung
FB .... First-best-Lösung
FOC .... First Order Condition
G .... Gewinn
GK .... Aggregiertes Performancemaß aus Gewinn und Kostenreduktion
GM .... Aggregiertes Performancemaß aus Gewinn und Absatzmenge
GU .... Aggregiertes Performancemaß aus Gewinn und Umsatz
HR .... Human Resources (Humanressourcen)
NPD .... New Product Development
p .... Absatzpreis
q .... Absatzmenge
r .... F&E-Kostenparameter
R .... Revenue (Umsatz)
R&D .... Research and Development (Forschung und Entwicklung)
R&NPD .... Research and New Product Development (Forschung und Neuproduktentwicklung)
RF .... Reaktionsfunktion
RG .... Residualgewinn
RU .... Reservationsnutzen
s_0 .... Fixvergütung
SB .... Second-best-Lösung
SOC .... Second Order Condition
TC .... Total compensation (Gesamtentlohnung des Managers)
θ .... Spillover-Parameter
U .... aggregiertes Performancemaß
WdF .... Wirtschaftsforum der Führungskräfte
x .... F&E-Investitionsniveau
Zsfg. .... Zusammenfassung

1 Einleitung

1.1 Motivation und Zielsetzung

Die Wichtigkeit von Forschung und Entwicklung für den gegenwärtigen und vor allem für den zukünftigen Erfolg von Unternehmen wird in Literatur und Praxis übereinstimmend hervorgehoben.[1] Unternehmerische F&E-Entscheidungen sind im Wesentlichen langfristige Investitionsentscheidungen, welche sich jedoch durch einige Besonderheiten von z.B. Investitionen in Sachanlagevermögen unterscheiden. Dazu zählen unter anderem der lange Zeithorizont und die hohe Unsicherheit hinsichtlich der Ergebnisgenerierung. Es werden heute Ressourcen eingesetzt, um damit zukünftige Rückflüsse zu erzielen. Die eingesetzten Ressourcen umfassen dabei nicht nur Finanzvermögen. Daneben wird auch Sach- und vor allem Humanvermögen benötigt, um im F&E-Bereich erfolgreich zu sein. Auch die Ergebnisse von F&E-Aktivitäten umfassen neben konkreten Produktvorschlägen, Prototypen oder Produktionsverfahren eine Erweiterung des Humanvermögens in Form von neuem Wissen und neuen Fähigkeiten der Mitarbeiter des Unternehmens. Der unternehmerische F&E-Bereich agiert im Verbund mit anderen Bereichen des Unternehmens, insbesondere mit den Leistungsverwertungssystemen, welche die F&E-Ergebnisse aufgreifen und in den Produktionsprozessen einsetzen, um marktfähige Produkte zu generieren.

Für die Messung, Beurteilung und Steuerung hinsichtlich der Effektivität und Effizienz des F&E-Ressourceneinsatzes werden unternehmensinterne Informationssysteme benötigt. Durch den Ressourceneinsatz treten im Unternehmen sachliche aber vor allem auch personelle Koordinationsprobleme auf. Es ist dabei Aufgabe der Unternehmensrechnung als Teil des internen Informationssystems, zur Lösung derartiger Informations- und Koordinationsprobleme beizutragen. Insbesondere als Datenlieferant zur Fundierung von F&E-Investitionsentscheidungen, aber auch zur Verhaltensbeeinflussung von mit F&E befassten Mitarbeitern und Managern wird die Unternehmensrechnung benötigt.

Dem Einsatz und einer Diskussion der Vorteilhaftigkeit von auf Unternehmensrechnungsinformationen basierenden performanceorientierten Entlohnungssystemen im F&E-Bereich widmet sich die vorliegende Arbeit im Rahmen einer ökonomischen Modellanalyse. Performanceorientierte Entlohnungssysteme können im Unternehmen aus verschiedenen Gründen eingesetzt werden. Einerseits werden sie zur Verhaltensbeeinflussung und damit zur Lösung personeller Koordinationsprobleme verwendet. In der ökonomischen Analyse dieses Verhaltensbeeinflussungseffekts stehen meist die

---

[1] Die vorliegende Arbeit konzentriert sich auf privatwirtschaftlich geführte Unternehmen, welche F&E unter Beachtung von Gewinnzielen betreiben. Auf Universitäten oder staatsnahe Forschungseinrichtungen ist die nachfolgende Analyse nicht übertragbar, da diese Organisationen i.d.R. von Gewinnzielen abweichende Zielgrößen verfolgen.

unternehmensinternen Auswirkungen und die Möglichkeiten zur Minderung personeller Koordinationsprobleme im Mittelpunkt.[2] Der Absatzmarkt wird ausgeklammert, was laut *Dierkes* (2004) einer monopolistischen Auffassung der Preis-Absatz-Funktion gleichkommt.[3] Im Unterschied dazu wurde unter Berücksichtigung von Rückwirkungen interner Delegationsentscheidungen auf die Konkurrenten am Absatzmarkt unter dem Begriff „strategische Delegation" der Wettbewerbseffekt performanceorientierter Entlohnungssysteme untersucht.[4] Mit „strategisch" werden in dieser Auffassung Aktivitäten bezeichnet, die die Wettbewerbssituation beeinflussen und Rückwirkungen auf die Unternehmenszielerreichung haben.[5]

Das Kernstück der Arbeit bildet die grundlegende ökonomische Analyse des Wettbewerbseffekts performanceorientierter Entlohnungssysteme hinsichtlich der Veränderung der Unternehmenszielerreichung bei Delegation. Dabei umfasst der Kompetenzbereich des Entscheidungsträgers sowohl F&E-Investitions- als auch Absatzmarktentscheidungen. Für die eigene Modellanalyse werden Aspekte der Verhaltensbeeinflussung ausgeklammert. Die aus dem Modell resultierenden Ergebnisse hinsichtlich des Wettbewerbseffekts werden anschließend mit Ergebnissen aus der Literatur bezüglich der Verhaltensbeeinflussung verglichen, um so eine umfassendere Analyse verschiedener exogen gegebener Entlohnungsverträge zu ermöglichen.

Folgende Forschungsfragen können aus dieser Problemstellung abgeleitet werden:

1. Welche Funktionen sollen in Unternehmen durch performancebasierte Entlohnungssysteme im F&E-Bereich erfüllt werden? (Reflexion der Literatur)

2. Welchen Einfluss haben verschiedene, exogen vorgegebene Performancemaße im Entlohnungssystem des Managers auf sein Entscheidungsverhalten und auf die Unternehmenszielerreichung hinsichtlich des Wettbewerbseffekts im F&E-Kontext? (Modellanalyse)

3. Wie werden die aus Sicht des Wettbewerbseffekts als vorteilhaft identifizierten Performancemaße in der Literatur hinsichtlich ihrer Funktionserfüllung im F&E-Bereich allgemein beurteilt? (Synthese)

---

2 Vgl. z.B. *Holmstrom* (1989), *Zwiebel* (1995), *Bergmann* (2005).

3 Vgl. *Dierkes* (2004), S. 30f.

4 Vgl. dazu grundlegend *Vickers* (1985), *Fershtman/Judd* (1987) und *Sklivas* (1987).

5 Vgl. für diese, der Arbeit zugrunde liegende Begriffsinterpretation z.B. *Neus/Nippel* (1996) mit einem Überblick über alternative Interpretationsmöglichkeiten.

1.2 Aufbau der Arbeit

Zur Beantwortung der formulierten Forschungsfragen wird nachfolgender Aufbau gewählt.

In Kapitel 2 werden zunächst die Einbettung der F&E-Aktivitäten im Unternehmen und daraus resultierende Schnittstellen dargestellt. Neben Begriffsabgrenzungen wird auch auf die Besonderheiten von F&E-Investitionen eingegangen. Anschließend folgt eine Darstellung der Rahmenbedingungen zur Gestaltung von Performancemesssystemen in F&E, der Aufgaben sowie möglicher Messbereiche, welche sich aus der internen Unternehmensstruktur ergeben. Den Abschluss dieses einführenden Kapitels bildet eine Ableitung von Implikationen für Gestaltungsempfehlungen für F&E-Performancemesssysteme aus der Literatur.

Aus dem sehr breiten, in der Literatur durchaus kontroversiell diskutierten Themenfeld über die Entwicklung und Ausgestaltung von F&E-Performancemesssystemen wird in Kapitel 3 ein Teilaspekt, nämlich der Einsatz von performanceorientierten Entlohnungssystemen herausgegriffen. Nach einem kurzen Überblick über Rahmenbedingungen und über in der Literatur identifizierte Aufgaben von performanceorientierten, finanziellen Entlohnungssystemen als Teilaspekt umfassender Anreizsysteme werden die zwei Hauptaspekte, nämlich der Verhaltensbeeinflussungs- und der Wettbewerbseffekt, herausgearbeitet.

In Kapitel 4 wird anschließend der Verhaltensbeeinflussungseffekt performanceorientierter Entlohnungssysteme im F&E-Kontext anhand von Ergebnissen modelltheoretischer Analysen näher dargestellt und eine Beurteilung hinsichtlich der Eignung derartiger Anreizsysteme für verschiedene Gruppen von Mitarbeitern im F&E-Kontext abgeleitet.

Mit Kapitel 5 wird die Basis für die nachfolgende eigene Modellanalyse geschaffen, indem das grundlegende Modelldesign sowie erste Annahmen für eine Situation rein eigentümergeführter Unternehmen in einem Duopolmarkt mit differenziertem Preiswettbewerb vorgestellt werden.

Kapitel 6 umfasst die eigene Modellanalyse und stellt damit den Hauptteil der vorliegenden Arbeit dar. Als Erweiterung zu Kapitel 5 wird den Unternehmenseigentümern im Modell nun die Möglichkeit zur Delegation von Entscheidungen an Manager eingeräumt. Nach einer Darstellung der zusätzlich notwendigen Modellannahmen werden die Ergebnisse für vier Varianten von performanceorientierten Entlohnungsverträgen abgeleitet und diese hinsichtlich ihrer Eignung zur Verbesserung der Unternehmenszielerreichung durch eine strategische Beeinflussung der Wettbewerbssituation beurteilt.

In Kapitel 7 erfolgt eine Erweiterung des Modells, indem Spillover-Effekte, also der Wissenstransfer aus der Forschungsleistung eines Unternehmens auf die Mitbewerber am Markt, als Besonderheit von F&E-Investitionen in die Analyse aufgenommen werden und deren Einfluss auf die Vorteilhaftigkeit der einzelnen Entlohnungsvertragsvarianten untersucht wird.

Abschließend werden in Kapitel 8 die im Rahmen der eigenen Modellanalyse als vorteilhaft hinsichtlich des Wettbewerbseffekts identifizierten Vertragsformen mit den dazu bereits vorliegenden Erkenntnissen aus der Literatur bezüglich ihrer Verwendbarkeit zur Verhaltensbeeinflussung kontrastiert, um so zu einer umfassenderen Darstellung der Wirkungsweise ausgewählter Entlohnungsverträge zu gelangen.

2 Performancemessung in F&E

Die Notwendigkeit von F&E zum Aufbau und Erhalt unternehmerischer Erfolgspotentiale steht außer Streit. Die Messung des konkreten Wertbeitrags, den die F&E-Aktivitäten zur Unternehmenszielerreichung liefern, stellt die Unternehmen jedoch vor eine große Herausforderung. Sie wird als eine der schwierigsten Aufgaben in der unternehmerischen Erfolgsmessung bezeichnet.[6] Der Begriff F&E[7] umfasst verschiedenste Aktivitäten, beginnend mit der Grundlagenforschung über die angewandte Forschung bis hin zur konkreten Produkt- und Prozessentwicklung. In der vorliegenden Arbeit wird diese umfassende Begriffsdefinition grundsätzlich beibehalten. Wenn jedoch Ausführungen nur einen Teilaspekt des F&E-Begriffs betreffen, wird darauf explizit hingewiesen.

Die Rolle von Forschung und Entwicklung im und für das Unternehmen hat sich in den letzten Jahrzehnten geändert. War der F&E-Bereich früher ein isolierter Teil, der einen großteils linear ablaufenden Innovationsprozess mehr oder weniger unabhängig vom restlichen Unternehmen durchgeführt hat, so wurde er in den letzten Jahren zu einem integralen, wichtigen Bestandteil des Unternehmens, der mit den Leistungsverwertungssystemen, als internen Kunden der F&E-Leistung, eng verwoben ist.[8]

Zunächst sollen in diesem einführenden Kapitel anhand eines Prozessmodells die F&E-Aktivitäten und ihre Verknüpfung mit den anderen Bereichen im Unternehmen dargestellt werden. Daran anschließend wird näher auf die Besonderheiten von F&E-Investitionen im Unterschied zu herkömmlichen Investitionen z.B. in Sachanlagevermögen eingegangen. Um ein grundlegendes Verständnis über Performancemessung im F&E-Bereich zu erhalten, folgt nach einigen Begriffsdefinitionen ein kurzer Überblick über die Entwicklung dieses Themas in der Literatur. Anschließend wird auf die Gestaltung von Performancemesssystemen in F&E und deren Aufgaben eingegangen. Da nicht jedes Unternehmen zentral durch einen Entscheidungsträger gesteuert wird, sondern vielmehr eine Tendenz zur Dezentralisierung erkennbar ist, folgt weiters eine Darstellung möglicher hierarchischer Ebenen der Performancemessung in Zusammenhang mit F&E. Dabei wird auch die organisatorische Einbettung der F&E-Aktivitäten im Unternehmen behandelt. Nachfolgend werden verschiedene Messbereiche dargestellt und konkrete Ansätze zur Messung und Beurteilung der F&E-Performance aus dem zu Beginn vorgestellten Prozessmodell abgeleitet. Den Abschluss dieses Kapitels bilden eine Gegenüberstellung von Gründen, die für bzw. gegen eine Performancemessung in F&E sprechen sowie daraus abgeleitete Implikationen für Gestaltungsempfehlungen für F&E-Performancemesssysteme.

---

6 Vgl. *Brockhoff* (1986), S. 348.

7 Vgl. für einen Literaturüberblick z.B. allgemein *Brockhoff* (1999), S. 48ff, sowie *Kim/Oh* (2002a), S. 48f, mit Verweis auf verschiedene in der Literatur verwendete Definitionen.

8 Vgl. *Pearson/Nixon/Kerssens-van Drongelen* (2000), S. 355, *Ojanen/Vuola* (2006), S. 280.

2.1 Der F&E-Prozess

Für die Forschungs- und Entwicklungsaktivitäten haben *Brown/Svenson* (1988) anhand eines Prozessmodells deren Verflechtung mit den Leistungsverwertungssystemen des Unternehmens dargestellt, und dabei verschiedene Ebenen aufgezeigt, die zur F&E-Performancemessung herangezogen werden können. Dieses lineare Modell wird in Abbildung 1 dargestellt.[9] *Brown/Svenson* (1988) definieren den F&E-Bereich als „a system that works within the macrosystem of the entire organization"[10] und betonen damit die Verzahnung und den dadurch ausgelösten Koordinationsbedarf. Auch *Brockhoff* (2002) weist auf die Wichtigkeit des Schnittstellenmanagements hin, um eine „kommentarlose Weiterreichung von Teilaufgaben an nachgelagerte organisatorische Einheiten" zu vermeiden.[11] Derartige Koordinationsaufgaben werden in der Literatur üblicherweise dem Controlling übertragen.[12]

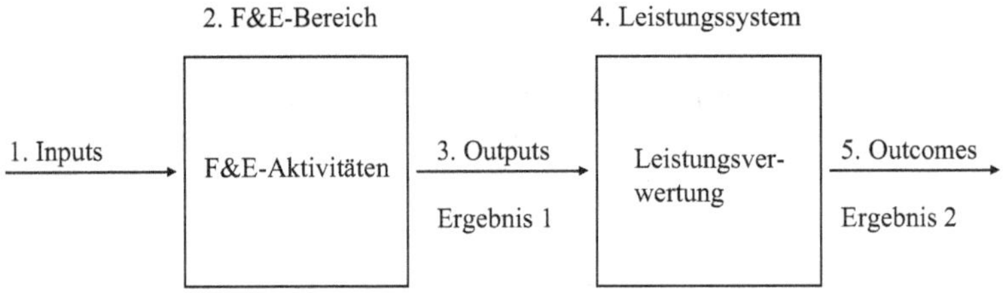

Abbildung 1: Ansatzmöglichkeiten zur F&E-Performancemessung[13]

Die einzelnen Elemente dieses Prozessmodells werden nachfolgend erläutert:

1. Die F&E-Inputs umfassen Human-, Sach- und Finanzressourcen, die für F&E-Aktivitäten eingesetzt werden, also z.B. Arbeitsleistung gemessen in Personenjahren, Kosten für den Erwerb und Betrieb von Laborausstattungen, aber auch zugewiesene Budgetmittel zur Finanzierung der Aktivitäten. Daneben zählen hier noch immaterielle Werte zum Input, z.B. Fachwissen, Ideen oder allgemein Informationen.[14] *Brown/Svenson* (1988) sehen auch die speziellen Anforderun-

---

[9] Das dargestellte Prozessmodell vernachlässigt Rückkoppelungen zwischen den einzelnen Ebenen und stellt insofern eine Vereinfachung dar. Siehe dazu auch *Kopel/Riegler* (2006a), S. 91.

[10] *Brown/Svenson* (1988), S. 11. Für eine ähnliche prozesshafte Sichtweise des F&E-Bereichs siehe z.B. *Schumann/Ransley/Prestwood* (1995). *Geisler* (1995) definiert insgesamt vier Prozessstufen mit vier korrespondierenden Outputkategorien. *Kopel/Riegler* (2006a) erweitern das Modell von *Brown/Svenson* (1988), indem sie das mittelbare F&E-Ergebnis in ein internes (Ergebnis 2) und ein externes, durch den Markt bewertetes Ergebnis 3 unterteilen.

[11] *Brockhoff* (2002), Sp. 600.

[12] Vgl. für einen Überblick zu Bedeutung und Aufgaben des Controllings im Kontext von F&E z.B. *Hirsch* (2006).

[13] Abbildung modifiziert nach *Brown/Svenson* (1988), S. 12.

[14] Vgl. *Brown/Svenson* (1988), S. 11.

gen und Aufgabenstellungen von anderen Abteilungen und Bereichen im Unternehmen als F&E-Input bzw. Stimulus, da die F&E großteils auftragsbezogen ausgeführt wird.

2. Zu den F&E-Aktivitäten zählen alle Vorgänge, die aus den genannten Inputs Outputs generieren, also beispielsweise das Durchführen von Testreihen oder das Konstruieren eines Prototyps.[15] *Brockhoff* (1999) definiert F&E-Aktivitäten als Kombination von Produktionsfaktoren (Inputs) zur Gewinnung neuen Wissens (Outputs).[16]

3. Als unmittelbares Ergebnis der F&E-Aktivitäten erzielt der F&E-Bereich direkt das von *Brown/Svenson* (1988) als „Output" bezeichnete Ergebnis 1. In der deutschsprachigen Literatur wird für dieses erste Ergebnis auch der Begriff Invention bzw. Erfindung verwendet.[17] Der F&E-Output umfasst beispielsweise Prototypen neuer Produkte oder Produktionsverfahren, Patente[18] bzw. Lizenzrechte, Veröffentlichungen in Fachzeitschriften aber auch allgemein Fakten, Prinzipien bzw. Wissen, welches vorher für das Unternehmen nicht zugänglich war.[19] *Osawa/Yamasaki* (2005) zählen den Technologiebestand bzw. die technologische Weiterentwicklung zu den primären Ergebnissen aus der F&E-Tätigkeit.[20] Zum „Kundenstock" der F&E-Outputs können nach *Brown/Svenson* (1988) neben dem eigenen Unternehmen und dessen Leistungsverwertungssystemen auch externe Adressaten zählen, wie z.B. die „academic community" [21] oder andere Unternehmen, die F&E-Ergebnisse extern beziehen und in ihren eigenen Leistungsverwertungssystemen weiterverarbeiten. Teilweise kann daher auf dieser Ebene des F&E-Prozesses bereits eine externe Verwertung z.B. durch den Verkauf von Patenten bzw. Lizenzrechten an Dritte erzielt werden.

4. Die Leistungsverwertungssysteme eines Unternehmens umfassen beispielsweise die Produktionsabteilungen oder die Marketing- und Vertriebsabteilung und stellen damit die „Kunden" der F&E-Outputs (Ergebnis 1) dar. Die Aufgabe der Leistungssysteme liegt z.B. in der Entwicklung marktfähiger Produkte aus vorhandenen Prototypen bzw. in der Implementierung neu entwickelter Produktionsverfahren. Dieser Umsetzungs- und Vermarktungsprozess wird auch als Innovation im engeren Sinne bezeichnet. Eine Innovation im weiteren Sinne beinhaltet im Unterschied dazu auch die vorgelagerten F&E-Aktivitäten und da-

---

15 Vgl. *Brown/Svenson* (1988), S. 11.
16 Vgl. *Brockhoff* (1999), S. 48.
17 Vgl. *Brockhoff* (1999), S. 35, *Specht/Beckmann/Amelingmeyer* (2002), S. 13.
18 Vgl. *Robb* (1991), S. 17, der am Beispiel von General Electric vor allem die unternehmensexterne Validierung als Vorteil der Outputmessgröße „Patent" nennt.
19 Vgl. *Brown/Svenson* (1988), S. 11, *Schumann/Ransley/Prestwood* (1995), S. 52, bzw. für eine tabellarische Auflistung möglicher Messgrößen *Geisler* (1995), S. 285.
20 Vgl. *Osawa/Yamasaki* (2005), S. 455.
21 Vgl. *Brown/Svenson* (1988), S. 11.

mit alle Teilschritte von der Idee bis zur Markteinführung.[22] Den Input der Leistungsverwertungssysteme bilden dabei F&E-Outputs, die entweder im eigenen Unternehmen entwickelt wurden oder von außen zugekauft werden.

5. Der Großteil der Unternehmen erzielt meist erst durch den Einsatz der unmittelbaren F&E-Ergebnisse in den Leistungsverwertungssystemen ein Ergebnis auf dem Absatzmarkt. Dieses wird von *Brown/Svenson* (1988) als „Outcome" bzw. auch als mittelbares F&E-Ergebnis bezeichnet. „*Outcomes* are the accomplishments that have value for the organization."[23] Als "accomplishment" wird dabei das Ergebnis aus dem Einsatz von F&E-Outputs in den Leistungsverwertungssystemen angesehen, z.B. die mit einem neuen Produktionsverfahren (Output) erzielte Kostenreduktion (Outcome) bzw. der Marktanteil (Outcome) neu entwickelter Produkte (Output) und der damit erzielte Umsatz bzw. Gewinn (Outcome).[24] Aus der Perspektive des externen Kunden kann auch die durch neue bzw. verbesserte Produkte erzielte Kundenzufriedenheit ein mittelbares F&E-Ergebnis darstellen.[25] *Osawa/Yamasaki* (2005) zählen zu den sekundären Ergebnissen aus der F&E-Aktivität neben neuen Produkten und. Technologien auch die gesteigerte Wettbewerbsfähigkeit bestehender Produkte, z.B. aufgrund von Effizienzsteigerungen durch die Anwendung neu entwickelter Produktionsverfahren.[26]

Geisler (1995) erweitert dieses Prozessmodell, indem er zwei zusätzliche Outputgrößen hinzufügt, welche sich aus dem externen Einsatz der unmittelbaren („immediate") und der mittelbaren („intermediate") F&E-Ergebnisse in der Unternehmensumwelt ableiten lassen. „Pre-ultimate Outputs" beschreiben dabei ökonomische Ergebnisse wie z.B. die verbesserte Wettbewerbsfähigkeit, die Öffnung neuer Märkte oder auch soziale Ergebnisse, wie z.B. die Entdeckung eines Heilmittels für eine Krankheit.[27] Aus diesen „Pre-ultimate Outputs" resultieren schließlich „Ultimate Outputs", die durch gesellschaftliche Indikatoren wie Lebensqualität, Wirtschaftswachstum oder Umweltverschmutzung erfasst werden können.[28] In der vorliegenden Arbeit wird der Struktur des Prozessmodells von *Brown/Svenson* (1988) gefolgt, wodurch die unternehmensexterne Wirkkraft der F&E-Aktivitäten in geringerem Umfang berücksichtigt wird, als dies bei *Geisler* (1995) der Fall ist.

---

22 Vgl. *Brockhoff* (1999), S. 38ff, *Specht/Beckmann/Amelingmeyer* (2002), S. 13f.
23 *Brown/Svenson* (1988), S. 11.
24 Vgl. *Brown/Svenson* (1988), S. 12, *Miller* (1995), S. 49f, *Schumann/Ransley/Prestwood* (1995), S. 52, *Stainer/Nixon* (1997), S. 490.
25 Vgl. *Schumann/Ransley/Prestwood* (1995), S. 52.
26 Vgl. *Osawa/Yamasaki* (2005), S. 455.
27 Vgl. *Geisler* (1995), S. 284.
28 Vgl. *Geisler* (1995), S. 284.

2.2 *Besonderheiten von F&E-Investitionen*

Wird im Unternehmen die Entscheidung zugunsten eigener F&E-Aktivitäten getroffen, so müssen den ausführenden Organisationseinheiten Human-, Sach- und letztlich auch Finanzressourcen zugewiesen werden. Dabei stellt diese Finanzmittelzuweisung eine langfristige Investition in F&E dar.[29] Im Unterschied zu anderen langfristigen Investitionen, z.B. in neue Produktionsanlagen, müssen bei F&E-Investitionen jedoch einige Besonderheiten berücksichtigt werden:

- Langer Zeithorizont: Zwischen F&E-Input und möglichen finanziellen Rückflüssen besteht oft ein großer zeitlicher Abstand, der vor allem die Verwendung von finanziellen Performanceinformationen als zeitgerechte Entscheidungsgrundlage erschwert.[30]

- Unsicherheit: Im Unterschied zu Investitionen z.B. in Sachanlagevermögen ist die inhärente Unsicherheit von F&E-Investitionen üblicherweise höher. Zum Zeitpunkt des F&E-Inputs ist, auch aufgrund des langen Zeithorizonts, nur schwer abschätzbar, ob der intendierte F&E-Output oder allgemeiner, ob irgendein Output erreicht wird und ob dieser dann in den Leistungssystemen des Unternehmens zu Outcomes verwertet werden kann und damit letztlich ein Erfolgsbeitrag für das Unternehmen erzielt wird. *Robb* (1991) drückt dies folgendermaßen aus: „If you knew in advance what the payoff would be, then its [sic!] not R&D!“[31] Andererseits ist es möglich, dass ein nicht intendiertes F&E-Ergebnis im Unternehmen dennoch eingesetzt werden kann.[32] Zur Berücksichtigung des langen Zeithorizonts und der inhärenten Unsicherheit wird in der Literatur die Verwendung von dynamischen Bewertungsverfahren zur Beurteilung von F&E-Investitionen vorgeschlagen, da statische Verfahren diese Besonderheiten nicht ausreichend berücksichtigen. Dazu zählen neben Kapitalwertmodellen auch Real-Optionen-Ansätze, die den zukünftigen Handlungsspielraum aus der F&E-Investition aus heutiger Sicht abbilden und damit dem Optionscharakter von F&E-Investitionen Rechnung tragen.[33]

- Uneindeutiger Wertbeitrag: Der finanzielle Wertbeitrag der F&E zur Unternehmenszielerreichung, und damit der Rückfluss aus der Investition, kann nur schwer isoliert gemessen werden, da der Großteil erst durch Zusammenarbeit

---

[29] Vgl. zum Investitionscharakter von F&E-Entscheidungen z.B. *Holmstrom* (1989), S. 307, bzw. *Robb* (1991), S. 18ff, anhand eines Beispiels bei General Electric oder *Francis* (1992), S. 19.

[30] Vgl. *Geisler* (1995), S. 282, *Osawa/Yamasaki* (2005), S. 455, *Ojanen/Vuola* (2006), S. 281.

[31] *Robb* (1991), S. 20.

[32] Im Zusammenhang mit solchen ungeplanten Erfindungen spricht *Brockhoff* (1999), S. 35, vom Auftreten eines „Serendipitäts-Effekts“.

[33] Vgl. *Specht/Beckmann/Amelingmeyer* (2002), S. 215ff, *Gerybadze* (2004), S. 291. Zur Verwendung des Real-Optionen-Ansatzes zur Bewertung von F&E-Projekten siehe z.B. *Jägle* (1999) oder *Perlitz/Peske/Schrank* (1999).

mit den Leistungsverwertungssystemen des Unternehmens realisiert wird.[34] Neben den finanziell bewertbaren Ergebnissen liefert jede F&E-Aktivität auch immaterielle Werte, z.B. in Form von neuem, verwertbaren Wissen bzw. neuen Kenntnissen und Fähigkeiten der Forscher und Entwickler.[35] Ebenso zählt eine Erhöhung der Kundenzufriedenheit durch neue oder verbesserte Produkte zu den immateriellen F&E-Ergebnissen.[36]

- Informationsasymmetrien: Für den F&E-Bereich ist ein hoher Anteil an menschlichem kreativen Input notwendig. Dieser Input wird meist nicht vom Unternehmenseigentümer allein aufgebracht, er beschäftigt vielmehr Techniker, Ingenieure und F&E-Manager, um diese Aktivitäten auszuführen und zu koordinieren. Dadurch ergeben sich Informationsasymmetrien zwischen den direkt mit F&E befassten Mitarbeitern, den Verantwortlichen in den Leistungsverwertungssystemen und schließlich zwischen all diesen am F&E-Prozess Beteiligten und der Unternehmensleitung.[37]

- Besonderes Auszahlungsmuster: Eine typische F&E-Investition ist gekennzeichnet durch eher geringe Anlaufkosten in den frühen Projektphasen gefolgt von hohen Folgekosten in der konkreten Entwicklungs- und Umsetzungsphase. Dies wird von *Gerybadze* (2004) als „Schneeballeffekt der F&E-Finanzierung" bezeichnet.[38]

- Mangelnde Vergleichbarkeit: Eine weitere Besonderheit stellt das mangelnde Vorhandensein von geeigneten Vergleichsobjekten dar.[39] Da sich viele F&E-Projekte durch ihre Einzigartigkeit und ihren Neuheitsgrad auszeichnen und die Aktivitäten vom Charakter her gerade nicht repetitiv, sondern innovativ sind, ist die direkte Vergleichbarkeit zwischen zwei F&E-Projekten in der Regel nicht gegeben.[40] Der Grad der Neuheit und der Einzigartigkeit der erforderlichen Aktivitäten nimmt jedoch ab, wenn man von der allgemeinen Grundlagenforschung zur eher anwendungsorientierten Entwicklung fortschreitet. Entwicklungsprojekte lassen sich meist durch bestimmte vordefinierte Ablaufschritte und Meilensteine charakterisieren und sind damit tendenziell leichter vergleichbar.

---

34 Vgl. *Geisler* (1995), S. 282, *Kerssens-van Drongelen/Cook* (1997), S. 348, *Ojanen/Vuola* (2006), S. 281.

35 In diesem Zusammenhang werden auch die Bezeichnungen unternehmens- bzw. aufgabenspezifisches Humanvermögen verwendet, welches allgemein die Fähigkeiten der Mitarbeiter, die für die Ausführung der übertragenen Aufgaben notwendig sind und durch diese Ausführung erweitert werden, umfasst. Vgl. zu einer allgemeinen Charakterisierung immaterieller Werte mit weiterführenden Literaturhinweisen z.B. *Riegler* (2006), S. 84f.

36 Vgl. *Stainer/Nixon* (1997), S. 486, *Kopel/Riegler* (2006a), S. 86f.

37 Vgl. *Riegler* (2000b), S. 254, *Gerybadze* (2004), S. 290, *Riegler/Hirsch* (2005), S. 371.

38 Vgl. *Gerybadze* (2004), S. 291.

39 Vgl. *Schainblatt* (1982), S. 17.

40 Vgl. *Kerssens-van Drongelen/Cook* (1997), S. 348.

- Externalitäten: Das Wissen aus F&E-Ergebnissen kann oft nur schwer vor Konkurrenten geschützt werden, es kommt zu so genannten Spillover-Effekten.[41] *Mansfield* (1985) hat in einer Studie bei 100 amerikanischen Unternehmen die Geschwindigkeit untersucht, mit der die Konkurrenz Informationen über technologische Neuerungen erhält.[42] Im Durchschnitt verfügt die Konkurrenz binnen 12 bis 18 Monaten über diese Informationen und kann sie dann für eigene Zwecke nutzen.[43] Natürlich reicht das reine Wissen über das Vorhandensein eines neuen Produkts oder eines neuen Produktionsverfahrens noch nicht aus. Die Konkurrenzunternehmen müssen selbst auch Zeit und Entwicklungs-, Produktions- und Vermarktungskosten investieren, um ein am Markt verwertbares eigenes Produkt bzw. einen eigenen einsetzbaren Prozess zu entwickeln.[44] Neben den möglichen Nachteilen aus der Imitation durch Konkurrenten können durch Spillover-Effekte zwischen Unternehmen auch Vorteile erzielt werden, z.B. durch das Anstoßen von Folgeentwicklungen. Externalitäten von F&E-Investitionen treten jedoch nicht nur zwischen Unternehmen auf, sondern auch innerhalb eines Unternehmens. Auch dort können sie durchwegs positive Effekte haben, wenn sich z.B. aus einem F&E-Ergebnis Auswirkungen auf andere F&E-Aktivitäten innerhalb des Unternehmens ergeben.[45]

- Unterschiedliche Renditen: Die privaten (unternehmerischen) und die sozialen (gesamtwirtschaftlichen) Renditen aus F&E-Investitionen sind meist größer als Renditen aus konventionellen Investitionsprojekten.[46] Dies lässt sich z.B. aus den dargestellten Externalitäten ableiten. Bei manchen F&E-Projekten ist die soziale Rendite höher als die private Rendite, die das forschende Unternehmen damit erzielt. Dadurch kann es wiederum zu Unterinvestition in F&E aus gesamtwirtschaftlicher Sicht kommen, da ein Teil der Vorteile nicht in das Entscheidungskalkül über die Investitionshöhe einfließt und daher kein gesamtwirtschaftlich effizientes F&E-Investitionsniveau erreicht wird.[47]

Um Investitionen in F&E auf Unternehmensebene zu rechtfertigen, werden Informationen über die F&E-Performance unter Berücksichtigung der dargestellten Besonderheiten benötigt.[48] Gerade in Konkurrenz mit alternativen Investitionsmöglichkeiten, z.B. in kurzfristig erfolgswirksame Maßnahmen oder in weniger risikobehaftete Vor-

---

41 Diesem Thema widmet sich auch ausführlich das Kapitel 7 dieser Arbeit.

42 Vgl. *Mansfield* (1985), S. 217.

43 Vgl. *Mansfield* (1985), S. 219. Dabei ist nach *Mansfield* (1985) der Wissenstransfer bei Produktinnovationen höher als bei reinen Prozessinnovationen, die speziell für Problemstellungen im forschenden Unternehmen entwickelt wurden und daher nicht so einfach übertragbar sind.

44 Vgl. *Mansfield* (1985), S. 221.

45 Vgl. *Severinov* (2001), S. 543.

46 Vgl. *Martin* (2002), S. 447.

47 Vgl. *Martin* (2002), S. 447, und die dort angeführten empirischen Arbeiten.

48 Die Rechtfertigung und Beurteilung von F&E-Aktivitäten und dafür notwendiger Investitionen zählt laut *Ojanen/Vuola* (2006), S. 280, zu den Hauptmotiven der F&E-Performancemessung.

haben, muss die Verwendung von Finanzmitteln für F&E begründet werden. Bevor nun auf einzelne Ansatzpunkte zur Ermittlung der F&E-Performance eingegangen wird, erfolgen einige notwendige Begriffsdefinitionen.

2.3 Begriffsdefinitionen

Der englische Begriff „Performance", lässt sich mit Leistung bzw. Leistungsfähigkeit oder auch Ergebnis übersetzen. Auf eine solche Übersetzung wird aber in der (neueren) deutschsprachigen Literatur meist verzichtet, der englische Begriff ist in den deutschen Sprachgebrauch, sowohl in Theorie als auch in der Praxis, übergegangen. Eine allgemein gültige Definition kann nicht gegeben werden, da die Interpretation des Begriffs kontextabhängig ist und auch vom Blickwinkel des jeweils an der Performance Interessierten beeinflusst wird.[49] Nachfolgend werden daher verschiedene im F&E-Kontext verwendete Interpretationen des Begriffs Performance dargestellt.

„Performance Measurement" (Performancemessung) wird von *Kerssens-van Drongelen/Cook* (1997) als ein spezifischer Teil des übergeordneten unternehmerischen Kontrollprozesses gesehen, der sich mit der Beschaffung und Analyse von Informationen über die aktuelle Zielerreichung des Unternehmens und über zukünftige Einflussfaktoren auf diese Zielerreichung befasst.[50] *Gleich* (1997) versteht unter „Performance Measurement" den „Aufbau und Einsatz meist mehrerer quantifizierbarer Maßgrößen verschiedenster Dimensionen (z.B. Kosten, Zeit, Qualität, Innovationsfähigkeit, Kundenzufriedenheit) [...], die zur Beuteilung der Effektivität und Effizienz der Leistung und Leistungspotentiale unterschiedlichster Objekte im Unternehmen (Organisationseinheiten unterschiedlichster Größe, Mitarbeiter, Prozesse) herangezogen werden."[51] Dabei bezeichnet Effektivität die Auswahl der „richtigen Aktivitäten", im Sinne einer bestmöglichen Umsetzung der gesteckten Ziele. Effizienz meint demgegenüber die „richtige Ausführung" bestimmter Aktivitäten. Beide Begriffe werden im Zusammenhang mit Performance und Performancemessung in der Literatur verwendet.[52]

Schainblatt (1982) definiert in seiner frühen Arbeit zum Thema F&E-Performancemessung den Begriff der „Produktivität" als ein Maß der Effizienz des Ressourceneinsatzes, um ein bestimmtes Ziel zu erreichen.[53] Ein Effektivitätsmaß ist in dieser Definition durch den Hinweis auf „ein bestimmtes Ziel" ebenfalls enthalten. Eine Produktivitätskennzahl setzt allgemein Input und damit erzielten Output in Beziehung und ist daher eine relative Maßgröße, die zur Beurteilung des jeweiligen Inputs hinsichtlich

---

49 Vgl. für eine umfassende Analyse der möglichen Begriffsinhalte von „Performance" z.B. *Otley* (2001), S. 251ff.

50 Vgl. *Kerssens-van Drongelen/Cook* (1997), S. 347.

51 *Gleich* (1997), S. 115.

52 Vgl. z.B. *Schainblatt* (1982), S. 10, *Francis* (1992), S. 20, *O'Neill/Bridenbaugh* (1992), S. 28, *Schumann/Ransley/Prestwood* (1995), S. 46, *Otley* (2001), S. 251, *Atkinson* (2002), Sp. 1379.

53 Vgl. *Schainblatt* (1982), S. 10.

Effektivität und Effizienz eingesetzt werden kann.[54] *Stainer/Nixon* (1997) sehen eine enge Verwandtschaft zwischen F&E-Performance allgemein und F&E-Produktivität.[55]

Ein „Performancemesssystem" besteht aus einer Vielzahl von Instrumenten und Verfahren zur Unterstützung des Messprozesses.[56] Nach *Anthony/Govindarajan* (2007) ist es das Ziel jedes Performancemesssystems, die Umsetzung der Unternehmensstrategie zu unterstützen.[57] „A performance measurement system is simply a mechanism that improves the likelihood the organization will implement its strategy successfully."[58] Auf diese Strategieorientierung wird nachfolgend noch näher eingegangen.[59]

Atkinson (2002) beschreibt als weiteres Element des unternehmerischen Kontrollprozesses die „Performance Evaluation", also die Beurteilung der Performance als nächsten Schritt nach der Messung.[60] Oft wird jedoch Performance Measurement als Oberbegriff verwendet, der neben der Messung auch die Beurteilung des Messergebnisses, also die Performance Evaluation, beinhaltet. Diese Begriffsauslegung liegt auch der vorliegenden Arbeit zugrunde.

Neben der Performancemessung gibt es auch noch den Begriff des „Performance Managements", welches sich mit der Steuerung, d.h. der aktiven Beeinflussung der Performance befasst. Dieses Konzept geht über die Beschaffung und Analyse von Informationen hinaus und beinhaltet vielmehr die Verwendung dieser Informationen zur aktiven Gestaltung der zukünftigen Performance.[61]

Zur Beurteilung der Vorteilhaftigkeit von F&E-Investitionen wird daher jedenfalls ein F&E-Performancemesssystem benötigt. Neben dieser Aufgabe gibt es jedoch noch weitere, die in späteren Abschnitten dieses Kapitels ausführlich erläutert werden. Nachfolgend wird die Entwicklung in der Literatur zum Themenfeld „Performancemessung in F&E" nachgezeichnet, bevor auf die konkrete Gestaltung von Performancemesssystemen eingegangen wird.

2.4 Entwicklung der Performancemessung in F&E

Schainblatt (1982) schreibt Anfang der 1980er Jahre in der Einleitung seines Artikels zu Möglichkeiten der Produktivitätsmessung von Ingenieuren und Forschern: "There

---

54 Vgl. dazu z.B. *Stainer/Nixon* (1997), S. 488f. Zu Problemen von Produktivitätskennzahlen im F&E-Kontext siehe exemplarisch *Robb* (1991), S. 17f.

55 Vgl. *Stainer/Nixon* (1997), S. 494, die die Produktivität als „Cousin" der F&E-Performance bezeichnen.

56 Vgl. *Kerssens-van Drongelen/Cook* (1997), S. 347, und die dort gezeigte grafische Verschränkung des Mess- und Kontrollprozesses.

57 Vgl. *Anthony/Govindarajan* (2007), S. 460.

58 *Anthony/Govindarajan* (2007), S. 460.

59 Vgl. dazu Abschnitt 2.5.

60 Vgl. *Atkinson* (2002), Sp. 1375f. Der dort dargestellte Kontrollprozess beinhaltet neben Performancemessung und –beurteilung weiters eine Planungs- und eine Umsetzungsphase.

61 Vgl. für einen Überblick über Performance Management z.B. *Otley* (2001), S. 248ff, und die dort zitierte Literatur.

are no currently used systems for measuring the productivity of scientific and engineering groups without substantial flaws. Nor does the literature on productivity measurement offer encouragement that suitable systems will soon be available."[62] *Brown/Svenson* (1988) stellen in Interviews mit Wissenschaftern und Ingenieuren Ende der 1980er Jahre fest, dass eine Messung der tatsächlichen F&E-Produktivität von den Befragten als nicht möglich erachtet wird. „Many feel that management should just ‚have faith' that R&D is a good investment, without trying to measure it."[63] Den F&E-Aktivitäten wurde ein bestimmtes Budget eingeräumt, in der Erwartung, dass irgendwann in der Zukunft etwas Verwertbares entwickelt wird.[64] Dieser frühe Zugang zum Management von F&E wird auch als "strategy of hope" bezeichnet, wobei in den Unternehmen auf eine systematische F&E-Performancemessung und –steuerung großteils verzichtet wurde.[65]

Walter Robb, ein bei General Electric für den Bereich "Corporate R&D" Verantwortlicher, berichtet Anfang der 1990er Jahre über folgende kritische Aussage eines Laborleiters: „My predecessor used to say that the best measurement of R&D is inversely proportional to the number of times that you're asked to measure R&D."[66] Der Messvorgang wird bei diesem Zugang als störend für die Kreativitätsentfaltung und Motivation der hochqualifizierten F&E-Mitarbeiter gesehen und daher abgelehnt.[67]

Demgegenüber konstatieren *Kerssens-van Drongelen/Cook* (1997) eine Trendwende in der Einschätzung der Besonderheiten von F&E-Prozessen im Unterschied zu anderen Unternehmensaktivitäten. Die Manager sind sich dieser Besonderheiten bewusst, gehen aber nicht länger davon aus, dass eine Performancemessung und -steuerung von F&E-Aktivitäten aufgrund eben dieser Besonderheiten nicht möglich ist.[68] In einer empirischen Untersuchung Ende der 1990er Jahre kommen *Kerssens-van Drongelen/Bilderbeek* (1999) zu dem Schluss: „Finally, we have evidence [...] that performance measurement systems are perceived by R&D managers to be of value and to have a positive impact on performance."[69]

Godener/Söderquist (2004) bemerken schließlich als Ergebnis einer ausführlichen Literaturrecherche, dass die Performancemessung zunehmend an Bedeutung gewinnt, da die F&E-Performance nicht nur zum aktuellen Unternehmenserfolg beiträgt, sondern vielmehr den Fortbestand des Unternehmens sichert.[70] Und auch *Studt* (2005) for-

---

62 *Schainblatt* (1982), S. 10.
63 *Brown/Svenson* (1988), S. 11.
64 Vgl. dazu die Ausführungen bei *Ojanen/Vuola* (2006), S. 280.
65 Vgl. *Pearson/Nixon/Kerssens-van Drongelen* (2000), S. 356.
66 *Robb* (1991), S. 16. In einem Nachsatz kommt der beschriebene Laborleiter aber zu der Ansicht, dass in dieser Haltung der Grund liegen könnte, warum diese Aussage sein „Vorgänger" gemacht hat.
67 Vgl. *Brown/Svenson* (1988), S. 11.
68 Vgl. *Kerssens-van Drongelen/Cook* (1997), S. 345.
69 *Kerssens-van Drongelen/Bilderbeek* (1999), S. 45.
70 Vgl. *Godener/Söderquist* (2004), S. 191, mit Verweis auf zahlreiche Literaturquellen.

muliert plakativ: "The good news is that innovation can be measured; the bad news is that it can become a complex exercise with many differences between organizations."[71]

In der aktuellen Literatur steht daher die Notwendigkeit einer F&E-Performancemessung als Baustein des Managements von F&E außer Streit. Zur konkreten Umsetzung werden verschiedene Konzepte angeboten, deren Eignung jedoch stets situationsspezifisch geprüft werden muss. Die hier angeführten Arbeiten zeigen nur einen kleinen Ausschnitt aus der umfangreichen Literatur zum Themenfeld „F&E-Performancemessung", mit dem vor allem die Entwicklung nachgezeichnet werden soll.

Tabelle 1 fasst die jeweils vorherrschenden Einstellungen gegenüber der F&E-Performancemessung und -steuerung auf der Grundlage der in den hier angeführten Arbeiten gewonnenen Erkenntnisse aus Befragungen und Fallstudien nochmals zusammen.

Schainblatt (1982), *Brown/Svenson* (1988)	Kein (funktionierendes) F&E-Performancemesssystem im Einsatz In absehbarer Zeit auch keines zu erwarten Das Management muss Vertrauen haben, dass die eingesetzten Mittel zu einem Ergebnis führen. („Strategy of hope")
Kerssens-van Drongelen/Bilderbeek (1999)	Steuerung des F&E-Bereichs möglich und notwendig Performancemessung ist wertvoll und wirkt sich positiv auf die Performance selbst aus
Godener/Söderquist (2004)	Performance im F&E-Bereich sichert den Fortbestand des Unternehmens
Studt (2005)	F&E-Performancemessung ist möglich, sie ist jedoch komplex und unternehmensspezifisch

Tabelle 1: Entwicklung des Themenfelds „F&E-Performancemessung"

Anschließend an diesen kurzen Überblick über die Entwicklung der F&E-Performancemessung wird auf die Gestaltung und auf einzelne Aufgaben näher eingegangen.

---

[71] *Studt* (2005), S. 42.

2.5 Gestaltung von Performancemesssystemen in F&E

Bevor im F&E-Bereich überhaupt ein System zur Performancemessung eingerichtet werden kann, müssen zuerst der damit verfolgte Zweck und die Aufgaben, die vom Performancemesssystem wahrgenommen werden sollen, festgelegt werden.[72] Dabei wird in der Literatur vorgeschlagen, Zweck und Aufgaben aus den allgemeinen Unternehmenszielen bzw. der Unternehmensstrategie abzuleiten.[73] „[...] the organization's strategic imperatives will drive the focus of performance evaluation in organizations."[74] Die folgende Abbildung 2 verdeutlicht den Zusammenhang zwischen Organisationsgestaltung, Performancemessung, Anreizgestaltung und Unternehmensstrategie, wie er von *Zimmerman* (2006) für die interne Unternehmensrechnung („management accounting") als Überbegriff aus deren historischer Entwicklung abgeleitet wurde.[75]

Abbildung 2: Zusammenhang Unternehmensstrategie und Organisationsgestaltung[76]

Die Unternehmensstrategie leitet sich aus dem jeweiligen Unternehmensumfeld ab.[77] Sie nimmt wiederum Einfluss auf die konkrete Organisationsgestaltung, die bestmöglich zur Umsetzung der Strategie beitragen soll. *Zimmerman* (2006) unterscheidet da-

---

72 Vgl. *Anthony/Govindarajan* (2007), S. 467ff. Die Autoren weisen auch auf die Notwendigkeit zur Aktualisierung des Performancemesssystems bei Änderung der Unternehmensstrategie hin.

73 Vgl. *Atkinson* (2002), Sp. 1376, *Kerssens-van Drongelen/Cook* (1997), S. 350, bzw. empirisch zum Zusammenhang von Strategie und Auswahl von F&E-Performancemaßen *Griffin/Page* (1996). Für weitere empirische Untersuchungen zum Zusammenhang von Strategie und Performancemesssystem siehe z.B. *Van der Stede/Chow/Lin* (2006) und die dort zitierte Literatur.

74 *Atkinson* (2002), Sp. 1384.

75 Vgl. *Zimmerman* (2006), S. 16ff.

76 Abbildung modifiziert nach *Zimmerman* (2006), S. 17, wobei dieser die Wirkungskette bis zum Unternehmenswert fortführt.

77 Die hier gezeigte Strategieableitung aus dem Unternehmensumfeld und ihre Verknüpfung mit der Organisationsstruktur greift auf das so genannte „Structure-Conduct-Performance-Paradigma" zurück. Vgl. zu diesem, aber auch zu alternativen Strategieansätzen z.B. *Welge/Al-Laham* (2003), S. 20ff, bzw. auch *zu Knyphausen-Aufseß* (2004).

bei die Verteilung der Entscheidungskompetenzen, also die Festlegung des Ausmaßes der Dezentralisierung, die Performancemessung und die Gestaltung von entsprechenden Anreizsystemen. Aus der Organisationsgestaltung lassen sich dann konkrete Maßnahmen und Anreize ableiten, um die festgelegte Unternehmensstrategie umzusetzen. Zur Umsetzung und Operationalisierung werden verschiedenste Informationen benötigt, welche durch die interne Unternehmensrechnung bereitgestellt werden. Dabei kommt insbesondere der Koordination zwischen langfristiger Zielvorgabe und operativen Maßnahmen zur Verwirklichung dieser Ziele Bedeutung zu.

2.5.1 Zweck der Performancemessung

Zu den Hauptfunktionen der internen Unternehmensrechnung zählt die Bereitstellung von Informationen für Entscheidungen und zu Kontrollzwecken.[78] Die Verwendung der internen Unternehmensrechnung als Informationsinstrument zur Unterstützung (eigener) Entscheidungen findet sich in einem Unternehmen jedenfalls, unabhängig von seiner Größe und internen Organisation.

Viele, vor allem größere Unternehmen sind jedoch durch eine Verteilung von Aufgaben auf mehrere Personen bzw. Hierarchieebenen gekennzeichnet, wodurch, wie bereits vorne beschrieben, Informationsasymmetrien zwischen den unterschiedlichen Akteuren auftreten. Wenn zwischen den einzelnen Informationsinhabern zusätzlich noch potentielle Zielkonflikte bestehen, kommt der internen Unternehmensrechnung eine weitere Funktion zu, nämlich die der Verhaltensbeeinflussung.[79] In einem dezentralisierten Unternehmen gilt es, Rahmenbedingungen festzulegen, die dafür sorgen, dass den einzelnen Akteuren im Unternehmen gerade dann persönliche Vorteile entstehen, wenn sie im Sinne der Zielvorgaben des Unternehmens handeln und gleichzeitig die Möglichkeit zu zwar individuell vorteilhaftem aber insgesamt schädlichem Verhalten eingeschränkt wird.[80] Fragen der Verteilung von Entscheidungskompetenzen und der Bestimmung von Anreizen und Belohnungen für einzelne Individuen im Unternehmen können unter dieser Aufgabe der Verhaltensbeeinflussung subsumiert werden.[81] Diese werden in Kapitel 3 der vorliegenden Arbeit ausführlich behandelt. Die Performancemessung und -beurteilung zählen laut *Hachmeister* (2002) zu den zentralen Elementen derartiger Anreiz- und Vergütungssysteme und werden gerade auch zur Minderung von Zielkonflikten eingesetzt.[82]

Insgesamt nimmt die Performancemessung bezüglich der beiden dargestellten Hauptfunktionen eine Zwischenposition ein, da sie sowohl zur Entscheidungsunterstützung als auch zur Verhaltensbeeinflussung eingesetzt werden kann. Die nachfolgend darge-

---

78 Vgl. *Ewert/Wagenhofer* (2005), S. 7f, *Zimmerman* (2006), S. 17.
79 Vgl. *Ewert/Wagenhofer* (2005), S. 8ff, *Luhmer* (2002), Sp. 1034.
80 Vgl. *Laux* (2006), S. 2.
81 Vgl. *Zimmerman* (2006), S. 17.
82 Vgl. *Hachmeister* (2002), Sp. 1385.

stellten Aufgaben von Performancemesssystemen lassen sich daher nach diesen beiden Hauptfunktionen klassifizieren. Dies zeigt sich z.B. auch im Zugang von *Kerssens-van Drongelen/Cook* (1997) zur F&E-Performancemessung, welche in einen Messansatz (structural bzw. measurement approach) und einen Verhaltensansatz (behavioural approach) unterscheiden.

Der erste Ansatz lässt sich der Entscheidungsunterstützungsfunktion zuordnen. Zur Entscheidungsfundierung wird auf Informationen über die aktuelle Performance und über externe Einflussgrößen zurückgegriffen. Dieser Ansatz orientiert sich vor allem an der Messung und der Weitergabe der gemessenen Daten an die jeweiligen Entscheidungsträger.[83] Bei der Entscheidungsfindung muss die zukünftige Sicherstellung geeigneter organisatorischer Rahmenbedingungen berücksichtigt werden, d.h. dass z.B. ausreichend qualifizierte Mitarbeiter und entsprechende Ausrüstung vorhanden sein müssen, um ein gewünschtes Ergebnis zu erzielen.[84] Die Gestaltung dieser Rahmenbedingungen garantiert jedoch nicht per se die effektive und effiziente Realisierung eines gewünschten Ergebnisses. Es werden daher zusätzlich Feedback-Informationen benötigt, die die aus der Unternehmensstrategie abgeleiteten Zielvorgaben mit der aktuellen Performance vergleichen und daraus möglichen zukünftigen Handlungsbedarf ableiten.[85]

Der zweite, verhaltensorientierte Zugang (behavioural approach), den *Kerssens-van Drongelen/Cook* (1997) beschreiben, beinhaltet eine Ansammlung von formalen und informellen Regeln und Mechanismen zur Koordination, Steuerung und Motivation, um die Mitarbeiter zu einem zielkongruenten Verhalten im Sinne der bestmöglichen Umsetzung der Unternehmensstrategie zu bewegen.[86] Auch hier werden Informationen über die aktuelle Performance bzw. den aktuellen Zielbeitrag und über zukünftige Aktivitäten zur Umsetzung der Unternehmensziele benötigt.

Werden beide Ansätze kombiniert, erhält man ein System, welches gemäß *Kerssens-van Drongelen/Cook* (1997) folgende Aktivitäten umfasst: „the *acquisition and analysis of information* and the *interpretation* of this information to *determine what to do and how to do it* and the *application of the chosen measures* to influence people so that their efforts are aligned to company objectives and plans.“[87] Dies geht über ein System der reinen Performancemessung hinaus und beinhaltet auch Elemente eines Performancekontroll- und Performancesteuerungssystems.

Generell muss bei der konkreten Gestaltung von Performancemesssystemen Bedacht darauf genommen werden, welcher Zweck damit hauptsächlich verfolgt werden soll,

---

83 Vgl. *Kerssens-van Drongelen/Cook* (1997), S. 346f.

84 Dies wird von *Kerssens-van Drongelen/Bilderbeek* (1999), S. 36, als „feed forward control“ bezeichnet.

85 Vgl. *Kerssens-van Drongelen/Bilderbeek* (1999), S. 36.

86 Vgl. *Kerssens-van Drongelen/Cook* (1997), S. 347.

87 *Kerssens-van Drongelen/Cook* (1997), S. 347.

d.h. welche der beiden Funktionen vorrangig unterstützt werden soll. *Hofmann/Pfeiffer* (2003) zeigen allgemein, dass geeignete Performancemaße zur Entscheidungsunterstützung und zur Verhaltensbeeinflussung voneinander abweichen können.[88] *Riegler/Hirsch* (2005) untersuchen, ob dieser Sachverhalt auch auf den F&E-Bereich übertragbar ist und kommen zu dem Schluss, dass gerade auch im F&E-Kontext „die Vorteilhaftigkeit des [jeweils gewählten] Performancemaßes [...] aus der Sicht der Entscheidungsfundierung anders zu beurteilen [ist] als aus der Sicht der Verhaltenssteuerung.“[89]

Die Ableitung des Zwecks der Performancemessung aus der Unternehmensstrategie stellt einen Initiativschritt im Prozess der Einrichtung eines Performancemesssystems dar. Dies gilt sowohl allgemein als auch für ein System der F&E-Performancemessung, wobei hier jedoch die allgemeinen Unternehmensziele zunächst auf die F&E-Aktivitäten umgelegt werden müssen.[90]

In der Literatur finden sich verschiedene Aufgaben, die mit einem Performancemesssystem allgemein verfolgt werden können. Diese werden im nächsten Abschnitt überblicksartig unter Bezugnahme auf zwei repräsentative Quellen dargestellt, um daraus anschließend spezielle Aufgaben im F&E-Kontext abzuleiten.

2.5.2 Allgemeine Aufgaben von Performancemesssystemen

Atkinson (2002) nennt folgende vier Aufgabenbereiche der Performance Evaluation in Unternehmen: die Motivation von Entscheidungen, die in Abstimmung mit den Organisationszielen erfolgen; das Aufzeigen von Verbesserungsmöglichkeiten; die Evaluierung von individueller Performance, um so den Grundstein für Belohnungssysteme zu generieren sowie die Evaluierung der Effektivität des gesamten Unternehmens.[91] *Baron/Kreps* (1999) zählen insgesamt zehn Aufgaben von Performancemessung auf und weisen darauf hin, dass kaum ein System geeignet sein kann, all diesen Aufgaben gleichzeitig zu genügen. Thematisch orientieren sich *Baron/Kreps* (1999) am strategischen Management von Humanressourcen (HR), daher sieht man in ihrer Auflistung im Unterschied zu jener von *Atkinson* (2002) eine Hinwendung zur „personellen Komponente“ von Performancemesssystemen:[92]

1. Verbesserung der Übereinstimmung Jobprofil/individuelle Fähigkeiten
2. Kommunikation von Werten und Zielen des Unternehmens
3. Informationen zur Verbesserung der individuellen Performance

---

88 Vgl. *Hofmann/Pfeiffer* (2003), S. 393.

89 *Riegler/Hirsch* (2005), S. 382.

90 Vgl. dazu auch *Stainer/Nixon* (1997), S. 494.

91 Vgl. *Atkinson* (2002), Sp. 1376f.

92 Vgl. *Baron/Kreps* (1999), S. 211ff. Der Begriff "strategisch" wird in dem hier gezeigten Kontext mit „langfristig wirksam“ gleichgesetzt. In späteren Kapiteln dieser Arbeit bezeichnet der Begriff „strategisch“ wettbewerbsbeeinflussende Aktivitäten. Vgl. für eine Begriffsabgrenzung z.B. *Neus/Nippel* (1996).

4. Training und Karriereentwicklung
5. Performanceabhängige Entlohnung/Beförderung
6. Informationen für Einstellungsstrategien
7. Bewertung von anderen HR-Maßnahmen
8. Informationen für Weiterbeschäftigungs- bzw. Kündigungsentscheidungen
9. Informationen für die rechtliche Absicherung bestimmter HR-Entscheidungen
10. Verhaltensbeeinflussung bei den Evaluierenden (!)

Diese zehn Aufgaben sind nicht überschneidungsfrei definiert und können den von *Atkinson* (2002) dargestellten, allgemeiner gehaltenen Aufgabenbereichen im Großen und Ganzen zugeordnet werden. Als zusätzlicher Aspekt kann allerdings die Verhaltensbeeinflussung der Evaluierenden - also jener Personen im Unternehmen, die die Performancemessung durchführen - gesehen werden, welcher in der Literatur zur Performancemessung allgemein eher vernachlässigt wird, von *Baron/Kreps* (1999) im Kontext des strategischen Managements von Humanressourcen aber als weitere Aufgabe eines Performancemesssystems identifiziert wurde.

2.5.3 Aufgaben von Performancemesssystemen im F&E-Kontext

Godener/Söderquist (2004) unterscheiden, als Ergebnis einer intensiven Literaturrecherche zu Konzeption und Anwendung von Performancemesssystemen im F&E-Kontext, fünf Kategorien von Aufgaben, für die Performancemessergebnisse verwendet werden:[93]

- Kommunikation von Zielen, Vereinbarungen und Regeln, um die Unternehmensstrategie zu quantifizieren und zu begründen. Es soll damit zu einer verbindlichen Festlegung und Operationalisierung der Zielvorgaben kommen. Der Systematik von *Brown/Svenson* (1988) folgend, muss dafür zunächst über eine genaue Definition von gewünschtem Ergebnis 1 (Output) und Ergebnis 2 (Outcome) nachgedacht werden.[94]

- Ableitung von Korrekturmaßnahmen aus den Performancemessergebnissen

- Unterstützung bei der Ressourcenallokation, um damit die Unternehmensstrategie umzusetzen, neue Projekte zu initiieren bzw. bestehende Projekte gegebenenfalls abzubrechen[95]

- Unterstützung bei der Gestaltung von Anreizsystemen, um die Mitarbeiter zu einer "richtigen" Prioritätensetzung und zu zielkongruentem Verhalten zu moti-

---

93 Vgl. *Godener/Söderquist* (2004), S. 195ff.
94 Vgl. *Riegler/Hirsch* (2005), S. 372.
95 Vgl. zu Fragen der effizienten Ressourcenallokation zwischen F&E-Phasen bzw. -Projekten z.B. *Hansen/Weiss/Kwak* (1992) bzw. *Gerchak* (1998). Für Fragen zur Projektauswahl und zur anschließenden Ressourcenzuteilung siehe z.B. *Osawa/Murakami* (2002).

vieren[96] Gerade für Motivationszwecke muss berücksichtigt werden, dass es zu einer verstärkten Hinwendung zu jenen Aktivitäten kommt, die im Rahmen der Performancemessung als wertvoll beurteilt werden. Andere, für den Gesamterfolg zumindest ebenso wichtige Aktivitäten können dadurch vernachlässigt werden, was sich insgesamt schlecht auf die F&E-Performance auswirkt.[97]

- Informationsbereitstellung für kontinuierliche Verbesserungssysteme und für organisationales Lernen. Dabei kann sich die kontinuierliche Verbesserung auf den F&E-Prozess, aber auch auf den Messprozess selbst beziehen.[98]

Darüber hinaus führen *Ojanen/Vuola* (2006) allgemein die „Daseins“Rechtfertigung unternehmerischer F&E-Aktivitäten[99] sowie die Verwendung von Performanceinformationen im Rahmen des Benchmarkings, um die eigene F&E-Leistungsfähigkeit mit jener führender Unternehmen zu vergleichen,[100] als weitere Aufgaben der F&E-Performancemessung an.[101]

Abgeleitet aus den dargestellten Zwecken und Aufgaben lässt sich eine Klassifizierung nach ihrem zeitlichen Bezug zum jeweiligen Messgegenstand identifizieren. Ex ante soll das Performancemesssystem vor allem zur Kommunikation der Ziele, zur Erreichung von Zielkongruenz und damit allgemein zu einer auf die Unternehmensziele ausgerichteten Verhaltensbeeinflussung eingesetzt werden. „Measurement drives behavior and, more importantly, behavior change.“[102] Durch die Performancemessung soll also im Vorfeld eine Prioritätensetzung für bestimmte Aktivitäten im Sinne der Unternehmensleitung und damit eine Beeinflussung des Verhaltens erreicht werden.[103]

Ex post liefert das Performancemesssystem verschiedenste Informationen, die eine Überprüfung der Zielerreichung bzw. des Zielbeitrages erlauben, Ansatzpunkte für Korrekturen aufzeigen und allgemein Input für diverse interne aber auch externe Verwendungsmöglichkeiten[104] darstellen. Dazu zählt auch die Fundierung von Projektinitiierungs- bzw. -abbruchsentscheidungen sowie Entscheidungen über die zukünftige Ressourcenallokation. Vom Wissen um die ex post erfolgende Performancemessung gehen wiederum ex ante Verhaltensbeeinflussungseffekte aus, wodurch die Rückkop-

---

96 Dieser Zweck konnte in den von *Godener/Söderquist* (2004) durchgeführten Interviews nicht bestätigt werden (vgl. *Godener/Söderquist* (2004), S. 209).

97 Vgl. *Kerssens-van Drongelen/Cook* (1997), S. 349.

98 Vgl. *Godener/Söderquist* (2004), S. 208.

99 Vgl. dazu auch *Hauser/Zettelmeyer* (2004), S. 393.

100 Vgl. dazu auch *Gerybadze* (2004), S. 59.

101 Vgl. *Ojanen/Vuola* (2006), S. 285, mit Verweis auf die Ergebnisse der EIRMA (European Industrial Research Management Association) Working Group 62 aus dem Jahr 2004.

102 *Schumann/Ransley/Prestwood* (1995), S. 47. Dazu auch *Hauser/Zettelmeyer* (2004), S. 393, bzw. die Ausführungen in Kapitel 3 der vorliegenden Arbeit.

103 Vgl. *Schumann/Ransley/Prestwood* (1995), S. 47, *Godener/Söderquist* (2004), S. 197.

104 Z.B. können Performancemessergebnisse auch als Grundlage für die externe Berichterstattung dienen, vor allem im Bereich des freiwilligen Value Reporting.

pelung von Informationsbereitstellung und Verhaltensbeeinflussung über die Performancemessung durch Feedback- und Feedforward-Informationen deutlich wird.

Studt (2005) fasst diese Vergangenheits- und gleichzeitige Zukunftsorientierung der Performancemessung treffend zusammen: „Measuring the innovations is an important criterion for tracking the success of current and past innovations to ensure that a continuing flow of new innovations is maintained."[105]

Anschließend an die Darstellung einzelner Aufgaben folgt ein Überblick über die organisatorische Einbettung des F&E-Bereichs und daraus abgeleitet mögliche Ebenen der F&E-Performancemessung.

2.5.4 Ebenen der Performancemessung

Ist die Frage nach dem Zweck und den wahrzunehmenden Aufgaben des Performancemesssystems geklärt, muss die Ausgestaltung der Organisation im Unternehmen näher betrachtet werden, um so unterschiedliche Ebenen für die F&E-Performancemessung zu identifizieren. Große und mittlere Unternehmen weisen oft eine dezentrale Struktur mit verschiedenen Verantwortungsbereichen („Responsibility Centers"[106]) und Hierarchien auf. Die Organisationsstruktur und der Dezentralisierungsgrad zählen laut *Kerssens-van Drongelen/Cook* (1997) zu den wichtigen internen Bestimmungsfaktoren bei der Gestaltung von Performancemesssystemen.[107] Dabei unterscheidet die Literatur nach dem Umfang der delegierten Entscheidungsmacht verschiedene interne Organisationsformen, welche in Tabelle 2 zusammengefasst werden.

Cost Center	Die Verantwortung des dezentralen Bereichs besteht für die Effizienz der Leistungserstellung, die über die anfallenden Kosten gemessen wird. Dabei müssen klare Vorstellungen über den intendierten bzw. erzielten Output bestehen, da ansonsten eine Effizienzmessung nicht möglich ist. Typische Anwendung finden Cost Center im Produktionsbereich, aber auch bei der Erbringung interner Leistungen (z.B. Wartung, Rechtsberatung).
Expense Center	Dem dezentralen Bereich wird die Verantwortung für die Höhe der Ausgaben zur Erstellung bestimmter Leistungen übertragen. Diese Organisationsform kommt dann zur Anwendung, wenn der Output bzw. eine Verknüpfung zwischen Input und Output nicht direkt erfasst werden können. Diese Form wird häufig für F&E- oder Marketingaktivitäten gewählt.

105 *Studt* (2005), S. 44.
106 Vgl. *Reichelstein* (2002), Sp. 1703.
107 Vgl. *Kerssens-van Drongelen/Cook* (1997), S. 350.

Revenue Center	Der dezentrale Bereich trägt nur Verantwortung für die Erlös-, nicht jedoch für die Kostenseite. Diese Organisationsform wird für Marketingaktivitäten vorgeschlagen, wobei jedoch Teile der Kosten, die für die Marketingaktivitäten selbst anfallen, doch in den Verantwortungsbereich des Revenue Centers fallen, nicht jedoch die Herstellkosten der zu vermarktenden Leistungen.
Profit Center	Bei dieser Organisationsform erhält der Bereich die Gewinnverantwortlichkeit, d.h. er trägt sowohl für die Kosten als auch für die Erlöse die Verantwortung. Alle damit in Verbindung stehenden operativen Entscheidungen werden an das Profit Center delegiert, lediglich die Investitions- und Finanzierungsentscheidungen verbleiben zentral bei der Unternehmensleitung. In Unternehmen werden z.B. für einzelne Produktsparten, Regionen oder Kundengruppen Profit Center eingerichtet, die alle damit in Zusammenhang stehenden operativen Entscheidung selbständig treffen.
Investment Center	Diese weitest reichende Form der Delegation beinhaltet neben allen Kompetenzen, die auch einem Profit Center zugeordnet werden zusätzlich noch die Verantwortung für Investitionsentscheidungen. Lediglich die Finanzierungsentscheidungen verbleiben bei der Unternehmensleitung.

Tabelle 2: Dezentrale Verantwortungsbereiche[108]

Um eine organisatorische Einordnung der F&E-Aktivitäten zu ermöglichen, muss zunächst untersucht werden, ob es im Unternehmen einen einzigen zentralen F&E-Bereich gibt, der alle F&E-Aktivitäten durchführt oder ob es in einer divisionalen Organisation (z.B. getrennt nach Produktgruppen, Regionen etc.) neben einem zentralen Grundlagenforschungsbereich in jeder Division eigene F&E-Abteilungen gibt, die anwendungsbezogen arbeiten. Für den zentralen F&E-Bereich bzw. für die zentrale Grundlagenforschung bietet sich eine Organisation als Expense Center an, welches Verantwortung für die anfallenden Ausgaben trägt. Für eine Organisation als Cost Center wäre eine Definition der zu erzielenden Leistung notwendig, um diese dem benötigten Input gegenüberzustellen und so Aussagen über die Effizienz der Leistungserstellung abzuleiten.[109] Dies ist aufgrund der vorne dargestellten schwierigen Verknüpfung von F&E-Input und Output für einen zentralen F&E-Bereich nur eingeschränkt möglich.

Die anwendungsbezogen forschenden F&E-Abteilungen in einer divisionalen Organisationsstruktur weisen i.d.R. eine bessere Verknüpfbarkeit von Input und Output

108 Vgl. für einen Überblick über mögliche dezentrale Organisationsformen z.B. *Zimmerman* (2006), S. 195ff, *von Werder/Grundei* (2004), S. 19ff, *Ewert/Wagenhofer* (2005), S. 408.

109 Vgl. *von Werder/Grundei* (2004), S. 20.

auf.[110] Daher können sie z.B. als Cost Center eingerichtet werden, wenn eine hinreichend genaue Leistungsdefinition für Effizienzbeurteilungen verfügbar ist. Wird die einzelne Division als Profit Center geführt, so fallen die entsprechenden operativen F&E-Entscheidungen in den Verantwortlichkeitsbereich des Profit-Center-Managers. Langfristig wirksame F&E-bezogene Entscheidungen, wie z.B. die Initiierung neuer umfangreicher Forschungsprojekte, werden erst im Rahmen einer Investment-Center-Organisation an den Bereichsverantwortlichen übertragen.

Bei den handelnden Akteuren wird für die nachfolgenden Ausführungen eine begriffliche Trennung vorgenommen. Mit „F&E-Mitarbeiter" werden die Ausführenden der F&E-Aktivitäten bezeichnet, also die Forscher und Entwickler. Ein „F&E-Manager" ist für die Koordination von F&E-Aktivitäten z.B. als Leiter des zentralen F&E-Bereichs oder als F&E-Cost-Center-Manager zuständig. Ihm sind die einzelnen F&E-Mitarbeiter unterstellt. In der vorliegenden Arbeit ist jedoch der „Bereichsmanager mit F&E-Verantwortung" von besonderem Interesse. Dieser ist als Leiter eines Investment Centers für alle operativen Entscheidungen und Investitionsentscheidungen seines Bereichs verantwortlich, auch für jene in Zusammenhang mit F&E.

Erfolgt in einem Unternehmen keine Delegation von Entscheidungskompetenz, verbleiben alle Entscheidungen zentral bei der Unternehmensleitung bzw. bei den Unternehmenseigentümern. Dies kann als monolithische Entscheidungsstruktur bezeichnet werden.[111] Demgegenüber wird im Falle der Dezentralisierung Entscheidungsmacht abgegeben, um bestehende Informationsasymmetrien zu überwinden, die sich aus der Nähe bzw. Ferne der jeweiligen Entscheidungsträger zum Entscheidungsgegenstand ergeben. Durch die Delegation von Entscheidungsmacht soll erreicht werden, dass der besser Informierte die Entscheidungen trifft, um so eine Verknüpfung zwischen Entscheidungsmacht und entscheidungsrelevantem Wissen zu erhalten.[112]

Bestehen in Unternehmen mit asymmetrisch verteilter Information zusätzlich Zielkonflikte zwischen den einzelnen Akteuren, entstehen personelle Koordinationsprobleme, welche neben den auch im Einpersonenkontext auftretenden sachlichen Koordinationsproblemen durch entsprechende Gestaltung der Informations- und Anreizsysteme bewältigt werden müssen.[113] Derartige Zielkonflikte können auf unterschiedliche subjektive Präferenzen der einzelnen Akteure zurückgehen.[114] Diese werden von *Ewert/Wagenhofer* (2005) als „gegebene Zielkonflikte" im Unterschied zu „gemachten Zielkonflikten" bezeichnet. Letztere leiten sich direkt aus der gewählten Organisationsform

110 Vgl. *Pearson/Nixon/Kerssens-van Drongelen* (2000), S. 356, welche eine Tendenz hin zur auftragsbezogenen Organisation von F&E feststellen.
111 Vgl. *Ewert/Wagenhofer* (2005), S. 406.
112 Vgl. *Zimmerman* (2006), S. 164.
113 Für einen Überblick über Koordinationsprobleme in Unternehmen siehe z.B. *Laux/Liermann* (2005), S. 191ff, *Ewert/Wagenhofer* (2005), S. 402ff.
114 Vgl. *Ewert/Wagenhofer* (2005), S. 407ff.

ab. Werden einem Entscheidungsträger bestimmte Kompetenzen übertragen und wird seine Leistung anhand bestimmter, mit dem Verantwortungsbereich in Zusammenhang stehender Maßgrößen beurteilt, so wird er bestrebt sein, diese Maßgrößen optimal zu gestalten und daraus den größtmöglichen persönlichen Vorteil zu ziehen. Zielkonflikte können in diesem Zusammenhang entstehen, wenn eine Optimierung der individuellen Beurteilungsgrößen nicht zu einem optimalen Ergebnis aus Sicht der Unternehmensleitung führt.[115] Bei der Entscheidung über das Ausmaß der Delegation muss ein Trade-off zwischen einer effizienten Entscheidungsfindung unter Rückgriff auf möglichst alle vorhandenen Informationen einerseits und einem effizienten Kontrollsystem andererseits, welches negative Folgen aus Zielkonflikten verhindern soll, berücksichtigt werden.[116]

Zimmerman (2006) beschreibt drei Kernelemente, die im Rahmen der Festlegung der Organisationsstruktur, unterstützt durch die interne Unternehmensrechnung jedenfalls definiert werden müssen:[117]

- Ein System, das über die Verteilung von Entscheidungskompetenz wacht
- Ein System zur Performancemessung
- Ein System, das Belohnungen bzw. Bestrafungen performanceorientiert festlegt

Mit der Verteilung von Entscheidungskompetenz wird gleichzeitig auch der Verantwortlichkeitsbereich festgelegt. In der Literatur wird im Rahmen des Responsibility Accountings[118] die Frage nach der Verteilung von Verantwortlichkeit im Unternehmen analysiert. Dabei soll das Performancemesssystem auf die jeweilige Verantwortlichkeitsebene und damit auf die jeweils zugeteilte Entscheidungsbefugnis abgestimmt werden. „[Performance metrics] must reflect the *objectives for and responsibilities of* the person(s) or activities that are being measured."[119]

Ein Baustein des Responsibility Accountings ist das Controllability-Prinzip, welches besagt, dass Verantwortung nur für jene Aufgabengebiete übernommen werden muss, die auch vom zu Beurteilenden kontrolliert werden (können).[120] Nach *Reichelstein* (2002) hat die moderne Agency Theory zu einem Nachdenken über diese traditionelle Auslegung des Controllability-Prinzips geführt und es kam zu einer Bewegung weg

---

115 Vgl. *Ewert/Wagenhofer* (2005), S. 409, bzw. die Ausführungen zur Auswahl geeigneter Beurteilungsgrößen in Kapitel 3 der vorliegenden Arbeit.

116 Vgl. *Zimmerman* (2006), S. 4.

117 Vgl. *Zimmerman* (2006), S. 168ff, der diese drei Systeme unter dem Begriff „Organizational architecture" zusammenfasst.

118 Siehe allgemein zum Responsibility Accounting z.B. *Demski* (1997), Kapitel 20.

119 *Kerssens-van Drongelen/Cook* (1997), S. 352.

120 Vgl. *Reichelstein* (2002), Sp. 1705, *Ewert/Wagenhofer* (2005), S. 342.

vom Kriterium der Kontrolle hin zum Kriterium des Informationsgehalts.[121] Für die Gestaltung des Performancemesssystems hat das Controllability-Prinzip insofern Bedeutung, als bei der Beurteilung nur solche Performancemaße berücksichtigt werden sollen, die zusätzliche Informationen über Entscheidungen des zu beurteilenden Individuums bzw. Messsubjekts liefern.[122] Aus Sicht der Verhaltensbeeinflussung kann allerdings auch eine vollständige Abkehr vom Controllability-Prinzip zielführend sein.[123] Es soll grundsätzlich auf jene Bemessungsgrundlagen abgestellt werden, die den Wertbeitrag des zu Beurteilenden bzw. des Messsubjekts angemessen widerspiegeln.[124]

Als Messsubjekte unterscheiden *Kerssens-van Drongelen/Bilderbeek* (1999) folgende vier Ebenen:[125]

- Individuelle Performance
- Team Performance
- F&E-Bereichs-/Abteilungsperformance
- Performance von F&E auf der (Gesamt-)Unternehmensebene

Godener/Söderquist (2004) unterscheiden die Projektebene, die sich auf individuelle Projekte konzentriert und sowohl Team- als auch Individualbeurteilungen beinhaltet und die funktionale Ebene, die in aggregierter Form sowohl Projekte als auch allgemein die F&E-Funktion analysiert.[126]

Je nach Messsubjekt sind unterschiedliche Performancemaße geeignet. Die Festlegung des Messsubjekts stellt daher einen weiteren internen Bestimmungsfaktor für die Gestaltung des Performancemesssystems dar.[127] Dabei sind allerdings die bereits genannten Probleme der F&E-Performancemessung zu berücksichtigen, welche sich noch verstärken, je mehr man sich der Individualebene nähert.

Die Isolierung des Einzelbeitrags eines F&E-Mitarbeiters zur Unternehmenszielerreichung ist i.d.R. nicht möglich. Für die Individualebene haben *Kerssens-van Drongelen/Cook* (1997) in einer Befragung holländischer Unternehmen vor allem subjektive Beurteilungen durch die Vorgesetzten anhand der Kriterien Arbeitsgeschwindigkeit,

---

121 Vgl. *Reichelstein* (2002), Sp. 1705. Siehe allgemein zum „informativeness principle" z.B. *Indjejikian* (1999), S. 149, und die dort zitierte Literatur.

122 Vgl. *Demski* (1997), S. 502, *Reichelstein* (2002), Sp. 1705.

123 Vgl. *Hofmann/Pfeiffer* (2003), S. 393, *Ewert/Wagenhofer* (2005), S. 380.

124 Vgl. *Indjejikian* (1999), S. 149.

125 Vgl. *Kerssens-van Drongelen/Bilderbeek* (1999), S. 40.

126 Vgl. *Godener/Söderquist* (2004), S. 200ff.

127 Vgl. *Kerssens-van Drongelen/Cook* (1997), S. 350, *Ojanen/Vuola* (2006), S. 281.

Genauigkeit, Teamfähigkeit und Erreichen von Meilensteinen ermittelt.[128] Mitarbeiter werden im Vergleich zu Unternehmenseigentümern tendenziell als kurzfristiger orientiert beschrieben, was sich z.B. auch aus der Möglichkeit eines Arbeitsplatzwechsels ergibt.[129] Dieser führt dazu, dass der Mitarbeiter von den spät geernteten „Früchten" seiner Aktivitäten aufgrund des langen Zeithorizonts von F&E-Investitionen nicht mehr profitieren kann. Dadurch kann dysfunktionales Verhalten ausgelöst werden, welchem durch die bewusste Gestaltung von Anreiz- und Kontrollsystemen auf der Individualebene entgegengetreten werden soll. Generell gilt auch im F&E-Kontext der Satz „you get what you measure", d.h. der Auswahl der Beurteilungsgrößen kommt große Bedeutung zu, da die Performancemessung Rückwirkungen auf das individuelle Verhalten der Beurteilten haben wird.[130]

In den von *Godener/Söderquist* (2004) untersuchten Unternehmen hat sich beispielsweise gezeigt, dass für F&E-(Projekt)Manager noch ein Zusammenhang mit der Performance, z.B. bei der Festlegung der zukünftigen Projekte, hergestellt werden kann. Werden Performanceziele nicht erreicht, können den Projektmanagern weniger wichtige Projekte zugeteilt werden.[131] Auf hierarchisch untergeordneten Ebenen, d.h. für einzelne F&E-Mitarbeiter zeigten sich in der Untersuchung keine beobachtbaren performanceabhängigen Belohnungs- und Beförderungssysteme.[132] Investment-Center-Manager, d.h. Bereichsmanager mit F&E-Verantwortung, werden meist anhand der gesamten Performance ihres Verantwortungsbereichs beurteilt. Diese wird z.B. durch finanzielle Performancegrößen wie den Bereichsgewinn oder, unter Berücksichtigung der eingesetzten Ressourcen, durch den Return on Investment oder den Residualgewinn gemessen. Dabei ist der Beitrag der F&E-Aktivitäten mitenthalten, kann jedoch nicht eindeutig identifiziert werden.

Auf der Teamebene wird die Performancemessung hauptsächlich zur Fortschrittskontrolle, zur Unterstützung kontinuierlicher Verbesserungsprogramme, zur Entscheidung über die Vergabe neuer Projekte bzw. über die Beendigung bestehender Projekte, aber auch zur Vergabe von Teambelohnungen eingesetzt.[133]

Auf Abteilungsebene werden durch Performancemessergebnisse vor allem Ressourcenallokationsentscheidungen fundiert. Daneben werden die Performanceinformationen für Korrektur- und Verbesserungsmaßnahmen benötigt.[134]

Auf der Gesamtunternehmensebene werden eher quantitative Größen gemessen, also z.B. die Anzahl der abgeschlossenen Projekte, die „time to market" sowie der Umsatz-

---

128 Vgl. *Kerssens-van Drongelen/Cook* (1997), S. 351.
129 Vgl. dazu z.B. *Hauser/Zettelmeyer* (2004), S. 396.
130 Vgl. *Kerssens-van Drongelen/Cook* (1997), S. 352, bzw. allgemein *Kerr* (1975).
131 Vgl. *Godener/Söderquist* (2004), S. 209.
132 Vgl. *Godener/Söderquist* (2004), S. 209.
133 Vgl. dazu die empirischen Ergebnisse bei *Kerssens-van Drongelen/Bilderbeek* (1999), S. 41.
134 Vgl. *Kerssens-van Drongelen/Bilderbeek* (1999), S. 41.

beitrag neuer Produkte.[135] Die Performancemessinformationen werden auf dieser Ebene vor allem für Verbesserungs- und Korrekturmaßnahmen benötigt. Daneben wurden als weitere Aufgaben in der empirischen Untersuchung von *Kerssens-van Drongelen/Bilderbeek* (1999) die Unterstützung bei der Ressourcenallokation sowie bei der Reorganisation genannt.[136]

2.5.5 Gegenstand der Performancemessung

Üblicherweise wird gleichzeitig mit dem Ort der Performancemessung („Wo wird gemessen?" bzw. „Wer unterliegt einer Messung?") auch der Messbereich bzw. der Gegenstand der Messung („Was soll gemessen werden?") festgelegt. Diese Messgegenstände spiegeln die bewusst gewählten Zielvorgaben der Unternehmensleitung für den Messprozess wider.[137] Der traditionelle Fokus von Performancemesssystemen liegt im Bereich der „task control"[138], also der Evaluierung der laufenden Aktivitäten hinsichtlich ihres Unternehmenszielbeitrags. Daneben existiert aber auch ein „Results-control"-Ansatz, der sich nur auf das Ergebnis der jeweiligen Aktivität, nicht aber auf die Durchführung derselben bezieht. Dies kann mit dem Konzept des „Management-by-Objecitves" verglichen werden, bei dem ein konkretes Ziel vorgegeben wird, der Prozess der Zielerreichung jedoch dem Akteur selbst überlassen wird. Für den F&E-Bereich kann eine reine Konzentration auf „task control" zu einer Fehlsteuerung führen, wie dies bereits *Brown/Svenson* (1988) ausführen.[139]

Als mögliche Messgegenstände definieren *Godener/Söderquist* (2004) folgende sieben Ansatzpunkte, wovon die ersten vier in der Literatur allgemein weit verbreitet sind, die letzten drei von *Godener/Söderquist* (2004) zusätzlich durch eine tief gehende Literaturrecherche herausgefiltert wurden:[140]

- Finanzielle Performancemaße: Performance wird definiert als die Maximierung des finanziellen Rückflusses aus den F&E-Investitionen. Diese lassen sich z.B. anhand des Umsatzes, der mit neu entwickelten Produkten erzielt wird, messen.

- Kundenzufriedenheitsmaße: Performance wird definiert als Befriedigung bzw. Übertreffen der Kundenanforderungen. Hier gehören alle marktorientierten Performancemaße dazu, wie z.B. die Messung des Marktanteils neuer Produkte, die Auswirkungen auf das Image etc.

---

135 Vgl. *Kerssens-van Drongelen/Cook* (1997), S. 351.
136 Vgl. *Kerssens-van Drongelen/Bilderbeek* (1999), S. 41.
137 Vgl. *Godener/Söderquist* (2004), S. 195.
138 Vgl. hierzu und zum nachfolgenden „Results-control"-Ansatz *Atkinson* (2002).
139 Vgl. *Brown/Svenson* (1988), S. 12f.
140 Vgl. *Godener/Söderquist* (2004), S. 193f. Als Ergebnis aus den durchgeführten Tiefeninterviews zeigte sich bei *Godener/Söderquist* (2004) jedoch, dass nicht alle sieben in der Literatur identifizierten Messbereiche in den untersuchten Unternehmen vertreten sind. Siehe dazu *Godener/Söderquist* (2004), S. 202f.

- Prozessmanagementmaßgrößen: Eine hohe Performance wird erreicht, wenn durch den F&E-Prozess sowohl Qualität, Zeit als auch Kosten optimal gestaltet werden und der Projektfortschritt den definierten Zielen entspricht. Hierzu zählen z.B. Produktivitätsmaße.

- Innovationsmaßgrößen: Performance wird definiert als die erfolgreiche Umsetzung von Ideen und Forschungsaktivitäten in neuen Produkten. Dazu zählen outputorientierte Messgrößen, wie z.B. die Anzahl an Patenten.

- Strategische Maßgrößen: Performance wird definiert als Zielerreichung, wobei auf die Umsetzung der Unternehmensstrategie durch die jeweiligen F&E-Aktivitäten abgestellt wird. Diese zusätzliche Perspektive versucht die kurzfristige Sichtweise der finanziellen Maßgrößen durch eine langfristigere Ausrichtung zu ergänzen und die Anregungen aus den kundenorientierten Maßgrößen in den Kontext der gewählten Unternehmensstrategie einzubetten.[141]

- Technologiemanagementmaßgrößen: Eine hohe Performance umfasst das effiziente Management von Produkttechnologien, um einen fortwährenden Fluss an neuen, wettbewerbsfähigen Produkten zu erhalten. Damit soll eine Verknüpfung des technologischen Erfolgs und des Markterfolgs erreicht werden.[142]

- Wissensmanagementmaßgrößen: Eine hohe Performance wird erreicht, wenn der Rückfluss aus der F&E-Investition einen qualitativen Beitrag in Form von Wissensgenerierung, Wissenstransfer und Wissensverwendung zum Aufbau von immateriellem Vermögen bringt. Dabei wird auf den Aufbau von Humanvermögen abgestellt.

In einer von *Godener/Söderquist* (2004) durchgeführten Untersuchung konnte eine Messung der Bereiche Technologiemanagement und Wissensmanagement nicht nachgewiesen werden.[143] Dort identifizierte Maßgrößen operationalisieren aber die, im Rahmen der Aufgabendarstellung von F&E-Performancemesssystemen identifizierten Aufgaben der Unterstützung von kontinuierlichen Verbesserungsprozessen und des organisationalen Lernens.

2.6 Ansatzpunkte zur Messung und Beurteilung der F&E-Performance

Die prozesshafte Darstellung von *Brown/Svenson* (1988) liefert verschiedene Ansatzpunkte für eine Messung und Beurteilung der F&E-Performance. Je nach gewähltem Ansatzpunkt können unterschiedliche Performancegrößen aus den in Abschnitt 2.5.5 dargestellten Messgegenständen ermittelt werden. Die Erfassung und Beurteilung der

---

[141] Vgl. *Godener/Söderquist* (2004), S. 193, *Hauser/Zettelmeyer* (2004), S. 395ff. Auch hier bezieht sich „strategisch" auf eine langfristige Perspektive im Unterschied zur kurzfristigen, operativen Perspektive.

[142] Vgl. dazu die Ausführungen in Abschnitt 2.6.

[143] Vgl. *Godener/Söderquist* (2004), S. 211ff.

einzelnen Inputs, Aktivitäten und Ergebnisse stellt allerdings, wie bereits bei der Darstellung der Besonderheiten von F&E-Investitionen dargelegt, eine große Herausforderung dar.

2.6.1 Ebene Input

Ein Teil der für F&E-Aktivitäten verwendeten Inputs lässt sich aus den Daten der Unternehmensrechnung ableiten. So können z.B. Personalkosten, Kosten für den Betrieb eines Labors oder Abschreibungen von Laboreinrichtungen leicht als finanzielle Performancemaße ermittelt werden. Bei den eher qualitativen Inputs in Form von Fachwissen, Fähigkeiten oder Problemstellungen fällt bereits die reine Messung schwer, da es sich um immaterielle Werte handelt, die dem Bereich Humanvermögen zuzuordnen sind.[144] Die Sinnhaftigkeit des jeweiligen Ressourceneinsatzes ist jedoch getrennt von der reinen Messung zu beurteilen. Diese Beurteilung des Inputs kann eigentlich nur über eine Verknüpfung mit dem intendierten bzw. mit dem tatsächlich erzielten Output erfolgen, um Aussagen über Effektivität und Effizienz treffen zu können.

2.6.2 Ebene Aktivitäten

Die Messung der einzelnen F&E-Aktivitäten kann z.B. über Protokolle, Arbeitsberichte oder Forschungsanträge erfolgen.[145] Dabei wird ein Task-control-Zugang gewählt. Die exakte Messung des Verhaltens bei der Ausführung der Aktivitäten ist schwierig und nur durch direkte Beobachtung möglich. Dies würde jedoch zu hohen Kosten und hohem Zeitbedarf bei den Beurteilern führen. Eine schnelle und einfache Messung des Verhaltens z.B. über Fragebögen bzw. Umfragen[146] ist auch denkbar, liefert aber nur wenig verlässliche Ergebnisse.[147] Die Effizienz und Sinnhaftigkeit bestimmter Aktivitäten kann wiederum nur in Verbindung mit dem geplanten bzw. realisierten Output beurteilt werden.

2.6.3 Ebene Output

Die unmittelbaren F&E-Ergebnisse lassen sich durch die drei Prozessmanagementmaßgrößen Qualität, Quantität und Kosten messen.[148] Über bibliometrische Verfahren können z.B. quantitative Analysen des unmittelbaren F&E-Outputs vorgenommen werden, indem die Zitierhäufigkeit von Veröffentlichungen in Fachzeitschriften gemessen wird.[149] Auch die Anzahl der erhaltenen Patente lässt sich leicht ermitteln.[150]

---

144 Vgl. *Stainer/Nixon* (1997), S. 486.

145 Vgl. *Brown/Svenson* (1988), S. 12.

146 Vgl. zur möglichen Gestaltung derartiger Befragungen z.B. *Specht/Beckmann/Amelingmeyer* (2002), S .323f.

147 Vgl. *Brown/Svenson* (1988), S. 13.

148 Vgl. *Brown/Svenson* (1988), S. 12.

149 Vgl. *Studt* (2005), S. 43.

150 Vgl. *Robb* (1991), S. 17f, über die Verwendung von quantitativen Outputmessgrößen bei General Electric.

Die derart ermittelten Outputgrößen können dem dafür benötigten Input gegenübergestellt werden, um z.B. die durchschnittlichen Entwicklungskosten pro Patent zu berechnen. Eine Verknüpfung bestimmter Inputs und Aktivitäten mit einzelnen Outputs kann jedoch oft nur willkürlich erfolgen, wodurch die Objektivität der Beurteilung von F&E-Outputs nicht mehr gewährleistet ist.[151]

2.6.4 Ebene Leistungsverwertung

Die Performancemessung und -beurteilung in den Leistungsverwertungssystemen fällt nicht direkt in den Bereich der F&E-Performancemessung. Das endgültig erzielte Ergebnis 2 (Outcome) beinhaltet jedoch neben dem Wertbeitrag, der durch die F&E-Aktivitäten erzielt wurde, auch den Wertbeitrag, der bei der Weiterverarbeitung in den Leistungssystemen generiert wurde. Daher muss diese „Verzerrung" bei der Messung und Beurteilung der F&E-Performance berücksichtigt werden.

2.6.5 Ebene Outcome

Auch wenn bereits die Outputs als unmittelbares F&E-Ergebnis gemessen und beurteilt werden können, kann der tatsächliche Beitrag der F&E-Aktivitäten zur Unternehmenszielerreichung, der „real value"[152] erst durch die Messung der mittelbaren F&E-Ergebnisse erschlossen werden. Diese spiegeln sich beispielsweise im Gewinn oder Umsatz des Unternehmens wider. Der Wertbeitrag einzelner neu entwickelter Produkte in den finanziellen Performancemaßen Gewinn und Umsatz kann jedoch mit den traditionellen Methoden der Unternehmensrechnung nur näherungsweise und verzerrt gemessen werden, da eine Zuordnung von Kosten und Erlösen oft auf der Basis mehr oder weniger willkürlicher Verfahren erfolgt.[153] Als finanzielles F&E-Gesamtergebnis müssten die jeweiligen Periodenerlöse aus Erfindungen, der wertmäßige Zuwachs aus Zwischenergebnissen (z.B. aus der Vorentwicklung) sowie der Wert von selbsterstellter Test- und Laborausstattung als aktivierte Eigenleistung summiert werden, wofür genaue Mengen- und Preismessungen notwendig wären.[154]

Der unmittelbare Output aus den F&E-Aktivitäten, in Form von Prototypen bzw. neuen Verfahren, wird von *Brockhoff* (2002) als technologischer Erfolg bezeichnet.[155] Wenn dieser Output in den Leistungsverwertungssystemen zu einem erfolgreichen Produkt weiterentwickelt wird bzw. wenn ein neu entwickeltes Verfahren in der Produktion eingesetzt wird, kann damit ein Markterfolg (Outcome) erzielt werden. Auch eine direkte Verwertung des F&E-Outputs z.B. durch den Verkauf von Lizenzrechten und Patenten würde einen Markterfolg generieren. Aus manchen F&E-Outputs können

---

151 Vgl. *Specht/Beckmann/Amelingmeyer* (2002), S. 450.
152 Vgl. *Brown/Svenson* (1988), S. 12.
153 Vgl. *Griffin/Page* (1996), S. 493, *Kerssens-van Drongelen/Cook* (1997), S. 348.
154 Vgl. *Specht/Beckmann/Amelingmeyer* (2002), S. 448f.
155 Vgl. *Brockhoff* (2002), Sp. 602.

allerdings weder direkt noch durch Weitergabe an die Leistungssysteme Markterfolge erzielt werden. *Robb* (1991) berichtet über den Unterschied in der Erreichung von technischen Zielen und der gleichzeitigen Erfolglosigkeit einzelner F&E-Projekte hinsichtlich wirtschaftlicher Ziele und hinsichtlich potentieller Kundenanforderungen.[156] Bei der Beurteilung von F&E-Ergebnissen hinsichtlich ihrer Zielerreichung muss also nach der jeweiligen Erfolgsebene (technologischer und/oder Markterfolg) unterschieden werden, was sich in der Verwendung entsprechender Technologiemanagementmaßgrößen widerspiegelt.

Outcomes können ebenfalls anhand der drei Prozessmanagementmaßgrößen Qualität, Quantität und Kosten gemessen werden. Auch auf dieser Ebene wird eine Verknüpfung von Inputs und Aktivitäten mit dem erzielten Ergebnis vorgenommen. *Brown/Svenson* (1988) schlagen z.B. die Ermittlung eines Return on (R&D)-Investment vor.[157] *Osawa/Yamasaki* (2005) bezeichnen den Zusammenhang zwischen F&E-Investition und F&E-Ergebnis (Output bzw. Outcome) insgesamt als „F&E-Performance", welche den gesamten F&E-Wertbeitrag widerspiegelt.[158] Diese Kennzahlen versuchen, eine Brücke zwischen F&E-Inputs und Ergebnis zu schlagen und stellen damit Produktivitätsmaße dar. Neben diesen Messgrößen können qualitative Beurteilungen der Auswirkungen auf die Technologieposition, den Bekanntheitsgrad, die Kundenzufriedenheit oder das Image des Unternehmens als nichtfinanzielle Kenngrößen für die Dimension Outcome erfasst werden, um das gesamte Nutzenpotential aus der F&E-Tätigkeit wiederzugeben.[159]

Als mögliche Beurteilungsgrößen in performanceorientierten Entlohnungssystemen, die im Mittelpunkt der nachfolgenden Analyse stehen, können grundsätzlich Inputs, F&E-Aktivitäten, unmittelbare Ergebnisse des F&E-Prozesses und auch mittelbare Ergebnisse, die sich nach der Verwertung durch die Leistungssysteme ergeben, herangezogen werden. Im nachfolgend vorgestellten Modell erfolgt eine Konzentration auf finanziell messbare Outcomes, also mittelbare Ergebnisse der F&E-Tätigkeit, da diese aus den Daten der Unternehmensrechnung abgeleitet werden können und auch in der Praxis häufig Verwendung in Entlohnungsverträgen finden.

Nachfolgend werden nun in der Literatur angeführte Gründe, die gegen bzw. für eine F&E-Performancemessung sprechen, zusammengefasst, um daraus Implikationen für Gestaltungsempfehlungen im F&E-Kontext abzuleiten.

---

156 Vgl. *Robb* (1991), S. 20.
157 Vgl. *Brown/Svenson* (1988), S. 14.
158 Vgl. *Osawa/Yamasaki* (2005), S. 455.
159 Vgl. *Riegler/Hirsch* (2005), S. 374, *Kopel/Riegler* (2006a), S. 86f.

2.7 *Zusammenfassende Betrachtung*

2.7.1 Gründe, die gegen eine F&E-Performancemessung sprechen

- Die meisten F&E-Performancemesssysteme greifen ausschließlich auf interne Messung und Feedback innerhalb des F&E-Bereichs zurück. Dadurch können Situationen entstehen, wo F&E-Bereiche anhand ihrer eigenen Kriterien und nach Durchführung einer rein internen Messung zu dem Schluss gelangen, dass sie hervorragende Arbeit leisten.[160]

- Aufgrund der zum Teil einfacheren Messbarkeit kann es zu einer Konzentration auf das Verhalten der Akteure und nicht auf dessen Ergebnis (task control statt results control) kommen.[161] Dabei entstehen z.B. Situationen, in denen „alle geforderten Aufgaben" erfüllt werden, aber dennoch kein messbarer Zielbeitrag generiert wird.

- Wenn von den Unternehmen versucht wird, F&E-Output zu messen, wird oft auf leicht messbare Kennzahlen wie z.B. Anzahl der Forschungsanträge, Anzahl der veröffentlichten Artikel oder Anzahl der erhaltenen Patente zurückgegriffen. Diese Messgrößen konzentrieren sich vor allem auf die Quantität, die Qualität bzw. der Wertbeitrag wird dabei aber vernachlässigt.[162] Auch hier kann sich wieder ein Fehlverhalten aus dem Messprozess heraus ergeben, indem sich die F&E-Mitarbeiter hauptsächlich auf Quantität konzentrieren, also z.B. viel Zeit dafür verwenden, aus einer einzigen Produktidee möglichst viele Patente, Artikel etc. herauszuholen, anstatt diese Zeit für die Suche nach neuen, weiteren Ideen zu verwenden.

- Wenn zusätzlich auch die Qualität der F&E-Aktivitäten und -Ergebnisse gemessen werden soll, wird oft auf subjektive Messverfahren zurückgegriffen.[163] Dabei wird für die Qualitätsmessung z.B. ein Rankingsystem eingesetzt, in dem von den Beurteilern Punkte für bestimmte Ausprägungen zugeordnet werden.[164] Durch diese Subjektivität ist eine faire und alle gleich behandelnde Messung, auch bei gutem Willen der Messenden, nicht zu gewährleisten. Auch die inter-

---

160 Vgl. *Brown/Svenson* (1988), S. 12. *Robb* (1991), S. 19, begründet die Verwendung von externer Validierung mit dem Ausspruch "only the Almighty is qualified to look upon His own work and declare that it is good".

161 Vgl. *Brown/Svenson* (1988), S. 12.

162 Vgl. dazu *Kerssens-van Drongelen/Cook* (1997), S. 355, die diese Methoden als „bean-counting bibliometric methods" bezeichnen.

163 Vgl. *Brown/Svenson* (1988), S. 13f, *Kerssens-van Drongelen/Cook* (1997), S. 354f.

164 Vgl. die Ausführungen zu solchen semi-quantitativen Beurteilungsverfahren bei *Kerssens-van Drongelen/Cook* (1997), S. 354f.

subjektive Überprüfbarkeit ist schwieriger, da das persönliche Urteil maßgebend ist.[165]

- Weiters kann es auch dazu kommen, dass Mitarbeiter, wenn sie einer Performancemessung unterliegen, mehr Zeit damit verbringen, sich gegenüber ihren Beurteilern gut zu präsentieren[166] bzw. diese Beurteiler sogar bewusst beeinflussen, z.B. durch das Ausnützen von Informationsasymmetrien. In der gleichen Zeit könnten die Mitarbeiter aber auch produktiven Tätigkeiten nachgehen und damit einen Wertbeitrag für das Unternehmen generieren.

- Die zu Beurteilenden werden ihr Verhalten dahingehend ändern, dass Performancegrößen in ihrem Sinne positiv beeinflusst werden. „[...] performance measurement in R&NPD leads to improvement at least of those outcomes that are measured [...]"[167] Werden die Performancemaße dabei nicht sorgfältig ausgewählt, führt dies zu dysfunktionalem Verhalten.[168]

- Eine Messung des F&E-Inputs auf Individualebene wird erschwert, sobald die Leistung nicht mehr von einem einzelnen Mitarbeiter, sondern von einem Team erbracht wird. Der Leistungsbeitrag des einzelnen zu einem Output lässt sich nur dann objektiv messen, wenn die Leistungsbeiträge aller anderen Teammitglieder beobachtbar sind.[169] Output, z.B. in Form eines neuen Produktionsverfahrens, stellt ein gemeinsames Ergebnis aus allen individuellen Inputs und Aktivitäten teamorientierter F&E dar und hängt damit von der Produktivität jedes Einzelnen ab. Die Messung teamorientierter Performance eröffnet Raum für mögliches „Trittbrettfahren"[170] und für das Abschieben von Verantwortung für eigene Fehlleistungen auf andere Mitglieder im Team.

- Will das Unternehmen alle bisher genannten Problemfelder vermeiden, versucht es das „ultimative" Messsystem zu entwickeln. Damit wird aber gleichzeitig der Komplexitätsgrad erhöht, was im Endeffekt dazu führen kann, dass das Performancemesssystem aufgrund seiner zu komplizierten Handhabung abgelehnt wird. Auch die Anzahl an parallel verwendeten Beurteilungsgrößen

---

165 Siehe zur Bedeutung ergänzender subjektiver Performancegrößen in einem diversifizierten Performancemesssystem jedoch z.B. *Van der Stede/Chow/Lin* (2006).

166 Vgl. *Zimmerman* (2006), S. 167.

167 *Godener/Söderquist* (2004), S. 197.

168 Vgl. beispielhaft zum Problem von „rewarding A, while hoping for B" *Kerr* (1975) bzw. in einer aktualisierten Version *Kerr* (1995).

169 Vgl. *Zimmerman* (2006), S. 157f.

170 Dieses Phänomen wird in der englischsprachigen Literatur als „Free-Rider Problem" beschrieben. Siehe dazu z.B. *Baron/Kreps* (1999), S. 262f.

kann zu Problemen führen. „Measuring people on too many variables is as bad as no measurement at all.“[171]

2.7.2 Gründe, die für eine F&E-Performancemessung sprechen

- Über die Einrichtung eines Performancemesssystems wird es der Unternehmensleitung ermöglicht, die verfolgte Strategie zu operationalisieren und die daraus abgeleiteten Ziele an die jeweiligen Akteure zu kommunizieren. Dadurch wird festgelegt, wo die Prioritäten gesetzt werden.[172]

- Da F&E-Investitionsprojekte in Konkurrenz zu anderen Investitionsmöglichkeiten stehen, werden glaubwürdige Informationen über die aktuelle und zukünftig erwartete F&E-Performance als Grundlage für die Entscheidung über Ressourcenallokationen benötigt.[173]

- Um glaubhaft die Notwendigkeit unternehmensinterner F&E-Aktivitäten begründen zu können, müssen sowohl Effizienz als auch Effektivität bei der Ausführung belegt werden, wofür auf Messdaten zurückgegriffen wird.[174] Die F&E-Mitarbeiter und F&E-Verantwortlichen können durch ein anerkanntes Performancemesssystem ihren Wertbeitrag für das Unternehmen belegen.[175]

- Die F&E-Mitarbeiter sind sich durch den Einsatz von Performancemesssystemen der Bedeutung von F&E-Produktivität und der Notwendigkeit zu effektivem und effizientem Arbeiten stärker bewusst, was zu erhöhter Motivation und erhöhter Performance führt.[176]

- Durch die Verwendung von kundenorientierten Performancemaßen wird die "Nachfragerseite" der zukünftigen F&E-Ergebnisse bewusst in den F&E-Prozess miteinbezogen.[177] „We must be able to take our product, which is knowledge gained from both our successes and our failures, and translate it into technical accomplishments that satisfy customer needs in a timely manner."[178]

---

171 *Brown/Svenson* (1988), S. 13. Vgl. dazu auch deren Bemerkung zu Management-by-Objectives, wo ähnliche Probleme auftreten, wenn die Anzahl der vorgegebenen Ziele zu hoch ist. Demgegenüber wird beispielsweise in der Agency Literatur der Wert zusätzlicher Beurteilungsgrößen, welche informativ hinsichtlich der Performancemessung und -beurteilung sind, herausgearbeitet. Vgl. dazu z.B. *Feltham/Xie* (1994), *Christensen/Feltham* (2005), Kapitel 20.

172 Vgl. dazu z.B. *Schumann/Ransley/Prestwood* (1995), S. 47, *Godener/Söderquist* (2004), S. 197.

173 Vgl. *Geisler* (1995), S. 282, *Ojanen/Vuola* (2006), S. 280.

174 Vgl. *Pearson/Nixon/Kerssens-van Drongelen* (2000), S. 361f, bzw. *Robb* (1991), S. 17, am Beispiel von General Electric.

175 Vgl. *Godener/Söderquist* (2004), S. 197.

176 Vgl. *Kerssens-van Drongelen/Cook* (1997), S. 346, *Kerssens-van Drongelen/Bilderbeek* (1999), S. 43.

177 Vgl. zur Notwendigkeit der Kundenorientierung *O'Neill/Bridenbaugh* (1992) am Beispiel von Alcoa.

178 *O'Neill/Bridenbaugh* (1992), S. 28.

- Aus einer funktionsübergreifenden Performancemessung kann auch ein positiver Effekt für die funktionale Integration der F&E-Tätigkeit entstehen, da durch die Beteiligung unterschiedlicher Bereiche eine stärkere Verzahnung und ganz allgemein ein stärkeres Verständnis zwischen den F&E-Verantwortlichen und den Verantwortlichen in den Leistungsverwertungssystemen entsteht.[179]

- Die F&E-Performancemessung ist notwendige Vorraussetzung eines, das ganze Unternehmen umfassenden Qualitätsmanagementkonzepts.[180]

- Die Produktivitätsmessung zeigt neben besonders produktiven Bereichen vor allem auch jene, in denen es noch Potential zur Steigerung der Produktivität gibt und ermöglicht die Einleitung von Korrektur- und Verbesserungsmaßnahmen.[181]

2.7.3 Implikationen für Gestaltungsempfehlungen

Wird nun, gestützt auf die Argumente, die für eine Performancemessung in F&E sprechen, versucht, ein derartiges Messsystem zu entwicklen, müssen die genannten Problemfelder berücksichtigt werden. *Brown/Svenson* (1988) drücken dies folgendermaßen aus: „Obviously, the way to design a workable system for measuring R&D productivity is to avoid all the errors [...] described."[182]

Ein solches System beinhaltet neben einer internen Beurteilung innerhalb des F&E-Bereichs auch eine externe Beurteilung und Feedback durch die Abnehmer der F&E-Leistungen, um somit auch das Ausmaß der Kundenorientierung messen zu können.

Bei der Gestaltung des Performancemesssystems werden die damit zu Beurteilenden miteinbezogen, um Ängste und Widerstände der F&E-Mitarbeiter bzw. F&E-Verantwortlichen bereits im Vorfeld abzubauen und dysfunktionalem Verhalten entgegenzuwirken.[183] „Increased motivation can not be expected unless the staff is involved in the measurement process."[184]

Ein ausgewogenes Performancemesssystem zielt verstärkt auf Ergebnisse und nicht so sehr auf Aktivitäten und Vorgehensweisen ab. Das Verhalten kann eine wichtige Maßgröße der individuellen Performance eines F&E-Mitarbeiters sein, jedoch auf der Bereichsebene wird der Fokus auf F&E-Ergebnisse gelegt.[185] Weiters wird das Hauptau-

---

179 Vgl. *O'Neill/Bridenbaugh* (1992), S. 25, *Godener/Söderquist* (2004), S. 211.

180 Vgl. dazu empirisch *Miller* (1995), S. 49, weiters *Schumann/Ransley/Prestwood* (1995), S. 45, *Francis* (1992).

181 Vgl. *Robb* (1991), S. 17, *Godener/Söderquist* (2004), S. 217.

182 *Brown/Svenson* (1988), S. 14.

183 Vgl. dazu empirisch *Kim/Oh* (2002b), S. 24.

184 *Godener/Söderquist* (2004), S. 210.

185 Vgl. *Godener/Söderquist* (2004), S. 194.

genmerk auf jene Ergebnisse (Outputs und Outcomes) gelegt, die einen Wertbeitrag liefern und diesbezüglich auch messbar sind.[186]

Obwohl eine Qualitätsmessung nicht ohne eine gewisse Subjektivität durchgeführt werden kann, soll dennoch versucht werden, das Messsystem so objektiv wie möglich zu gestalten, ohne es damit gleichzeitig auf rein quantitative, wenig aussagekräftige Größen zu reduzieren.[187] In einer empirischen Untersuchung haben *Van der Stede/Chow/Lin* (2006) die Hypothese bestätigt, dass Performancemesssysteme, die neben finanziellen Messgrößen auch nichtfinanzielle Messgrößen, insbesondere eine Kombination aus objektiven aber auch subjektiven Größen, beinhalten, eine positive Auswirkung auf die Unternehmensperformance haben.[188]

Dennoch soll das Messsystem möglichst einfach und überschaubar gestaltet werden, dabei schlagen *Brown/Svenson* (1988) ein Set von nicht mehr als acht Hauptindikatoren vor.[189] „A single measure cannot control a complex system; and too many critical measures make the system uncontrollably complex."[190] Die verwendeten Messgrößen können weiters in eine bestimmte Rangordnung gebracht werden, welche je nach konkreter Projektvorgabe unterschiedliche Indikatoren an die Spitze setzt, und damit flexibel auf sich ändernde Anforderungen einzelner F&E-Aktivitäten reagiert.[191] So kann es bei einem neu zu entwickelnden Produkt beispielsweise wichtig sein, vor der Konkurrenz am Markt zu sein, wodurch in diesem Projekt die „time to market" als Spitzenindikator angesetzt wird und Kostenindikatoren erst nachrangig beurteilt werden.[192] Bei der Einführung eines neuen Produktionsverfahrens steht andererseits nicht die rasche zeitliche Verfügbarkeit eines Ergebnisses im Vordergrund, sondern die möglichst hohe Effizienzsteigerung durch den Einsatz des neuen Verfahrens.

Schließlich wird in der Literatur eine getrennte Performancebeurteilung für die Funktionen „Forschung" und „Entwicklung" gefordert, da sich diese beiden sowohl hinsichtlich der zu erwartenden Ergebnisse als auch teilweise hinsichtlich der eingesetzten Methoden unterscheiden.[193]

---

186 Vgl. *Brown/Svenson* (1988), S. 14.

187 Vgl. dazu jedoch den Hinweis von *Kerr* (1975), S. 779f, dass die Konzentration auf rein objektive Größen hauptsächlich in sicher vorhersagbaren Bereichen erfolgreich ist, in anderen Bereichen wiederum zu dysfunktionalem Verhalten führen kann.

188 Vgl. *Van der Stede/Chow/Lin* (2006), S. 200.

189 Vgl. *Brown/Svenson* (1988), S. 14, *Robb* (1991), S. 16, *Osawa/Yamasaki* (2005), S. 457.

190 *Anthony/Govindarajan* (2007), S. 462.

191 Vgl. zu dieser Systematisierung von Performancegrößen auch *Kerssens-van Drongelen/Cook* (1997), S. 353f, bzw. *Kerssens-van Drongelen/Bilderbeek* (1999), S. 38f, die eine Systematisierung in Anlehnung an die Balanced Scorecard vorschlagen.

192 Vgl. *Brown/Svenson* (1988), S. 14f.

193 Vgl. *Brown/Svenson* (1988), S. 14, weiters *Kerssens-van Drongelen/Bilderbeek* (1999) zur F&E-typspezifisch unterschiedlichen Gestaltung von Performancemesssystemen.

Generell muss jedes Performancemesssystem bestimmte Grundanforderungen erfüllen. Dazu zählen *Kerssens-van Drongelen/Cook* (1997) „the right information, at the right time, to be collected reliably and economically."[194] Die zeitgerechte Bereitstellung relevanter Informationen, die verlässlich und unter Berücksichtigung von Kosten-Nutzen-Überlegungen ermittelt wurden, steht dabei im Vordergrund. Performancemessung soll daher nicht zum Selbstzweck werden, sondern vielmehr ebenfalls unter dem Gesichtspunkt der Wirtschaftlichkeit und des erwarteten bzw. realisierten Zielbeitrages beurteilt werden.[195] Auch das Performancemesssystem soll einen Beitrag zur Zielerreichung bringen. Der Wertbeitrag eines F&E-Performancemesssystems ist allerdings noch schwieriger zu messen als der konkrete Zielbeitrag des gesamten F&E-Bereichs.[196] *Robb* (1991) beschreibt dieses Abwägen von Kosten und Nutzen der F&E-Performancemessung folgendermaßen: „We need measures that indicate productivity without themselves having a negative effect on productivity."[197]

Allgemein lässt sich festhalten, dass die Gestaltung von F&E-Performancemesssystemen aufgrund der dargestellten Besonderheiten von F&E-Investitionen, vor allem aber aufgrund der Verflechtung mit den Leistungsverwertungssystemen ein komplexes und unternehmensspezifisches Themenfeld darstellt, welches in der Literatur in den letzten Jahrzehnten durchaus kontroversiell diskutiert wurde. Aus diesem breiten Themenfeld über die Entwicklung und Ausgestaltung von Performancemesssystemen wird, wie eingangs bereits erwähnt, in weiterer Folge ein Teilaspekt, nämlich der Einsatz von performanceorientierten Entlohnungssystemen für Bereichsmanager mit F&E-Verantwortung herausgegriffen.

194 *Kerssens-van Drongelen/Cook* (1997), S. 351f.
195 Vgl. *Kopel/Riegler* (2006a), S. 87.
196 Vgl. *Kerssens-van Drongelen/Bilderbeek* (1999), S. 43.
197 *Robb* (1991), S. 16.

3 Performanceorientierte Anreizsysteme in F&E

Die Gestaltung von Anreiz- und Entlohnungssystemen wird in verschiedenen wissenschaftlichen Forschungsrichtungen behandelt. Einerseits widmet sich dem Thema die Literatur zum strategischen Management von Humanressourcen aus einem verhaltenswissenschaftlichen Blickwinkel,[198] andererseits ist gerade dieser Bereich im Rahmen der Agency Theorie von besonderem Interesse in ökonomischen Analysen. In diesem Kapitel folgt ein kurzer Überblick über Rahmenbedingungen, über einzelne Elemente und über in der Literatur identifizierte Aufgaben performanceorientierter, finanzieller Entlohnungssysteme als Teilaspekt umfassender Anreizsysteme. Anschließend werden zwei Hauptaspekte von „Pay-for-performance"-Systemen, nämlich der Verhaltensbeeinflussungs- und der Wettbewerbseffekt, aus einer ökonomischen Perspektive dargestellt. Diese beiden Effekte stehen auch im Zentrum der nachfolgenden Kapitel der vorliegenden Arbeit.

3.1 Rahmenbedingungen der Gestaltung von Anreizsystemen

Einige der in Kapitel 2 dargestellten Besonderheiten von F&E-Investitionen, darunter vor allem die mangelnde zeitnahe Verfügbarkeit von finanziellen Performanceinformationen, der uneindeutige Wertbeitrag und die inhärente Unsicherheit, machen es schwierig, F&E-Performancemaße als Bestandteil in Anreiz- und Entlohnungssystemen zu verwenden. Die Übertragung von „Standard-Anreizsystemen" in den F&E-Kontext, welche in anderen Unternehmensbereichen z.B. für Routineaufgaben Verwendung finden, ist nicht ohne Anpassung und Berücksichtigung der Besonderheiten von F&E-Aktivitäten möglich.[199] „The innovating task is riskier, more difficult, and takes place over longer time frames. These factors call for some adjustment of the operating organization's reward system [...]"[200]

Bei der Beurteilung der Verwendungsmöglichkeit und Wirksamkeit von Anreizsystemen muss im F&E-Kontext nach dem Verantwortungsbereich des jeweils zu beurteilenden Individuums und den ihm übertragenen Tätigkeiten unterschieden werden.[201] Für einen F&E-Mitarbeiter ist die Ableitung sinnvoller Bemessungsgrundlagen als Basis der Anreizgestaltung ungleich schwieriger als für einen F&E-Manager. Für einen Bereichsmanager mit F&E-Verantwortung, der eine Unternehmensdivision als Investment Center leitet, lassen sich eher geeignete, aggregierte Bemessungsgrundlagen auf Divisionsebene ableiten. Auch das konkrete Tätigkeitsfeld, also ob der Mitarbeiter eher Grundlagenforschung oder angewandte Forschung betreibt, bzw. in der konkreten Entwicklung und Umsetzung von Forschungsergebnissen arbeitet, beein-

---

198 Vgl. für einen Überblick z.B. *Baron/Kreps* (1999), S. 243ff.
199 Vgl. *Galbraith* (1982), S. 5f, *Riekhof* (1991), S. 693, *Kriegesmann* (1993), S. 64.
200 *Galbraith* (1982), S. 19.
201 Vgl. *Gerpott/Domsch* (1991), S. 1002, *Kriegesmann* (1993), S. 64.

flusst die Einsatzmöglichkeiten verschiedener Anreize.[202] Auf die Ableitung geeigneter Bemessungsgrundlagen wird nachfolgend näher eingegangen.

Wie bereits in Kapitel 2 ausgeführt, besteht im Rahmen der Organisationsgestaltung ein Konnex zwischen der Verteilung von Entscheidungskompetenzen, der Performancemessung und der Gestaltung von Anreizsystemen zur Umsetzung der Unternehmensstrategie.[203] Die Gewährung von an die Performance gekoppelten Anreizen führt zu einer Verknüpfung der individuellen Zielerreichung mit der Unternehmenszielerreichung. Mithilfe von Anreizsystemen[204] sollen einerseits die Vorteile aus der Dezentralisierung durch die Verminderung von Informationsasymmetrien genutzt und andererseits gegebene bzw. gemachte Zielkonflikte gemildert werden.[205] Die gegebenen Zielkonflikte sind auf unterschiedliche Präferenzen bezüglich Risiko, Zeithorizont und Art bzw. Anstrengungsgrad der Arbeit zurückzuführen. Sie werden von *Hofmann* (2002) zu den personellen Rahmenbedingungen gezählt, welche bei der Gestaltung von Anreizsystemen berücksichtigt werden müssen.[206] Weitere personenbezogene Spezifika sind z.B. der Familienstand, die Unternehmenszugehörigkeitsdauer oder das Ausbildungsniveau, die zu unterschiedlichen Bewertungen einzelner Anreize durch den jeweiligen Mitarbeiter führen.[207] In der Literatur werden mit F&E-Aufgaben betreute Mitarbeiter im Vergleich zu Mitarbeitern aus anderen Unternehmensbereichen durch bestimmte Verhaltensmerkmale, wie z.B. ausgeprägte Kreativität, überdurchschnittliche Neugier, hohes Autonomiebedürfnis oder eine Neigung zu nonkonformistischem Verhalten, beschrieben, woraus sich ebenfalls Auswirkungen auf die Gestaltung von Anreizsystemen ergeben.[208]

Daneben gibt es noch organisatorische Rahmenbedingungen, welche über die Verteilung von Aufgaben und Entscheidungskompetenz und die Ableitung geeigneter Bemessungsgrundlagen aus dem jeweiligen Verantwortungsbereich auf das Anreizsystem Einfluss nehmen. Je nach gewählter Organisationsform stehen andere Bemessungsgrundlagen zur Verfügung, d.h. Anreizsysteme für Cost oder Profit Center werden sich von Anreizsystemen für Investment Center unterscheiden.[209] Weiters müssen informatorische Rahmenbedingungen berücksichtigt werden, welche sich laut *Hofmann* (2002) aus der Güte der Unternehmensrechnung als Lieferant für einen Teil der Bemessungs-

---

202 Vgl. dazu *Gerpott/Domsch* (1991), S. 1002, *Kim/Oh* (2002a), S. 48.

203 Vgl. dazu die Ausführungen in Abschnitt 2.5.

204 *Becker* (1991), S. 569f, bezeichnet das Führungssystem eines Unternehmens insgesamt als „Anreizsystem im weiteren Sinne", um gewünschtes Verhalten auf allen Hierarchieebenen zu erhalten, und unterscheidet davon das „Anreizsystem im engeren Sinne", welches sich vorwiegend mit der Gestaltung materieller Anreiz- und Belohnungsformen befasst.

205 Siehe dazu die Ausführungen in Abschnitt 2.5.4.

206 Vgl. *Hofmann* (2002), Sp. 70, ebenso *Wolff/Lucas* (2004), Sp. 33, die den Begriff „individuelle Eigenschaften" wählen.

207 Vgl. *Gerpott/Domsch* (1991), S. 1016.

208 Vgl. zu Persönlichkeitsmerkmalen von F&E-Mitarbeitern z.B. *Galbraith* (1982), S. 21f, *Kriegesmann* (1993), S. 38, mit weiteren Literaturverweisen.

209 Vgl. *Hofmann* (2002), Sp. 70, bzw. ausführlicher *Hofmann/Pfeiffer* (2003).

grundlagen ergeben und insgesamt auf die Güte der Performancemessung als Grundlage zur Gestaltung von Anreiz- und Belohnungssystemen abstellen.[210] Die in Kapitel 2 aufgezeigten Schwierigkeiten zur zuverlässigen Messung von F&E-Performance beeinflussen damit auch die Effizienz eines darauf aufbauenden Anreizsystems.

Wolff/Lucas (2004) identifizieren daneben noch institutionelle Rahmenbedingungen, die einen Einfluss auf die Gestaltung von Anreizsystemen haben.[211] Dazu zählen beispielsweise implizite kulturelle Normen und explizite gesetzliche Bestimmungen und Regelungen, welche als exogene Gestaltungsparameter berücksichtigt werden müssen. Ein Beispiel wären kollektivvertragliche Mindestlöhne, die durch unternehmensinterne Vereinbarungen auch bei Zustimmung des Mitarbeiters nicht unterschritten werden dürfen.[212]

Unter Berücksichtigung der dargestellten Rahmenbedingungen sind bei der Gestaltung von performanceorientierten Anreizsystemen folgende Basiselemente festzulegen:[213]

- Anreiz- und Belohnungsarten
- Bemessungsgrundlagen
- Entlohnungsfunktion

Bei der Festlegung dieser Elemente muss berücksichtigt werden, dass der jeweilige Entscheidungsträger sein Entscheidungsverhalten hinsichtlich der aus dem Anreizsystem zu erwartenden Rückwirkungen auf seine individuelle Zielerreichung anpasst. Dieser Zusammenhang wird in Abbildung 3 verdeutlicht.

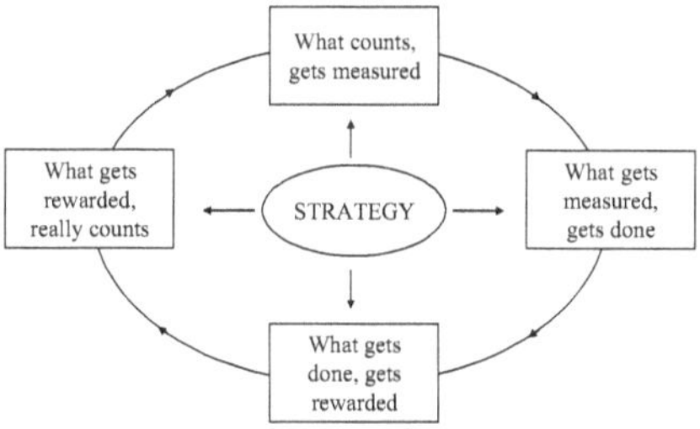

Abbildung 3: Verknüpfung Strategie, Performancemessung, Anreizgestaltung[214]

---

210 Vgl. *Hofmann* (2002), Sp. 70.
211 Vgl. *Wolff/Lucas* (2004), Sp. 34.
212 Vgl. *Wolff/Lucas* (2004), Sp. 34.
213 Siehe dazu z.B. *Ewert/Wagenhofer* (2005), S. 411f, *Laux* (2006), S. 24ff. Für einen grafischen Überblick über die Komponenten von Anreizsystemen siehe *Ewert/Wagenhofer* (2005), S. 412.
214 Abbildung modifiziert nach *Anthony/Govindarajan* (2007), S. 461.

Der Ausspruch „you get what you pay for" präzisiert den bereits in Kapitel 2 festgestellten Zusammenhang „you get what you measure", indem die direkte Verknüpfung von Messvorgang, Messergebnis, Anreizgestaltung und individueller Auswirkung auf das Verhalten über die Entlohnung sichtbar gemacht wird.[215] Durch die Miteinbeziehung bestimmter Performancemaße wird ein besonderes Gewicht auf diese gelegt und das Verhalten der Mitarbeiter gezielt gesteuert. *Baker/Jensen/Murphy* (1988) drücken dies folgendermaßen aus: „[...] strong pay-for-performance motivates people to do exactly what they are told to do."[216] Dadurch werden aber möglicherweise andere, für den Unternehmenserfolg ebenso wichtige Größen vernachlässigt und dysfunktionales Verhalten statt dem erwünschten ausgelöst.[217] Entscheidend ist daher, ob es für den Mitarbeiter Handlungs- und Ermessensspielräume gibt, die eine Beeinflussung der Performancemessung zu seinen Gunsten auslösen, jedoch nicht gleichzeitig auch zu einer Verbesserung der Zielerreichung aus Sicht der Unternehmenseigentümer führen.[218]

Nachfolgend werden die drei „Bausteine" eines Anreiz- und Belohnungssystems allgemein sowie im F&E-Kontext dargestellt.

3.2 Basiselemente von Anreiz- und Belohnungssystemen

3.2.1 Anreiz- und Belohnungsarten

Bei den Anreiz- und Belohnungsarten kann in materielle und immaterielle Belohnungsarten[219] bzw. intrinsische und extrinsische Anreize[220] unterschieden werden. Es handelt sich dabei allgemein um Größen, die für den Mitarbeiter wertvoll sind und die ihn zu bestimmten Anstrengungen motivieren. Die materiellen Belohnungsarten umfassen neben Geldleistungen auch Sachleistungen, wie z.B. einen Dienstwagen oder eine Dienstwohnung.[221] Zu den immateriellen Belohnungsarten zählen unter anderem Lob und Anerkennung, Beförderungen[222] oder Auszeichnungen.[223]

Wolff/Lazear (2001) unterscheiden bei den materiellen Belohnungsarten in ergebnisabhängige und inputabhängige Formen.[224] Dabei definieren sie die ergebnisabhängi-

---

215 Vgl. dazu exemplarisch z.B. *Kerr* (1975) bzw. in einer überarbeiteten Version *Kerr* (1995).

216 Vgl. *Baker/Jensen/Murphy* (1988), S. 597.

217 Vgl. *Kerssens-van Drongelen/Cook* (1997), S. 349, bzw. für einen Überblick über Schwierigkeiten, die sich aus dem Einsatz von Anreizsystemen allgemein in der Praxis ergeben z.B. *Kopel* (1998), S. 533ff.

218 Vgl. dazu z.B. *Baker* (2000), S. 416, *Laux* (2006), S. 22ff.

219 Vgl. *Ewert/Wagenhofer* (2005), S. 411, *Laux* (2006), S. 24f.

220 Vgl. *Atkinson/Kaplan/Young* (2004), S. 329, *Hofmann* (2002), Sp. 70f.

221 Vgl. *Ewert/Wagenhofer* (2005), S. 411.

222 Der Vorgang der Beförderung wird in der Literatur meist zu den immateriellen Belohnungsarten gezählt. Ist die neue Stelle jedoch auch mit einer Einkommensverbesserung verbunden, weist sie zusätzlich eine materielle Entlohnungskomponente auf (vgl. dazu *Wolff/Lucas* (2004), Sp. 29).

223 Vgl. *Riegler* (2000a), S. 38, *Ewert/Wagenhofer* (2005), S. 411.

224 Vgl. *Wolff/Lazear* (2001), S. 229ff.

gen Erscheinungsformen als variabel, die inputabhängigen als eher fix.[225] Der Anteil der Fixvergütung hängt z.B. mit der Unternehmenszugehörigkeitsdauer zusammen und steigt mit zunehmender Arbeitsdauer.[226] Als Vorteil von ergebnisabhängigen Entlohnungsformen nennen *Wolff/Lazear* (2001) die bessere Motivationswirkung bei gleichzeitig unternehmenserfolgsabhängigen Lohnkosten.[227] Der Bezugspunkt für ergebnisabhängige Entlohnungsformen wird durch Wahl der Bemessungsgrundlagen festgelegt, diese werden in Abschnitt 3.2.2 dargestellt.

Grundsätzlich sind neben positiven Anreizen auch negative in Form von Sanktionsandrohungen oder konkreten Bestrafungen denkbar. *Wolff/Lucas* (2004) drücken dies in ihrer Definition von Anreizsystemen folgendermaßen aus: „Anreizsysteme können als Summe aller bewusst gestalteten Bedingungen für Mitarbeiter betrachtet werden, die vom Unternehmen gewünschte Verhaltensweisen honorieren und unerwünschte dagegen durch geeignete Instrumente bestrafen."[228] Derartige Sanktionen können jedoch, abhängig von der Präferenzeinstellung des Mitarbeiters, stark demotivierend wirken.[229] Die Aussicht, eine Belohnung zu erhalten, motiviert im Allgemeinen stärker als die Angst vor Bestrafung.[230]

Intrinsische Anreize entstehen durch die Übernahme bestimmter Tätigkeiten.[231] Sie befriedigen damit vor allem immaterielle Bedürfnisse z.B. nach persönlicher Macht oder Anerkennung.[232] Extrinsische Anreize ergeben sich aus den Folgen der Arbeit und können sowohl materieller als auch immaterieller Art sein.[233]

Im F&E-Kontext werden als intrinsische Anreize z.B. die öffentliche Anerkennung für herausragende F&E-Mitarbeiter,[234] das Einräumen von Zeit und Ressourcen für eigene Forschungstätigkeiten sowie Weiterbildungsmöglichkeiten oder der geförderte Besuch von Tagungen und Konferenzen genannt.[235]

Als extrinsische Anreize für F&E-Mitarbeiter werden in der Literatur beispielsweise feste Gehaltserhöhungen, variable Gehaltsbestandteile z.B. durch die Gewährung von Aktienpaketen bzw. Aktienoptionen[236], Patentprämien und Lizenzzahlungen, welche

---

225 Vgl. dazu die Ausführungen bei *Wolff/Lazear* (2001), S. 231, dass auch inputabhängige Entlohnungsformen leistungsabhängig sein können.
226 Vgl. *Kim/Oh* (2002a), S. 48.
227 Vgl. *Wolff/Lazear* (2001), S. 231.
228 *Wolff/Lucas* (2004), Sp. 20f. Weiters *Becker* (1991), S. 569.
229 Vgl. *Mitlacher/Mitlacher* (2003), S. 282.
230 Vgl. *Anthony/Govindarajan* (2007), S. 513. Siehe allgemein zur Frage, ob ein Entgeltsystem Belohnungen oder Bestrafungen enthalten soll z.B. *Backes-Gellner/Lazear/Wolff* (2001), S. 307ff.
231 Vgl. *Lattmann* (1991), S. 853, *Wolff/Lucas* (2004), Sp. 25.
232 Vgl. *Hofmann* (2002), Sp. 71.
233 Vgl. *Hofmann* (2002), Sp. 71. Für einen Überblick über alternative Unterscheidungsmerkmale von intrinsischen und extrinsischen Anreizen siehe z.B. *Guzzo* (1979).
234 Vgl. *Ellis/Honig-Haftel* (1992), S. 16.
235 Vgl. *Gerpott/Domsch* (1991), S. 1004ff, *Mitlacher/Mitlacher* (2003), S. 280.
236 Vgl. *Ellis/Honig-Haftel* (1992), S. 16.

zu einer Beteiligung der Mitarbeiter am Markterfolg ihrer Aktivitäten führen,[237] sowie Sozialleistungen, Arbeitsplatzgarantien und flexible Arbeitszeitregelungen genannt.[238]

Zwischen intrinsischen und extrinsischen Anreizen können auch Interdependenzen bestehen.[239] „Money could be considered an extrinsic reward since it is used to satisfy lower-order needs, but it could be considered an intrinsic reward since the acquisition of money can enhance one's feelings of self esteem or feelings of achievement."[240] Auch *Evers* (1991) weist darauf hin, dass monetäre Bezüge gleichzeitig Ausdrucksmittel der Anerkennung und Selbstwertschätzung sind.[241] Manche Autoren kommen zu dem Schluss, dass finanzielle Anreize zu einer Verringerung der intrinsischen Anreize führen können und sich daher negativ auf die Performance bei gleichzeitig höheren Entlohnungskosten auswirken können.[242] Auch *Kerssens-van Drongelen/Bilderbeek* (1999) bestätigen empirisch, dass intrinsische Belohnungsarten, wie z.B. Karrieremöglichkeiten, einen höheren Einfluss auf die F&E-Performance haben können als konkrete Bonuszahlungen.[243] *Gerpott/Domsch* (1991) kommen in einer empirischen Untersuchung zu Anreizen für Industrieforscher zu dem Ergebnis, dass finanzielle Anreize sehr wirksam sind, daneben aber auch Karriereentwicklungsmöglichkeiten und Leistungsherausforderungen, welche sich aus den übertragenen Aufgaben ergeben, wichtige Anreize darstellen.[244]

Generell ist die Motivationswirkung aus jeder Belohnungsart situationsabhängig und gilt nicht absolut, sondern wird durch individuelle Präferenzen aber auch durch organisatorische Rahmenbedingungen beeinflusst.[245] So kann z.B. ein weiterer finanzieller Bonus bei einem Mitarbeiter mit ohnehin schon hohem Gehalt eine geringere Wirkung entfalten als bei einem anderen Mitarbeiter mit geringerem Gehalt. Andererseits ist aber auch die Belohnung durch Karriereentwicklungsmöglichkeiten begrenzt, je weiter „oben" der jeweilige Mitarbeiter bereits in der Unternehmenshierarchie tätig ist.[246]

Aus dieser kurzen Darstellung lässt sich ableiten, dass grundsätzlich ein Mix aus unterschiedlichen Belohnungsarten vorteilhaft ist. Die größtmögliche Individualisierung bei der Kombination von Belohnungsarten wird dabei durch so genannte „Cafeteria-

---

237 Vgl. *Riekhof* (1991), S. 694.

238 Vgl. *Staudt/Bock/Mühlemeyer/Kriegesmann* (1990), S. 1187f, *Gerpott/Domsch* (1991), S. 1007, *Mitlacher/Mitlacher* (2003), S. 280.

239 Vgl. *Riegler* (2000a), S. 38f, *Frey/Osterloh* (2002), S. 25.

240 *Guzzo* (1979), S. 78. Dabei geht die Einordnung von Bedürfnissen als „lower-order needs" auf die Theorie der Bedürfnishierarchie von *Maslow* zurück (vgl. dazu z.B. *Mayrhofer* (2002), S. 265ff).

241 Vgl. *Evers* (1991), S. 742f.

242 Vgl. dazu *Baker/Jensen/Murphy* (1988), S. 596f, *Frey/Osterloh/Benz* (2001), S. 563ff, *Rynes/Gerhart/Parks* (2005), S. 573ff, und die dort jeweils zitierte Literatur.

243 Vgl. *Kerssens-van Drongelen/Bilderbeek* (1999), S. 41.

244 Vgl. *Gerpott/Domsch* (1991), S. 1006ff, *Kriegesmann* (1993), S. 148ff.

245 Vgl. *Staudt/Bock/Mühlemeyer/Kriegesmann* (1990), S. 1184, *Gerpott/Domsch* (1991), S. 1004f, *Anthony/Govindarajan* (2007), S. 514.

246 Vgl. *Baker/Jensen/Murphy* (1988), S. 601.

Systeme“ erreicht, welche den Mitarbeitern eine Palette von Belohnungsarten offerieren, aus der sie innerhalb eines bestimmten finanziellen Rahmens für sie wertvolle Anreize selbst auswählen können.[247] Bei Anwendung eines derartigen Systems findet eine Abkehr von der kollektiven Anreizausschüttung und eine Partizipation des einzelnen Mitarbeiters bei der Entgeltfindung bei gleichzeitiger Planbarkeit der entstehenden Kosten für das Unternehmen statt.[248]

3.2.2 Bemessungsgrundlagen

Die Ausprägung der Bemessungsgrundlage[249] gibt Auskunft über den Wertbeitrag des zu Beurteilenden. Der Mitarbeiter wählt seine Aktivitäten in Hinblick auf die Auswirkungen über die Bemessungsgrundlage auf seine Entlohnung und damit seine Zielerreichung. Für die Unternehmenseigentümer steht die Auswirkung der Aktivitäten auf die Unternehmenszielerreichung im Vordergrund. Die Bemessungsgrundlage bildet damit eine Schnittstelle zwischen individueller und Unternehmenszielerreichung.[250]

Grundsätzlich lassen sich Bemessungsgrundlagen input- oder outputorientiert bestimmen:[251]

- Inputorientierte Bemessungsgrundlagen beziehen sich auf die Aktivitäten des einzelnen Mitarbeiters. Dies entspricht einem Task-control-Ansatz, wie er bereits in Kapitel 2 erläutert wurde, und setzt eine Beobachtbarkeit der Aktivitäten voraus.[252] Zur Überwachung der Aktivitäten muss ein Kontrollsystem eingerichtet werden. Mit zunehmendem Umfang der übertragenen Aufgaben und Kompetenzen wird die Kontrolle des Inputs bzw. der Aktivitäten erschwert, wodurch inputorientierte Größen nicht für alle Typen von Mitarbeitern und Aufgaben geeignet sind.

- Outputorientierte Bemessungsgrundlagen beziehen sich auf die Resultate bestimmter Aktivitäten in Form eines von den Unternehmenseigentümern als wertvoll zu definierenden Ergebnisses. Dies entspricht dem Results-control-Ansatz. Der Aufbau eines umfassenden Kontrollsystems ist hier nicht notwendig, da die Ausführung der (unbeobachtbaren) Aktivitäten dem Mitarbeiter obliegt und lediglich das (beobachtbare) Ergebnis aus Sicht der Unternehmenseigentümer von Interesse ist. Neben den Aktivitäten des Mitarbeiters wird die Ausprägung jedoch auch von Größen außerhalb seines Kompetenzbereichs beeinflusst (z.B. über externe Einflüsse wie die allgemeine Wirtschaftslage). Auf-

---

247 Vgl. *Wagner* (1991), S. 93f, *Specht/Beckmann/Amelingmeyer* (2002), S. 314f, *Mitlacher/Mitlacher* (2003), S. 280.
248 Vgl. *Wagner* (1991), S. 96f.
249 Synonym werden auch Begriffe wie Beurteilungsgröße oder Performancemaß verwendet.
250 Vgl. *Riegler* (2000a), S. 34.
251 Vgl. *Laux/Liermann* (2005), S. 507f.
252 Vgl. *Laux* (2006), S. 26, der auf Probleme aktivitätsbezogener Bemessungsgrundlagen eingeht.

grund dieser Verzerrung kann es zu einer Verringerung der Anreizwirkung kommen.

Lattmann (1991) unterscheidet das Leistungsergebnis, welches den vom Mitarbeiter tatsächlich erbrachten Beitrag zur Unternehmenszielerreichung widerspiegelt, und das Leistungsverhalten, welches das Zustandekommen des Wertbeitrags umschreibt.[253] Eine Beurteilung des Leistungsergebnisses beinhaltet damit gleichzeitig auch eine Beurteilung des Leistungsverhaltens, welches zu diesem Ergebnis geführt hat.[254]

Verschiedene Anforderungen an Bemessungsgrundlagen lassen sich aus der Literatur ableiten, wobei die nachfolgenden Kriterien zum Teil auch zur Beurteilung der anderen Elemente des Anreizsystems verwendet werden können:[255]

- Verifizierbarkeit: Die Ausprägungen der einzelnen Elemente des Belohnungssystems, insbesondere der Bemessungsgrundlage, müssen sowohl vom Entscheidungsträger (Mitarbeiter) als auch von der Instanz (Unternehmenseigentümer) intersubjektiv überprüfbar sein. Eine Größe ist verifizierbar, wenn ihre Ausprägung auch von unbeteiligten Dritten (z.B. von einem Gericht) ermittelt werden kann.[256]

- Anreizkompatibilität: Ein Anreizsystem ist anreizkompatibel, wenn ein Entscheidungsträger genau dann einen Vorteil erzielt, wenn er im Sinne der Unternehmenseigentümer handelt.[257] Werden Bemessungsgrundlagen nicht anreizkompatibel ausgewählt, entstehen gemachte Zielkonflikte, wodurch dysfunktionales Verhalten im Hinblick auf die Unternehmenszielerreichung ausgelöst werden kann.

- Controllability: Geeignete Bemessungsgrundlagen sollen, gemäß dem in Kapitel 2 dargestellten Controllability-Prinzip aus dem Verantwortlichkeitsbereich des zu Beurteilenden abgeleitet werden bzw. stehen zumindest teilweise unter der Kontrolle des Entscheidungsträgers, damit dieser Einfluss auf deren Ausprägung nehmen kann bzw. sie Informationen über von ihm getroffene Entscheidungen liefern.[258]

Wolff/Lucas (2004) bezeichnen eine Variable als geeignet, um in einem Anreizsystem als Bemessungsgrundlage zu dienen, „wenn sie zu vertretbaren Kosten messbar ist, sie dem betreffenden Akteur hinreichend eindeutig zugeordnet werden kann und nicht zu

---

253 Vgl. *Lattmann* (1991), S. 862f.
254 Vgl. *Lattmann* (1991), S. 863.
255 Vgl. *Riegler* (2000a), S. 35ff, *Laux* (2006), S. 27ff.
256 Vgl. zu diesem Kriterium auch *Tirole* (1988), S. 38f.
257 Vgl. dazu auch *Bergmann* (2005), S. 52, der den Begriff „Zielbezug" wählt.
258 Vgl. dazu die Ausführungen in Abschnitt 2.5.4 sowie *Riegler* (2000a), S. 36f.

stark von exogenen Einflüssen abhängt und durch dessen Leistung hinreichend stark beeinflusst werden kann."[259]

Generell können finanzielle und nichtfinanzielle Bemessungsgrundlagen unterschieden werden. Die in Kapitel 2 dargestellten Messbereiche, welche *Godener/Söderquist* (2004) als Ergebnis einer intensiven Literatursuche ermittelt haben, können zur Systematisierung von Bemessungsgrundlagen im F&E-Kontext verwendet werden.[260] Vor allem zur Erfassung und Beurteilung nichtfinanzieller Bemessungsgrundlagen muss auf subjektive Messverfahren zurückgegriffen werden, um z.B. die Qualität eines Ergebnisses oder die Auswirkungen auf die Kundenzufriedenheit zu erfassen. In Kapitel 2 wurden einzelne Probleme der subjektiven Performancemessung, welche sich aus dysfunktionalen Verhaltensänderungen der zu Beurteilenden und der Beurteiler ergeben, aufgezeigt.[261]

Aus dem F&E-Prozessmodell von *Brown/Svenson* (1988) wurden in Kapitel 2 bereits Ansatzpunkte zur Messung und Beurteilung der F&E-Performance abgeleitet. Aus dem jeweiligen Verantwortungsbereich lassen sich unterschiedliche Bemessungsgrundlagen für F&E-Mitarbeiter, F&E-Manager und Bereichsmanager mit F&E-Verantwortung ableiten. Dies wird in Abbildung 4 verdeutlicht.

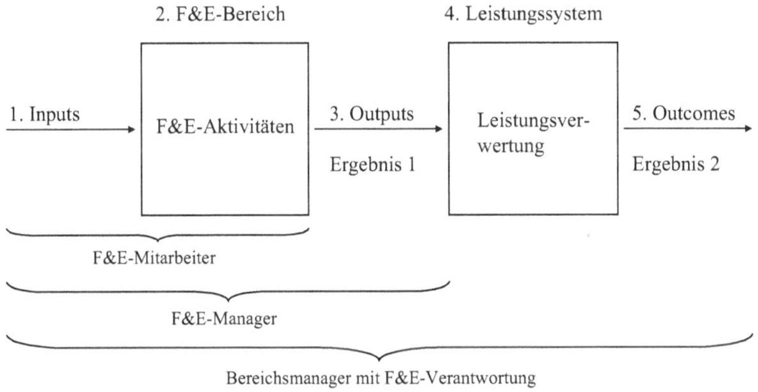

Abbildung 4: Verantwortungsbereich nach Mitarbeitertyp

---

259 *Wolff/Lucas* (2004), Sp. 30.

260 Vgl. zu einem Überblick verschiedener Anknüpfungspunkte für die Auswahl von Bemessungsgrundlagen im F&E-Kontext auch *Bergmann* (2005), S. 52ff.

261 Vgl. zu einer Gegenüberstellung von objektiven und subjektiven Bemessungsgrundlagen z.B. *Baker/Jensen/Murphy* (1988), S. 597ff, *Gomez-Mejia/Welbourne* (1988), S. 180.

Hierarchisch können sich Bemessungsgrundlagen auf die Unternehmensebene, auf die Divisions- bzw. Abteilungsebene, die Teamebene oder auf die Individualebene beziehen.[262]

Realisierte Ergebnisse aus einem F&E-Prozess entstehen letztlich durch alle am F&E- und am anschließenden Leistungsverwertungsprozess Beteiligten, wodurch die willkürfreie Ermittlung eines Ergebnisbeitrags auf Individualebene nicht möglich ist.[263] Für F&E-Mitarbeiter bieten sich daher hauptsächlich input- und aktivitätsbezogene Bemessungsgrundlagen an.

Arbeitet ein F&E-Mitarbeiter gemeinsam mit anderen im Team an F&E-Projekten können auf Teamebene Ergebnisse ermittelt werden, die Grundlage einer outputorientierten Anreizgewährung sein können. Ein Vorteil teamorientierter Bemessungsgrundlagen wird in der gegenseitigen Überwachung der Teammitglieder gesehen, da die individuelle Entlohnung vom Ergebnis aller abhängt.[264] Die weitere Verteilung einer ergebnisorientiert gewährten Teamentlohnung kann an das Team selbst delegiert werden, um so asymmetrisch verteilte Informationen hinsichtlich der individuellen Anstrengung der Teammitglieder optimal zu nutzen.[265] Als möglicher Nachteil von Teambeurteilungen wurde bereits in Kapitel 2 die „Trittbrettfahrerproblematik" angesprochen.[266]

Die Verwendung von Ergebnisgrößen, welche auf Divisions- und Unternehmensebene realisiert werden, im Anreizsystem eines einzelnen F&E-Mitarbeiters ist auch denkbar und wird von *Becker* (1991) als Element eines innovationsfördernden Anreizsystems für Nicht-Führungskräfte neben der qualifikationsorientierten Individualentlohnung und der Einrichtung eines betrieblichen Vorschlagswesens genannt.[267] Die davon ausgehende unmittelbare Anreizwirkung ist jedoch aufgrund der mangelnden Verknüpfung individueller Aktivitäten mit dem resultierenden Ergebnis gering.[268]

Für F&E-Manager und insbesondere für Bereichsmanager mit F&E-Verantwortung lassen sich ergebnisabhängige Bemessungsgrundlagen auf Divisions- bzw. Abteilungsebene aus ihrem jeweiligen Verantwortungsbereich ermitteln. Dabei kommt vor allem auch finanziellen Performancegrößen Bedeutung zu, welche sich aus den Daten der Unternehmensrechnung ableiten lassen. Beispiele dafür sind etwa der Bereichs- bzw. Unternehmensgewinn, der gesamte Umsatz oder der Umsatzanteil neuer Produkte. Der Vorteil von Unternehmensrechnungsdaten als Bemessungsgrundlagen liegt in

---

262 Vgl. dazu auch *Becker* (1991), S. 577, der zur Ableitung von Bemessungsgrundlagen eine Kombination dieser Ebenen vorschlägt, mit dem Fokus auf dem jeweils eigenen Aufgabenbereich.
263 Vgl. *Bergmann* (2005), S. 57.
264 Vgl. *Baker/Jensen/Murphy* (1988), S. 606.
265 Vgl. *Baker/Jensen/Murphy* (1988), S. 606.
266 Vgl. dazu auch *Backes-Gellner/Lazear/Wolff* (2001), S. 321ff.
267 Vgl. *Becker* (1991), S. 578ff.
268 Vgl. dazu empirisch *Gomez-Mejia/Balkin* (1989).

ihrer Verständlichkeit und Verlässlichkeit.[269] Allerdings gibt es auch Nachteile bei der Verwendung von unternehmensrechnungsbasierten Größen aus der überwiegenden Vergangenheitsorientierung und der Vernachlässigung langfristiger Auswirkungen.[270] Eine Ergänzung der finanziellen Bemessungsgrundlagen um nichtfinanzielle Größen, welche die zukünftige Unternehmenszielerreichung abbilden, erscheint daher vorteilhaft. Die Verwendung von input- bzw. aktivitätsorientierten Bemessungsgrundlagen für Manager wird in der Literatur abgelehnt, da der jeweilige Input praktisch unbeobachtbar ist und daher das Kriterium der Verifizierbarkeit verletzt wird.[271]

Eine allgemein zum Thema „Einsatz von Performancemesssystemen" durchgeführte Untersuchung von *Lingle/Schiemann* (1996) ergab einen hohen Verwendungsgrad finanzieller Performancegrößen in Managerentlohnungssystemen.[272] 94 % der antwortenden Unternehmen verwenden regelmäßig finanzielle Bemessungsgrundlagen, 54 % verwenden effizienzorientierte Prozessmanagementmaßgrößen und 37 % verwenden Kundenzufriedenheitsmaße im Zusammenhang mit Entlohnungssystemen.[273]

3.2.3 Entlohnungsfunktion

Die Entlohnungsfunktion stellt schließlich eine Verknüpfung der Belohnungsart mit der jeweiligen Ausprägung der Bemessungsgrundlage her und bestimmt allgemein ob bzw. in welcher Höhe eine Belohnung gewährt wird.[274] Um eine Anreizwirkungen zu erzielen, muss die Entlohnungsfunktion explizit darstellbar und für den jeweiligen Mitarbeiter transparent und nachvollziehbar sein.[275]

In der Praxis verwendete Entlohnungsfunktionen enthalten oft eine Kombination aus fixen und variablen Bestandteilen. Die Verknüpfung von Bemessungsgrundlagen und Entlohnung erfolgt i.d.R. über den variablen Entlohnungsbestandteil. Das Erreichen bestimmter Ausprägungsniveaus von Bemessungsgrundlagen kann jedoch auch mit einer Erhöhung der Fixvergütung verbunden sein, wodurch sich eine sprungfixe Entlohnungsfunktion ergibt. Die Anreizintensität hängt vom Verhältnis der fixen und variablen Entlohnungsbestandteile ab.[276] Je nach dem Ausmaß des variablen Anteils unterscheidet man schwache Anreize („low power incentives") und starke Anreize („high power incentives").[277] Die jeweils „optimale" Zusammensetzung der Entlohnung hängt vom Risiko- und Schwierigkeitsgrad der übertragenen Aufgaben bzw. von der

[269] Vgl. *Indjejikian* (1999), S. 148.
[270] Vgl. *Indjejikian* (1999), S. 148.
[271] Vgl. *Riegler* (2000a), S. 34, *Wagenhofer* (2002), S. 107.
[272] Vgl. *Lingle/Schiemann* (1996), S. 58f.
[273] Vgl. *Lingle/Schiemann* (1996), S. 59.
[274] Vgl. *Hofmann* (2002), Sp. 72, *Riegler* (2000a), S. 39f.
[275] Vgl. *Gerpott/Domsch* (1991), S. 1015, *Wolff/Lucas* (2004), Sp. 36. Zum Kriterium der Einfachheit vgl. auch *Laux* (2006), S. 31f.
[276] Vgl. *Riegler* (2000a), S. 39, *Wolff/Lucas* (2004), Sp. 21.
[277] Vgl. *Wolff/Lucas* (2004), Sp. 21.

jeweiligen Hierarchieebene ab.[278] Mit zunehmendem variablem Anteil der Entlohnung ist der Mitarbeiter dem Risiko ausgesetzt, dass externe Einflüsse auf die Ausprägung der Bemessungsgrundlage einwirken, die er nicht vollständig kontrollieren kann und die zu Entlohnungsschwankungen führen können. Bei der ausschließlichen Gewährung einer Fixvergütung trägt das Unternehmen das Risiko und erbringt eine Versicherungsleistung für den Mitarbeiter, welcher jedoch keinen zusätzlichen Anreiz zur Erbringung einer Anstrengung hat, da er seine Entlohnung unabhängig von seiner Leistung erhält.[279] Bei der Festlegung des Ausmaßes der Risikoübernahme durch den Mitarbeiter muss dessen jeweilige Risikoeinstellung berücksichtigt werden. Üblicherweise sind Mitarbeiter risikoscheuer als Unternehmenseigentümer, da sie kaum über Risikostreuungsmöglichkeiten verfügen.[280] Ein auftretender Trade off zwischen optimaler Anreizgestaltung und der damit verbundenen Risikoübertragung muss daher bei der Gestaltung von Anreizsystemen berücksichtigt werden.[281]

Neben der Festlegung der Belohnungsarten, der Bemessungsgrundlagen und der Entlohnungsfunktion muss weiters über die Beurteilungsfrequenz und die Ausschüttungsfrequenz entschieden werden. Dazu muss geklärt werden, ob eine einperiodige, mehrperiodige oder projektbezogene Beurteilung stattfinden soll.[282] Weiters gilt es festzulegen, ob „verdiente" Entgeltanteile sofort oder sukzessive in nachfolgenden Perioden unter Berücksichtigung der Erfolgsentwicklung ausgezahlt werden sollen.[283] Die sofortige Auszahlung hat den Vorteil einer direkten Performance-Belohnungsbeziehung, ist aber gleichzeitig mit hoher Unsicherheit verbunden, da die zukünftige Entwicklung des Projekts nur geschätzt werden kann. Durch eine zeitverzögerte Auszahlung kann eine Orientierung des Mitarbeiterverhaltens am langfristigen Erfolg erreicht werden; gleichzeitig wird die Anreizwirkung aus dem direkten Bezug von Ergebnis und Belohnung abgeschwächt. Durch eine Kombination beider Varianten kann neben der direkten Verknüpfung auch eine Bindung an den tatsächlichen, langfristigen Erfolg hergestellt werden.[284]

Die konkrete Ausgestaltung eines performanceorientierten Entlohnungssystems steht im Spannungsfeld zwischen Kosten, die dem Unternehmen aus der Einführung des Entlohnungssystems entstehen und Nutzen, der daraus einerseits für die Mitarbeiter generiert wird und damit andererseits auch Rückwirkungen auf die Zielerreichung im

---

278 Vgl. *Becker* (1991), S. 576, *Lattmann* (1991), S. 864f.

279 Vgl. *Wolff/Lazear* (2001), S. 281.

280 Vgl. zu einer Umkehrung dieser in der Literatur weit verbreiteten Hypothese z.B. *Czarnitzki/Kraft* (2003), S. 644, welche von einem risikoneutral agierenden Manager einer Aktiengesellschaft mit weit gestreutem Aktienbesitz im Unterschied zu einem risikoavers agierenden Unternehmenseigentümer, der den überwiegenden Teil seines Vermögens in seinem eigenen Unternehmen investiert hat, ausgehen und damit einen Zusammenhang zwischen Risikostreuung und Kapitalkonzentration herstellen.

281 Vgl. zu diesem Trade off z.B. *Tirole* (1988), S. 36, *Laux* (2006), S. 29f.

282 Vgl. dazu *Becker* (1991), S. 577.

283 Vgl. *Becker* (1991), S. 578, *Mitlacher/Mitlacher* (2003), S. 282, *Laux* (2006), S. 30.

284 Vgl. *Becker* (1991), S. 578.

Unternehmen hat.[285] Dabei richtet sich das Interesse des Unternehmens darauf, „diejenigen Entlohnungselemente zu finden, zu kombinieren und zu implementieren, die [...] mit den geringsten Kosten pro Nutzeneinheit des Mitarbeiters verbunden sind."[286] Ähnlich wie bereits in Kapitel 2 das Performancemesssystem muss das Anreiz- und Entlohnungssystem selbst einer Überprüfung hinsichtlich des damit erzielten Wertbeitrags unterzogen werden. *Mitlacher/Mitlacher* (2003) entwickeln ein Anreizsystem für F&E-Mitarbeiter auf der Grundlage eines Target-Costing-Systems und kommen zu dem Schluss, dass die durch die Einführung eines Anreizsystems entstehenden Kosten gerechtfertigt sind, „wenn es zu wesentlich größeren Kosteneinsparungen führt, als es verursacht hat."[287]

Nachfolgend werden einzelne, in der Literatur identifizierte Aufgaben von performanceorientierten, finanziellen Entlohnungssystemen als Teilaspekt umfassender Anreizsysteme dargestellt, um anschließend aus einer ökonomischen Perspektive auf den Verhaltensbeeinflussungs- und den Wettbewerbseffekt von „Pay for Performance" näher einzugehen.

3.3 Aufgaben von performanceorientierten Entlohnungssystemen

Abbildung 5 gibt in Anlehnung an Becker (2005) einen Überblick über verschiedene Funktionen, die von variablen Vergütungssystemen erfüllt werden sollen.

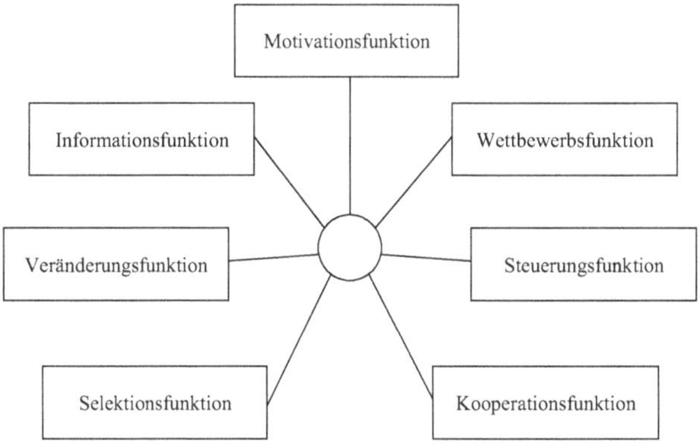

Abbildung 5: Funktionen variabler Vergütungssysteme[288]

285 Vgl. zu Kosten-Nutzen-Überlegungen bei der Gestaltung von Entlohnungssystemen z.B. *Wolff/Lazear* (2001), S. 224ff, *Laux* (2006), S. 32f.

286 *Wolff/Lazear* (2001), S. 229.

287 *Mitlacher/Mitlacher* (2003), S. 283.

288 Abbildung modifiziert nach *Becker* (2005), S. 1038, wobei die Wettbewerbsfunktion hinzugefügt wurde.

Becker (2005) gibt zu den einzelnen Funktionen folgende allgemeinen Erläuterungen:[289]

- Motivationsfunktion: Die Motive der Mitarbeiter sollen nach *Becker* (2005) aktiviert und in Leistungsbereitschaft umgewandelt werden.

- Steuerungsfunktion: Art, Richtung und Intensität des Mitarbeiterverhaltens sollen durch eine direkte Verknüpfung der Entlohnung mit bestimmten Kriterien beeinflusst werden. Diese Funktion baut auf dem in Abbildung 3 gezeigten Grundsatz „you get what you pay for" auf.

- Kooperationsfunktion: Durch eine spezifische Vergütungskonzeption kann nach *Becker* (2005) die Kooperationsbereitschaft der Mitarbeiter gefördert werden. So kann beispielsweise durch eine teamorientierte Entlohnung die Kooperationsbereitschaft der einzelnen Mitarbeiter im Team gestärkt werden.[290]

- Veränderungsfunktion: Mithilfe des Vergütungssystems können geänderte Anforderungen einer neu implementierten Unternehmensstrategie verdeutlicht werden, um damit rasch entsprechende Verhaltensanpassung auszulösen.

- Selektionsfunktion: Durch ein ansprechendes Vergütungssystem wird einerseits die Motivation der Mitarbeiter erhöht, beim Unternehmen zu bleiben (Bleibemotivation[291]), andererseits werden aber auch Arbeitssuchende motiviert, für das Unternehmen arbeiten zu wollen (Teilnahmemotivation).[292] Bestimmte Mitarbeiter, denen das Vergütungssystem keine Vorteile bringt, können dadurch auch zum Verlassen des Unternehmens motiviert werden.[293]

- Informationsfunktion: Vergütungssysteme signalisieren, welches Verhalten von den Unternehmenseigentümern jeweils gewünscht wird, sie informieren über die Führungspolitik und über die Prioritätensetzung.[294] Damit leisten sie einen Beitrag zur Ziel- und Strategieorientierung der Mitarbeiter in der Ausübung ihrer Aufgaben.

- Wettbewerbsfunktion: Durch Delegation bestimmter Entscheidungen und Gewährung einer von ausgewählten Performancemaßen abhängigen, öffentlich bekannten Entlohnungsfunktion wird die Wettbewerbssituation zugunsten der Unternehmenszielerreichung beeinflusst.

---

289 Vgl. *Becker* (2005), S. 1038.
290 Vgl. *Wolff/Lazear* (2001), S. 237.
291 Vgl. dazu auch *Wolff/Lazear* (2001), S. 246.
292 Vgl. auch *Wolff/Lucas* (2004), Sp. 22.
293 Diese Selektionsfunktion von performanceorientierter Entlohnung findet sich neben der allgemeinen Anreizfunktion auch in verhaltenswissenschaftlichen Arbeiten. Siehe dazu z.B. *Rynes/Gerhart/Parks* (2005), S. 581f.
294 Vgl. dazu auch *Godener/Söderquist* (2004), S. 197.

Von diesen sieben Funktionen können die ersten fünf direkt unter dem Begriff „Verhaltensbeeinflussung“ zusammengefasst werden, da sie sich alle mit den Auswirkungen von performanceorientierten Entlohnungssystemen auf das Verhalten derzeitiger bzw. zukünftiger Mitarbeiter befassen. Die Informationsfunktion könnte als eigenständiger Bereich angesehen werden, allerdings soll durch die Information - z.B. über Unternehmensziele und Werte - auch wieder (ex ante) auf das Verhalten der Individuen eingewirkt werden, wodurch eine Zuordnung zur Verhaltensbeeinflussung eher angebracht erscheint. All diese dargestellten Funktionen konzentrieren sich auf die Effekte von performanceorientierten Entlohnungsverträgen innerhalb eines Unternehmens bzw. auf die Beziehungen zwischen einem Unternehmen und dem Arbeitsmarkt.

Die Wettbewerbsfunktion wurde der Aufzählung von *Becker* (2005) hinzugefügt. Sie erweitert den Bezugsrahmen und berücksichtigt explizit Auswirkungen von internen Maßnahmen (hier die Entscheidungsdelegation und die Gestaltung von performanceorientierten Entlohnungssystemen) auf die Wettbewerbsposition und damit auf das Verhalten von Konkurrenten. Neben der Gestaltung von „Pay-for-performance“-Systemen wurden in ökonomischen Modellen noch verschiedene andere interne Maßnahmen analysiert, von denen strategische, im Sinne von wettbewerbsbeeinflussende,[295] Wirkungen ausgehen. Diese werden in Kapitel 6 überblicksartig dargestellt.

3.4 Verhaltenswissenschaftliche und ökonomische Analysezugänge

In verhaltenswissenschaftlichen Arbeiten zu Anreizsystemen stehen die Anreizarten und die Bemessungsgrundlagen im Mittelpunkt.[296] Dabei wird auch ein besonderes Augenmerk auf die intrinsische Motivation gelegt.[297] Soziologische und psychologische Ansätze befassen sich vor allem mit der Wirkung von Performancemesssystemen auf das Individuum.[298] Daneben werden auch Fragen der Verteilungsgerechtigkeit und der sozialen Verantwortung diskutiert.[299] Methodisch wird hier zumeist auf empirische Untersuchungsformen, wie Befragungen, Beobachtungen aber auch Experimente zurückgegriffen.[300]

Die ökonomische Analyse von Anreizsystemen betrachtet demgegenüber vorrangig die Ableitung geeigneter Bemessungsgrundlagen aus den Unternehmenszielen sowie die Verknüpfung der Bemessungsgrundlagen mit der Belohnung über die Entlohnungsfunktion und konzentriert sich dabei vor allem auf extrinsische Anreize und de-

---

295 Vgl. zu dieser Auslegung des Begriffs „strategisch“ und einer Abgrenzung von anderen Bedeutungsinhalten *Neus/Nippel* (1996), S. 424.

296 Vgl. *Hofmann* (2002), Sp. 72f.

297 Vgl. *Riegler* (2000a), S. 39.

298 Siehe für einen Überblick über verhaltenswissenschaftliche Zugänge zu Performancemessung und performanceorientierter Entlohnung z.B. *Rynes/Gerhart/Parks* (2005).

299 Vgl. *Baker/Jensen/Murphy* (1988), S. 594.

300 Vgl. *Hofmann* (2002), Sp. 72.

ren Anreizkompatibilität.[301] Unter Rückgriff auf die Agency Theorie werden Aspekte der Performancemessung in Unternehmen unter vereinfachenden Annahmen in Modellsituationen näher analysiert, wobei hier vor allem die oben im Zusammenhang mit personellen Koordinationsproblemen dargestellten Informationsasymmetrien und Zielkonflikte Ansatzpunkte bieten.

Die vorliegende Arbeit folgt einem ökonomischen Zugang, um in weiterer Folge getrennt nach Verhaltensbeeinflussungs- und Wettbewerbseffekt Anreizsysteme im F&E-Kontext zu untersuchen.

3.4.1 Verhaltensbeeinflussungseffekt im F&E-Kontext

Die Gestaltung von Vertragsbeziehungen, insbesondere von performanceorientierten Entlohnungssystemen zur Verhaltensbeeinflussung von Entscheidungsträgern wird in einigen agencytheoretischen Arbeiten auch im Zusammenhang mit F&E modellhaft untersucht.[302] Dabei wird nach monetären Entlohnungssystemen gesucht, die den Agenten (meist ein F&E-Mitarbeiter bzw. F&E-Manager) zu einem für ihn nutzenmaximierenden Arbeitseinsatz motivieren, der auch aus Sicht des Prinzipals (Unternehmenseigentümer, Geschäftsführer) Nutzen stiftet und zu einer möglichst optimalen Verwendung der Human-, Sach- und Finanzressourcen führt.

Die meisten Modelle konzentrieren sich auf die interne Wirkung von performanceorientierter Entlohnung. Dabei wird aus Gründen der Komplexitätsreduktion und der Fokussierung von internen Verhaltensbeeinflussungseffekten die Absatzmarktseite üblicherweise ausgeklammert, was laut *Dierkes* (2004) einer monopolistischen Auffassung des relevanten Absatzmarktes ohne jegliche Rückwirkung durch Konkurrenzverhalten gleichkommt.[303]

3.4.2 Wettbewerbseffekt im F&E-Kontext

In vielen modelltheoretischen Arbeiten im F&E-Kontext wird das Unternehmen als „black box“ dargestellt und die interne Organisationsstruktur und damit auch Fragen der Anreizgestaltung außer Acht gelassen. Alle Entscheidungen werden zentral von einem nicht näher spezifizierten Entscheidungsträger gefällt, welcher üblicherweise nach Gewinnmaximierung strebt. Diese Modelle konzentrieren sich z.B. auf die optimale F&E-Investitionsentscheidung unter Berücksichtigung von Konkurrenzentscheidungen auf Oligopolmärkten.[304] Oder es werden unternehmensübergreifende Auswirkungen von F&E-Investitionen in Form von so genannten Spillover-Effekten[305] und

---

301 Vgl. *Riegler* (2000a), S. 31, *Hofmann* (2002), Sp. 73f.

302 Vgl. z.B. *Holmstrom* (1989), *Aghion/Tirole* (1994), *Zwiebel* (1995), *Schmidt* (1997), *Severinov* (2001), *Bergmann* (2005), *Weber* (2005).

303 Vgl. *Dierkes* (2004), S. 30f.

304 Vgl. z.B. *Brander/Spencer* (1983), *Bester/Petrakis* (1993), *Bonanno/Haworth* (1998).

305 Vgl. dazu die Ausführungen in den Kapiteln 2 bzw. 7.

deren Auswirkung auf das Investitionsniveau bzw. auf die Kooperationsbereitschaft von Unternehmen analysiert.[306]

In den letzten Jahren wurde jedoch, beginnend mit der Arbeit von *Zhang/Zhang* (1997), ein weiterer Aspekt im F&E-Kontext in ökonomischen Modellen analysiert, der die „black box" des Unternehmens dahingehend öffnet, dass die interne Entscheidungskompetenzverteilung und deren mögliche Auswirkungen auf die Wettbewerbsposition des Unternehmens berücksichtigt werden. Durch die Gestaltung des Entlohnungssystems soll eine strategische Beeinflussung des Konkurrenzverhaltens und allgemein eine Verbesserung der Unternehmenszielerreichung bewirkt werden. Im Unterschied zu Modellen, die auf den unternehmensinternen Verhaltensbeeinflussungseffekt von performanceorientierten Entlohnungssystemen abstellen, werden Informationsasymmetrien und Zielkonflikte innerhalb des Unternehmens, also zwischen Unternehmenseigentümer und Manager, ausgeklammert. Ein ausführlicher Überblick über die Entwicklung dieses Themenfelds erfolgt in Kapitel 6.

Nachfolgend wird der Verhaltensbeeinflussungseffekt performanceorientierter Entlohnungssysteme im F&E-Kontext anhand von Ergebnissen modelltheoretischer Analysen näher dargestellt. Anschließend erfolgt ein Überblick über Modelle, die sich allgemein mit dem Wettbewerbseffekt befassen, um schließlich in einer eigenen Weiterentwicklung die Vorteilhaftigkeit unterschiedlicher „Pay-for-performance"-Varianten für Bereichsmanager mit F&E-Verantwortung im Hinblick auf ihre wettbewerbsbeeinflussende Wirkung modelltheoretisch zu untersuchen.

306 Vgl. z.B. *D'Aspremont/Jacquemin* (1988), *Kamien/Muller/Zang* (1992).

4 Verhaltensbeeinflussungseffekt im F&E-Kontext in der ökonomischen Analyse

In diesem Kapitel werden ausgewählte ökonomische Modelle vorgestellt, die sich mit der Verhaltensbeeinflussung im Zusammenhang mit F&E befassen. Zunächst werden jedoch allgemeine Bestandteile eines Standard-Prinzipal-Agenten-Modells präsentiert, um eine Einordnung der ausgewählten Arbeiten vornehmen zu können. Die Darstellung der Modelle erfolgt dann chronologisch. Es wird jeweils auf die Notation der einzelnen Autoren zurückgegriffen; ein Vergleich der Ergebnisse soll über eine abschließende verbale Interpretation der einzelnen Modelluntersuchungen ermöglicht werden.

Bei der Auswahl der Modelle wurde auf einen breiten Überblick über unterschiedliche Modellierungen der Verhaltensbeeinflussung durch Anreizsysteme im F&E-Kontext Wert gelegt, ein Anspruch auf Vollständigkeit wird jedoch nicht erhoben. Die hier gewonnenen Erkenntnisse hinsichtlich der Eignung von Anreizsystemen im Zusammenhang mit F&E werden in Kapitel 8 den in der eigenen Modellanalyse ermittelten Ergebnissen hinsichtlich des Wettbewerbseffekts gegenübergestellt, um so zu einer umfassenderen Beurteilung von Anreizsystemen im F&E-Kontext zu gelangen.

4.1 Das Standard-Prinzipal-Agenten-Modell

In der einfachsten Modellformulierung beinhaltet ein Standard-Prinzipal-Agenten-Modell als Akteure einen Prinzipal und einen Agenten, zwischen denen eine vertragliche Beziehung besteht, die neben der Entlohnung des Agenten auch die Weitergabe von Informationen, die Verteilung von Aufgaben und die Verteilung von Verfügungsrechten regelt.[307] Verschiedene Kombinationen von Prinzipal-Agenten-Beziehungen sind in einem Unternehmen denkbar. So ist z.B. der Unternehmenseigentümer Prinzipal seines Mitarbeiters, der für ihn in einer arbeitsteilig dezentralisierten Organisationsstruktur Aktivitäten ausführt. Diese Ausgangssituation kann noch erweitert werden, indem zusätzliche hierarchische Ebenen im Unternehmen eingerichtet werden. Folglich kann dann der Manager eines Unternehmensbereichs als Prinzipal seiner Mitarbeiter und gleichzeitig als Agent des Unternehmenseigentümers auftreten.

Der Prinzipal bedient sich üblicherweise des Agenten, weil dieser über besondere Eigenschaften bzw. Informationen verfügt, die für den Prinzipal von Interesse sind. Zwischen den beiden Akteuren gibt es daher Informationsasymmetrien, welche in verschiedenen Formen auftreten können:

- Die Aktivitäten des Agenten sind für den Prinzipal üblicherweise nicht vollständig beobachtbar, bzw. auch aus anderen, beobachtbaren Größen nicht eindeutig erschließbar („hidden action"). Die Unbeobachtbarkeit räumt dem Agen-

[307] Vgl. *Baiman* (1990), S. 342. Für einen einführenden Überblick zu Standard-Prinzipal-Agenten-Modellen siehe z.B. *Jost* (2001), S. 11ff, *Laux/Liermann* (2005), S. 525ff.

ten einen Spielraum für individuell vorteilhaftes Verhalten ein, welches aus Sicht des Prinzipals jedoch negative Auswirkungen haben kann. Diese Gefahr wird in der Literatur als „Moral hazard“ bezeichnet.[308]

- Neben asymmetrischen Informationen bezüglich der Ausführung der übertragenen Aktivitäten, können auch vor Vertragsabschluss zwischen Prinzipal und Agent relevante Informationen über den Typ des Agenten asymmetrisch verteilt sein („hidden characteristics“).[309] Hier übernimmt das performanceorientierte Entlohnungssystem die in Kapitel 3 beschriebene Selektionsfunktion, indem z.B. Vertragsformen mit hohem variablem Anteil angeboten werden, um hauptsächlich „fähige“ Mitarbeiter anzusprechen.[310]

- Schließlich können Informationsasymmetrien auch nach dem Vertragsabschluss, jedoch bevor der Agent sein Anstrengungsniveau wählt, auftreten („hidden information“). Der Agent erlangt dabei durch seine Tätigkeit für den Prinzipal relevante Informationen (z.B. über die Marktsituation), die ihn die Auswirkungen seiner Anstrengung besser einschätzen lassen.[311]

Über die Entlohnung sollen für den Agenten Anreize gegeben werden, Entscheidungen so zu treffen, dass sie bestmöglich zur Zielerreichung des Prinzipals beitragen. Dabei betreffen diese Entscheidungen z.B. das Ausmaß der Anstrengung, um ein bestimmtes für den Prinzipal wertvolles Ergebnis zu erzielen. Dem Agenten entsteht durch derartige Anstrengungen üblicherweise Disnutzen z.B. in Form von Arbeitsleid, welcher mit dem Grad der Anstrengung steigt. Hierin begründet sich ein gegebener Zielkonflikt aus den unterschiedlichen Präferenzen des Prinzipals, der eine möglichst hohe Anstrengung verbunden mit einem hohen Ergebnis und einer möglichst geringen Entlohnungszahlung haben möchte, und den Präferenzen des Agenten zu einer möglichst geringen Anstrengung bei gleichzeitig hoher Entlohnung. Sowohl der Prinzipal als auch der Agent streben nach individueller Nutzenmaximierung.[312] Anreize sind daher notwendig, um die entstehenden Zielkonflikte zu mildern und einen Interessenausgleich zwischen den Präferenzen des Prinzipals und jenen des Agenten herbeizuführen.[313]

Grundsätzlich muss ein Entlohnungssystem in einem Standard-Prinzipal-Agenten-Modell zwei Bedingungen erfüllen. Es soll „bewirken, dass die vom Unternehmen gewünschte Handlung des Agenten für diesen mindestens ebenso attraktiv ist wie seine nächstbeste Handlungsalternative [...].“[314] Der Nutzen aus der nächstbesten Alter-

---

308 Vgl. zu einer einführenden Darstellung z.B. *Tirole* (1988), S. 35ff.

309 Vgl. für eine ausführliche Beschreibung spezifischer Informationsasymmetrien *Jost* (2001), S. 23ff.

310 Dass ein performanceorientierter Vertrag jedoch auch „schlechte“ Mitarbeiter anlocken kann, wird in Abschnitt 4.4 im Modell von *Zwiebel* (1995) näher ausgeführt.

311 Vgl. *Jost* (2001), S. 30.

312 Vgl. dazu z.B. *Baiman* (1990), S. 342, *Laux* (2006), S. 198f.

313 Vgl. *Jost* (2001), S. 19.

314 *Wolff/Lucas* (2004), Sp. 25.

native wird als Reservationsnutzen des Agenten bezeichnet und stellt ein Maß für die Opportunitätskosten, welche dem Mitarbeiter durch die Vertragsbeziehung mit dem Prinzipal entstehen, dar.[315] Der Agent muss mindestens den Reservationsnutzen aus der Zusammenarbeit mit dem Prinzipal erhalten, um den angebotenen Entlohnungsvertrag zu akzeptieren. Diese Bedingung wird auch Teilnahme- oder Kooperationsbedingung genannt.[316] Das Entlohnungssystem für den Agenten muss darüber hinaus so gestaltet werden, „dass es zielorientiert die Entscheidungsgrundlage des Agenten im Hinblick auf seine Aufgabendurchführung beeinflusst."[317] Diese zweite Bedingung wird als Anreizkompatibilitätsbedingung bezeichnet und soll sicherstellen, dass der Agent genau die vom Prinzipal gewünschte Anstrengung erbringt.[318]

Wie bereits in Kapitel 3 dargestellt, muss bei der Gestaltung der Entlohnungsfunktion über die Anreizintensität als Verhältnis von fixen und variablen Entlohnungsbestandteilen entschieden werden. Dabei soll in Abhängigkeit der individuellen Risikoeinstellung des Prinzipals und des Agenten eine optimale Kombination zwischen Risikoübertragung und Anreizwirkung gefunden werden. In den Standardmodellen wird der Prinzipal zumeist als risikoneutral beschrieben, da er über Möglichkeiten der Risikostreuung verfügt.[319] Der Agent gilt zumeist als risikoavers, da er über keine oder nur geringe Möglichkeiten der Risikostreuung verfügt.[320] Außerdem wird in vielen Modellen eine Beschränkung des Agenten hinsichtlich der Haftung und hinsichtlich der verfügbaren finanziellen Mittel unterstellt.[321]

Nachfolgend werden nun ausgewählte Modelle zur Verhaltensbeeinflussung im F&E-Kontext dargestellt, wobei jeweils die Forschungsfragen, der Modellaufbau, die untersuchte Handlungssequenz, die Analyse und die Ergebnisse präsentiert werden.

4.2 Agency costs and innovation

4.2.1 Forschungsfragen

Die Frage nach den „most efficient forms for organizing innovative activity in the private sector"[322] steht im Mittelpunkt der Untersuchung von *Holmstrom* (1989). Ausgehend von der Hypothese, dass große Unternehmen einen Nachteil bei der Realisierung von F&E-Projekten haben, nennt der Autor zwei mögliche Gründe dafür: einerseits die interne Organisation und damit die Anreizgestaltung im Unternehmen selbst, und andererseits die externe Beziehung des Unternehmens zum Kapitalmarkt.

---

315 Vgl. *Jost* (2001), S. 19.

316 Vgl. *Laffont/Martimort* (2002), S. 34, *Laux* (2006), S. 199.

317 *Jost* (2001), S. 17.

318 Vgl. *Jost* (2001), S. 19, bzw. die Ausführungen zum Kriterium der Anreizkompatibilität in Kapitel 3 der vorliegenden Arbeit.

319 Vgl. *Wolff/Lazear* (2001), S. 281.

320 Vgl. z.B. *Christensen* (2002), Sp. 30f.

321 Vgl. zur Annahme der Haftungsbeschränkung z.B. *Sappington* (1983).

322 *Holmstrom* (1989), S. 306.

4.2.2 Modellaufbau und Handlungssequenz

Das einperiodige Modell von *Holmstrom* (1989) umfasst ein Unternehmen, welches aus einem Prinzipal und einem Agenten besteht.[323] Zwischen diesen beiden Akteuren bestehen Informationsasymmetrien bezüglich der Durchführung innovativer Aktivitäten. Es wird ein einzelnes F&E-Projekt untersucht, welches einen unsicheren Rückfluss x generiert.[324] Dieser Rückfluss hängt von der Anstrengung e des Agenten und von der Ausprägung einer nicht kontrollierbaren Zufallsgröße mit dem Erwartungswert μ und der Varianz σ^2 ab. Dabei haben der Prinzipal und der Agent dieselben Informationen bezüglich des unsicheren Rückflusses, „hidden characteristics" und „hidden information" haben im Modell von *Holmstrom* (1989) keine Relevanz. Lediglich die Anstrengung des Agenten ist für den Prinzipal nicht beobachtbar bzw. aus der Beobachtung des Rückflusses x nicht erschließbar („hidden action"). Beide Akteure erwarten einen Rückfluss $E[x]=e+\mu$.

Der Rückfluss x ist verifizierbar und dient als Grundlage einer erfolgsabhängigen Entlohnung $s(x)$; der risikoneutrale Prinzipal erhält die Differenz zwischen Rückfluss und Agentenentlohnung, d.h. $x-s(x)$. Der Agent ist risikoavers mit der exponentiellen Nutzenfunktion $-\exp\{-r(s(x)-c(e))\}$, wobei r für den absoluten Risikoaversionskoeffizienten und $c(e)$ für die Kosten des Agenten zur Bereitstellung der Anstrengung e steht.[325]

Diese Kosten symbolisieren das Arbeitsleid, welches dem Agenten durch die Tätigkeit für den Prinzipal entsteht und stellen aus der Sicht des Agenten Opportunitätskosten dar. Zur Verdeutlichung und um eine eindeutige Lösung zu erhalten, weicht *Holmstrom* (1989) von einer allgemeinen Definition der Kosten des Agenten zur Erbringung der Anstrengung e zugunsten einer konkreten Kostenfunktion in der Form $c(e)=k\cdot e^2/2$ ab.[326] Dabei bezeichnet k den jeweiligen Kostenparameter des Agenten. Diese konvexe Funktion verdeutlicht die steigenden Anstrengungskosten mit zunehmendem Anstrengungsniveau.

Um den Agenten zu einer Anstrengung zu motivieren und ihn für das entstehende Arbeitsleid zu entschädigen, erhält er zusätzlich zu einer Fixvergütung β eine lineare

---

323 Vgl. zur Darstellung des Modells *Holmstrom* (1989), S. 309ff. Allgemein basiert dieses Modell auf einer früheren Arbeit von *Holmstrom/Milgrom* (1987).

324 Nachfolgend wird die Notation von *Holmstrom* (1989) konsistent übernommen. Vgl. zu diesem Modell auch die Ausführungen von *Riegler* (1996), S. 94ff, welcher ausgehend von der Arbeit von *Holmstrom* (1989) Verhaltensbeeinflussungsmöglichkeiten durch Target Costing untersucht.

325 Vgl. zum Aufbau eines LEN-Modells, welches durch eine Lineare Entlohnungsfunktion, eine Exponentielle Nutzenfunktion und eine Normalverteilte Zufallsgröße gekennzeichnet ist, z.B. *Holmstrom/Milgrom* (1987), bzw. für einen allgemeinen Überblick auch *Wagenhofer/Ewert* (1993).

326 Vgl. *Holmstrom* (1989), S. 310.

Beteiligung am Rückfluss x, wodurch sich seine Gesamtentlohnung folgendermaßen darstellt:[327]

$$s(x) = \alpha \cdot x + \beta \tag{4.1}$$

Dabei bezeichnet α den Beteiligungsparameter am Rückfluss.

Die Handlungssequenz stellt sich im Modell folgendermaßen dar: (1) Zunächst offeriert der Prinzipal einen Entlohnungsvertrag. (2) Akzeptiert der Agent den Vertrag, wählt er (3) anschließend seine Anstrengung mit dem Ziel der individuellen Nutzenmaximierung. Aus der Anstrengung und aus dem Einfluss der Zufallsgröße wird das Ergebnis in Form des Rückflusses x generiert (4), welches von beiden Akteuren beobachtet und verifiziert werden kann. Auf Basis des realisierten Ergebnisses erfolgt schließlich (5) die vereinbarte Entlohnung des Agenten.

4.2.3 Analyse und Ergebnisse

Zunächst untersucht *Holmstrom* (1989) eine Situation, in der der Prinzipal die Anstrengung des Agenten direkt beobachten kann, um eine First-best-Vergleichslösung (im Folgenden FB) zu erhalten. Zur Ermittlung des optimalen Anstrengungsniveaus aus der Sicht des Prinzipals wird der erwartete Überschuss abzüglich der Anstrengungskosten maximiert.

$$\max x - c(e) = \max e + \mu - \frac{k \cdot e^2}{2} \tag{4.2}$$

Das optimale Anstrengungsniveau aus Sicht des Prinzipals lautet $e^{FB} = 1/k$. Die Entlohnung in der First-best-Situation bei Beobachtbarkeit der Anstrengungen lautet $s^{FB} = 1/2 \cdot k$. Für den Prinzipal ergibt sich nach Abzug der Agentenentlohnung ein Überschuss von $1/2 \cdot k + \mu$.

Kehrt man zur ursprünglich getroffenen Annahme der Unbeobachtbarkeit der Anstrengung zurück, muss der optimale Entlohnungsvertrag durch Maximierung des Sicherheitsäquivalents des erwarteten Überschusses abzüglich der Anstrengungskosten ermittelt werden (Second-best-Lösung, im Folgenden SB).

$$\max e + \mu - \frac{r \cdot k^2 \cdot e^2 \cdot \sigma^2}{2} - \frac{k \cdot e^2}{2} \tag{4.3}$$

Diese Situation wird als Second-best-Lösung bezeichnet. Im Unterschied zu Funktion (4.2) muss dem Agenten bei Unbeobachtbarkeit der Anstrengung neben den Anstren-

[327] Die Höhe der Fixvergütung β bestimmt sich aus der Teilnahmebedingung des Agenten; von ihr geht jedoch kein Anreiz zur Erbringung einer Anstrengung aus.

gungskosten auch eine Risikoprämie $(r \cdot k^2 \cdot e^2 \cdot \sigma^2)/2$ gezahlt werden, die ihn zur Anstrengung und gleichzeitigen Risikoübernahme motiviert.[328]

Der optimale variable Beteiligungsparameter α lautet folgendermaßen.

$$\alpha = \frac{1}{1 + k \cdot r \cdot \sigma^2} \qquad (4.4)$$

Der Beteiligungsparameter α sinkt mit steigenden Anstrengungskosten des Agenten (steigendes k) bzw. mit zunehmender Risikoaversion (steigendes r). Ebenso sinkt der Beteiligungsparameter mit zunehmender Varianz der Zufallsgröße (steigendes σ^2). Gerade F&E-Projekte sind, wie bereits in Kapitel 2 dargestellt, durch eine höhere Unsicherheit (hier ausgedrückt durch die Varianz σ^2) gekennzeichnet, woraus ein geringerer Beteiligungsparameter und damit eine geringere Anreizwirkung bzw. höhere Kosten aufgrund der steigenden Risikoprämie resultieren.

Das Second-best-Anstrengungsniveau unter Berücksichtigung von Informationsasymmetrien bezüglich der Anstrengung des Agenten lautet $e^{SB} = 1/(k \cdot (1 + k \cdot r \cdot \sigma^2))$. Der Agent enthält als Entlohnung $s^{SB} = 1/(2 \cdot k \cdot (1 + k \cdot r \cdot \sigma^2))$, dem Prinzipal verbleibt $1/(2 \cdot k \cdot (1 + k \cdot r \cdot \sigma^2)) + \mu$.

Gegenüber der First-best-Situation ohne Informationsasymmetrien sinkt das Anstrengungsniveau. Auch der erwartete Überschuss für den Prinzipal sinkt im Vergleich zur First-best-Situation.

Je nach vorliegenden Eigenschaften des F&E-Projekts, beschrieben durch die Parameter μ und σ^2, kann aus der Anreizperspektive auf die Durchführung eines zwar lukrativen, aber unsicheren Projekts (hoher Erwartungswert und hohe Varianz) zugunsten einer sicheren Variante mit geringerem Erfolgspotential (geringes μ und σ^2) verzichtet werden.[329] Aus diesen Überlegungen lassen sich Auswirkungen des internen Anreizproblems auf die F&E-Projektauswahl bei Delegation der Auswahlentscheidung an einen Agenten und Anwendung dieses Entlohnungsschemas im Unternehmen vermuten, welche sich durch eine Konzentration auf sichere, eher kurzfristige Projekte mit hohem Anreizpotential langfristig negativ auf das Unternehmen auswirken können.

Neben der Varianz σ^2 als Charakteristikum des Projekts und dem absoluten Risikoaversionskoeffizienten r als Charakteristikum des Agenten beeinflusst auch der Kostenparameter k die Anreizgestaltung. *Holmstrom* (1989) schlägt daher als weitere Möglichkeit zur Anreizgestaltung eine Beeinflussung der Opportunitätskosten des

---

328 Diese Darstellung der Risikoprämie ergibt sich durch Ersetzen des variablen Beteiligungsparameters $\alpha = k \cdot e$, was sich aus der Übereinstimmung des Grenzprodukts der Anstrengung mit den Grenzkosten der Anstrengung im Optimum ergibt.

329 Vgl. *Holmstrom* (1989), S. 311.

Agenten vor. Je mehr Flexibilität der Agent hat, um seine Arbeitszeit zu verwenden, desto höher werden seine Opportunitätskosten sein. Daher kann es aus Anreizgesichtspunkten vorteilhaft sein, diese Flexibilität des Agenten einzuschränken und ihm nur jeweils eine Aufgabe zu übertragen.

In einer Erweiterung untersucht *Holmstrom* (1989) eine Situation, in der an zwei Agenten verschiedene Aufgaben übertragen werden, welche sich hinsichtlich des inhärenten Risikos unterscheiden. Unter der Annahme, dass der Prinzipal lediglich das aggregierte Ergebnis aus der Gesamttätigkeit der Agenten beobachten kann, nicht jedoch den Beitrag der einzelnen Aufgaben, ist es aus Sicht des Prinzipals vorteilhaft, eine Zuordnung von Aufgaben nach ihrem inhärenten Risiko vorzunehmen. „[...] the best allocation of projects is such that the *projects assigned to one agent are uniformly more risky than the projects assigned to the other.*“[330] Überträgt der Prinzipal einem Agenten alle riskanten Projekte, erhält dieser dementsprechend eine geringe erfolgsabhängige Entlohnung ausgedrückt durch einen geringen Beteiligungsparameter α.[331] Dem anderen Agenten werden die „Routineaufgaben“ übertragen, welche ein geringeres Risiko aufweisen. Der Entlohnungsvertrag dieses Agenten enthält dementsprechend einen höheren Beteiligungsparameter und übt damit eine stärkere Anreizwirkung aus. Auch durch diese risikoabhängige Zuordnung der Aufgaben wird die Flexibilität des einzelnen Agenten dahingehend eingeschränkt, dass er bei der Aufteilung seiner Gesamtarbeitszeit nicht zwischen riskanten und risikoärmeren Aufgaben abwägen muss, da alle ihm übertragenen Aufgaben ein vergleichbares Risikoausmaß aufweisen.

Bei der Arbeit an F&E-Projekten kommt dem immateriellen Input in Form von Kreativität, Wissen und Fähigkeiten durch die F&E-Mitarbeiter eine wichtige Rolle zu. Um diesen Input erbringen zu können, müssen die Mitarbeiter in den Aufbau von aufgabenspezifischem Humanvermögen „investieren“, indem sie z.B. Weiterbildungskurse besuchen oder sich zusätzlich Wissen und Fertigkeiten bei der Arbeit, aber auch in der Freizeit aneignen. *Holmstrom* (1989) geht in seinen Ausführungen auch auf diese Form eines Anreizproblems ein, welches sich mit der Verteilung der F&E-Ergebnisse in Relation zum jeweiligen Input befasst. Um den F&E-Mitarbeiter zur optimalen „Investition“ in den Aufbau von Humanvermögen zu bewegen, könnten ihm alle Rechte aus den vom ihm generierten F&E-Ergebnissen übertragen werden. Dabei würde der Mitarbeiter alle Vorteile z.B. durch eine Übertragung der Patentrechte erhalten, jedoch keine Kosten für die Inanspruchnahme der Unternehmensressourcen tragen. Die Anreizwirkung dieser Maßnahme ist hoch, die Möglichkeit zu dysfunktionalem Verhalten des Mitarbeiters ist jedoch ebenfalls groß.[332] Eine Zuordnung von Kosten für die Inan-

[330] *Holmstrom* (1989), S. 313.

[331] Über die gleichzeitig gewährte, ergebnisunabhängige Fixvergütung wird die Teilnahme des Agenten sichergestellt.

[332] Vgl. dazu auch die Ausführungen im ersten Teil von Kapitel 3.

spruchnahme der Ressourcen zur Minderung dieses Problems stößt rasch an Grenzen, da die willkürfreie Zuschlüsselung von Kosten aber auch Leistungen im F&E-Kontext nicht möglich ist.[333] *Holmstrom* (1989) kommt daher zu dem Schluss, dass es aus Koordinationsgründen optimal sein kann, hohe individuelle Anreize zugunsten einer ausgewogenen Zielvorgabe, die auch auf die Zielerreichung des Unternehmens abgestimmt ist, aufzugeben.[334]

Zusammengefasst lassen sich daraus einerseits Rückwirkungen der Anreizgestaltung auf die Projektauswahl bzw. allgemeiner auf die Aufgabenverteilung innerhalb des Unternehmens feststellen. Mit zunehmendem Risiko der übertragenen Aufgaben sinkt die Bedeutung der Anreizkomponente im Entlohnungsvertrag des Agenten. Die Fixvergütung β rückt in den Vordergrund. Dies wird von *Holmstrom* (1989) auch auf die abnehmende Verfügbarkeit von zuverlässigen Beurteilungsgrößen als Bestandteil des performanceorientierten Entlohnungsvertrags zurückgeführt.[335] Die Zuverlässigkeit der hier untersuchten Ergebnisgröße x hinsichtlich ihres Informationsgehalts bezüglich der unbeobachtbaren Anstrengung des Agenten drückt sich in der Varianz σ^2 aus. Mit zunehmender Varianz sinkt der Beteiligungsparameter α und damit die Anreizwirkung aus dem variablen Entlohnungsbestandteil.

Auf den Verlust von verlässlichen Beurteilungsgrößen kann ein Unternehmen nach *Holmstrom* (1989) mit zusätzlicher Überwachung der Mitarbeiteraktivitäten und damit Rückgriff auf subjektive Beurteilung der jeweiligen Performance reagieren. Dadurch eröffnen sich allerdings neue Handlungsspielräume für Absprachen zwischen den Beurteilern und den zu Beurteilenden, wodurch die Informationen aus der Leistungsbeurteilung unbrauchbar werden. Wird andererseits auf rein objektiv messbare Größen zurückgegriffen (z.B. Anzahl der Berichte, Arbeitszeiterfassung etc.), werden die Besonderheiten gerade von F&E-Aufgaben ungenügend abgebildet, woraus Verhaltensfehlsteuerungen resultieren können.[336]

Um die eingangs aufgestellte Hypothese, dass große Unternehmen einen Nachteil bei der Realisierung von F&E-Projekten haben, fundieren zu können, argumentiert *Holmstrom* (1989) mit der zunehmenden Tendenz zur Bürokratisierung der internen Organisation in großen Unternehmen. Bürokratisch strukturierte Organisationen sind vorteilhaft bei der Ausführung von „Routineaufgaben“; die Anreizgestaltung basiert

---

[333] Vgl. dazu die Ausführungen in Kapitel 2.

[334] Vgl. *Holmstrom* (1989), S. 317f. *Zábojník* (1998) untersucht allgemein im Kontext möglicher Unterinvestitionen in unternehmensspezifisches Humanvermögen durch Mitarbeiter ein hierarchisches Modell, in dem ein Unternehmenseigentümer mit einem Manager einen ergebnisabhängigen Entlohnungsvertrag abschließt, welcher indirekt die Verhandlungsmacht des Managers und der Mitarbeiter des Unternehmens bei der Festlegung der jeweiligen Mitarbeiterentlohnungen beeinflusst. Über die spezielle Gestaltung des Managerentlohnungsvertrages werden hier die Anreize der einzelnen Mitarbeiter zum Aufbau von Humanvermögen durch eine Erhöhung ihrer Verhandlungsmacht beeinflusst.

[335] Vgl. *Holmstrom* (1989), S. 306.

[336] Vgl. dazu auch die Ausführungen in Kapitel 2 zu Gründen, die gegen eine F&E-Performancemessung sprechen.

auf möglichst einfach und objektiv beurteilbaren Bemessungsgrundlagen. Bei der Verteilung von Ressourcen zu Projekten wird eher in risikoärmere Projekte im Kernkompetenzfeld des Unternehmens investiert, um aus der effizienten Unternehmensorganisation bei der Umsetzung derartiger Aufgaben z.B. durch Größenvorteile (Stichwort „economies of scale") zu profitieren. F&E-Aktivitäten profitieren i.d.R. nicht von Standardisierungsmaßnahmen, sondern benötigen ein flexibles, fehlertolerantes Umfeld, welches insbesondere Anreize zum Aufbau von immateriellen Humanressourcen bietet. Gerade in kleinen Unternehmen mit flachen Hierarchien lassen sich entsprechende marktnahe Anreize leichter umsetzen, da aufgrund der geringeren Verzerrung durch andere Aktivitäten die verfügbaren Bemessungsgrundlagen besser zur Anreizgestaltung geeignet sind.[337]

Als weiteren Grund, warum kleine Unternehmen bei der Realisierung von F&E-Projekten einen Vorteil gegenüber großen Unternehmen haben, führt *Holmstrom* (1989) schließlich noch Reputationsüberlegungen an. Große Unternehmen sind im Allgemeinen börsennotiert, wodurch über die Marktbeurteilung Rückwirkungen interner Entscheidungen auf den Aktienkurs und auf Kreditzinssätze zu verzeichnen sind. Dabei, so argumentiert *Holmstrom* (1989), basiert die Einschätzung des Marktes auf gegenwärtigen und auf der Hochrechnung früherer Entscheidungen des Unternehmens. Daraus kann eine Tendenz zu kurzfristig orientiertem Verhalten seitens des Unternehmens abgeleitet werden, wenn vor allem in Projekte mit kurzer Laufzeit und relativ sicheren Rückflüssen investiert wird. F&E-Investitionen sind, wie bereits in Kapitel 2 ausführlich dargestellt, jedoch durch einen längeren Zeithorizont und eine höhere Unsicherheit bezüglich des Rückflusses gekennzeichnet, wodurch sie für große, kapitalmarktorientierte Unternehmen kurzfristig weniger attraktiv erscheinen. Ähnlich stellt sich nach *Holmstrom* (1989) auch der externe Einfluss über die Höhe des Zinssatzes bei der Aufnahme von Fremdkapital dar. Ist der verfügbare Zinssatz hoch, werden Unternehmen eher in riskante Projekte mit hohen Erfolgsaussichten investieren. Ist der Zinssatz hingegen niedrig, werden sichere Projekte ausgewählt, um die erworbene Reputation nicht zu gefährden. In kleinen, noch jungen Unternehmen steht Kapital oft nur zu hohen Zinssätzen zur Verfügung. Daher wird in riskante Projekte investiert. Später, wenn das Unternehmen wächst und sich am Markt bereits etabliert hat, wird ihm Zugang zu kostengünstigerem Fremdkapital gewährt und es kommt daher aus Reputationsgründen verstärkt zu einer Investition in sichere Projekte, wodurch langfristige, zunächst unsichere F&E-Projekte tendenziell verdrängt werden.

Als abschließende Empfehlung, um in großen Unternehmen die Innovationsrate zu steigern, leitet *Holmstrom* (1989) daher die Dezentralisierung des F&E-Bereichs bei gleichzeitiger Übertragung von Kosten- und Erlösverantwortung ab, um daraus geeig-

---

337 Vgl. dazu auch *Czarnitzki/Kraft* (2003), S. 642, mit zahlreichen Literaturverweisen auf empirische Arbeiten zum Einfluss der Unternehmensgröße auf die Innovationspolitik.

nete Anreize zum Aufbau von Humanvermögen und zur Durchführung innovativer Projekte abzuleiten.[338]

4.3 Opening the black box of innovation

4.3.1 Forschungsfragen

Aghion/Tirole (1994) untersuchen in ihrer Arbeit Fragen zur Finanzierung von F&E-Projekten, zur Verteilung von Verfügungsrechten über Innovationen und zur Gestaltung von monetären Entlohnungssystemen für Forscher und Entwickler. Sie unterscheiden dabei verschiedene Akteure im F&E-Prozess: die Forscher, die Kapitalgeber, die Eigentümer von Patenten und die Kunden, als Anwender der Innovationen.[339]

4.3.2 Modellaufbau und Handlungssequenz

Die Autoren definieren in ihrer Modellanalyse zwei Akteure, den Forscher bzw. allgemein die Forschungseinrichtung („Research unit", im Folgenden abgekürzt als Ru) und den Kunden („Customer" im Folgenden abgekürzt als C) als Abnehmer der Innovation. Der Begriff Kunde wird von den Autoren weit gefasst, es kann sich dabei um einen Produzenten handeln, der sich mit der konkreten Umsetzung des Forschungsergebnisses befasst. Ebenso kann der Kunde ein Endverbraucher sein, der ein innovatives Produkt kauft. Schließlich kann der Kunde auch ein Unternehmen sein, dass ein komplementäres Produkt erzeugt. Allgemein zusammengefasst profitiert der Kunde direkt von der Innovation.[340] Der Forscher bzw. die Forschungseinrichtung stellt Wissen und Ideen bereit, verfügt aber über keine eigenen Ressourcen, um diese zu realisieren. Sie unterliegt einer finanziellen Beschränkung und ist daher auf einen externen Kapitalgeber, den Kunden, angewiesen.

Für den Kunden hat die Innovation einen bestimmten Wert $V > 0$. Der Kunde leistet eine Investition E, die finanzieller Natur oder auch nichtfinanzieller Natur (z.B. durch die Zurverfügungstellung von Technologie) sein kann. Finanzielle Investitionen sind verifizierbar, nichtfinanzielle Investitionen sind nicht verifizierbar und können daher nicht Vertragsgegenstand sein. Die Forschungseinrichtung erbringt eine Anstrengung e, welche nicht direkt beobachtbar und daher ebenfalls nicht kontrahierbar ist („hidden action"). Beide Akteure werden als risikoneutral mit einem Reservationsnutzen von Null beschrieben.

---

338 Vgl. *Holmstrom* (1989), S. 326. Auch *Sliwka* (2003) kommt in einer Analyse optimaler Regelungen hinsichtlich der Entscheidungskompetenzverteilung über die Umsetzung eines F&E-Projekts zu dem Schluss, dass mehr Autonomie des einzelnen F&E-Mitarbeiters einen positiven Einfluss auf die Innovationstätigkeit haben kann.

339 Vgl. *Aghion/Tirole* (1994), S. 701.

340 Vgl. *Aghion/Tirole* (1994), S. 702.

Die Wahrscheinlichkeit einer erfolgreichen Innovation hängt von der Investition des Kunden E und von der Anstrengung der Forschungseinrichtung e ab, nämlich

$$p(e,E) = r(E) + q(e) \tag{4.5}$$

Eine spezifische Form der Innovation kann aufgrund der Unvollständigkeit des Vertrags nicht vorgeschrieben werden. Der Vertrag kann lediglich eine Verteilung der Verfügungsrechte bei Vorliegen einer Innovation, eine Verteilung der entstehenden Rückflüsse und die Investition des Kunden beinhalten, sofern diese kontrahierbar, d.h. finanzieller Natur ist.

Die Autoren unterscheiden in ihrem Modell zwei mögliche Situationen hinsichtlich der Verfügungsgewalt.

Wenn der Kunde die volle Verfügungsgewalt über die Innovation besitzt, dann kann er sie frei benutzen. Die Forschungseinrichtung erhält in diesem Fall keinen Anteil an den Rückflüssen und hat daher auch keinen Anreiz zur Erbringung einer Forschungsanstrengung. Der entstehende aggregierte Nutzen in diesem Fall hat die Form:

$$U_{Ru} + U_C = 0 + [p(0, E^*(V)) \cdot V - E^*(V)] \tag{4.6}$$

Dies wird von den Autoren als „integrierter Fall“ bezeichnet und trifft z.B. auf eine Situation zu, in der der Vertrag eine Beziehung innerhalb eines Unternehmens zwischen einem internen F&E-Bereich und der Unternehmensleitung als Abnehmer des unmittelbaren F&E-Ergebnisses (in der Systematik von *Brown/Svenson* (1988) des „F&E-Outputs“) beschreibt. In einer Fußnote ergänzen *Aghion/Tirole* (1994), dass die einzelnen F&E-Mitarbeiter nach erfolgreichem Abschluss schon Belohnungen in der Form von Gehaltserhöhungen, einmaligen Boni oder Beförderungen erhalten, diese jedoch in keinem direkten Zusammenhang mit den Rückflüssen aus der Innovation stehen und daher keinen Anreiz zur Erbringung einer Forschungsanstrengung darstellen.[341]

Wenn die Forschungseinrichtung alle Verfügungsgewalt über die Innovation besitzt, erfolgt die Verteilung der Rückflüsse als Ergebnis eines Verhandlungsprozesses. Die Vertragsbeziehung zwischen einem unabhängigen Forschungsinstitut und einem Unternehmen, das Forschungsergebnisse extern zukauft, um sie dann in den eigenen Leistungsverwertungssystemen einzusetzen, stellt hierfür ein Anwendungsbeispiel dar. Dabei gehen die Autoren vereinfacht von einer gleichmäßigen Aufteilung des Rückflusses V auf die beiden Akteure aus, d.h. jeder erhält $V/2$.

[341] Vgl. dazu *Aghion/Tirole* (1994), S. 703, Fußnote 2.

Der dadurch entstehende aggregierte Nutzen hat die Form:[342]

$$\tilde{U}_{Ru} + \tilde{U}_C = p\left(e^*\left(\frac{V}{2}\right), E^*\left(\frac{V}{2}\right)\right) \cdot V - e^*\left(\frac{V}{2}\right) - E^*\left(\frac{V}{2}\right) \qquad (4.7)$$

Die Handlungssequenz stellt sich im einperiodigen Modell von *Aghion/Tirole* (1994) folgendermaßen dar: (1) Zunächst wird zwischen den beiden Akteuren ein Vertrag über die Verteilung der Verfügungsrechte geschlossen. (2) Danach entscheiden beide über das Ausmaß der Anstrengung bzw. Investition. Anschließend wird (3) das Ergebnis realisiert und (4) dem Vertrag entsprechend verteilt.

4.3.3 Analyse und Ergebnisse

Bei der Ermittlung der optimalen Verteilung der Verfügungsrechte identifizieren *Aghion/Tirole* (1994) drei Faktoren, die auf die Vertragsgestaltung Einfluss nehmen: die Grenzproduktivität der Forschungsanstrengung im Vergleich zur Grenzproduktivität der Kundeninvestition, die Verhandlungsmacht der beiden Akteure vor Vertragsabschluss und letztlich die finanzielle Beschränkung des Kunden.

- Wenn die Grenzproduktivität der Forschungsanstrengung entsprechend hoch ist, ist es vorteilhaft, die Verfügungsmacht an die Forschungseinrichtung zu übertragen, dieser damit entsprechende Anreize zur Erbringung einer Forschungsanstrengung zu geben und die Rückflüsse gleichmäßig zwischen den Akteuren aufzuteilen. Anderenfalls ist die integrierte Organisationsform mit gleichzeitiger Übertragung der Verfügungsmacht an den Kunden zu bevorzugen.

- Wenn die Verhandlungsmacht vor Vertragsabschluss bei der Forschungseinrichtung liegt, kommt es stets zu einer effizienten Verteilung der Verfügungsrechte, da die Forschungseinrichtung bei ausreichender Grenzproduktivität der Forschungsanstrengung die Verfügungsgewalt über die Innovation behält, woraus eine gleichmäßig Aufteilung der Rückflüsse resultiert. Ist die Grenzproduktivität der Forschungsanstrengung zu gering, werden die Verfügungsrechte an den Kunden gegen Leistung einer Transferzahlung übertragen. Wenn allerdings die Verhandlungsmacht vor Vertragsabschluss beim Kunden liegt, kann es lediglich zu einer Situation der Integration kommen, unabhängig vom Ausmaß der Grenzproduktivität der Forschungsanstrengung, da die Forschungseinrichtung keine finanzielle Entschädigung für die Überlassung von Verfügungsrechten leisten kann. Sie verfügt annahmegemäß nicht über ausreichende Finanzmittel.

[342] Vgl. *Aghion/Tirole* (1994), S. 704, wobei die hier präsentierte Form eine Vereinfachung darstellt.

- Bei Vorliegen finanzieller Beschränkungen des Kunden kann eine Übertragung der Verfügungsrechte an die Forschungseinrichtung vorteilhaft sein, da in diesem Fall der Kunde eine geringere Investition leisten muss (es gilt $E^*(V/2) < E^*(V)$). Es kommt damit zu einer Substitution von finanziellem Input durch „geistigen Input" in Form von Forschungsanstrengungen. Dies wird von den Autoren als Begründung für die Tendenz zur Auslagerung von Forschungsaktivitäten in jungen Unternehmen bzw. Unternehmen in einer angespannten finanziellen Lage genannt, in denen den Forschenden entsprechende Anreize zur Anstrengungserbringung durch Übertragung der Verfügungsrechte gewährt werden.

In einer Erweiterung gehen die beiden Autoren dann auf die Verteilung von Verfügungsrechten für zukünftige Innovationen ein, welche aus einer Vertragsbeziehung zwischen einem Arbeitgeber als Kunden und einem F&E-Mitarbeiter des Unternehmens entstehen. Dabei analysieren *Aghion/Tirole* (1994) Regelungen, die die Verfügungsrechte für Innovationen festlegen, welche entstehen, nachdem der Mitarbeiter das Unternehmen verlassen hat. Als Ergebnis halten die Autoren fest, dass die Verfügungsrechte über Rückflüsse aus Innovationen, die unmittelbar nach dem Verlassen des Unternehmens entstehen, beim Arbeitgeber verbleiben sollen und Rückflüsse, welche zu einem späteren Zeitpunkt entstehen, in die alleinige Verfügungsgewalt des Forschers übergehen sollen.

Das Modell von *Aghion/Tirole* (1994) beschreibt kein Standard-Prinzipal-Agenten-Problem. Es handelt sich vielmehr um die Ableitung effizienter Verteilungsregeln für die Rechte an Rückflüssen aus F&E-Aktivitäten. Dabei werden allerdings auch die Anreizwirkungen zur Erbringung von Anstrengungen durch die F&E-Mitarbeiter und deren Rückwirkung auf die Wahrscheinlichkeit eines erfolgreichen F&E-Projekts berücksichtigt.

4.4 Corporate Conservatism and Relative Compensation

4.4.1 Forschungsfragen

Zwiebel (1995) untersucht in seinem Modell mögliche Beweggründe für konservatives Verhalten von Managern in Unternehmen. Mit konservativem Verhalten bezeichnet der Autor dabei die Tendenz, sich konform im Vergleich zu den anderen Akteuren zu verhalten und eher bereits bekannte Aufgaben auszuführen, anstatt neue, innovative Aufgaben zu übernehmen. Dies wird auch als „herd mentality" bezeichnet und lässt sich auf Reputations- und Karriereüberlegungen der Manager zurückführen, welche einer relativen Performancebeurteilung unterliegen.[343]

[343] Vgl. *Zwiebel* (1995), S. 2f.

4.4.2 Modellaufbau und Handlungssequenz

Sowohl die Unternehmenseigentümer als auch die verfügbaren Manager in diesem zweiperiodigen Modell sind risikoneutral. *Zwiebel* (1995) nimmt zusätzlich eine Unterscheidung nach dem Typ des Managers vor, d.h. er unterscheidet gute, durchschnittliche und schlechte Manager hinsichtlich ihrer Fähigkeiten, wobei diese Fähigkeiten vor Vertragsabschluss lediglich dem Manager selbst bekannt sind („hidden characteristics").

Zwiebel (1995) untersucht folgende Handlungssequenz: (1) In jeder Periode entscheiden die Unternehmenseigentümer über die Anstellung eines Managers und über die Vertragsgestaltung. Anschließend wählt der Manager (2) eine Aufgabe und führt diese aus, wodurch ein bestimmter Rückfluss erzielt wird (3). Der Prinzipal entscheidet dann (4), ob er den Manager weiterbeschäftigt oder kündigt. Aufgrund des zweiperiodigen Designs müssen die Manager bei der Auswahl der Aufgaben in der ersten Periode neben den Auswirkungen auf ihre aktuelle Entlohnung auch Auswirkungen auf ihre Reputation und damit auf zukünftige Entlohnungsmöglichkeiten berücksichtigen.

Zwiebel (1995) unterscheidet zwei Typen von Aufgaben. Alle Manager können „Standardaufgaben" ausführen, welche über ein geringeres Erfolgspotential bei gleichzeitig guter relativer Vergleichbarkeit mit dem Marktdurchschnitt verfügen. Der Rückfluss $\tilde{x}_i$ aus einer Standardaufgabe stellt sich folgendermaßen dar:

$$\tilde{x}_i(0,t_i) = \tilde{\mu} + \tilde{\varepsilon}_i + t_i \tag{4.8}$$

Dabei bezeichnet *0* die Standardaufgabe und t_i den Typ von Manager *i*. $\tilde{\mu}$ ist eine Zufallsgröße, welchen den systematischen, allgemeinen Rückfluss am Markt aus der Standardaufgabe widerspiegelt. Die Zufallsgröße $\tilde{\varepsilon}_i$ bezeichnet den idiosynkratischen Beitrag des jeweiligen Managers zum Rückfluss.

Manche Manager erhalten auch die Möglichkeit, Anstrengungen für risikoreichere „neue Aufgaben" zu verwenden, welche ein höheres Erfolgspotential aufweisen, hinsichtlich der Managerperformance jedoch ein stärker verzerrtes Informationssignal bieten. Der Rückfluss aus diesen neuen Aufgaben zeigt folgenden Verlauf:

$$\tilde{x}_i(1,t_i) = \tilde{\nu} + \tilde{\varepsilon}_i + t_i \tag{4.9}$$

Mit *1* wird die neue Aufgabe bezeichnet, die Zufallsgröße $\tilde{\nu}$ kennzeichnet den systematischen, allgemeinen Rückfluss aus der neuen Aufgabe. Alle Zufallsgrößen und auch der, den Managertyp kennzeichnende Parameter t_i werden als unabhängig und normalverteilt beschrieben.[344]

Für die Unternehmenseigentümer ist jeweils nur der Rückfluss $\tilde{x}_i$ beobachtbar und verifizierbar, die einzelnen Zufallsgrößen sind jedoch nicht beobachtbar.

4.4.3 Analyse und Ergebnisse

Bei der Gestaltung des optimalen Entlohnungsvertrags muss dem Manager mindestens sein Reservationsnutzen über eine Fixvergütung F abgegolten werden, um ihn zur Teilnahme zu bewegen. Dieser ergibt sich aus den alternativen Beschäftigungsmöglichkeiten des Managers und wird vereinfacht auf Null normalisiert. Da der Typ des Managers in der ersten Periode nicht bekannt ist, erhalten alle Manager ausschließlich die Fixvergütung.[345]

Wenn die neue Aufgabe nicht zur Verfügung steht, sondern alle Manager nur die Standardaufgabe durchführen, können die Unternehmenseigentümer nach Ablauf der ersten Periode aus den realisierten Rückflüssen x_i den Anteil des durchschnittlichen Marktergebnisses μ ermitteln und damit Rückschlüsse auf den Typ des Managers ziehen.

Da annahmegemäß in der zweiten Periode vom risikoneutralen Manager immer die optimale Aufgabe gewählt wird, bestimmt sich der Wert des Managers zu Beginn der zweiten Periode aus seinem Managertyp. Entscheiden sich die Unternehmenseigentümer für die Kündigung eines Managers nach einer Periode, entstehen dadurch Kosten c, was vom Autor mit Such- und Einschulungskosten argumentiert wird. Die Unternehmenseigentümer vergleichen den jeweiligen typabhängigen „Manager-Marktwert“ mit den Kündigungskosten c und treffen dementsprechend die Entscheidung, den Manager weiterzubeschäftigen oder zu kündigen.

Um gute Manager im Unternehmen zu halten, muss bei Bekanntwerden ihres Typs mehr als die Fixvergütung bezahlt werden, da sie sonst von anderen Unternehmen abgeworben werden. Durchschnittliche Manager, deren typabhängiger Wert größer als die Kündigungskosten ist, sind für andere Unternehmen nicht attraktiv und werden daher nicht abgeworben. Bei einer Weiterbeschäftigung eines durchschnittlichen Managers fallen für das Unternehmen jedoch keine Kündigungskosten an, daher wird es diesen Managertyp weiterbeschäftigen und ihm weiterhin die Fixvergütung bezahlen. Schlechte Manager werden in der zweiten Periode gekündigt und das Unternehmen stellt einen neuen Manager ein, dessen Typ es nicht kennt und dem wiederum die Fixvergütung gezahlt wird.

---

344 Vgl. *Zwiebel* (1995), S. 5.

345 Vgl. *Zwiebel* (1995), S. 7.

Wenn nun die Manager zwischen beiden Aufgaben wählen können, werden sie die Auswirkungen auf ihre Entlohnungsmöglichkeit in der zweiten Periode berücksichtigen. Die neue Aufgabe hat im Unterschied zur Standardaufgabe ein höheres Erfolgspotential (höherer Erwartungswert der Zufallsgröße), ist aber gleichzeitig risikoreicher (höhere Varianz der relativen Performance).[346] Diese Risikokomponente bewirkt eine typabhängige Aufgabenauswahlentscheidung.

Mit der Sanktionsandrohung einer Kündigung bei unzureichender Performance ist es für durchschnittliche Manager wichtig, sich bei der Beurteilung deutlich von schlechten Managern zu unterscheiden. Daher werden sie eher Standardaufgaben übernehmen, um ein möglichst unverzerrtes Beurteilungskriterium ihrer Performance zu bieten (geringere Varianz der relativen Performance). Für gute Manager ist die Abgrenzung von schlechten Managern einfacher, sie schätzen ein möglichst genaues Beurteilungskriterium, sind jedoch nicht so stark davon abhängig, wie die durchschnittlichen Manager und daher eher bereit, die neue Aufgabe zu wählen. Schlechte Manager wiederum bevorzugen ein stärker verzerrtes Beurteilungskriterium, welches ihnen zumindest die Chance auf einen entsprechenden Rückfluss und damit auf eine Weiterbeschäftigung im Unternehmen bietet. Daher werden schlechte Manager immer die neue Aufgabe wählen, wenn sie zur Verfügung steht.

Um den Manager zur Wahl der neuen Aufgabe zu bewegen, können ihm Anreize geboten werden. Ein Anreizsystem ist nur für gute und durchschnittliche Manager relevant, da schlechte Manager ohnehin bei Verfügbarkeit stets die neue Aufgabe wählen werden. Anhand eines numerischen Beispiels führt *Zwiebel* (1995) diese Überlegungen anschaulich aus und kommt zu dem Schluss, dass die Kosten des Anreizsystems für gute Manager steigen, wenn auch durchschnittlichen Managern Anreize zur Wahl der neuen Aufgabe geboten werden.[347]

Als Ergebnis seiner Analyse leitet *Zwiebel* (1995) eine Tendenz zu Standardaufgaben bzw. eine Tendenz zu F&E-Projekten mit geringer Unsicherheit und aussagekräftigen Beurteilungsgrößen ab, wenn die Aufgabenauswahl an Manager delegiert wird, welche Reputations- und Karriereüberlegungen bei der Auswahlentscheidung berücksichtigen. Bahnbrechende Innovationen, welche aus risikoreichen F&E-Projekten stammen, werden daher eher in eigentümergeführten Unternehmen zu beobachten sein, in denen der Entscheidungsverantwortliche weniger auf seine Reputation hinsichtlich zukünftiger Karrieremöglichkeiten achten muss.

---

[346] Vgl. *Zwiebel* (1995), S. 8.
[347] Vgl. *Zwiebel* (1995), S. 11ff.

4.5 Managerial Incentives and Product Market Competition

4.5.1 Forschungsfragen

Schmidt (1997) untersucht in seinem Modell den Einfluss der Wettbewerbsintensität auf die Gestaltung von Anreizsystemen und damit auf das Managerverhalten, wenn dem Manager kostenreduzierende Aufgaben übertragen werden. Diese Kostenreduktion kann durch Restrukturierungsmaßnahmen, durch Entlassungen, durch den Verkauf unrentabler Geschäftsteile aber auch durch neue Produkte bzw. Produktionsverfahren als Ergebnis eines F&E-Prozesses erzielt werden, wodurch dieses Modell auch in einem F&E-Kontext Relevanz besitzt.[348]

4.5.2 Modellaufbau und Handlungssequenz

Das Modell besteht aus einem risikoneutralen Unternehmenseigentümer und einem risikoneutralen, aber finanziell beschränkten Manager, welcher eine Anstrengung zur Reduktion der zukünftigen Produktionskosten erbringen soll. Die Erfolgswahrscheinlichkeit der Kostenreduktionsmaßnahmen hängt von der unbeobachtbaren Anstrengung des Managers ab („hidden action"), welche für den Manager zu Disnutzen führt. Um den Manager zu einer Anstrengung zu bewegen, muss ihm zusätzlich zu seinem Reservationsnutzen ein entsprechender Anreiz geboten werden.

Die Handlungssequenz des einperiodigen Modells beginnt (1) mit dem Vertragsangebot durch den Unternehmenseigentümer. (2) Akzeptiert der Manager, wählt er (3) anschließend sein nutzenmaximierendes Anstrengungsniveau. Als Ergebnis der Manageranstrengung resultieren beobachtbare Produktionskosten (4). Der Prinzipal entscheidet (5) aufgrund der Kostenhöhe über die Liquidation bzw. Fortführung des Unternehmens. Wird das Unternehmen fortgeführt, werden anschließend (6) die Absatzmarktentscheidungen hinsichtlich Absatzpreis bzw. Absatzmenge getroffen und das Unternehmen realisiert ein Marktergebnis (7).[349]

4.5.3 Analyse und Ergebnisse

Der Autor identifiziert in seiner Analyse zwei Effekte auf die Anreizgestaltung in Abhängigkeit von der Wettbewerbsintensität:

- Eine Erhöhung der Wettbewerbsintensität führt zu einer Gewinnsenkung und erhöht damit die Wahrscheinlichkeit, dass das Unternehmen liquidiert werden muss, wenn die Produktionskosten zu hoch sind. Aus der Liquidation des Unternehmens entsteht dem Manager ein Disnutzen, da er seinen Arbeitsplatz verliert und ihm Kosten bei der Suche nach einem neuen entstehen. Alternativ

---

[348] Vgl. *Schmidt* (1997), S. 194.

[349] Im Modell von *Schmidt* (1997) wird nur das „Kostenreduktionsspiel" bis zur Liquidationsentscheidung analysiert, das „Marktspiel" wird aus der Betrachtung ausgeklammert (vgl. *Schmidt* (1997), S. 195).

kann dieser Disnutzen auch aus dem Verlust eines Anwendungsbereichs für das unternehmensspezifische Wissen des Managers oder aus der Signalwirkung der Entlassung für zukünftige Beschäftigungsmöglichkeiten entstehen.[350] Durch diesen „Threat-of-liquidation"-Effekt hat der Manager einen unmittelbaren Anreiz, eine Anstrengung zu erbringen, um so den Disnutzen zu vermeiden. Daneben ergibt sich eine indirekte Wirkung über die Lockerung der finanziellen Beschränkung des Managers mit steigender Wettbewerbsintensität, die es dem Unternehmenseigentümer ermöglicht, kostengünstiger Anreize zur Anstrengungserbringung zu setzen. Mit zunehmender Wettbewerbsintensität sinken daher die Kosten, um den Manager zu einer hohen Anstrengung zu motivieren und aus dem „Threat-of-liquidation"-Effekt resultiert eine höhere Anstrengung des Managers.[351]

- Wenn die Erhöhung der Wettbewerbsintensität zu einer Senkung der Gewinne führt, kann es neben der drohenden Liquidation auch zu einer Änderung in der Beurteilung der Vorteilhaftigkeit von Kostenreduktionsmaßnahmen kommen. Dies bringt *Schmidt* (1997) mit dem Wert der Maßnahmen, welche zu der Kostenreduktion führen, in Verbindung. Die Richtung dieses „Value-of-a-cost-reduction"-Effekts ist nicht eindeutig. Wenn der Wert einer Kostenreduktion mit zunehmender Wettbewerbsintensität sinkt, ist der Unternehmenseigentümer nicht mehr bereit, dem Manager über seinen Reservationsnutzen hinaus hohe Anreize für eine hohe Anstrengung zu bieten und er wird daher einen weniger anreizintensiven Vertrag gestalten.[352] Mit steigendem Wert der Kostenreduktion bei zunehmender Wettbewerbsintensität ist es für den Unternehmenseigentümer andererseits vorteilhaft, stärkere Anreize zu bieten. Der „Value-of-a-cost-reduction"-Effekt ist nur in Situationen relevant, in denen der Manager eine Bezahlung über seinem Reservationsnutzen hinaus erhält, da der Unternehmenseigentümer nur in diesen Fällen die Entlohnung des Managers verringern kann.[353]

Anhand eines homogenen Preiswettbewerbsmarkts zeigt der Autor in einer Ergänzung zum Grundmodell exemplarisch, dass der Wert einer Kostenreduktion und damit einer verstärkten Anreizgenerierung ausgehend von einer Monopolsituation zunächst steigen kann, bei zunehmender Wettbewerberanzahl aber sinkt und daher eine umgekehrt u-förmige Beziehung zwischen Wettbewerbsintensität und „Value-of-a-cost-reduction"-Effekt bestehen kann.[354]

---

[350] Vgl. *Schmidt* (1997), S. 196.

[351] Vgl. *Schmidt* (1997), S. 200. Für eine Analyse dieses „Threat-of-liquidation"-Effekts im Zusammenhang mit der Umsetzung von Innovationen und den Auswirkungen von wettbewerbs- und industriepolitischen Maßnahmen siehe auch *Aghion/Dewatripont/Rey* (1997).

[352] Vgl. *Schmidt* (1997), S. 200.

[353] Vgl. *Schmidt* (1997), S. 201.

[354] Vgl. *Schmidt* (1997), S. 207ff.

In einer Erweiterung ergänzt *Schmidt* (1997) das Modell, indem er die Erfolgswahrscheinlichkeit der Kostenreduktionsmaßnahme nicht nur an die Manageranstrengung, sondern auch an die Kooperationsbereitschaft der Mitarbeiter des Managers knüpft. Eventuelle Widerstände dieser Gruppe argumentiert der Autor mit individuellem Disnutzen durch Kündigung, mit Disnutzen aus der Anpassung an neue Gegebenheiten bzw. allgemein mit steigenden Anforderungen und zunehmender Unsicherheit bei der Umsetzung neuer Ideen. Wenn die Mitarbeiter mit Widerstand reagieren, werden die Anstrengungskosten des Managers bei der Durchführung der Kostenreduktionsmaßnahme erhöht. Der „Threat-of-liquidation"-Effekt beeinflusst jedoch auch die Mitarbeiter in ihrem Widerstand gegen die neuen Maßnahmen. Mit steigendem Wettbewerb und damit steigender Liquidationsgefahr werden die Mitarbeiter eher bereit sein, die Kostenreduktionsmaßnahmen zu akzeptieren. In Zeiten der allgemeinen Rezession wird der „Threat-of-liquidation"-Effekt noch verstärkt, da der bei Liquidation entstehende Disnutzen für den Manager aber auch für die Mitarbeiter steigt. Damit begründet *Schmidt* (1997) mit seinem Modellergebnis die auch empirisch beobachtbare Tendenz zu umfangreichen Reorganisations- und Kostenreduktionsmaßnahmen während einer Rezession.

Schmidt (1997) kommt zu dem Schluss, dass das jeweilige Unternehmensumfeld, ausgedrückt durch die Wettbewerbsintensität und deren Auswirkungen über den „Threat-of-liquidation"-Effekt und den „Value-of-a-cost-reduction"-Effekt, bei der Gestaltung eines Anreizsystems und insbesondere bei der Festlegung der Anreizintensität entsprechend berücksichtigt werden muss. Soll die Kostenreduktion durch F&E-Maßnahmen erreicht werden, muss daher bei der Anreizgestaltung auf den Wert derartiger Maßnahmen in Abhängigkeit von der Wettbewerbsintensität Bezug genommen werden.

4.6 On information sharing and incentives in R&D

4.6.1 Forschungsfragen

In seiner Modellanalyse versucht *Severinov* (2001) Fragen nach dem Einfluss von Spillover-Effekten auf die Zielerreichung eines Unternehmens und nach Beeinflussungsmöglichkeiten des Spillover-Ausmaßes durch die Gestaltung von Entlohnungssystemen für F&E-Mitarbeiter zu beantworten.[355]

4.6.2 Modellaufbau und Handlungssequenz

Im Modell wird ein Duopolmarkt untersucht, in dem sich zwei risikoneutrale Unternehmenseigentümer gegenüberstehen, welche jeweils einen risikoaversen F&E-Mitarbeiter beschäftigen. Jeder Mitarbeiter erbringt eine unbeobachtbare Anstrengung zur Entwicklung eines neuen Produkts („hidden action"). Das neue Produktkonzept als Ergebnis dieser Anstrengung kann von hoher oder geringer Qualität sein. Die Anstren-

---

355 Vgl. zu einer Beschreibung von Spillover-Effekten einführend Kapitel 2 bzw. ausführlicher Kapitel 7.

gung des Mitarbeiters bewirkt eine Erhöhung der Wahrscheinlichkeit, ein qualitativ hochwertiges Produkt zu entwickeln, führt für ihn jedoch zu einem Disnutzen. Die Qualität des eigenen Produkts nimmt unmittelbar Einfluss auf den Unternehmensgewinn, die Qualität des jeweils anderen Produkts hat ebenfalls mittelbar Einfluss auf den eigenen Gewinn. Weiters entscheidet der Mitarbeiter auf der Grundlage seines Entlohnungsvertrags, ob er Informationen mit dem Mitarbeiter des jeweils anderen Unternehmens austauscht (Informations-Spillover). Der Wert bzw. die Verwertungsmöglichkeit der Information ist zum Zeitpunkt des Informationsaustausches unsicher. Der Informationsaustausch erhöht jedoch die Wahrscheinlichkeit, ein qualitativ hochwertiges Produkt zu entwickeln. Der im Modell betrachtete Informationsaustausch beinhaltet unternehmensspezifisches, wertvolles Wissen über aktuelle Entwicklungen und F&E-Projekte („proprietary information"), nicht jedoch den allgemeinen Wissensaustausch zwischen Forscherkollegen über frei verfügbare Informationen.[356] Der Informationsaustausch beruht auf Gegenseitigkeit, d.h. wenn ein Unternehmen den Austausch durch die Gestaltung des Anreizsystems für seinen Mitarbeiter unattraktiv werden lässt, findet insgesamt kein Informationsaustausch statt. Weiters ist im Fall eines Informationsaustausches nur eine vollständige und wahrheitsgemäße Weitergabe der Informationen möglich, d.h. die Mitarbeiter können die Informationen nicht verfälschen bzw. Teile verheimlichen.[357]

Severinov (2001) untersucht zwei Typen von Verträgen: Der eine bietet Anreize zur Erbringung einer Anstrengung und zur Partizipation am Informationsaustausch, der zweite Vertragstyp bietet Anreize zur Anstrengungserbringung und zum Verzicht auf Informationsaustausch.

- Um den Mitarbeiter zum Verzicht auf den Informationsaustausch zu bewegen, enthält sein Entlohnungsvertrag eine relative Performancebeurteilungskomponente, welche die Qualität des eigenen Produkts in Relation zur Qualität des Konkurrenzprodukts misst. Wenn die Produkte hinsichtlich der Qualität verschieden sind, erhält der Mitarbeiter eine höhere Entlohnung; wenn die Produkte zu ähnlich sind, erhält er eine geringere Entlohnung, da Qualitätsunterschiede nur bei Verzicht auf Informationsaustausch entstehen können.

- Entlohnungsverträge, die zum Informationsaustausch anregen, enthalten ebenfalls eine relative Beurteilungskomponente, welche allerdings das Profitieren des eigenen Mitarbeiters an der Anstrengung des anderen Mitarbeiters („Trittbrettfahren") vermindert und dadurch zu einer Senkung der Anreizkosten führt.

Die Handlungssequenz stellt sich im einperiodigen Modell von *Severinov* (2001) folgendermaßen dar: (1) Die Unternehmenseigentümer bieten ihrem jeweiligen Mitarbei-

---

[356] Vgl. *Severinov* (2001), S. 544.
[357] Vgl. *Severinov* (2001), S. 546f.

ter einen der beiden dargestellten Entlohnungsverträge an, welcher für den Konkurrenten und dessen Mitarbeiter nicht beobachtbar ist.[358] (2) Akzeptiert der Mitarbeiter den Vertrag, wählt er (3) sein Anstrengungsniveau zur Entwicklung des neuen Produkts und entscheidet (4), ob er an einem Informationsaustausch teilnimmt, ohne vorher die Anstrengung des anderen Mitarbeiters zu kennen. Wenn sich beide für den Informationsaustausch entscheiden, teilen sie sich (5) ihre Ergebnisse aus der jeweiligen Forschungsanstrengung mit und reichen anschließend (6) das entwickelte Produktkonzept an den jeweiligen Unternehmenseigentümer weiter, welcher es (7) über die Leistungsverwertungssysteme marktfähig macht und schließlich am Absatzmarkt anbietet, wodurch ein Marktergebnis realisiert wird (8).[359]

4.6.3 Analyse und Ergebnisse

Welcher Vertrag nun jeweils angeboten werden soll, hängt zunächst von den Kosten der Anreizgestaltung ab. Werden Informationen zwischen den Mitarbeitern ausgetauscht, wird der Mitarbeiter versuchen, von der Anstrengung des anderen Mitarbeiters zu profitieren und seine eigene Anstrengung zu senken, wodurch die Kosten der Anreizgestaltung bei Vorliegen von Informationsaustauschbeziehungen steigen. Aufgrund der Risikoaversion der Mitarbeiter führt andererseits ein Unterbinden des Informationsaustausches bei gleichzeitiger relativer Beurteilung der Mitarbeiterperformance ebenfalls zu einem Anstieg der Anreizkosten als Ausgleich für die zusätzliche Variabilität in der Entlohnungsstruktur.

Insbesondere beeinflusst aber die Art der Interaktion der beiden Unternehmen am Absatzmarkt die Wahl des optimalen Entlohnungsvertrags. Je nach vorherrschenden Umfeldbedingungen können die Vorteile aus dem Informationstausch über die Erhöhung der Wahrscheinlichkeit, ein qualitativ hochwertiges Produkt zu entwickeln, die Nachteile der Anstrengungsreduktion aufwiegen. In diesem Fall ist ein Vertrag, der den Informationsaustausch bewusst fördert, vorteilhaft. Sind jedoch die Nachteile größer als die zu erwartenden Vorteile, so wird der optimale Entlohnungsvertrag Anreize zum Verzicht auf den Informationsaustausch beinhalten.

Wenn z.B. die Ergebnisse aus F&E-Projekten in Form von innovativen Produkten sehr einfach durch den Konkurrenten imitiert werden können, wird der Informationsaustausch verhindert, da er keinen zusätzlichen Vorteil bringt. Ein Verzicht auf den Informationsaustausch führt jedoch zu einer Verringerung des „Trittbrettfahrer-Problems" und damit zu geringeren Kosten der Anstrengungsgenerierung.

---

[358] *Severinov* (2001), S. 543, schließt in seiner Analyse die Signalwirkung derartiger Verträge explizit aus und konzentriert sich auf die Anreizwirkung. In der eigenen Modellanalyse in den Kapiteln 5 bis 7 stehen die Beobachtbarkeit von Managerentlohnungsverträgen und die daraus resultierende Einflussmöglichkeit auf Konkurrenzentscheidungen im Vordergrund, allerdings wird von internen Anreizeffekten abstrahiert.

[359] Vgl. *Severinov* (2001), S. 546.

Wenn der Wettbewerb zwischen den Unternehmen sehr stark ist, wird der Informationsaustausch tendenziell ebenfalls verhindert, um die Chance auf eine Marktführerposition zu erhalten. Ist der Wettbewerb dagegen weniger stark ausgeprägt, sind die Produkte z.B. entsprechend stark differenziert, wird der Informationsaustausch gefördert, um so von der Erhöhung der Wahrscheinlichkeit auf ein qualitativ hochwertiges Produkt profitieren zu können.

Insgesamt kann daher über die Wahl eines entsprechenden Anreizvertrages das Ausmaß der (spezifischen) Spillover-Effekte endogenisiert und durch die Unternehmenseigentümer bewusst gesteuert werden.[360]

Severinov (2001) schließt mit der Bemerkung, dass interne Agency Probleme, in diesem Fall über das „Trittbrettfahren" des Mitarbeiters beim Vorliegen von Spillover-Effekten durch Informationsaustausch, zu einem Rückgang der Kooperationsbereitschaft bei F&E-Aktivitäten führen können, indem der Informationsaustausch durch die Vertragsgestaltung unvorteilhaft wird. Eine Tendenz zur „Geheimhaltung" von spezifischem Wissen über neue Produktkonzepte lässt sich jedoch nicht allgemein feststellen, sondern hängt vielmehr von den Imitationskosten und dem Differenzierungsgrad der betroffenen Unternehmen ab.

4.7 Gestaltung von Anreizsystemen zur Steuerung von Innovationsprozessen

4.7.1 Forschungsfragen

In seiner Dissertation sucht *Bergmann* (2005) nach geeigneten Instrumenten zur Steuerung innovativer Prozesse, um damit Anreize für ein zielkonformes Verhalten der Entscheidungsträger zu bieten, wenn die übertragenen Aufgaben durch hohe Unsicherheit bezüglich Art, Dauer und Reihenfolge gekennzeichnet sind.[361] Im Mittelpunkt seiner Analyse stehen dabei Projektleiter im Innovationsbereich, also Entscheidungsträger auf „der zweiten Ebene", welche den Unternehmenserfolg auf Gesamtunternehmensebene nicht direkt beeinflussen können.[362] Im Innovationsprozess übernimmt der Projektleiter verschiedene Aufgaben, die vom Autor vereinfacht in zwei Gruppen zusammengefasst werden: kreativ-experimentelle Aktivitäten mit hohem Unsicherheitsgrad und Routinetätigkeiten mit geringem Unsicherheitsgrad.[363] Die Arbeit von *Bergmann* (2005) befasst sich konkret mit der Suche nach einem optimalen finanziellen Anreizsystem, welches neben allgemeinen Anreizen zur Anstrengungserbringung auch die

---

[360] Vgl. *Severinov* (2001), S. 551.
[361] Vgl. *Bergmann* (2005), S. 20.
[362] In der vorliegenden Arbeit entsprechen diese Projektleiter den „F&E-Managern", welche in Kapitel 2 definiert wurden.
[363] Vgl. *Bergmann* (2005), S. 37.

zielkongruente Verteilung der Anstrengung auf die verschiedenen Aufgaben beinhaltet.[364]

4.7.2 Modellaufbau und Handlungssequenz

Das Grundmodell umfasst einen Prinzipal (Unternehmensleitung) und einen Projektleiter, der mit Innovationsaktivitäten betraut ist. Vom Autor werden zwei Zielvorgaben unterschieden, nämlich ein outputbezogenes Effektivitätsziel und ein inputbezogenes Effizienzziel. Aus diesen Zielvorgaben werden Anreize zur Durchführung der zwei Gruppen von Aufgaben (kreativ-experimentelle Aufgaben a_K und Routineaufgaben a_R) abgeleitet. Zwischen beiden Tätigkeiten bestehen Interdependenzen, d.h. die Ausführung einer Aufgabe beeinflusst die Kosten der Ausführung der anderen Aufgabe. Die Richtung dieser Kostenbeeinflussung bleibt zunächst offen. Zur Analyse bedient sich der Autor des LEN-Modells, welches bereits im Zusammenhang mit dem Modell von *Holmstrom* (1989) kurz vorgestellt wurde.[365] Dabei stellt das Modell von *Bergmann* (2005) eine Erweiterung des älteren Modells von *Holmstrom* (1989) hinsichtlich der Berücksichtigung von Teilaufgaben und F&E-Teilergebnissen, die sich letztlich im Unternehmensergebnis niederschlagen, dar.

Der Unternehmensgewinn x wird als linear aggregiertes Performancemaß folgendermaßen dargestellt:[366]

$$x = \lambda_p \cdot p + \varepsilon_x \tag{4.10}$$

Dabei bezeichnet λ_p die Einflussstärke der Beurteilungsgröße Erfindungswert p auf den Unternehmensgewinn und ε_x bezeichnet eine externe Zufallsgröße, welche normalverteilt ist mit $\varepsilon_x \sim N\left(0, \sigma^2\right)$. Zur Beurteilung der Arbeitsleistung des Projektleiters können neben dem Erfindungswert p auch die Prozesszeit und -kosten, ausgedrückt in einer Effizienzkennzahl e, im Anreizvertrag verwendet werden. Der Erfindungswert ist ausschließlich informativ bezüglich der kreativ-experimentellen Aufgaben, die Effizienzkennzahl e gibt Auskunft über die Routineaufgaben.[367] Es bestehen folgende Zusammenhänge hinsichtlich der beiden Beurteilungsgrößen e und p:

$$p = \mu_K \cdot a_K + \lambda_e \cdot e + \varepsilon_p \tag{4.11}$$

$$e = \eta_R \cdot a_R + \varepsilon_e \tag{4.12}$$

---

364 Vgl. *Bergmann* (2005), S. 34.
365 Vgl. dazu auch Fußnote 325 der vorliegenden Arbeit.
366 Vgl. für die grundlegende Modellformulierung *Bergmann* (2005), S. 73ff.
367 Vgl. *Bergmann* (2005), S. 74.

Der Erfindungswert p hängt ab von der kreativ-experimentellen Arbeitsleistung a_K und von der Ausprägung der Effizienzbeurteilungsgröße e, wobei die Einflussstärke durch den Parameter λ_e bestimmt wird. Die Variablen μ_K und η_R bezeichnen die Sensitivität der Beurteilungsgrößen hinsichtlich der unterschiedlichen Aufgaben. Die Zufallsgrößen ε_p und ε_e sind voneinander unabhängig und normalverteilt mit einem Erwartungswert von Null und einer Varianz von σ_p^2 bzw. σ_e^2.

Durch die Ausübung der übertragenen Aufgaben entsteht für den Projektleiter Arbeitsleid, was sich in folgender Kostenfunktion allgemein darstellen lässt:

$$K\left(a_K, a_R\right) = \frac{1}{2} \cdot \left(a_K^2 + a_R^2\right) + \delta \cdot a_K \cdot a_R \qquad (4.13)$$

Das Ausmaß der Interdependenz zwischen den beiden Aufgaben wird durch den Parameter δ bestimmt. Nimmt δ Werte zwischen -1 und 0 an, ergänzen sich die beiden Aufgaben, wodurch aufgrund auftretender Synergien geringere Kosten $K\left(a_K, a_R\right)$ anfallen. Nimmt δ andererseits Werte zwischen 0 und 1 an, behindern sich die Aufgaben gegenseitig, was mit insgesamt höheren Anstrengungskosten verbunden ist.

Der Projektleiter erhält einen linearen Entlohnungsvertrag, welcher im Grundmodell eine variable Beteiligung an den drei modellierten Beurteilungsgrößen x, p und e sowie eine Fixvergütung a_0 enthält und mindestens den Reservationsnutzen abdecken muss.[368]

$$s\left(x, p, e\right) = a_0 + \alpha_x \cdot x + \alpha_p \cdot p + \alpha_e \cdot e \qquad (4.14)$$

Auf die alleinige Verwendung einer unternehmenserfolgsbezogenen Größe wird aufgrund der geringen Anreizwirkung infolge der geringen Beeinflussungsmöglichkeit des hierarchisch nachgeordneten Projektleiters verzichtet. Bei der Auswahl der zu verwendenden Beurteilungsgrößen konzentriert sich *Bergmann* (2005) vielmehr auf solche Größen, „die einerseits durch einen Projektleiter direkt in ihrer Ausprägung beeinflusst werden können und andererseits positiv auf das Unternehmensziel wirken."[369]

Die Nutzenfunktion des risikoneutralen Prinzipals wird durch das Nettoergebnis $H(x) = x - s(x, p, e)$ wiedergegeben. Der Projektleiter ist risikoavers mit der exponentiellen Nutzenfunkion $U(s, a) = -\exp[-r \cdot (s - K(a_K, a_R))]$ und konstanter absoluter Risikoaversion $r > 0$.

---

368 Vgl. *Bergmann* (2005), S. 75. Die Notation wurde in sich konsistent vom Autor übernommen, wodurch hier Anpassungen einzelner Variablen notwendig waren.

369 *Bergmann* (2005), S. 164.

Bei Unbeobachtbarkeit der Aufgabenausführung wird der Nutzenerwartungswert des Projektleiters über das Sicherheitsäquivalent ermittelt. Dieses besteht aus dem Erwartungswert der Entlohnung abzüglich der Anstrengungskosten und abzüglich einer Risikoprämie. Diese Risikoprämie steigt mit zunehmender Risikoaversion, mit zunehmender Varianz der jeweiligen Kennzahl, mit zunehmenden Beteiligungsparametern α_i, $i \in \{x, p, e\}$ und mit zunehmenden Einflussstärken λ_j, $j \in \{p, e\}$ der Beurteilungsgrößen.

Die Handlungssequenz im einperiodigen Modell umfasst zunächst (1) das Entlohnungsvertragsangebot durch den Prinzipal. (2) Akzeptiert der Projektleiter den Vertrag, wählt er (3) danach die Höhe und Verteilung seiner Arbeitsleistung auf die beiden Aufgaben a_K und a_R. Zusammen mit der Ausprägung der Zufallsgrößen werden die Ergebnisse anschließend realisiert (4) und beide Akteure erhalten ihre Zahlungen (5).

4.7.3 Analyse und Ergebnisse

Zuerst berechnet *Bergmann* (2005) die First-best-Lösung, um den optimalen Arbeitseinsatz aus Sicht des Prinzipals ohne Informations- und Kontrahierungsprobleme, d.h. bei Verifizierbarkeit der Arbeitsleistung, zu ermitteln. Dabei kommt er zu dem Ergebnis, dass der optimale Arbeitseinsatz von der Sensitivität der Kennzahlen hinsichtlich der Aktivitätskomponenten (μ_K, η_R), von der Einflussstärke der Beurteilungsgrößen (λ_p, λ_e) und vom Ausmaß der Interdependenz zwischen den Aufgaben (δ) abhängt.[370] „Die Arbeitsleistung des Entscheidungsträgers in einer Aktionskomponente sinkt (steigt) mit ansteigender Sensitivität in Bezug auf die andere Aktionskomponente. Dieser Effekt ist umso stärker, je stärker die Kosten einer Handlung mit der Höhe des Arbeitseinsatzes für die andere Handlung ansteigen (sinken).“[371] Der Autor begründet dieses Ergebnis damit, dass mit steigender Attraktivität einer Aufgabenart die Opportunitätskosten zur Durchführung der anderen Aufgabenart steigen und dadurch der Arbeitseinsatz für die weniger attraktive Aufgabenart verringert wird. Daher ist das vorgestellte Modell geeignet, den in der Literatur allgemein beschriebenen Konflikt zwischen Routineaufgaben und herausfordernden kreativ-technischen Forschungsaktivitäten abzubilden.[372]

Wird von der Verifizierbarkeit der Arbeitsleistung abgegangen („hidden action“), müssen dem Projektleiter neben einer Fixvergütung Anreize hinsichtlich der Höhe und Verteilung seiner Arbeitsleistung auf die beiden Aufgabenarten geboten werden. Die Auswahl geeigneter Beurteilungsgrößen und deren Verwendung in einem Entlohnungsvertrag macht *Bergmann* (2005) vom Neuigkeitsgrad der übertragenen kreativ-experimentellen Aufgaben und damit vom Ausmaß der Informationsasymmetrien ab-

370 Vgl. *Bergmann* (2005), S. 79.
371 *Bergmann* (2005), S. 79.
372 Vgl. *Bergmann* (2005), S. 80.

hängig, da dieser auch die Operationalisierung der Beurteilungsgrößen und damit die Zielvorgabemöglichkeit der Unternehmensleitung beeinflusst.

- Ist die Aufgabe durch einen sehr hohen Neuigkeitsgrad und damit sehr starke Informationsasymmetrien zwischen Unternehmensleitung und Projektleiter gekennzeichnet, wird dem Projektleiter lediglich der Erfindungswert p als outputbezogene Beurteilungsgröße vorgegeben.[373] Er selbst kann über die Maßnahmen zu dessen Erzielung entscheiden und erhält damit den größtmöglichen Handlungsspielraum. Eine Verwendung des Unternehmensergebnisses x als Beurteilungsgröße erscheint bei diesen Aufgaben aufgrund der mangelnden direkten Beeinflussungsmöglichkeit nicht vorteilhaft, da es keine ausreichende Information hinsichtlich des Arbeitseinsatzes beinhaltet und daher nur eine geringe Anreizwirkung ausübt.[374] Eine Verwendung dieser Größe würde lediglich das Entlohnungsrisiko und damit die Entlohnungskosten erhöhen.

- Verfügt die Unternehmensleitung über Kenntnisse hinsichtlich der Auswirkungen einzelner Handlungsalternativen auf den Innovationserfolg, kann der Projektablauf in sachlicher und zeitlicher Hinsicht zumindest grob in Teilschritten geplant und damit vorgegeben werden. Neben dem Erfindungswert als Endergebnis werden dem Projektleiter daher zusätzliche Meilensteinziele vorgegeben, welche der Autor als Erweiterung des oben dargestellten Grundmodells einführt.[375] Ein Meilenstein kennzeichnet dabei ein Teilergebnis im Gesamtprozess, welches von *Bergmann* (2005) als Leistungsziel mit Terminfixierung beschrieben wird.[376] Die Erreichung der Meilensteine innerhalb der Zeitvorgaben bleibt jedoch wieder dem Projektleiter selbst überlassen. Auch bei dieser Art von Aufgaben kommt der Autor zu dem Ergebnis, dass eine Beteiligung am Unternehmenserfolg aus Anreiz- und Kostengründen nicht optimal ist. Im Unterschied zu den oben dargestellten völlig neuartigen Aufgaben enthält der Entlohnungsvertrag des Projektleiters nun, unter bestimmten Bedingungen[377], jedoch auch eine Beteiligung an den Meilensteinergebnissen.

- Bei sehr geringem Neuigkeitsgrad der Aufgaben können dem Projektleiter von der Unternehmensleitung sehr präzise Zeit- und Kostenziele für die einzelnen Teilaktivitäten neben dem Erfindungswert vorgegeben werden. *Bergmann* (2005) spricht in diesem Zusammenhang von Routine- oder Verbesserungsinnovationen.[378] Bei derartigen Aufgaben kommt es zu einer Kombination von Effizienz- und Effektivitätszielen bei der Gestaltung des Entlohnungsvertrags.

---

373 Vgl. *Bergmann* (2005), S. 165.
374 Vgl. *Bergmann* (2005), S. 91.
375 Vgl. *Bergmann* (2005), S. 99ff und S. 166.
376 Vgl. *Bergmann* (2005), S. 100.
377 Vgl. *Bergmann* (2005), S. 109ff.
378 Vgl. *Bergmann* (2005), S. 112.

Dadurch soll die reine Konzentration auf die Ausführung der Tätigkeiten (Effizienz) bei gleichzeitiger Vernachlässigung des Ergebnisses vermieden werden. Eine direkte Beteiligung des Projektleiters am Unternehmensgewinn ist jedoch auch in diesem Fall nicht optimal, da diese Kennzahl keine direkte Information bezüglich der Arbeitsleistung enthält.[379]

Mit abnehmendem Neuigkeitsgrad beinhaltet daher das optimale Anreizsystem nach *Bergmann* (2005) zusätzlich zu den outputbezogenen Effektivitätszielen auch durchführungsbezogene Effizienzziele, was der bereits von *Holmstrom* (1989) festgestellten Bürokratisierungsthese bei der überwiegenden Durchführung von Routineaufgaben entspricht. Die alleinige Konzentration auf Effizienzziele kann jedoch zu suboptimalen Entscheidungen im Hinblick auf Effektivitätsziele führen und damit zu einem geringeren Innovationserfolg vor allem bei „bahnbrechenden“ Innovationen mit hohem Neuigkeitsgrad. *Bergmann* (2005) schlägt daher ein differenziertes Anreizsystem vor, welches sich sowohl am Neuigkeitsgrad als auch an der Bedeutung der einzelnen Tätigkeiten für das Erreichen der Innovationsaufgabe und damit an der notwendigen Autonomie des Projektleiters orientiert.[380]

4.8 Optimale Zeitallokation auf Routineaufgaben und Erfindungen

4.8.1 Forschungsfragen

Auch *Weber* (2005) untersucht in seiner Arbeit die Aufteilung von Arbeitszeit auf Routineaufgaben und kreativ forschende Tätigkeiten. Grundsätzlich kritisiert er jedoch die z.B. in der Arbeit von *Holmstrom* (1989) empfohlene Aufgabentrennung mit dem Argument, „dass in allen Unternehmen Erfindungen gemacht werden.“[381] Er betont damit, dass in der unternehmerischen Realität gerade auch Mitarbeiter, denen prinzipiell Routineaufgaben übertragen wurden, Erfindungen machen, was vom Arbeitgeber auch als wünschenswert angesehen wird. In seiner Untersuchung geht er auf die konkreten rechtlichen Rahmenbedingungen in Deutschland ein, wo den Arbeitnehmern eine gesetzliche Erfindervergütung[382] zusteht, und untersucht daher neben unternehmensinternen Anreizen auch die Wirkungsweise dieser (exogen gegebenen) Vergütungsform auf die Zeitallokation der Mitarbeiter bei Überschneidung von Routineaufgaben und erfinderischen Tätigkeiten. Im Modell steht der einzelne Arbeitnehmererfinder im Mittelpunkt, welchem die Erfindung zuzurechnen ist. Dem Unternehmen als

---

[379] Vgl. *Bergmann* (2005), S. 116. Siehe *Bergmann* (2005), S. 142ff, für eine Darstellung der Ergebnisse unter Berücksichtigung von Abhängigkeiten zwischen den Aufgaben und konkreter Vorgabe von Effizienzzielen.
[380] Vgl. *Bergmann* (2005), S. 168.
[381] *Weber* (2005), S. 1224.
[382] Vgl. Gesetz über Arbeitnehmererfindungen (ArbnErfG), deutsches BGBl I 1957, 756.

Ganzes ist die Innovation zuzurechnen, da es die anschließende Verwertung der Erfindung übernimmt.[383]

4.8.2 Modellaufbau und Handlungssequenz

Das einperiodige Modell besteht aus einem Prinzipal und einem Agenten.[384] Beide Akteure sind risikoneutral und handeln rational, um ihren Nutzen zu maximieren. Der Agent verwendet einen Zeitanteil t mit $t \in [0,1]$ für die Routinetätigkeit, welche ihm vertragsgemäß übertragen wurde und zu einer exogen gegebenen Bruttowertschöpfung $R > 0$ je aufgewendeter Zeiteinheit führt. Daneben kann er auch einen Teil $(1-t)$ seiner Gesamtarbeitszeit für eigene erfinderische Tätigkeiten verwenden, welche im Modell mit einer Erfolgswahrscheinlichkeit $\pi \in (0,1)$ zu einer anteiligen Erhöhung $e > 0$ am Wert der Routinetätigkeit führen. Beide Akteure haben die Werte π und e betreffend zunächst dieselbe Einschätzung. Bezüglich der konkreten Zeitallokation herrscht zwischen Arbeitnehmer und Unternehmen asymmetrische Informationsverteilung. Ein neben dem Allokationsproblem möglicherweise bestehendes Motivationsproblem wird im Modell nicht behandelt, d.h. der Mitarbeiter arbeitet jedenfalls seine gesamte Arbeitszeit für das Unternehmen. Die Arbeitnehmererfindervergütung wird von *Weber* (2005) sowohl in Form einer erfindungsunabhängigen Bonuszahlung $\omega > 0$ als auch durch einen Anteilswert $\eta \in (0,1)$ am monetären Erfolg der Erfindung analysiert. Die Parameter e und π sowie die Bestimmungsgrößen der Erfindervergütung werden als exogen gegeben modelliert.

Die additiv-separierbare Nutzenfunktion des Agenten setzt sich aus der fixen internen Vergütung α, einer internen Anreizvergütung mit dem Beteiligungssatz $\beta \in [0,1]$, der externen Erfindervergütung sowie dem entstehenden Arbeitsleid $0{,}5 \cdot k \cdot t^2$ aus der Routineaufgabe zusammen. Der Agent maximiert seine Zielfunktion über die Wahl des Zeitanteils t_F bei Gestaltung der Erfindervergütung als Fixvergütung bzw. t_A bei Gestaltung als Anteilsvergütung. Die Zielfunktion des Agenten gestaltet sich jeweils folgendermaßen:

$$U_F = \alpha_F + \beta_F \cdot t_F \cdot R + \pi \cdot (1-t_F) \cdot \omega - 0{,}5 \cdot k \cdot t_F^2 \qquad (4.15)$$

$$U_A = \alpha_A + \beta_A \cdot t_A \cdot R + \pi \cdot (1-t_A) \cdot \eta \cdot e \cdot t_A \cdot R - 0{,}5 \cdot k \cdot t_A^2 \qquad (4.16)$$

Für den Prinzipal ergibt sich die Nutzenfunktion abhängig von der Gestaltung der Erfindervergütung folgendermaßen:

$$V_F = (1 + \pi \cdot (1-t_F) \cdot e) \cdot t_F \cdot R - \alpha_F - \beta_F \cdot t_F \cdot R - \pi \cdot (1-t_F) \cdot \omega \qquad (4.17)$$

---

[383] Der in Kapitel 2 vorgestellten Systematik von *Brown/Svenson* (1988) folgend trägt der Arbeitnehmer für den F&E-Output, das Unternehmen jedoch für das F&E-Outcome Verantwortung.

[384] Vgl. für eine Modellbeschreibung *Weber* (2005), S. 1227ff.

$$V_A = (1 + \pi \cdot (1 - t_A) \cdot (1 - \eta) \cdot e) \cdot t_A \cdot R - \alpha_A - \beta_A \cdot t_A \cdot R \qquad (4.18)$$

Der Prinzipal maximiert seine Nutzenfunktion durch Wahl des Beteiligungsparameters β_F bzw. β_A.

Die Handlungssequenz stellt sich im Modell folgendermaßen dar: (1) Der Prinzipal bietet einen Entlohnungsvertrag an. (2) Akzeptiert der Agent den angebotenen Vertrag, legt er (3) seine Zeitallokation auf die beiden Tätigkeiten fest. Anschließend wird der Erfolg aus dem Arbeitseinsatz realisiert (4) und dem Vertrag entsprechend verteilt (5).

4.8.3 Analyse und Ergebnisse

Als Ergebnis der Analyse zeigt sich, unabhängig von der Gestaltung der Erfindervergütung, dass bei steigendem Wert R der Routinetätigkeit der jeweilige Beteiligungsfaktor β_F^* bzw. β_A^* sinkt und der Agent gleichzeitig den Zeitanteil t_F^* bzw. t_A^* erhöht. Bei steigendem Arbeitsleid k aus der Routinetätigkeit andererseits steigt der jeweilige Beteiligungsparameter β_F^* bzw. β_A^* und der Zeitanteil für die Routineaufgabe sinkt.

Der Einfluss von e und π ist vom Verhältnis von R zu k abhängig. Ist $R > k$ sinken die Beteiligungsfaktoren mit steigenden Werten von e und π und die Zeitallokation wird in Richtung erfinderische Tätigkeit gelenkt (t_F^* bzw. t_A^* sinken). Aufgrund der Modellkonzeption, in der aus der erfinderischen Tätigkeit kein Arbeitsleid entsteht, leitet der Autor daher die Schlussfolgerung ab, „dass ein Schlüsselerfinder weniger mit Routinearbeit konfrontiert werden soll."[385]

Durch einen anschließenden Nutzenvergleich der beiden Vergütungsvarianten aus Sicht des Prinzipals gelangt *Weber* (2005) zu dem Ergebnis, dass eine fixe Erfindervergütung bei konstantem Nutzen des Agenten für den Prinzipal stets vorteilhafter ist, da der Agent bei anteiliger Vergütung eine ineffiziente Zeitallokation wählt.[386] Dieses Ergebnis steht für den Autor im Einklang mit bestehender Kritik an einer erfindungsabhängigen Vergütung infolge der hohen Volatilität bzw. der schwierigen Messung des konkreten Werts der Erfindung.[387]

Anschließend erweitert *Weber* (2005) sein Modell[388], indem er zunächst die einheitliche Einschätzung die Erfindungswirkung e betreffend aufhebt und dem Agenten eine positiv verzerrte Wahrnehmung bezüglich des Werts der Erfindung unterstellt. Durch diese Änderung bleibt jedoch weiterhin die Fixvergütung die optimale Vergütungsva-

---

385 *Weber* (2005), S. 1234. Ein „Schlüsselerfinder" wird im Modell durch eine hohe Erfolgswahrscheinlichkeit π und starke Erfindungswirkung e beschrieben.

386 Vgl. *Weber* (2005), S. 1234ff.

387 Vgl. *Weber* (2005), S. 1227 bzw. S. 1237, sowie die Ausführungen in Kapitel 2 dieser Arbeit.

388 Vgl. *Weber* (2005), S. 1237ff.

riante aus Sicht des Prinzipals deren Vorteilhaftigkeit mit zunehmender Erwartungsabweichung steigt.

Die Annahme der Indifferenz des Arbeitnehmers bezüglich der erfinderischen Tätigkeit wird ebenfalls aufgehoben und der Autor analysiert sowohl den Einfluss von Arbeitsleid als auch von Arbeitsfreude aus dieser Aufgabenart. Dabei wird Arbeitsfreude mit der möglichen kreativitätsaffinen Persönlichkeit von erfinderisch tätigen Arbeitnehmern argumentiert. Unabhängig von der Haltung des Agenten erzielt der Prinzipal auch hier bei fixer Erfindervergütung einen höheren Nutzen als bei anteiliger Vergütung.

Auch die Annahme der Risikoneutralität des Agenten wird in einer Modellerweiterung aufgehoben. Zusätzlich zur Entlohnung muss dem risikoaversen Agenten daher auch eine Risikoprämie geboten werden. Es zeigt sich, dass, wenn nur bezüglich des Resultats der Routinetätigkeit Risikoaversion besteht, die anteilige Vergütung vorteilhafter sein kann, da sie eine geringere Risikoprämie mit sich bringt. Besteht die Risikoaversion dagegen auch in Bezug auf die Erfindervergütung, erscheint die Fixvergütung wiederum vorteilhafter, da bei der anteiligen Vergütung nun zwei Risikoprämien gezahlt werden müssten.

In der letzten Modellerweiterung erläutert *Weber* (2005) verbal den Einfluss eines Mehr-Agenten-Kontexts. Es kann dadurch einerseits zur bereits bei *Holmstrom* (1989) angesprochenen Spezialisierung kommen, d.h. ein Agent widmet sich den Routineaufgaben, der andere den erfinderischen Tätigkeiten. Der Autor bekräftigt hier seine Feststellung, dass Agenten mit hoher erfinderischer Erfolgswahrscheinlichkeit („Schlüsselerfinder") weniger Routinetätigkeiten übertragen werden sollten. Andererseits sieht der Autor aber auch die Möglichkeit, „dass eine Überschneidung von Routine und Erfindung notwendig ist, um überhaupt Ideen und Kreativität für gewinnbringende Erfindungen zu generieren [...]", wodurch eine Spezialisierung nachteilig wäre.[389]

4.9 Zusammenfassung

Aus der Darstellung dieser ausgewählten Modelle zur Verhaltensbeeinflussung im F&E-Kontext lassen sich einige Einflussgrößen bei der Gestaltung von Anreizsystemen ableiten. Zur Ermittlung optimaler Entlohnungsverträge im F&E-Kontext werden insbesondere das inhärente Risiko, die auftretenden Informationsasymmetrien und der Neuigkeitsgrad als Besonderheiten von F&E-Investitionen in den Modellen berücksichtigt.[390] Eine Differenzierung in der Anreizgestaltung nach der Person des Agenten und der ihm übertragenen Aufgaben erscheint angebracht.

---

[389] *Weber* (2005), S. 1240.
[390] Vgl. dazu die Ausführungen in Kapitel 2.

Von einem F&E-Mitarbeiter werden in den hier gezeigten Modellen z.B. konkrete Forschungsanstrengungen erwartet, wofür Anreize zur Erbringung einer Arbeitsleistung notwendig sind. Weiters können Entlohnungssysteme für diesen Agententyp Anreize zum Aufbau von Humanvermögen in Form von spezifischem Wissen und zum Austausch dieses Wissens mit anderen F&E-Mitarbeitern enthalten.

Eine Entlastung von Routineaufgaben und der Aufbau eines fehlertoleranten Umfelds werden in den hier analysierten Arbeiten zur Anreizgestaltung vorgeschlagen. Eine organisatorische Trennung in operative und innovative Prozesse, wie sie von *Holmstrom* (1989) abgeleitet wird, betrifft insbesondere auch die Gestaltung des Anreizsystems. Wie bereits in Kapitel 3 dargestellt, sind Standard-Anreizsysteme nicht ohne Anpassung auf den F&E-Kontext übertragbar. Es kann daher auch vorteilhaft sein, auf eine performanceorientierte finanzielle Entlohnung im F&E-Kontext zu verzichten, wenn aufgrund des hohen Neuigkeitsgrads und der großen Informationsasymmetrien nur verzerrte Bemessungsgrundlagen verfügbar sind, welche eine geringe Anreizwirkung bzw. hohe Anreizkosten verursachen. Die Vorteilhaftigkeit fixer Erfindervergütungen im Vergleich zu anteiligen Vergütungen zeigt sich z.B. explizit in der Arbeit von *Weber* (2005), in welcher keine grundsätzliche Trennung in Routine- und kreativ erfinderische Tätigkeiten vorgenommen wurde, sondern der Mitarbeiter sein Zeitbudget selbst zwischen diesen beiden Tätigkeiten aufteilt. Neben finanziellen Anreizen können alternativ auch nichtfinanzielle Anreize, wie z.B. die Gewährung von Zeit und Ressourcen für eigene Forschungsprojekte oder die Förderung von Weiterbildungsmaßnahmen gerade auf der Ebene der F&E-Mitarbeiter sowohl aus Anreizgesichtspunkten als auch im Hinblick auf die Unternehmenszielerreichung vorteilhaft sein.

Bei der Anreizgestaltung für Manager, welchen Entscheidungskompetenz hinsichtlich der Auswahl und Koordination von F&E-Projekten übertragen wurde, stehen Anreize zur zielkongruenten Projektauswahl im Vordergrund.

Aus der Perspektive der Verhaltensbeeinflussung muss bei der Gestaltung des Anreizsystems die jeweilige Risikobereitschaft des Entscheiders, ausgedrückt durch seine Risikoeinstellung, berücksichtigt werden. Die Auswirkungen unsicherer Bemessungsgrundlagen auf die Entlohnung stehen dabei im Mittelpunkt. Dies wird in den Arbeiten von *Holmstrom* (1989) und *Bergmann* (2005) deutlich, wo die Ergänzung der Entlohnung durch eine Risikoprämie bei der Übertragung von risikobehafteten Projekten auf risikoaverse Mitarbeiter gezeigt wird. Weiters besteht für den einzelnen Mitarbeiter ein Entlassungsrisiko, wenn das Ergebnis seiner Aktivitäten nicht den Vorstellungen der Unternehmenseigentümer entspricht. *Czarnitzki/Kraft* (2003), welche empirisch den Einfluss der Art der Unternehmensführung auf die Innovationsfreudigkeit untersuchen, sehen hier eine asymmetrische Anreizverteilung, da der Mitarbeiter bei erfolgreichem Abschluss eines F&E-Projekts über seine variable Entlohnung nur einen Teil des Erfolgs erhält, bei Nichterfüllung jedoch entlassen wird und mit negativen Auswirkungen auf sein Einkommen und seine Reputation rechnen muss.[391] Eine daraus folgende Konzentration auf weniger risikobehaftete Projekte in managergeleiteten Unternehmen wird auch im Modell von *Zwiebel* (1995) gezeigt, indem individuelle Reputations- und Karriereüberlegungen des Managers in die Analyse miteinbezogen werden. Auch *Holmstrom* (1989) berücksichtigt Reputationswirkungen bei der Auswahl von Projekten, allerdings auf Gesamtunternehmensebene, und findet insbesondere einen unternehmensgrößenabhängigen Zusammenhang der jeweils optimalen Anreizgestaltung auf die Innovationsaktivitäten.

Neben der negativ auf die Innovationsfreudigkeit wirkenden Risikoaversion steht nach *Czarnitzki/Kraft* (2003) gerade in großen Unternehmen eine Wachstumsorientierung der Manager im Vordergrund, welcher unter anderem durch Investitionen in F&E-Aktivitäten Rechnung getragen wird.[392] Aus dem Unternehmenswachstum lukrieren die Manager dann auch immaterielle Anreize wie gesteigerte Reputation und eine Vergrößerung des Einflussbereichs. Jeder einzelne Manager befindet sich also hinsichtlich der Innovationsfreudigkeit und damit der Projektauswahl im Spannungsfeld zwischen Risikoaversion und Wachstumsorientierung, wobei *Czarnitzki/Kraft* (2003) zu dem Schluss kommen, dass der „Netto-Effekt“ a priori unklar ist und vielmehr von der Gestaltung des Anreizsystems und von den Risikostreuungsmöglichkeiten des Managers bzw. vom Ausmaß der Risikoversicherung durch die Unternehmenseigentümer abhängt.[393] Dieser Aspekt der Wachstumsorientierung wurde in den ausgewählten Modellen nicht explizit berücksichtigt, erscheint aber im F&E-Kontext relevant.

Die hier gezeigten Modelle konzentrieren sich auf unternehmensinterne Wirkungen von performanceabhängigen Entlohnungssystemen im F&E-Kontext. Eine Ausnahme bilden dabei die Modelle von *Schmidt* (1997) und *Severinov* (2001), welche auch gewisse Wirkungen interner Anreizsysteme auf den Wettbewerb bzw. umgekehrt des Wettbewerbs auf die interne Organisations- und Entscheidungsstruktur berücksichtigen. In den folgenden Kapiteln werden die internen Wirkungen von performanceabhängigen Entlohnungssystemen für Manager mit F&E-Verantwortung zunächst vernachlässigt. Vielmehr treten die externen Wirkungen auf den Wettbewerbsmarkt und deren Rückwirkung auf die Zielerreichung der Unternehmenseigentümer in den Vordergrund.

---

391 Vgl. *Czarnitzki/Kraft* (2003), S. 645. Die empirische Untersuchung basiert auf Daten zu 1.070 deutschen Unternehmen und umfasst Beobachtungsdaten aus den Jahren 1993 bis 1997.

392 Vgl. *Czarnitzki/Kraft* (2003), S. 645f.

393 Vgl. *Czarnitzki/Kraft* (2003), S. 646f.

5 Wettbewerbseffekt im F&E-Kontext in der ökonomischen Analyse - Grundmodell

In diesem Kapitel soll zunächst das Grundmodell eines Duopolmarktes vorgestellt werden, um damit auf die weiterführende Modellanalyse vorzubereiten. Im Unterschied zum vorhergehenden Kapitel, wo sich die Analyse auf die interne Organisations- und Entscheidungsstruktur konzentriert, wird nun der Analyserahmen erweitert, indem der Markt und damit die Wettbewerber explizit berücksichtigt werden.

Als Ausgangspunkt dient dabei ein Duopolmarkt mit zwei eigentümergeführten Unternehmen, welche sich in einem Preiswettbewerb gegenüberstehen. Beide Unternehmenseigentümer treffen simultan die Entscheidung über die Festlegung der Absatzpreise. Die zentralen Annahmen und der Lösungsmechanismus dieses Grundmodells werden beschrieben. Anschließend erfolgen die Darstellung der Ergebnisse und eine Charakterisierung der bestehenden Zusammenhänge im Rahmen einer Ceteris-paribus-Analyse.

Ausgehend davon wird in einer ersten Erweiterung eine zusätzliche Entscheidungsstufe eingeführt, in der beide Unternehmenseigentümer vor der Absatzpreisfestlegung über die Investition in prozesskostensenkende F&E entscheiden. Dafür wird das Annahmenset aus dem Grundmodell teilweise modifiziert bzw. ergänzt. Nach einer Darstellung des Lösungsmechanismuses dieses nun zweistufigen Spiels folgt die Präsentation und Beschreibung der geänderten Ergebnisse.

Die Ergebnisse des zweistufigen Spiels, in dem die Unternehmenseigentümer zentral über F&E-Investitionen und Absatzpreise entscheiden, dienen für die in Kapitel 6 folgende eigene Modellerweiterung durch strategische Delegation und Entlohnung des Managers anhand eines performanceorientierten Entlohnungsvertrags als Ausgangspunkt und Referenzlösung.

5.1 Preiswettbewerb - Grundmodell

Im Grundmodell stehen zwei Produktionsunternehmen und deren Eigentümer als Entscheider in einem differenzierten Preiswettbewerb einer Vielzahl von Nachfragern gegenüber.[394] Bei der Festlegung der Absatzpreise müssen die beiden Duopolisten den Einfluss ihrer individuellen Entscheidungen auf das Marktergebnis und auf das Entscheidungsverhalten des jeweils anderen Unternehmenseigentümers berücksichtigen, d.h. das jeweilige Entscheidungskalkül muss die Reaktion des Konkurrenten beinhalten. Beide Eigentümer treffen daher ihre Absatzpreisentscheidung mit dem Ziel der

---

[394] Der Preiswettbewerb wird in der Literatur oft als Bertrand-Wettbewerb definiert. Das ursprüngliche Modell von *Bertrand* beschreibt einen homogenen Markt, in dem alle Unternehmen ein identisches Produkt anbieten. In der vorliegenden Arbeit wird jedoch ein heterogener Preiswettbewerb unterstellt. Siehe allgemein zum Preiswettbewerb bei homogenen Gütern *Bester* (2004), S. 95ff.

Gewinnmaximierung unter Berücksichtigung der Entscheidungen des jeweils anderen Marktteilnehmers.[395]

Als Grundlage dient ein lineares inverses Nachfragesystem, welches sich in allgemeiner Form für die beiden Unternehmen folgendermaßen darstellen lässt:[396]

$$p_i(q_i, q_j) = a - \frac{\beta^2}{(\beta^2 - \gamma^2)} \cdot q_i - \frac{\beta \cdot \gamma}{(\beta^2 - \gamma^2)} \cdot q_j \tag{5.1.1}$$

$$p_j(q_i, q_j) = a - \frac{\beta^2}{(\beta^2 - \gamma^2)} \cdot q_j - \frac{\beta \cdot \gamma}{(\beta^2 - \gamma^2)} \cdot q_i \tag{5.1.2}$$

Dabei bezeichnet $a > 0$ den Prohibitivpreis, der Faktor $\beta^2 /(\beta^2 - \gamma^2)$ mit $\beta > 0$ und $\beta^2 > \gamma^2$ bezeichnet die eigene Preisänderung bei einer Änderung der eigenen Absatzmenge um eine Einheit. Der Faktor $\beta \cdot \gamma /(\beta^2 - \gamma^2)$ bezeichnet die eigene Preisänderung bei einer Änderung der Konkurrenzabsatzmenge um eine Einheit. Die Festlegung des Faktors γ beeinflusst die Form der Interdependenz zwischen den beiden Produkten. Wenn $\gamma = 0$, dann handelt es sich um voneinander unabhängige Produkte, d.h. die Absatzpreis- und Absatzmengenfestlegung von Produkt i beeinflusst den Absatzpreis und die Absatzmenge von Produkt j nicht und umgekehrt. Ist $\gamma > 0$, dann sind die beiden Produkte Substitute; bei $\gamma < 0$ sind die beiden Produkte Komplemente.

Durch Umformung lässt sich daraus folgendes lineares Nachfragesystem in Abhängigkeit des eigenen Absatzpreises und des jeweiligen Konkurrenzabsatzpreises ableiten:[397]

$$q_i(p_i, p_j) = a \cdot (1 - f) - p_i + f \cdot p_j \tag{5.2.1}$$

$$q_j(p_i, p_j) = a \cdot (1 - f) - p_j + f \cdot p_i \tag{5.2.2}$$

Die Absatzmenge q_i für Unternehmen i hängt jedenfalls negativ vom eigenen Preis p_i und positiv (negativ) vom Preis des Konkurrenzunternehmens p_j ab, wenn die Produkte Substitute (Komplemente) sind. Für Unternehmen j gilt dies analog, es müssen lediglich die Indizes getauscht werden.

---

[395] Die beiden Unternehmen werden in der nachfolgenden Analyse, der Literatur folgend, anhand der Indizes i und j unterschieden.

[396] Diese inversen Nachfragefunktionen repräsentieren quadratische, strikt konkave Konsumentenüberschüsse. Für die folgende Analyse wird daraus ein lineares Nachfragesystem der Form $q_i(p_i,p_j)$ bzw. $q_j(p_i,p_j)$ ermittelt. Siehe dazu z.B. *Singh/Vives* (1984), *Bester/Petrakis* (1993), wobei die Absatzmengen in der hier vorliegenden Analyse zusätzlich mit dem positiven Faktor $\beta /(\beta^2 - \gamma^2)$ transformiert werden, um die gewünschte Form der Nachfragefunktion zu erhalten.

[397] Dabei wird, um die Notation einfach zu halten, der Grad der Differenzierung mit $f = \gamma / \beta$ gemessen.

Nachfolgend werden die zentralen Annahmen der Modellanalyse ausführlich dargestellt. Diese werden in späteren Kapiteln aufgegriffen und teilweise modifiziert bzw. ergänzt.

- Annahme 1: Für die folgende Analyse wird unterstellt, dass die angebotenen Produkte heterogene Substitute sind, d.h. es gilt $\gamma > 0$.[398] Diese Heterogenität spiegelt sich im Elastizitätsparameter $f = \gamma / \beta$ der Nachfragefunktionen wider. Mit $\beta > 0$ folgt aus $\beta^2 > \gamma^2$, dass $1 > f > 0$. Weiters gilt $(a \cdot \beta - \gamma) > 0$, um nichtnegative Absatzpreise und Absatzmengen und damit ökonomisch sinnvolle Lösungen sicherzustellen.

- Annahme 2: Die Grenzkosten $c_i, c_j > 0$ können in beiden Unternehmen in unterschiedlicher Höhe anfallen. Dies lässt sich z.B. auf unterschiedliche Produktionstechnologien in beiden Unternehmen zurückführen. Es wird weiters $a > c_i$ bzw. $a > c_j$ angenommen, damit die Produktion für beide Unternehmen ökonomisch sinnvoll ist.

- Annahme 3: Alle Entscheidungen werden zentral von den Unternehmenseigentümern getroffen. Dies entspricht einer monolithischen Sichtweise der unternehmensinternen Entscheidungsstruktur.[399] Die beiden Eigentümer sind risikoneutral und streben nach individueller Gewinnmaximierung. Die Gewinnfunktionen für Unternehmenseigentümer i bzw. j lauten:

$$G_i = (p_i - c_i) \cdot q_i \tag{5.3.1}$$
$$G_j = (p_j - c_j) \cdot q_j \tag{5.3.2}$$

- Annahme 4: Fixkosten werden in der vorliegenden Analyse ausgeklammert, da sie in diesem Duopolmodell ohne Markteintrittsmöglichkeit nicht entscheidungsrelevant sind. Diese Vereinfachung hat jedoch keine Auswirkungen auf die qualitativen Eigenschaften der nachfolgend ermittelten Ergebnisse.[400]

- Annahme 5: Es wird weiters angenommen, dass es bei den beiden Unternehmen keine relevanten Kapazitätsgrenzen gibt, wodurch die nachgefragte Menge,

---

[398] Perfekte Substitute ($\gamma = \beta$, bzw. $f = 1$) würden dem Bertrand-Grundmodell entsprechen, führen jedoch unweigerlich zum Bertrand-Paradoxon und einer Preisfestsetzung in Höhe der Grenzkosten. Um diese Randlösung auszuschließen, werden die Produkte als imperfekte Substitute definiert. Detailliert zum Bertrand-Paradoxon siehe z.B. *Bester* (2004), S. 95ff, *Berninghaus/Ehrhart/Güth* (2006), S. 46ff.

[399] Vgl. zur Definition einer monolithischen Entscheidungsstruktur Kapitel 2. Im nachfolgenden Kapitel 6 werden ausgewählte Entscheidungen von den Unternehmenseigentümern an Manager delegiert, wodurch eine dezentrale Organisation entsteht.

[400] Ein positiver Fixkostenbetrag würde an den Charakteristika der nachfolgenden Lösungen nichts ändern, er würde lediglich das Gewinnniveau nach unten verschieben. Außerdem sind die Fixkosten in diesem kurzfristigen, einperiodigen Kontext und unter der Annahme vollständiger Risikoneutralität aller Beteiligten irrelevant. Vgl. dazu auch *Wagenhofer* (1995), S. 92, Fußnote 28.

welche sich aus der Festlegung des Absatzpreises ergibt, jedenfalls geliefert werden kann.[401]

- Annahme 6: Beide Unternehmer treffen ihre Entscheidung simultan und voneinander unabhängig, es gibt daher keinen so genannten „First Mover Advantage".[402]

Zur Lösung dieses Duopolspiels und damit zur Ermittlung der optimalen eigenen Absatzpreisentscheidung als Reaktion auf die Festlegung des Konkurrenzpreises, muss die Gewinnfunktion nach dem Preis abgeleitet werden, d.h. $\partial G_i / \partial p_i$ bzw. $\partial G_j / \partial p_j$.

Diese Bedingungen erster Ordnung (First Order Condition, im Folgenden FOC) werden schließlich nach dem eigenen Preis aufgelöst, um die so genannten Reaktionsfunktionen[403] RF_i und RF_j zu erhalten.

$$RF_i = p_i(p_j) = \frac{1}{2} \cdot (a \cdot (1-f) + c_i + f \cdot p_j) \tag{5.4.1}$$

$$RF_j = p_j(p_i) = \frac{1}{2} \cdot (a \cdot (1-f) + c_j + f \cdot p_i) \tag{5.4.2}$$

Die Reaktionsfunktion RF_i (RF_j) zeigt die optimale Strategie der Absatzpreisfestlegung in Unternehmen i (j) bei gegebenem Konkurrenzpreis p_j (p_i). Dabei hängt der optimale Preis p_i (p_j) positiv von den eigenen Kosten c_i (c_j) und auch positiv vom Konkurrenzpreis p_j (p_i) ab. Die beiden Reaktionsfunktionen haben einen steigenden Verlauf.[404] Die Absatzpreise sind strategische Komplemente, eine Erhöhung des Konkurrenzpreises wird durch eine Erhöhung des eigenen Preises beantwortet und umgekehrt.[405]

Über die beiden Reaktionsfunktionen RF_i und RF_j können die optimalen Absatzpreise als Lösung eines Gleichungssystems ermittelt werden. Ein Nash-Gleichgewicht[406] als Ergebnis der beiden Unternehmensentscheidungen ist dann erreicht, wenn, gegeben die optimale Strategie des Konkurrenzunternehmens, es keinen Anreiz gibt, von der

---

401 Vgl. für dieselbe Annahme *Wagenhofer* (1995), S. 95. Für eine Analyse eines Preiswettbewerbsmodells mit Kapazitätsschranken siehe z.B. *Bester* (2004), S. 99ff.

402 Vgl. *Brander/Spencer* (1983), S. 226, bzw. allgemein zum „First Mover Advantage" *Bagwell* (1995).

403 Diese Funktionen werden in der Literatur auch als „Best response functions", also als „beste Antwort" auf ein bestimmtes Konkurrenzverhalten bezeichnet. Siehe dazu z.B. *Tirole* (1988), S. 207f, *Berninghaus/Ehrhart/Güth* (2006), S. 34ff.

404 Vgl. für eine grafische Darstellung z.B. *Tirole* (1988), S. 208, *Bester* (2004), S. 109.

405 Vgl. *Bulow/Geanakoplos/Klemperer* (1985), S. 496, *Wagenhofer* (1995), S. 96, *Church/Ware* (2000), S. 530f.

406 Vgl. allgemein zum Konzept des Nash-Gleichgewichts z.B. *Berninghaus/Ehrhart/Güth* (2006), S. 24ff, *Holler/Illing* (2006), S. 57ff.

eigenen optimalen Strategie abzuweichen. Dieses Gleichgewichtskonzept wird hier genutzt, um die gewinnmaximalen Absatzpreise p_i^* und p_j^* zu bestimmen.

$$p_i^* = \frac{a \cdot (1-f) \cdot (2+f) + 2 \cdot c_i + f \cdot c_j}{4 - f^2} \tag{5.5.1}$$

$$p_j^* = \frac{a \cdot (1-f) \cdot (2+f) + 2 \cdot c_j + f \cdot c_i}{4 - f^2} \tag{5.5.2}$$

Die Überprüfung, ob die Absatzpreisfestlegung tatsächlich zu einem Gewinnmaximum führt, erfolgt anhand der Bedingung zweiter Ordnung (Second Order Condition, im Folgenden SOC). Man erhält diese, indem man die FOC nach dem Absatzpreis ableitet und prüft ob das Ergebnis der zweiten Ableitung nach Einsetzen des Optimalwerts kleiner Null ist ($\partial^2 G_i / \partial p_i^2 < 0$ bzw. $\partial^2 G_j / \partial p_j^2 < 0$). Diese Bedingung ist hier stets erfüllt; es liegt ein Maximum vor, da $\partial^2 G_i / \partial p_i^2 = \partial^2 G_j / \partial p_j^2 = -2 < 0$ gilt. Es ergeben sich jedenfalls nichtnegative Absatzpreise: Durch die eingangs formulierten Bedingungen $f \in (0,1)$ und $c_i, c_j > 0$ sind sowohl ein positiver Nenner als auch Zähler stets gewährleistet.

Mit Kenntnis der gewinnmaximalen Preise p_i^*, p_j^* lassen sich die optimalen Absatzmengen q_i^*, q_j^* ermitteln.

$$q_i^* = \frac{a \cdot (1-f) \cdot (2+f) + (f^2 - 2) \cdot c_i + f \cdot c_j}{4 - f^2} \tag{5.6.1}$$

$$q_j^* = \frac{a \cdot (1-f) \cdot (2+f) + (f^2 - 2) \cdot c_j + f \cdot c_i}{4 - f^2} \tag{5.6.2}$$

Mit diesen Absatzpreisen und Absatzmengen können die beiden Unternehmen folgende Gewinne G_i^*, G_j^* erzielen.

$$G_i^* = \frac{(a \cdot (1-f) \cdot (2+f) + (f^2 - 2) \cdot c_i + f \cdot c_j)^2}{(4 - f^2)^2} \tag{5.7.1}$$

$$G_j^* = \frac{(a \cdot (1-f) \cdot (2+f) + (f^2 - 2) \cdot c_j + f \cdot c_i)^2}{(4 - f^2)^2} \tag{5.7.2}$$

Unterstellt man, dass beide Unternehmen über identische Produktionstechnologien verfügen[407], kann man die Ergebnisse für den Fall symmetrischer Grenzkosten $c_i = c_j = c$ folgendermaßen darstellen:[408]

---

[407] Dies führt zur Aufhebung von Annahme 2.

[408] Gilt $0 < c < a$, sind positive Absatzpreise und Absatzmengen stets gewährleistet.

$$p_i^{*'} = p_j^{*'} = p^{*'} = a - \frac{a-c}{2-f} \tag{5.5'}$$

$$q_i^{*'} = q_j^{*'} = q^{*'} = \frac{(a-c)\cdot(1-f)}{2-f} \tag{5.6'}$$

$$G_i^{*'} = G_j^{*'} = G^{*'} = \frac{(a-c)^2\cdot(1-f)^2}{(2-f)^2} \tag{5.7'}$$

Für diese vereinfachten Funktionen lassen sich ceteris paribus folgende Zusammenhänge zwischen den Grenzkosten c sowie den Marktparametern a bzw. f und den Absatzpreisen, Absatzmengen und Gewinnen feststellen:

- Es besteht ein positiver Zusammenhang zwischen den Grenzkosten c und dem Absatzpreis $p^{*'}$, d.h. je höher die Kosten, desto höher ist der optimale Absatzpreis und umgekehrt. Bereits an dieser Stelle kann daher eine Erwartung hinsichtlich der Absatzpreisreaktion bei Einführung kostensenkender Prozessinnovationen, wie sie im nächsten Abschnitt als Modellerweiterung erfolgt, formuliert werden: Führt die Prozessinnovation zu einer Grenzkostensenkung, wird auch der Absatzpreis ceteris paribus sinken.

- Zwischen den Grenzkosten c und der Absatzmenge $q^{*'}$ besteht ein negativer Zusammenhang. Je höher also die Grenzkosten sind, desto höher wird der Absatzpreis gesetzt und desto geringer ist dann die absetzbare Menge.

- Zwischen den Grenzkosten c und dem Gewinn $G^{*'}$ besteht ebenfalls ein negativer Zusammenhang.

- Zwischen dem Prohibitivpreis a und dem Absatzpreis, der Absatzmenge sowie dem Gewinn besteht ein positiver Zusammenhang.

- Mit steigendem f, also bei zunehmend ähnlicheren Produkten, sinken Absatzpreis, Absatzmenge und damit auch der Gewinn.

Der Zusammenhang zwischen Gewinn und Elastizitätsparameter soll beispielhaft grafisch illustriert werden, wofür Parameterfestlegungen erforderlich sind. Wenn man den Prohibitivpreis mit $a = 1$ normiert und die Grenzkosten c unter Beachtung der Nebenbedingung $0 < c < a$ z.B. mit $c = 7/10$ festlegt, lässt sich der Zusammenhang zwischen dem Gewinn $G^{*'}$ und dem Elastizitätsparameter f folgendermaßen grafisch darstellen:

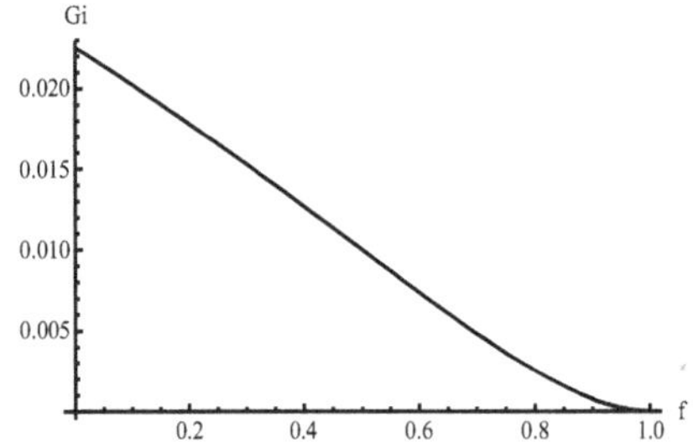

Abbildung 6: Einfluss von f auf $G^{*'}$ im Grundmodell ohne F&E-Investition

Die Grafik verdeutlicht den negativen Zusammenhang zwischen f und dem Gewinn $G^{*'}$. Bei $f=1$ sind die beiden Produkte homogene Substitute und der Gewinn der beiden Unternehmen ist genau Null, der Absatzpreis entspricht den Grenzkosten. Dies wird auch als „Bertrand-Paradoxon" bezeichnet.[409]

Diese Ergebnisse dienen als Ausgangspunkt und Vergleichsbasis für die im nächsten Abschnitt erfolgende erste Erweiterung.

5.2 Forschung und Entwicklung im Preiswettbewerb

In diesem Abschnitt soll das Grundmodell eines differenzierten Preiswettbewerbs im Duopol um eine Entscheidungsstufe erweitert werden.[410] Beide Unternehmenseigentümer haben die Möglichkeit, F&E zu betreiben und vor der Wahl des optimalen Absatzpreises ein gewünschtes F&E-Investitionsniveau festzulegen. In der Literatur wird das Ergebnis der F&E üblicherweise als kostensenkende Prozessinnovation modelliert.[411] Dieser Vorgehensweise soll auch hier gefolgt werden. Durch eine Prozessinnovation wird die Preis-Kosten-Spanne („price-cost margin") vergrößert, indem die Kosten pro Outputeinheit bei gleich bleibendem Preis gesenkt werden.[412]

Alternativ könnte eine Prozessinnovation aber auch zum Unternehmenswachstum beitragen, da die Wettbewerbsfähigkeit des Unternehmens gestärkt wird und infolgedessen der Marktanteil ausgeweitet werden kann.[413]

---

409 Vgl. dazu den Hinweis in Fußnote 398.

410 Für eine Analyse der strategischen Wirkungen von F&E-Investitionen im Cournot-Mengenwettbewerb siehe z.B. *Brander/Spencer* (1983). Für eine vergleichende Analyse der Effekte in Preis- und Mengenwettbewerb siehe z.B. *Bester/Petrakis* (1993).

411 Vgl. *Church/Ware* (2000), S. 527, bzw. *Bester* (2004), S. 167.

412 Vgl. *Lin/Saggi* (2002), S. 202.

413 Vgl. *Czarnitzki/Kraft* (2003), S. 646.

Weiters könnte die Investition in F&E aber auch zum Zweck einer verstärkten Produktdifferenzierung (Entstehung neuer Produkte oder Dienstleistungen) oder einer Verbesserung der Produktqualität[414] und damit einer Erhöhung der Zahlungsbereitschaft der Kunden durchgeführt werden. Diese Art der Innovation wird in der Literatur als Produktinnovation bezeichnet.[415] Auch dadurch würde die Preis-Kosten-Spanne verbessert, indem der Preis bei gleich bleibenden Kosten erhöht wird.[416]

In der Prozessdarstellung von *Brown/Svenson* (1988) entspricht das aus einer Prozessinnovation resultierende neue Produktionsverfahren dem unmittelbaren F&E-Ergebnis (Output, Ergebnis 1); die damit in den Leistungsverwertungssystemen tatsächlich erzielte Kostensenkung entspricht dem mittelbaren F&E-Ergebnis (Outcome, Ergebnis 2), das erst in Zusammenarbeit mit den Leistungssystemen erzielt werden kann.[417] Hier zeigt sich nochmals die Schnittstelle bzw. der Koordinationsbedarf zwischen F&E-Bereich und den Leistungsbereichen des Unternehmens bei der Bestimmung der F&E-Ergebnisgrößen.

Im Unterschied zum in Abschnitt 5.1 dargestellten Grundmodell eines differenzierten Preiswettbewerbs entscheiden nun beide Unternehmenseigentümer vor der Preisfestlegung über eine F&E-Investition. Annahme 1 gilt unverändert. Bei den Annahmen 2 und 3 erfolgt eine Modifikation. Dies ist erforderlich, um den Effekt der F&E-Investition in das Modell zu integrieren:

- Annahme 2': Die Wirkung der Innovation wird im Modell als kostensenkend beschrieben, die Grenzkosten c_i, c_j werden daher folgendermaßen modifiziert: $c_i = A - x_i$ bzw. $c_j = A - x_j$ mit A als Basisproduktionskosten[418] vor der F&E-Investition mit $a > A > 0$ und $x_i, x_j \geq 0$ als in Geldeinheiten bewertete Wirkung der eigenen F&E-Bemühungen.[419] Die Eigentümer wählen ein gewünschtes F&E-Investitionsniveau (Kostenreduktionsniveau) x_i bzw. x_j, die dafür anfallenden Investitionskosten haben folgenden Verlauf: $1/2 \cdot r \cdot x_i^2$ bzw. $1/2 \cdot r \cdot x_j^2$. Dabei entspricht $r > 0$ dem F&E-Kostenparameter. Dieser spiegelt die Fähigkeiten des Unternehmens, aus einer F&E-Investition Nutzen zu ziehen, wider. Er repräsentiert also z.B. das vorhandene Know-how bzw. die Effizienz im Umgang mit F&E und wird für die nachfolgende Analyse vereinfachend als für

---

414 Vgl. *Bonanno/Haworth* (1998), S. 497.

415 Vgl. *Bester* (2004), S. 167, bzw. für einen ökonomischen Vergleich beider Innovationsvarianten *Bonanno/Haworth* (1998) oder *Lin/Saggi* (2002).

416 Vgl. *Lin/Saggi* (2002), S. 202.

417 Vgl. *Brown/Svenson* (1988), S. 12, sowie die Ausführungen in Kapitel 2 der vorliegenden Arbeit.

418 Es wird nachfolgend angenommen, dass beide Unternehmen ursprünglich über identische Produktionstechnologien verfügen, wodurch die Basisproduktionskosten A in beiden Unternehmen gleich hoch sind.

419 Diese Formulierung der Prozessinnovation geht ursprünglich auf *D'Aspremont/Jacquemin* (1988) zurück, wobei deren Modell auch Spillover-Effekte der F&E-Investition zwischen den beiden Unternehmen berücksichtigt. Darauf wird ausführlich in Kapitel 7 eingegangen.

beide Unternehmen identisch angenommen. Die quadratische, konvexe Investitionskostenfunktion entspricht steigenden Investitionskosten bzw. sinkenden Skalenerträgen aus der F&E-Investition[420], was von *Dasgupta* (1986) wie folgt argumentiert wird: „the technological possibilities linking R&D inputs and innovative outputs do not display any economies of scale with respect to the size of the firm in which R&D is undertaken“.[421]

- Annahme 3’: Das Ziel der Unternehmenseigentümer ist weiterhin die Gewinnmaximierung, ihr Gewinn ergibt sich durch die Berücksichtigung der F&E-Investition nun folgendermaßen:

$$G_i = (p_i - (A - x_i)) \cdot q_i - 1/2 \cdot r \cdot x_i^2 \qquad (5.8.1)$$

$$G_j = (p_j - (A - x_j)) \cdot q_j - 1/2 \cdot r \cdot x_j^2 \qquad (5.8.2)$$

Die Annahmen 4, 5 und 6 gelten unverändert. Zusätzlich wird noch folgende Annahme getroffen:

- Annahme 7: Unsicherheit über die Wirkung bzw. das Ergebnis des F&E-Prozesses wird explizit ausgeschlossen, um die Analyse einfach zu halten.[422] Die F&E-Investition wird als deterministisch beschrieben, jedes gewünschte Kostenniveau kann durch eine entsprechende Investition von Seiten der Unternehmer mit Sicherheit erreicht werden.[423] Diese Annahme dient der Vereinfachung für die nachfolgende Modellanalyse. In der Realität sind Investitionen in F&E mehr noch als z.B. Investitionen in Anlagevermögen durch hohe Unsicherheit gekennzeichnet, was bereits in Kapitel 2 dargestellt wurde. Im vorliegenden Modell wird jedoch der Fokus auf die, im nächsten Kapitel vorgestellte Delegation von Entscheidungen im Zusammenhang mit F&E-Investitionen gelegt, weshalb Unsicherheitsaspekte bezüglich der Ergebnisgenerierung ausgeblendet werden.[424]

Im Unterschied zum Grundmodell müssen nun beide Unternehmenseigentümer zwei Entscheidungen treffen. Der folgende Zeitstrahl zeigt die modifizierte zeitliche Abfolge der zu treffenden Entscheidungen.

---

420 Vgl. *Martin* (2002), S. 450.

421 *Dasgupta* (1986), S. 523.

422 Vgl. zu dieser Annahme z.B. auch *Zhang/Zhang* (1997), *Kräkel* (2004), *Kopel/Riegler* (2006b).

423 Vgl. *Martin* (2002), S. 457, der dort auch Modelle vorstellt, die stochastische Innovationen analysieren.

424 Aufgrund der Risikoneutralität beider Unternehmenseigentümer könnte das Problem auch als Erwartungswertmaximierung formuliert werden. Werden die nicht kontrollierbaren Zufallsgrößen mit einem Erwartungswert gleich Null definiert, ergibt sich kein Unterschied zur hier vorgestellten Lösung.

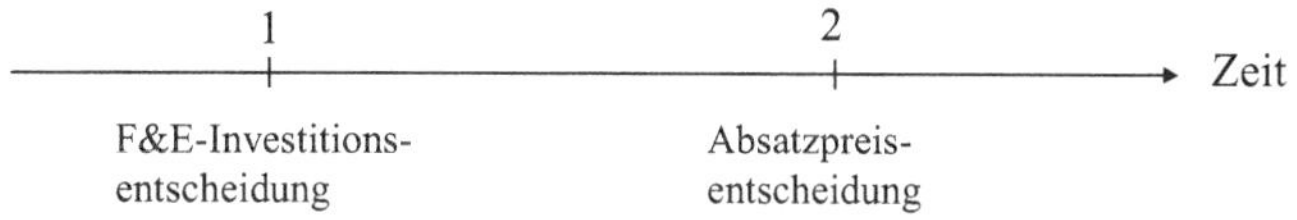

Abbildung 7: Zeitstrahl im F&E-Modell bei Eigentümerentscheidung

Zuerst werden in Stufe 1 die F&E-Investitionsniveaus x_i bzw. x_j von den beiden Unternehmenseigentümern simultan und nichtkooperativ festgelegt, in Stufe 2 erfolgen dann die Entscheidungen über die Festlegung der Absatzpreise p_i bzw. p_j analog zum Grundmodell in Abschnitt 5.1.

Die Lösung dieses erweiterten, zweistufigen Duopolspiels erfolgt durch Rückwärtsinduktion.[425] Ausgangspunkt ist die letzte Entscheidungsstufe, die Absatzpreisentscheidung in Stufe 2. Das Ergebnis der vorhergehenden Stufe, die Entscheidung über das F&E-Investitionsniveau in Stufe 1, wird bei der Absatzpreisfestlegung als optimal getroffen vorausgesetzt. Anschließend wird in Stufe 1 die optimale F&E-Investitionshöhe festgelegt.

Aus dieser Handlungsabfolge lässt sich ein Ansatzpunkt für strategisches Verhalten ableiten, da die Ausgangsbasis von nachfolgenden Entscheidungen beider Unternehmenseigentümer (hier die Absatzpreisentscheidung in Stufe 2) von früheren Entscheidungen (hier die F&E-Entscheidung in Stufe 1) beeinflusst werden kann.[426] Diesem Aspekt der strategischen Beeinflussung des Konkurrenzverhaltens widmet sich ausführlich das nächste Kapitel.

5.2.1 Stufe 2 - Absatzpreisentscheidung

Durch Ableitung der Gewinnfunktionen nach dem Absatzpreis p_i bzw. p_j erhält man die beiden Bedingungen erster Ordnung (FOC). Die daraus ermittelten Preis-Reaktionsfunktionen in Stufe 2, gegeben die optimale F&E-Entscheidung, in Abhängigkeit vom Konkurrenzpreis, lauten für die beiden Unternehmenseigentümer folgendermaßen:

$$RF_i = p_i(x_i, x_j, p_j) = \frac{1}{2} \cdot (a \cdot (1-f) + (A - x_i) + f \cdot p_j) \qquad (5.9.1)$$

$$RF_j = p_j(x_i, x_j, p_i) = \frac{1}{2} \cdot (a \cdot (1-f) + (A - x_j) + f \cdot p_i) \qquad (5.9.2)$$

---

425 Vgl. allgemein zum Konzept der Rückwärtsinduktion z.B. *Bester* (2004), S. 207ff.

426 Vgl. dazu *Neus/Nippel* (1996), S. 426.

Diese Reaktionsfunktionen entsprechen jenen im Grundmodell, wobei allerdings die Grenzkosten c_i bzw. c_j nun durch den Klammerausdruck $(A-x_i)$ bzw. $(A-x_j)$ ersetzt wurden. Der Absatzpreis p_i (p_j) von Unternehmen i (j) hängt weiterhin positiv von der Konkurrenzpreisentscheidung p_j (p_i) ab. Der Zusammenhang zwischen Absatzpreis und Grenzkosten $c_i=(A-x_i)$ für Unternehmen i bzw. $c_j=(A-x_j)$ für Unternehmen j ist ebenfalls positiv, eine verstärkte Investition in F&E (und damit ein steigendes x_i bzw. x_j) führt über die Kostensenkung zu einem Sinken des Preises.

Die optimalen Absatzpreise in Abhängigkeit der optimalen F&E-Investitionsniveaus ergeben sich aus den Reaktionsfunktionen wie folgt:

$$p_i(x_i,x_j)=\frac{a\cdot(1-f)\cdot(2+f)+2\cdot(A-x_i)+f\cdot(A-x_j)}{4-f^2} \qquad (5.10.1)$$

$$p_j(x_i,x_j)=\frac{a\cdot(1-f)\cdot(2+f)+2\cdot(A-x_j)+f\cdot(A-x_i)}{4-f^2} \qquad (5.10.2)$$

Auch dies entspricht der Lösung aus dem Grundmodell, wobei wiederum die Grenzkosten c_i durch $(A-x_i)$ bzw. c_j durch $(A-x_j)$ ersetzt wurden.

Die Bedingung zweiter Ordnung (SOC) zur Überprüfung, ob die Absatzpreisfestlegung gewinnmaximal erfolgt ist, ergibt sich wiederum durch Ableiten der FOC nach p_i bzw. p_j. Es gilt $\partial^2 G_i/\partial p_i^2=\partial^2 G_j/\partial p_j^2=-2<0$, wodurch ein Gewinnmaximum stets gewährleistet ist.

5.2.2 Stufe 1 - F&E-Investitionsentscheidung

In Stufe 1 werden nun von den Unternehmenseigentümern die optimalen F&E-Investitionsniveaus x_i bzw. x_j festgelegt. Ziel ist wiederum die Gewinnmaximierung, daher wird für Unternehmen i die Gewinnfunktion G_i nach Einsetzen der in Stufe 2 ermittelten optimalen Absatzpreise nach x_i abgeleitet, um so zur optimalen Investitionshöhe zu gelangen. Für Unternehmen j muss analog die Gewinnfunktion G_j nach Einsetzen der optimalen Absatzpreise nach x_j abgeleitet werden. Dabei ist zu beachten, dass die zulässigen Ausprägungen für x_i bzw. x_j eingeschränkt werden müssen. Eine untere Grenze ergibt sich aus dem Erfordernis nichtnegativer F&E-Investitionsniveaus, also $x_i,x_j\geq 0$. Um positive Grenzkosten (im Extremfall gleich Null) zu erhalten, muss gelten: $A-x_i\geq 0$ bzw. $A-x_j\geq 0$. Diese Bedingungen legen eine obere Grenze für die F&E-Investitionsniveaus fest, da eine Senkung über die Basisproduktionskosten hinaus ökonomisch nicht sinnvoll ist.

Die F&E-Reaktionsfunktionen für Unternehmen i und j ergeben sich nach Ableitung der Gewinnfunktion G_i nach x_i bzw. G_j nach x_j folgendermaßen:

$$x_i(x_j) = \max[0, \frac{2\cdot(a-A)\cdot(1-f)\cdot(2+f)\cdot(f^2-2)}{2\cdot(2-f^2)^2 - r\cdot(4-f^2)^2} - \frac{2\cdot f\cdot(f^2-2)}{2\cdot(2-f^2)^2 - r\cdot(4-f^2)^2}\cdot x_j] \quad (5.11.1)$$

$$x_j(x_i) = \max[0, \frac{2\cdot(a-A)\cdot(1-f)\cdot(2+f)\cdot(f^2-2)}{2\cdot(2-f^2)^2 - r\cdot(4-f^2)^2} - \frac{2\cdot f\cdot(f^2-2)}{2\cdot(2-f^2)^2 - r\cdot(4-f^2)^2}\cdot x_i] \quad (5.11.2)$$

Ausgehend von den beiden F&E-Reaktionsfunktionen $x_i(x_j)$ bzw. $x_j(x_i)$ kann nun das optimale F&E-Investitionsniveau bestimmt werden.

$$x_i^* = x_j^* = x^* = \frac{2\cdot(a-A)\cdot(1-f)\cdot(2-f^2)}{r\cdot(2-f)^2\cdot(2+f) - 2\cdot(1-f)\cdot(2-f^2)} \quad (5.12)$$

Die symmetrische Lösung ergibt sich aus der Annahme identischer Basisproduktionskosten A in beiden Unternehmen[427] und einer für beide Unternehmen identischen Nachfragefunktion.

Die Bedingung zweiter Ordnung muss auch in dieser Stufe geprüft werden, um sicherzustellen, dass die Festlegung des F&E-Investitionsniveaus gewinnmaximal erfolgt. Die SOC ergibt sich durch Ableitung der FOC nach x_i bzw. x_j mit $\partial^2 G_i / \partial x_i^2 = \partial^2 G_j / \partial x_j^2 = -r + \frac{2\cdot(2-f^2)^2}{(4-f^2)^2}$. Um ein Maximum in dieser Stufe zu gewährleisten, muss $\partial^2 G_i / \partial x_i^2 < 0$ bzw. $\partial^2 G_j / \partial x_j^2 < 0$, wodurch eine Untergrenze für den F&E-Kostenparameter r in Abhängigkeit von f formuliert werden kann, nämlich $r > \frac{2\cdot(2-f^2)^2}{(4-f^2)^2}$.

Mit diesem optimalen F&E-Investitionsniveau x^* können nun der Gewinn, der optimale Absatzpreis sowie die optimale Absatzmenge für eine Situation berechnet werden, in der die Unternehmenseigentümer selbst über F&E-Investition und Absatzpreis mit dem Ziel der Gewinnmaximierung entscheiden.

$$G_i^* = G_j^* = G^* = \frac{r\cdot(a-A)^2\cdot(1-f)^2\cdot(r\cdot(4-f^2)^2 - 2\cdot(2-f^2)^2)}{(r\cdot(2-f)^2\cdot(2+f) - 2\cdot(1-f)\cdot(2-f^2))^2} \quad (5.13)$$

$$p_i^* = p_j^* = p^* = \frac{r\cdot(A + a\cdot(1-f))\cdot(4-f^2) - 2\cdot a\cdot(1-f)\cdot(2-f^2)}{r\cdot(2-f)^2\cdot(2+f) - 2\cdot(1-f)\cdot(2-f^2)} \quad (5.14)$$

$$q_i^* = q_j^* = q^* = \frac{r\cdot(a-A)\cdot(1-f)\cdot(4-f^2)}{r\cdot(2-f)^2\cdot(2+f) - 2\cdot(1-f)\cdot(2-f^2)} \quad (5.15)$$

---

427 Siehe dazu die modifizierte Annahme 2'.

Um positive F&E-Investitionsniveaus, Absatzpreise, Absatzmengen und Gewinne zu gewährleisten, muss gelten: $r > 2 \cdot (1-f) \cdot (2-f^2)/(2-f)^2 \cdot (2+f)$.[428] Um positive F&E-Investitionsniveaus und Absatzmengen zu gewährleisten muss weiter $0 < A < a$ gelten.[429] Um positive Absatzpreise zu erhalten, muss $r \cdot (A + a \cdot (1-f)) \cdot (4-f^2) > 2 \cdot a \cdot (1-f) \cdot (2-f^2)$ sein.

Analog zur Vorgehensweise im Grundmodell lassen sich ceteris paribus folgende Zusammenhänge zwischen A und r sowie a bzw. f und den F&E-Investitionsniveaus, Absatzpreisen, Absatzmengen und Gewinnen feststellen.

5.2.3 Interpreation der Ergebnisse

- Der Gewinn G^* sinkt mit steigenden Basisproduktionskosten A. Zwischen den Basisproduktionskosten A und dem optimalen Absatzpreis p^* besteht ein positiver Zusammenhang. Zwischen den Basisproduktionskosten und der optimalen Absatzmenge q^* besteht ein negativer Zusammenhang. Dieser lässt sich auch intuitiv aus dem positiven Zusammenhang zwischen A und p^* ableiten. Leitet man das optimale F&E-Investitionsniveau x^* nach den Basisproduktionskosten A ab, erhält man einen negativen Zusammenhang zwischen A und x^*.

- Der Zusammenhang zwischen dem F&E-Kostenparameter r und dem Gewinn G^* ist nicht eindeutig, sondern vielmehr von der jeweiligen Ausprägung von f abhängig. Für kleine Werte von f ist der Zusammenhang negativ, für hohe Werte von f ist er positiv. Der optimale Absatzpreis p^* steigt mit steigendem F&E-Kostenparameter r; die optimale Absatzmenge q^* sinkt mit steigendem r. Zwischen dem optimalen F&E-Investitionsniveau und dem F&E-Kostenparameter besteht ein negativer Zusammenhang, d.h. mit steigenden Investitionskosten wird weniger in F&E investiert. Je höher daher die F&E-Investitionskosten, desto geringer ist das optimale Investitionsniveau, desto höher sind die effektiven Grenzkosten $c^* = A - x^*$ und desto höher ist auch der optimale Absatzpreis, woraus eine geringere absetzbare Menge resultiert.

- Der Gewinn G^* steigt mit steigendem Prohibitivpreis a. Für Werte von $r > 2 \cdot (2-f^2)/(4-f^2)$ besteht zwischen a und dem optimalen Absatzpreis p^* ebenfalls ein positiver Zusammenhang. Auch zwischen der optimalen Absatzmenge q^* und a besteht ein positiver Zusammenhang. Das optimale F&E-Investitionsniveau x^* steigt ebenso mit steigendem Prohibitivpreis.

---

[428] Dies ergibt sich aus der Notwendigkeit eines positiven Nenners in allen drei Funktionen.
[429] Vgl. dazu auch Fußnote 408 mit einer Parametereinschränkung im Grundmodell.

- Zwischen dem Gewinn G^* sowie dem optimalen Absatzpreis p^* und dem Elastizitätsparameter f besteht jedenfalls ein negativer Zusammenhang falls $r > 2 \cdot (8 + f \cdot (f^3 - 10 \cdot f + 4))/(4 - f^2)^2$. Weiters sinkt das optimale F&E-Investitionsniveau x^* sowie die optimale Absatzmenge q^* mit steigendem Elastizitätsparameter f für alle Werte von $r > 0$.

5.3 Zusammenfassung

Insgesamt betrachtet, erfolgt durch die Investition in prozesskostensenkende Maßnahmen eine Reduktion der effektiven Grenzkosten $c^* = A - x^*$, was sich in geringeren optimalen Absatzpreisen und höheren Absatzmengen im Vergleich zum Grundmodell widerspiegelt. Durch die F&E-Investition wird jedoch der Deckungsbeitrag pro Stück erhöht. Der Absatzpreis sinkt zwar im Vergleich zum Grundmodell ohne F&E, die Reduktion der effektiven Grenzkosten überkompensiert jedoch diese Senkung, woraus insgesamt ein höherer Deckungsbeitrag pro Stück resultiert.

Dies verdeutlicht auch die nachfolgende Abbildung 8, wobei die schwarze Linie dem Stückdeckungsbeitrag im Grundmodell ohne F&E und die strichlierte Linie dem Stückdeckungsbeitrag nach erfolgter F&E-Investition entspricht.[430]

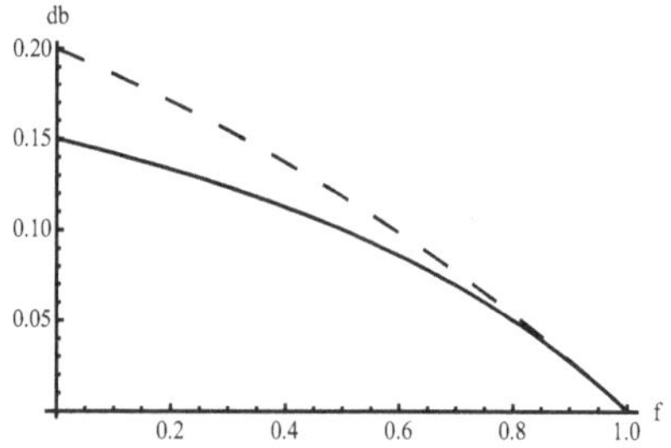

Abbildung 8: Stückdeckungsbeiträge mit bzw. ohne F&E-Investitionsmöglichkeit

Mit dem Deckungsbeitrag müssen allerdings auch die F&E-Investitionskosten abgedeckt werden, wodurch sich insgesamt ein geringerer Gewinn als ohne F&E-Investitionsmöglichkeit einstellen kann. Die Gewinndifferenz zwischen der Situation ohne F&E und jener mit F&E-Investitionsmöglichkeit ist abhängig vom Grad der Differenzierung. Abbildung 9 stellt die beiden Gewinnfunktionen für die exemplarische Parameterfestlegung, welche auch Abbildung 8 zugrunde liegt, dar.

430 Dabei wurde $a = 1$, $A = 7/10$ bzw. $c = 7/10$ und $r = 2$ gesetzt.

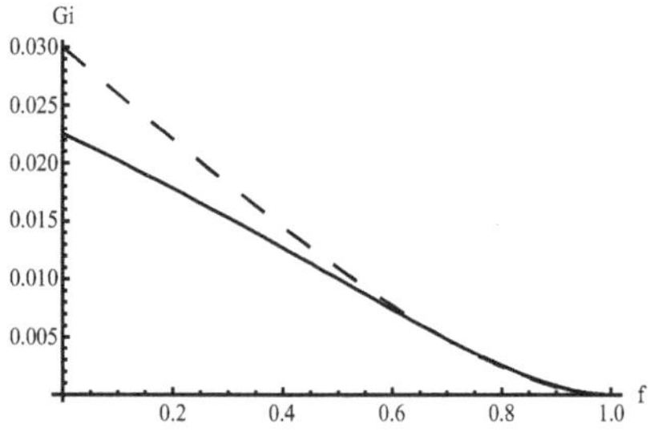

Abbildung 9: Gewinne im Grundmodell mit bzw. ohne F&E-Investitionsmöglichkeit

Dabei entspricht die schwarze Linie der Gewinnfunktion ohne F&E-Investition, die strichlierte Linie der Gewinnfunktion mit F&E-Investition. Es zeigt sich, dass für stark differenzierte Produkte, d.h. wenn f nahe an Null ist, der Gewinn durch die F&E-Investitionsmöglichkeit steigt. Wenn jedoch die Produkte sehr ähnlich sind, d.h. wenn f nahe an Eins ist, führt die F&E-Investitionsmöglichkeit zu einem geringeren Gewinn im Vergleich zum Grundmodell ohne F&E.

Für die im nächsten Kapitel erfolgende eigene Modellerweiterung durch Delegation der Entscheidungen über F&E-Investition und Absatzpreis an einen Manager, dem ein performanceorientierter Entlohnungsvertrag angeboten wird, dienen diese ersten Ergebnisse als Referenzlösung, in der die Unternehmenseigentümer beide Entscheidungen selbst mit dem Ziel der Gewinnmaximierung treffen.

6 Wettbewerbseffekt im F&E-Kontext in der ökonomischen Analyse - Strategische Delegation

In einem nächsten Schritt soll das vorgestellte F&E-Grundmodell, in dem beide Unternehmen in prozesskostensenkende F&E-Projekte investieren können, um die Möglichkeit der Entscheidungsdelegation erweitert werden. Dabei wird den beiden Unternehmenseigentümern, im Unterschied zum vorigen Kapitel, die Möglichkeit eingeräumt, bestimmte Entscheidungen an Manager zu delegieren. Diese Forschungsrichtung wird von *Kreps* (1990) unter dem Titel „incentives meet duopoly theory" beschrieben.[431] Die Organisationsstruktur und damit die Entscheidungsverteilung innerhalb des Unternehmens werden Bestandteil der Modellanalyse, womit von der ursprünglichen These einer monolithischen Entscheidungsstruktur abgegangen wird. Es werden allerdings, im Unterschied zu Kapitel 4, nicht die unternehmensinternen Auswirkungen der Delegation und deren mögliche Verhaltensbeeinflussungseffekte analysiert, sondern vielmehr die unternehmensexternen Auswirkungen der Entscheidungsdelegation auf den unvollkommenen Wettbewerb in einem Duopol, also die Wettbewerbswirkungen aus der Delegation.

Dafür wird zunächst die Literatur zum Themenfeld der strategischen Delegation überblicksartig dargestellt. Anschließend wird das Annahmenset aus Kapitel 5 modifiziert bzw. ergänzt, um die Delegationsentscheidung in die Modellanalyse zu integrieren. Danach erfolgt die Darstellung der Analyse, um schließlich die erhaltenen Ergebnisse zu charakterisieren und mit jenen aus Kapitel 5 zu vergleichen.

6.1 Literaturüberblick

Der Wettbewerbseffekt von Entscheidungsdelegation und performanceorientierter Entlohnung wird als strategische Beeinflussung des Konkurrenzverhaltens und letztlich des Marktergebnisses bezeichnet. Der Begriff „strategisch" wird im Folgenden im Kontext von Wettbewerb und Wettbewerbsposition verstanden. „Strategisches Verhalten ist ein Verhalten zur *Beeinflussung* von Handlungen anderer Individuen mit dem Ziel der verbesserten Verfolgung des eigenen Formalziels."[432] Dabei kann sich die strategische Wirkung nur entfalten, wenn die Konkurrenten mehrere, logisch aufeinander folgende Entscheidungen treffen müssen und vorhergehende Entscheidungen einen Einfluss auf nachfolgende Entscheidungen ausüben.[433]

Als grundlegende Arbeiten zur Problematik der strategischen Delegation werden heute *Vickers* (1985), *Sklivas* (1987) und *Fershtman/Judd* (1987) bezeichnet.[434] Diese Arbei-

---

431 Vgl. *Kreps* (1990), S. 617, sowie *Wagenhofer* (1995), S. 88.

432 *Neus/Nippel* (1996), S. 425, bzw. die dort zitierte Literatur.

433 Vgl. *Neus/Nippel* (1996), S. 438. Darauf wurde bereits in Kapitel 5 bei der Darstellung der Handlungssequenz verwiesen.

434 Vgl. dazu die Ausführungen zur „Vorgeschichte" der strategischen Delegation bei *Zábojník* (1998), S. 790.

ten zeigen, dass es für Unternehmenseigentümer, deren Zielsetzung in der Gewinnmaximierung besteht, durchaus vorteilhaft sein kann, die Marktentscheidungen an einen Manager zu delegieren, der nicht unmittelbar gewinnmaximierend handelt. *Vickers* (1985) drückt das folgendermaßen aus: „...in markets where firms are interdependent, it is *not* necessarily true that maximum profits are earned by firms whose objective is profit-maximisation."[435] In den Arbeiten beeinflussen neben dem Gewinn noch weitere Performancemaße über den öffentlich bekannt gemachten Entlohnungsvertrag die Höhe der Managerentlohnung. Durch die strategische Gestaltung dieses Entlohnungsvertrags können die Unternehmenseigentümer auf das Entscheidungsverhalten ihres Managers und damit auch auf das Entscheidungsverhalten des Konkurrenten bewusst Einfluss nehmen, um dadurch ihren Gewinn zu erhöhen.[436]

Zur Managervergütung wird in den Arbeiten von *Sklivas* (1987) und *Fershtman/Judd* (1987) ein Entlohnungsvertrag mit den Performancemaßen Gewinn und Umsatz vorgeschlagen. *Vickers* (1985) analysiert einen Entlohnungsvertrag mit den Performancemaßen Gewinn und Absatzmenge.[437] Die Auswirkungen einer Delegation der Entscheidungen über Absatzmenge bzw. Absatzpreis werden für Cournot-Mengenwettbewerb aber auch für Bertrand-Preiswettbewerb dargestellt. Die grundlegenden Delegationsmodelle umfassen ein zweistufiges Spiel, bei dem in der ersten Stufe über die Delegation und mögliche Vertragsgestaltung entschieden wird. In der zweiten Stufe wird über die Festlegung der jeweiligen Entscheidungsvariable (Absatzmenge bzw. Absatzpreis) entschieden, dabei ist der Entscheidungsträger, je nach Ergebnis in Stufe 1, entweder der Manager oder der Unternehmenseigentümer selbst.

Als Ergebnis der Modellanalyse stellt *Sklivas* (1987) fest, dass durch strategische Delegation im Mengenwettbewerb in beiden Unternehmen höhere Absatzmengen gewählt werden als in einem Mengenwettbewerb ohne Delegation.[438] Dies resultiert aus einem aggressiveren Verhalten der Manager im Vergleich zur reinen Eigentümerentscheidung.[439] Grafisch lässt sich dieses aggressivere Verhalten der Manager durch eine Rechts-Außen-Verschiebung der Reaktionsfunktionen darstellen.[440] Durch Delegation und die strategische Festlegung der Entlohnungsvertragskomponenten werden die für den Manager entscheidungsrelevanten Kosten als geringer dargestellt.[441] Der Gewinn, den beide Unternehmen durch die Delegation erzielen, liegt unter dem Gewinn, den

---

435 *Vickers* (1985), S. 138.

436 Vgl. *Fershtman* (1985), S. 246.

437 Von *Lambertini/Trombetta* (2002) wurde gezeigt, dass diese beiden Formen des Entlohnungsvertrags (Gewinn-Umsatz bzw. Gewinn-Absatzmenge) in einem zweistufigen Spiel zu einem äquivalenten Ergebnis führen (vgl. *Lambertini/Trombetta* (2002), S. 371).

438 Vgl. *Sklivas* (1987), S. 454. Das soziale Optimum wird jedoch nicht erreicht.

439 Vgl. *Sklivas* (1987), S. 454.

440 Vgl. für eine grafische Darstellung der Reaktionsfunktionen im Mengenwettbewerb für einen Entlohnungsvertrag mit den Performancemaßen Gewinn und Umsatz *Sklivas* (1987), S. 455.

441 Siehe dazu auch die folgenden Ausführungen bei der Vertragsgestaltung, die zeigen, dass der Unternehmenseigentümer die für den Manager entscheidungsrelevanten Kosten durch die gezielte Auswahl der Vertragskomponenten beeinflussen kann.

beide Unternehmen ohne Delegationsmöglichkeit erzielen würden. Beide Unternehmen befinden sich hinsichtlich der Delegationsentscheidung in einem Gefangenendilemma. Delegiert nur ein Unternehmen, während das andere eigentümergeführt bleibt, so kann sich das delegierende Unternehmen besser stellen und wird zum Stackelberg-Führer.[442] Es erzielt einen höheren Gewinn als bei beidseitiger Delegation und auch einen höheren Gewinn als bei beidseitiger Nichtdelegation. Das andere Unternehmen würde in dieser Situation den geringsten möglichen Gewinn erzielen (geringer als bei beidseitiger Nichtdelegation, aber auch geringer als bei beidseitiger Delegation). Daher wird die optimale Antwort auf die Delegation des Konkurrenzunternehmens ebenfalls Delegation sein. Beide Unternehmen delegieren also im Gleichgewicht und erzielen dadurch einen geringeren Gewinn als bei beidseitiger Nichtdelegation.

Im Modell von *Vickers* (1985) resultiert als Ergebnis für Cournot-Mengenwettbewerb und einen Entlohnungsvertrag mit den Performancemaßen Gewinn und Absatzmenge ebenfalls eine beidseitige Delegation mit höheren Absatzmengen, geringeren Absatzpreisen und geringeren Gewinnen für alle beteiligten Unternehmen im Oligopol.[443]

Im zweiten Teil seiner Arbeit untersucht *Sklivas* (1987) die Auswirkungen von Delegationsmöglichkeiten im Kontext des Bertrand-Preiswettbewerbs.[444] Dort ergeben sich durchaus konträre Ergebnisse im Vergleich zum Cournot-Mengenwettbewerb. Im Preiswettbewerb sind die Unternehmer daran interessiert, einen möglichst hohen Absatzpreis zu erzielen. Durch ein höheres Gewicht auf das Performancemaß Gewinn im Vergleich zur Situation bei Mengenwettbewerb, wird ein weniger aggressives Verhalten des Managers erreicht.[445] Delegation im Bertrand-Wettbewerbskontext führt zu einer Verzerrung der aus Sicht des Managers entscheidungsrelevanten Kosten nach oben, was damit in höheren Absatzpreisen und geringeren Absatzmengen resultiert. Für die Unternehmen ergibt sich ein höherer Gewinn als im Grundmodell ohne Delegationsmöglichkeit. Beide Unternehmenseigentümer profitieren daher von der Delegation.

Im Unterschied zum deterministischen Modell von *Sklivas* (1987) zeigen *Fershtman/Judd* (1987) eine Eigentümer-Manager-Beziehung, in der ex ante, vor Vertragsabschluss, allgemeine Unsicherheit über bestimmte Marktparameter bzw. über die Grenzkosten herrscht. Der Manager erlangt nach Vertragsabschluss Kenntnis über diese Parameter und trifft dementsprechend die Absatzmarktentscheidung (Absatzpreis bzw. Absatzmenge), um seine von Gewinn und Umsatz abhängige Entlohnung zu maximieren. Die Autoren erhalten jedoch das gleiche Ergebnis wie *Sklivas* (1987), näm-

442 Vgl. allgemein zum Stackelberg-Konzept für Mengenwettbewerb z.B. *Bester* (2004), S. 85ff.

443 Vgl. *Vickers* (1985), S. 142, bzw. den Hinweis zur Äquivalenz der Ergebnisse von *Fershtman/Judd* (1987) und *Vickers* (1985) im zweistufigen Spiel in Fußnote 437.

444 Vgl. *Sklivas* (1987), S. 455ff.

445 Vgl. *Sklivas* (1987), S. 456, mit einer grafischen Darstellung der Reaktionsfunktionen bei Delegation im Preiswettbewerb und einem Entlohnungsvertrag mit den Performancemaßen Gewinn und Umsatz.

lich höhere Absatzmengen, geringere Absatzpreise und Gewinne im Mengenwettbewerb[446] bzw. geringere Absatzmengen, höhere Absatzpreise und Gewinne im Preiswettbewerb[447].

Diese grundlegenden Arbeiten warfen die Frage auf, ob eine Trennung von Eigentum und Entscheidungsmacht durch Delegation und strategische Auswahl der Entscheidungskriterien über die Wahl des performanceorientierten Entlohnungsvertrags letztlich zur Gewinnmaximierung aus Sicht der Eigentümer führen kann. Durch die Entscheidungsdelegation haben die Eigentümer die Möglichkeit, ihr Unternehmen zu einem bestimmten verbindlichen Verhalten zu verpflichten, zu dem sie sich nicht glaubhaft selbst verpflichten könnten.[448] *Vickers* (1985) definiert den strategischen Vorteil der Delegation als Möglichkeit zur wahrheitsgemäßen Berichterstattung über die „wahren Präferenzen" eines Unternehmens.[449] Die Auswahl des geeigneten Entlohnungsvertrages hat daher einen strategischen Aspekt im Sinne der oben genannten Definition.

Reitman (1993) baut auf den Modellen von *Vickers* (1985), *Fershtman/Judd* (1987) und *Sklivas* (1987) auf und analysiert die Verwendung von Aktienoptionen in den Entlohnungsverträgen von Managern, um diese zu einem bestimmten, zielkonformen Entscheidungsverhalten zu motivieren.[450] Dabei dehnt er den Analyserahmen ebenfalls über das jeweilige Unternehmen hinaus aus und untersucht die Wechselwirkungen auf den Konkurrenten in einem Duopolmarkt mit Mengenwettbewerb. Auch hier haben die Unternehmenseigentümer einen Anreiz, ihr Unternehmen über den öffentlich bekannten Entlohnungsvertrag zu einem aggressiveren Verhalten zu verpflichten. Die konkrete Ausgestaltung des Entlohnungsvertrags unter Verwendung einer Aktienoption anstelle der Performancemaße Gewinn und Umsatz bzw. Gewinn und Absatzmenge führt jedoch aufgrund der Nichtlinearität der Aktienoption zu unstetigen Reaktionsfunktionen[451], wodurch übermäßig aggressives Verhalten, wie es sich in den Grundmodellen von *Vickers* (1985), *Fershtman/Judd* (1987) und *Sklivas* (1987) für Mengenwettbewerb einstellt, vermieden wird.[452] Als weiteren Vorteil von Aktienoptionsverträgen hebt *Reitman* (1993) die in der Praxis beobachtbare Veröffentlichung solcher Verträge hervor, wenn auch das primäre Ziel einer derartigen Veröffentlichung vorrangig in der Information der Aktieninhaber liegt und die strategische Wirkung daher als eine Art „Nebeneffekt" gesehen werden kann.[453]

---

446 Vgl. *Fershtman/Judd* (1987), S. 932.
447 Vgl. *Fershtman/Judd* (1987), S. 938.
448 Vgl. *Fershtman* (1985), S. 251, *Sklivas* (1987), S. 453.
449 Vgl. *Vickers* (1985), S. 139.
450 Vgl. *Reitman* (1993), S. 513.
451 Vgl. dazu die grafischen Darstellungen bei *Reitman* (1993), S. 516f.
452 Vgl. *Reitman* (1993), S. 514.
453 Vgl. *Reitman* (1993), S. 521.

Auch *Dierkes* (2004) untersucht in seiner Arbeit die strategische Wirkung einer dezentralen Organisationsstruktur, indem er drei verschiedene, öffentlich bekannte monetäre Entlohnungssysteme für Profit-Center-Manager und deren strategische Auswirkungen auf Konkurrenzentscheidungen in Oligopolen sowohl für Mengen- als auch Preiswettbewerb analysiert. Dabei vergleicht er die Wirkung der reinen Gewinnbeteiligung mit jener der strategischen Kostenanpassung und jener der relativen Leistungsbewertung am eigenen und am Konkurrenzgewinn.[454] Die Untersuchung ergibt, dass die beidseitige Wahl der relativen Leistungsbewertung als Entlohnungssystem für beide Wettbewerbsformen ein Nash-Gleichgewicht in dominanten Strategien darstellt.[455]

Ritz (2005) untersucht die strategische Wirkung von Delegation in einem Oligopolmarkt mit Mengenwettbewerb, wenn der Managerentlohnungsvertrag neben dem Gewinn den Marktanteil als Performancemaß enthält und vergleicht diesen Vertrag mit den bereits oben beschriebenen aggregierten Performancemaßen aus Gewinn und Umsatz bzw. Gewinn und Absatzmenge. Er kommt zu dem Ergebnis, dass Delegation zu einem aggressiveren Auftreten der Unternehmen am Absatzmarkt führt relativ zu einer Situation mit beidseitiger Nichtdelegation. Beide Unternehmenseigentümer befinden sich bei Mengenwettbewerb auch bei Anwendung des Marktanteils als Performancemaß in einem Gefangenendilemma. Im Unterschied zu den Arbeiten von *Vickers* (1985), *Fershtman/Judd* (1987) und *Sklivas* (1987) ist das resultierende Gleichgewicht bei Verwendung des Marktanteils neben dem Gewinn als Performancemaß im Managerentlohnungsvertrag jedoch weniger aggressiv als bei Verwendung des Umsatzes bzw. der Absatzmenge.[456]

Die strategische Beeinflussung der Konkurrenz wurde in der Literatur bislang jedoch nicht nur anhand von performanceorientierten Entlohnungsverträgen untersucht. *Göx* (2000) untersucht alternative Möglichkeiten der strategischen Konkurrenzbeeinflussung in einem zweistufigen Duopolspiel mit differenziertem Preiswettbewerb. Es werden divisional strukturierte Unternehmen untersucht, in denen die Absatzpreisentscheidungen von so genannten Marketingmanagern getroffen werden, welche Leiter einer als Profit Center geführten Abnahmedivision sind.[457] Kommen extern beobachtbare Verrechnungspreise für innerbetrieblich erzeugte Zwischenprodukte zur Anwendung, haben die Unternehmenseigentümer einen Anreiz, die Verrechnungspreise, welche als Kosten in das Entscheidungskalkül des Marketingmanagers eingehen, strategisch nach oben zu verzerren, um so die Festlegung eines höheren Absatzpreises zu erreichen.[458] Dadurch kann sich das jeweilige Unternehmen am Absatzmarkt glaubhaft

---

454 Für eine Definition der untersuchten Entlohnungsformen siehe *Dierkes* (2004), S. 44ff.

455 Vgl. *Dierkes* (2004), S. 97.

456 Vgl. *Ritz* (2005), S. 19.

457 Die Abnahmedivision fertig aus einem intern bezogenen Zwischenprodukt schließlich ein marktfähiges Endprodukt.

458 Aus der Sicht einer möglichst effizienten internen Ressourcenallokation würde der Verrechnungspreis in Höhe der Grenzkosten des Zwischenprodukts festgelegt werden.

als weniger aggressiv positionieren, was insgesamt zu einer Verbesserung der Gewinnsituation für beide Unternehmen führt.

Kann die direkte Beobachtbarkeit der Verrechnungspreise durch die Konkurrenz nicht gewährleistet werden, so hat das Unternehmen jedoch die Möglichkeit, sich über die Einführung eines unternehmensweiten Vollkostenrechnungssystems zur Festlegung eines Verrechnungspreises über den Grenzkosten des Zwischenprodukts zu verpflichten. *Göx* (2000) argumentiert, dass die Einführung eines unternehmensweiten Kostenrechnungssystems selbst mit erheblichem Ressourcenaufwand verbunden ist und eine langfristig wirksame Entscheidung darstellt, welche auch von der Konkurrenz „bemerkt" wird.[459] Dadurch kann sich das jeweilige Unternehmen wiederum glaubhaft zu einem höheren Verrechnungspreis verpflichten, welcher über das Entscheidungskalkül des Managers zu einem höheren Absatzpreis und insgesamt zu einer Verbesserung der Gewinnsituation im Preiswettbewerb führt.

Wagenhofer (1995) zeigt in einem Preiswettbewerbsmodell die strategische Wirkung einer verzerrten Gemeinkostenverrechnung an dezentrale Unternehmensbereiche, die jeweils von einem, am Bereichsgewinn erfolgsbeteiligten Manager geführt werden. Dabei wird die Absatzpreisentscheidung an den Bereichsmanager delegiert; durch die bewusste Kostenverzerrung kann der Unternehmenseigentümer die Entscheidungsgrundlage des Managers zu seinem Vorteil beeinflussen, indem dem Bereich höhere als die „wahren" Gemeinkosten zugerechnet werden. Der Manager wird aufgrund der höheren Kosten einen höheren Absatzpreis wählen, was durch den ebenfalls höheren Konkurrenzpreis zu einem weniger aggressiven Wettbewerb und zu höheren Gewinnen für beide Unternehmen führt.[460]

In einer weiteren Arbeit modifizieren *Göx/Schöndube* (2004) das oben dargestellte Modell von *Göx* (2000), indem sie zusätzlich ein internes Agency Problem zwischen dem Unternehmenseigentümer und dem Marketingmanager berücksichtigen. Der nun risiko- und anstrengungsaverse Manager kann durch persönliche Anstrengungen die Nachfrage nach dem erzeugten Produkt erhöhen. Wird ihm die Absatzpreisentscheidung übertragen, so ist es aus Sicht des Unternehmenseigentümers vorteilhaft, zur Lösung des internen Agency Problems einen Verrechnungspreis über den Grenzkosten festzulegen. Durch diese höheren relevanten Kosten wird der Manager anschließend einen höheren Absatzpreis wählen, was wiederum zu einem weniger aggressiven Wettbewerb am Absatzmarkt und zu einer Verbesserung der Gewinnsituation bei unterstelltem Preiswettbewerb führt. Dieser Verrechnungspreis wird nicht aus strategischen Gründen nach oben verzerrt, die strategische Wettbewerbswirkung im Duopol

---

459 Vgl. *Göx* (2000), S. 338. Für eine ähnliche Modellkonstellation, in der zusätzlich ein internes Agency Problem zwischen Unternehmenseigentümer und Manager berücksichtigt wird, siehe z.B. *Katz* (1991), S. 319ff.

460 Daneben wird in diesem Modell vom Manager auch eine Anstrengung zur Prozesskostensenkung erbracht, die sich jedoch von der hier verfolgten kostensenkenden F&E-Investition unterscheidet. Weiters werden Informationsasymmetrien bezüglich der Marktparameter unterstellt.

stellt sich als „Nebeneffekt“ der Lösung des internen Agency Problems ein. Daher ist es in dieser Modellanalyse auch nicht notwendig, dass die Verrechnungspreise extern beobachtbar sind, es muss lediglich bekannt sein, dass die Absatzpreisentscheidung an einen risiko- und anstrengungsaversen Manager delegiert wird.[461]

Koçkesen/Ok (2004) untersuchen ein einseitiges Delegationsspiel - nur in einem Unternehmen kann die Entscheidung delegiert werden, das andere Unternehmen bleibt eigentümergeführt - in dem ebenfalls nicht der Entlohnungsvertrag selbst beobachtbar ist, sondern der Konkurrent lediglich weiß, ob die Absatzmarktentscheidung im anderen Unternehmen vom Eigentümer oder vom Manager getroffen wird. Die Autoren zeigen, dass der delegierende Eigentümer auch bei unbeobachtbaren Entlohnungsverträgen einen Selbstverpflichtungseffekt erzielen kann, indem von der Annahme der sequentiellen Rationalität bei der Festlegung der jeweils optimalen Strategie abgewichen wird.[462]

Faulí-Oller/Motta (1996) untersuchen aufbauend auf den Arbeiten von *Vickers* (1985), *Fershtman/Judd* (1987) und *Sklivas* (1987) für Mengen- und Preiswettbewerb ein dreistufiges Delegationsspiel, in dem der Manager neben der Absatzmarktentscheidung auch eine Übernahmeentscheidung trifft. Dabei trifft der Manager beide Entscheidungen mit dem Ziel der Maximierung seines Entlohnungsvertrags, welcher ein aggregiertes Performancemaß aus Gewinn und Umsatz enthält. Die Autoren erhalten als Ergebnis für beide Wettbewerbsformen eine Verzerrung des Entscheidungskalküls des Managers hin zu einem aggressiveren Auftreten am Absatzmarkt mit geringeren Absatzpreisen und höheren Absatzmengen, was im Gegensatz zur oben präsentierten Lösung von *Fershtman/Judd* (1987) und *Sklivas* (1987) bei Preiswettbewerb steht.[463] Dieses abweichende Ergebnis resultiert aus der kombinierten Delegation zweier Entscheidungen an den Manager, die jedoch beide durch ein und dasselbe Anreizsystem beeinflusst werden.

Die grundlegenden Arbeiten von *Fershtman/Judd* (1987) und *Sklivas* (1987) wurden von *Zhang/Zhang* (1997) ebenfalls hinsichtlich des Entscheidungsspektrums erweitert, indem eine weitere Stufe eingeführt wurde, nämlich die der F&E-Investition, so wie sie auch in Kapitel 5 im Kontext rein eigentümergeführter Unternehmen bereits modelliert wurde.[464] Dadurch wurden die in den vorhergehenden Modellen als exogen gegebenen Grenzkosten endogenisiert.[465] Die Analyse erfolgt bei *Zhang/Zhang* (1997)

---

461 Vgl. zu diesem Ergebnis auch *Katz* (1991), der noch weitere Möglichkeiten darstellt, wie interne Agency Probleme über eine öffentlich bekannte Entscheidungskompetenzverteilung im Unternehmen eine strategische Wirkung haben können.

462 Vgl. *Koçkesen/Ok* (2004), S. 410. Vgl. allgemein zum Konzept der sequentiellen Rationalität *Bester* (2004), S. 214f.

463 Vgl. *Faulí-Oller/Motta* (1996), S. 508.

464 Im Modell untersuchen *Zhang/Zhang* (1997) eine F&E-Investition in Zusammenhang mit Spillover-Effekten. Auf diese wird in Kapitel 7 noch ausführlich eingegangen.

465 Vgl. *Zhang/Zhang* (1997), S. 392.

für Mengenwettbewerb, wobei die Autoren zu dem Ergebnis kommen, dass beidseitige Delegation für die Unternehmen zu geringeren Gewinnen führt.[466]

Seither haben sich verschiedene Autoren mit dieser Thematik, aufbauend auf den grundlegenden Arbeiten, befasst. *Kopel/Riegler* (2006b) haben die Arbeit von *Zhang/Zhang* (1997) weitergeführt und die Vorteilhaftigkeit der Delegation für Mengenwettbewerb in Abhängigkeit von Marktparametern und Basisproduktionskosten gezeigt. *Kräkel* (2004) baut ebenfalls auf dem Modell von *Zhang/Zhang* (1997) auf, verwendet als Marktform jedoch ein Logit-Contest-Modell[467]. *Bárcena-Ruiz/Olaizola* (2004) analysieren ein Modell der teilweisen Entscheidungsdelegation, in dem nur die Absatzmarktentscheidung an einen Manager delegiert wird, die F&E-Investitionsentscheidung jedoch beim Unternehmenseigentümer verbleibt. *Mitrokostas/Petrakis* (2005) untersuchen ebenfalls das optimale Ausmaß der Delegation, wenn in einem Mengenwettbewerbsmodell sowohl kurzfristige Absatzmengenentscheidungen als auch langfristige F&E-Investitionsentscheidungen wahlweise vom Eigentümer selbst getroffen oder komplett bzw. nur teilweise an einen Manager delegiert werden.

Für Bertrand-Preiswettbewerb gibt es bislang noch keine Untersuchungen zur Wirkung von strategischer Delegation im Kontext von F&E-Investitionsentscheidungen. Mit der vorliegenden Modellanalyse soll, der vorhandenen Literatur folgend, untersucht werden, ob die Delegation bei gleichzeitiger Abkehr von der reinen Gewinnorientierung im Entscheidungskalkül des Managers im Preiswettbewerb aus Sicht der Unternehmenseigentümer ökonomisch vorteilhaft ist.

Die Unternehmenseigentümer können in diesen Modellen wählen, ob sie bestimmte Entscheidungen selbst treffen oder ob sie diese an einen Manager delegieren. Hier sei bereits darauf verwiesen, dass der Manager nicht ob seiner Fähigkeiten eingestellt wird, sondern die Delegation vordergründig als „strategisches Instrument“ benutzt wird. Der Manager wird, abweichend zum Standard-Prinzipal-Agenten-Modell, nicht als „wissender Experte“, sondern lediglich als „Commitment device“, also als Instrument zur glaubhaften Selbstverpflichtung eingestellt. Er hat keinen relevanten Informationsvorsprung gegenüber dem Unternehmenseigentümer und auch keine besonderen Eigenschaften, die ihn für diesen wertvoll machen würden. Probleme asymmetrischer Informationsverteilung oder Probleme durch mögliche gegebene Zielkonflikte als Folge unterschiedlicher subjektiver Präferenzen werden in diesen Modellen bewusst ausgeklammert.[468] Daher zeigt sich hier auch die Fokussierung auf den Wettbe-

466 Vgl. *Zhang/Zhang* (1997), S. 394.
467 Vgl. *Kräkel* (2004), S. 148, mit weiterführenden Literaturverweisen zu dieser Wettbewerbsform.
468 Vgl. zu gegebenen und gemachten Zielkonflikten die Ausführungen in Kapitel 2 und 3 der vorliegenden Arbeit.

werbseffekt der performanceorientierten Entlohnung, der Verhaltensbeeinflussungseffekt wird vernachlässigt.[469]

Durch Entscheidungsdelegation kann in der Duopolsituation das optimale Verhalten glaubhaft an die Entscheidungsträger in den Konkurrenzunternehmen übermittelt werden. Ohne Manager hätten die Eigentümer stets ex post einen Vorteil, wenn sie, gegeben ein bestimmtes Verhalten des Konkurrenten, von der eingangs formulierten Entscheidung abweichen würden. Daher ist glaubhafte Selbstverpflichtung nur über Entscheidungsdelegation und die strategische Ausgestaltung des Managerentlohnungsvertrags möglich. Die konkret angewendete Entlohnungsfunktion muss allgemein, vor allem aber dem Konkurrenten und dessen Manager, bekannt sein, um eine strategische Wirkung zu entfalten. Dabei interessiert nicht die Auszahlungshöhe, sondern vielmehr die konkrete Ausgestaltung des Entlohnungsvertrags, um daraus Rückschlüsse auf das Entscheidungsverhalten des Managers zu ziehen. Die Annahme der Beobachtbarkeit der Entlohnungsfunktion kann getroffen werden, da der Eigentümer selbst einen Anreiz hat, den Entlohnungsvertrag seines Mitarbeiters offen zu legen, um so gegebenenfalls vom strategischen Effekt zu profitieren.[470]

6.2 Modelldesign und Annahmen

Methodisch muss, im Unterschied zum F&E-Grundmodell ohne Delegation aus Kapitel 5, nun das Ergebnis untersucht werden, wenn der Manager anstelle des Unternehmenseigentümers die F&E-Investitions- und Absatzpreisentscheidung trifft. Die Eigentümer müssen anschließend dieses Ergebnis mit dem Ergebnis der reinen Eigentümerentscheidung vergleichen. Im Falle einer Verbesserung ihrer Zielerreichung, gemessen an der Veränderung des Unternehmensgewinns, werden sie sich für die Delegation entscheiden.

Organisatorisch wird im Falle der Delegation ein Investment Center eingerichtet und der Manager wird Leiter desselben und trifft anschließend alle weiteren Entscheidungen innerhalb seines Verantwortungsbereichs autonom mit der Zielsetzung, seine Entlohnung zu maximieren. Durch die Einrichtung eines Investment Centers wird dem Manager eine weit reichende Entscheidungskompetenz übertragen. Er ist für die operative Absatzpreisentscheidung aber auch für die F&E-Investitionsentscheidung zuständig. Letztere wird in der Literatur eher als strategisch im Sinne von langfristig

---

[469] In Kapitel 8 werden anschließend die hier aus Sicht des Wettbewerbseffekts ausgewählten Performancemaße auch hinsichtlich ihres Verhaltensbeeinflussungseffekts beurteilt.

[470] Vgl. dazu *Fershtman/Judd* (1987), S. 930. Weiters gibt es mittlerweile z.B. in Deutschland gesetzliche Regelungen bzw. Empfehlungen, die Vorstandsgehälter offen zu legen (VorstOG 2005). Auch in Österreich enthält z.B. der Corporate Governance Kodex eine Empfehlung zur Veröffentlichung der Vorstandsvergütung. In den USA müssen börsennotierte Unternehmen einen so genannten „Report of the Compensation Committee" abgeben, welcher Details zur Managerentlohnung enthält (vgl. dazu *Ritz* (2005)). Zu einer Kritik an der Annahme der Beobachtbarkeit siehe z.B. *Katz* (1991).

wirksam charakterisiert.[471] In der in Kapitel 2 verwendeten Klassifizierung wird der Manager durch Delegation zum „Bereichsmanager mit F&E-Verantwortung". Beim Unternehmenseigentümer verbleiben in diesem Fall nur noch die Finanzierungsentscheidungen für das vom Manager geleitete Investment Center.

Würde der Manager zum Leiter eines Profit Centers, so würde die langfristige F&E-Investitionsentscheidung beim Unternehmenseigentümer verbleiben und der Manager würde lediglich die Absatzmarktentscheidung treffen. Diese Form der Delegation wird im Kontext von F&E z.B. von *Bárcena-Ruiz/Olaizola* (2004) bzw. auch von *Mitrokostas/Petrakis* (2005) untersucht, welche ihrer Analyse einen Entlohnungsvertrag des Managers mit den Performancemaßen Gewinn und Umsatz zugrunde legen.

Für die vorliegende Analyse wurde jedoch die Organisationsform eines Investment Centers gewählt, da dies die weitest reichende Form der Delegation darstellt und eine Analyse der Auswirkungen dieser Organisationsform im Kontext von F&E und Preiswettbewerb bislang noch nicht vorliegt. Es muss jedoch darauf hingewiesen werden, dass für die nachfolgende Modellanalyse die Organisationsform eines Investment Centers als exogen gegeben angenommen wird und die Wahl der optimalen Organisationsform nicht selbst Teil der Analyse ist. Es können daher aus den vorliegenden Ergebnissen keine allgemeinen Aussagen über die Vorteilhaftigkeit einer bestimmten Organisationsform abgeleitet werden.

Aus dem in Kapitel 5 dargestellten Annahmenset werden die Annahmen 1, 2', 3', 4, 5, 6 und 7 unverändert übernommen und um nachfolgende zusätzliche Annahmen ergänzt, um die Delegationsentscheidung in die Modellanalyse aufzunehmen:

- Annahme 8: Es gibt ausreichend Manager am „Arbeitsmarkt", welche alle über identische Qualifikationen bzw. Fähigkeiten verfügen.
- Annahme 9: Die verfügbaren Manager werden als risikoneutral beschrieben.[472] Da von Seiten des Managers kein „physischer Input" in Form von Anstrengungen im Unternehmen erforderlich ist, wird durch die unterstellte Risikoneutralität eine Vermengung verschiedener Fragestellung vermieden und der „reine" Wettbewerbseffekt der Delegation analysiert.[473] Die Manager müssen im Fall der Delegation lediglich zwei Entscheidungen treffen, die F&E-Entscheidung und die Absatzpreisentscheidung. Sie orientieren sich bei der Entscheidungsfindung am Kalkül der Entlohnungsmaximierung.[474] Wie *Reitman* (1993) ausführt,

---

[471] Vgl. zum Investitionscharakter von F&E-Entscheidungen etwa *Holmstrom* (1989), S. 307, *Hauschildt* (1992), S. 53f. Diese Definition von strategisch als langfristig wirksam unterscheidet sich von der, dieser Arbeit zugrunde liegenden Interpretation des Begriffs „strategisch" als wettbewerbsbeeinflussend.

[472] Dadurch bleibt auch das Argument der Irrelevanz von Fixkosten, wie es bei der Darstellung von Annahme 4 vorgebracht wurde, weiterhin gültig.

[473] Vgl. *Czarnitzki/Kraft* (2003), S. 642.

[474] Vgl. *Reitman* (1993), S. 514.

unterscheiden sich die Anreize der Manager nicht notwendigerweise von denen der Unternehmenseigentümer, da weder Arbeitsleid noch Informationsasymmetrien vorliegen. Würde dem Manager eine Fixvergütung angeboten, würde er die Entscheidungen beliebig treffen, also z.B. auch gleich wie der Unternehmenseigentümer selbst.[475]

- Annahme 10: Für die Manager sind generell nur finanzielle Größen relevant, nichtfinanzielle Vorteile aus der Anstellung, wie z.B. Macht und Prestige, werden nicht berücksichtigt.[476] Die Manager haben also keine Ressourcenpräferenzen.[477] Die Belohnungsart wird daher auf finanzielle Größen beschränkt.

- Annahme 11: Unternehmenseigentümer und Manager kennen sowohl die eigene Kosten- und Nachfragesituation als auch die des Konkurrenten.[478]

- Annahme 12: Der Managerentlohnungsvertrag ist öffentlich bekannt und unterliegt keiner Nachverhandlungsmöglichkeit.[479]

Nach der Darstellung der zentralen Annahmen wird nun nachfolgend das Delegationsspiel detailliert beschrieben.

Die Unternehmenseigentümer haben im Fall der Delegation ein Interesse daran, die Entscheidungsgrundlage der Manager bewusst von der reinen Gewinnmaximierung weg zu verzerren, um den strategischen Wettbewerbseffekt der Delegation zu ihrem Vorteil auszunutzen. „Strategic delegation involves a suitable divergence of interests, rather than a harmony of interests."[480] Durch die Delegation der Entscheidung will, wie bereits im Literaturüberblick dargestellt, der Unternehmenseigentümer seine "wahren Präferenzen" glaubhaft an das Konkurrenzunternehmen übermitteln und damit sein Unternehmen aggressiver oder weniger aggressiv darstellen.

---

475 Von *Ewert/Wagenhofer* (2005), S. 407ff, werden diese Rahmenbedingungen unter dem Stichwort „gemachte Zielkonflikte" zusammengefasst. Der Manager hat keine unterschiedlichen subjektiven Präferenzen im Vergleich zum Unternehmenseigentümer („gegebene Zielkonflikte"), sondern erst durch die Delegation und die Auswahl einer abweichenden Beurteilungsgröße entsteht ein Konflikt, da der Manager seine Beurteilungsgröße und nicht automatisch die Ziele des Unternehmenseigentümers maximiert.

476 Vgl. *Ewert/Wagenhofer* (2005), S. 470, für ähnliche Einschränkungen im Zusammenhang mit der Investitionsprogrammplanung.

477 Vgl. *Ewert/Wagenhofer* (2005), S. 506ff, für eine Analyse im Zusammenhang mit der Investitionsprogrammgestaltung.

478 Vgl. *Dierkes* (2004), S. 43. Für Arbeiten mit teilweiser Unsicherheit hinsichtlich der Markparameter siehe z.B. *Fershtman/Judd* (1987), *Adolph* (1992).

479 Vgl. zu diesen Annahmen *Fershtman/Judd* (1987), S. 929, *Sklivas* (1987), S. 453. Für eine Analyse der Auswirkungen von Nachverhandlungsmöglichkeiten z.B. *Katz* (1991), S. 323f, *Koçkesen/Ok* (2004), S. 413.

480 *Vickers* (1985), S. 146.

Der Unternehmenseigentümer offeriert ein finanzielles Anreizsystem TC_i[481], welches die resultierende Entlohnung in Abhängigkeit eines noch zu definierenden aggregierten Performancemaßes U_i beschreibt.[482]

$$TC_i = s_0 + U_i \qquad (6.1)$$

Dabei enthält der lineare Entlohnungsvertrag (TC = total compensation) neben einer ergebnisunabhängigen Fixvergütung s_0 eine von der Ausprägung des (aggregierten) Performancemaßes U_i abhängige zweite Vergütungskomponente.[483] Insgesamt wird der Manager nur dann bereit sein, für das Unternehmen tätig zu werden, wenn seine gesamte Entlohnung zumindest seinen Reservationsnutzen (RU_i) abdeckt. Damit ist der Manager indifferent zwischen einer Beschäftigung in diesem Unternehmen und alternativen Beschäftigungsmöglichkeiten in anderen Unternehmen. Da der Manager als risikoneutral beschrieben wird, ist eine Maximierung seiner Entlohnung TC_i gleichzusetzen mit einer Maximierung des (aggregierten) Performancemaßes U_i. Jede Änderung in U_i kann durch eine Anpassung der Fixvergütung s_0 ausgeglichen werden, um so die Teilnahmebedingung des Managers $TC_i \geq RU_i$ zu erfüllen.[484]

Im Fall der Delegation trägt der Unternehmenseigentümer die Entlohnungskosten. Diese müssen daher vom Gewinn abgezogen werden; dem Unternehmenseigentümer verbleibt der Nettogewinn nach Entlohnung des Managers. Diesen resultierenden Nettogewinn vergleicht der Unternehmenseigentümer mit seinem Gewinn bei Nichtdelegation, um über die Vorteilhaftigkeit der Delegation zu entscheiden. Aus Vereinfachungsgründen wird nachfolgend der Reservationsnutzen RU_i des Managers gleich Null gesetzt, wodurch der Nettogewinn des Unternehmenseigentümers dem Gewinn vor Abzug der Entlohnung entspricht.[485] Jede positive Entlohnungszahlung würde jedoch nichts an den Charakteristika des Ergebnisses ändern, da sie einfach, ähnlich einem Fixkostenbetrag, vom resultierenden Gewinn abgezogen werden würde. Lediglich

---

481 Alle hier getätigten Aussagen gelten analog für beide Unternehmen, d.h. der Unternehmenseigentümer j offeriert im Falle der Delegation ein Anreizsystem TC_j mit dem aggregierten Performancemaß U_j.

482 Der Parameter U_i stellt in der nachfolgenden Analyse eine Kombination aus Gewinn und weiteren, aus der Unternehmensrechnung ableitbaren Performancemaßen dar und wird durchgehend als aggregiertes Performancemaß bezeichnet. Dabei beinhaltet dieser Parameter neben finanziellen Größen, wie dem Umsatz bzw. der Kostenreduktion, auch den Absatz als Mengengröße. Das aggregierte Performancemaß bildet die Grundlage für die Ermittlung der performanceabhängigen Entlohnung des Managers, wobei in der folgenden Analyse vereinfacht unterstellt wird, dass aggregiertes Performancemaß und variable Entlohnungshöhe übereinstimmen. Für eine vergleichbare Vorgehensweise siehe z.B. *Vickers* (1985), *Ritz* (2005).

483 Alle betrachteten Zahlungen fallen am Periodenende an, wodurch TC_i dem Endwert der Entlohnung entspricht. (Siehe dazu *Ewert/Wagenhofer* (2005), S. 471).

484 Vgl. dazu die Ausführungen von *Dierkes* (2004), S. 49f, zur Vernachlässigbarkeit von Entlohnungszahlungen. Vgl. für dieselbe Vertragsgestaltung auch *Kopel/Riegler* (2005).

485 Diese Festlegung des Reservationsnutzens erfolgt in Übereinstimmung mit der Literatur und stellt eine Standardannahme in der Agency Literatur dar. Siehe für eine Anwendung im Kontext strategischer Delegation z.B. *Kopel/Riegler* (2005).

wenn die Entlohnungszahlung einen so hohen Wert annimmt, dass der Nettogewinn bei Delegation geringer ist als der Gewinn bei Nichtdelegation, hätte die Entlohnungszahlung selbst eine Auswirkung auf das Gleichgewichtsergebnis. Aus Sicht der Unternehmenseigentümer interessiert generell nicht die konkrete Ausprägung von U_i und damit von TC_i, sondern die Art wie U_i die Entscheidungen des Managers beeinflusst.[486]

Die Entlohnungsfunktion wird in der vorliegenden Modellanalyse vereinfacht als linear angenommen, die Beurteilungsgrößen werden outputorientiert festgelegt und variieren je nach gewählter Vertragsform. Zu beachten ist hierbei, dass nicht nach dem optimalen Entlohnungsvertrag gesucht wird, sondern nachfolgend vier lineare Vertragsformen mit beobachtbaren Beurteilungsgrößen hinsichtlich ihrer Auswirkungen auf die Zielerreichung des Unternehmenseigentümers verglichen werden.[487]

Dabei wird zunächst ein bereits im Literaturüberblick zu diesem Kapitel vorgestelltes aggregiertes Performancemaß aus Gewinn und Umsatz untersucht. Anschließend wird die Zusammensetzung des aggregierten Performancemaßes U_i geändert, indem das Performancemaß Umsatz durch die Absatzmenge ersetzt wird. Auch diese Form des performanceorientierten Teils des Entlohnungsvertrags wurde in der Literatur bereits untersucht und wird in der vorliegenden Arbeit im Kontext von F&E-Investitionsmöglichkeiten im differenzierten Preiswettbewerb analysiert. Schließlich wird die Palette an Performancemaßen, die in der Literatur zur strategischen Delegation bereits als „Standard" gelten, um zwei, aus den Daten der Unternehmensrechnung ableitbare Beurteilungsgrößen erweitert. Zunächst wird die, durch die F&E-Investition erzielbare Kostenreduktion pro Stück zusammen mit dem Gewinn zum aggregierten Performancemaß U_i zusammengefasst und hinsichtlich ihrer Eignung im Delegationsspiel untersucht. Abschließend wird der Residualgewinn als viertes Performancemaß analysiert. Dieser beschreibt die Differenz zwischen Gewinn und einer Verzinsung auf das im Unternehmen gebundene Kapital und wurde in der Literatur als geeignete Beurteilungs- und Steuerungsgröße für Investment-Center-Manager vorgeschlagen, da er explizit das investierte Kapital, welches im Entscheidungsbereich des Managers liegt, mitberücksichtigt.[488]

Im Mittelpunkt der nachfolgenden Ausführungen steht die Frage nach der Veränderung der Zielerreichung der Unternehmenseigentümer durch den Wettbewerbseffekt alternativer Performancemaße in einer Delegationssituation.[489] Als Vergleichgröße

---

486 Vgl. *Reitman* (1993), S. 514.

487 Vgl. *Ewert/Wagenhofer* (2005), S. 412f, *Reitman* (1993), S. 514.

488 Vgl. *Hofmann* (2002), Sp. 75f, *von Werder/Grundei* (2004), S. 21.

489 Verhaltensbeeinflussungseffekte der hier vorgestellten alternativen Beurteilungsgrößen werden zunächst ausgeklammert. Eine zusammenführende Darstellung von Verhaltensbeeinflussungs- und Wettbewerbseffekten erfolgt in Kapitel 8.

bzw. Benchmark dient dabei die Zielerreichung der Eigentümer aus dem F&E-Grundmodell ohne Delegation aus Kapitel 5.

Generell stellt sich das nachfolgende Modell als vierstufiges Spiel dar, was folgender Zeitstrahl der Entscheidungssequenz in einem Unternehmen zeigt:

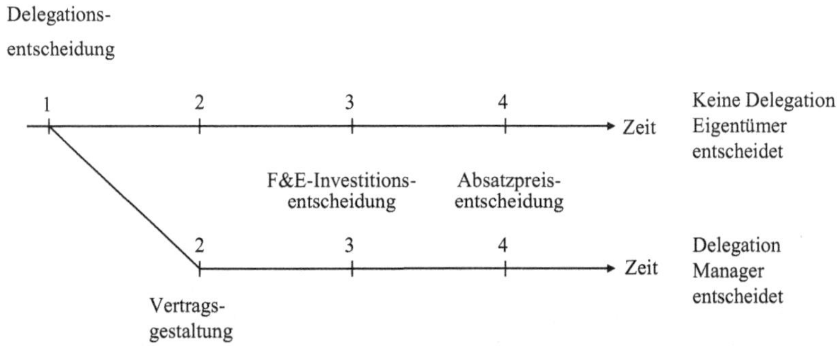

Abbildung 10: Zeitstrahl im Delegationsmodell

In Stufe 1 entscheidet jeder Eigentümer simultan und nichtkooperativ, ob er in seinem Unternehmen die F&E-Investitionsentscheidung sowie die Entscheidung über den Absatzpreis delegiert oder nicht. Fällt die Entscheidung in Stufe 1 zugunsten der Delegation, so wird in Stufe 2 der Entlohnungsvertrag wiederum simultan und nichtkooperativ konkretisiert, der anschließend die Entscheidungen des Managers beeinflusst. Durch die Ausgestaltung und Veröffentlichung des Entlohnungsvertrags wird im Fall der Delegation nicht nur das Verhalten des eigenen Managers beeinflusst, sondern über die Reaktionsfunktionen im Duopol auch das Verhalten des Konkurrenzunternehmens. Der Manager im delegierenden Unternehmen trifft dann in den Stufen 3 und 4 die F&E-Investitions- sowie die Absatzpreisentscheidung ebenfalls simultan und nichtkooperativ.

Entscheidet sich ein Eigentümer in Stufe 1 gegen die Delegation, bleibt sein Unternehmen eigentümergeführt, Stufe 2 entfällt dann und sowohl die F&E-Investitions- als auch die Absatzpreisentscheidung werden vom Eigentümer mit dem Ziel der Gewinnmaximierung getroffen.

Aus dieser Darstellung lässt sich ein vierstufiges Gesamtspiel ableiten, welches in Normalform wie folgt dargestellt werden kann:

		Unternehmen j	
		D	N
Unternehmen i	D	G_i^{DD}, G_j^{DD}	G_i^{DN}, G_j^{DN}
	N	G_i^{ND}, G_j^{ND}	G_i^{NN}, G_j^{NN}

Abbildung 11: Delegationsgesamtspiel in Normalform

Dieses Gesamtspiel setzt sich aus vier möglichen Teilspielen zusammen, für die jeweils die Nash-Gleichgewichtslösungen bestimmt werden müssen. Teilspiel DD beschreibt die beidseitige Delegation, d.h. beide Unternehmenseigentümer delegieren die Entscheidungen an Manager. Teilspiel NN beschreibt die beidseitige Nichtdelegation,[490] d.h. beide Unternehmenseigentümer treffen sowohl F&E-Investitions- als auch Absatzpreisentscheidung selbst. Die zwei weiteren Teilspiele berücksichtigen asymmetrische Lösungen, in denen jeweils ein Unternehmenseigentümer delegiert, das andere Unternehmen jedoch eigentümergeführt bleibt. Die Ergebnisse aus diesen vier Teilspielen müssen zunächst berechnet und anschließend miteinander verglichen werden, um die Frage zu klären, ob in Stufe 1 delegiert werden soll oder nicht. Das (die) Gleichgewicht(e) des Gesamtspiels leitet (leiten) sich schließlich aus den Gleichgewichten der vier Teilspiele ab.

6.3 Teilspiel NN

Die in Kapitel 5 ermittelten Ergebnisse für einen differenzierten Preiswettbewerb, in dem sich zwei Unternehmenseigentümer als Entscheider gegenüberstehen und simultan und nichtkooperativ über eine F&E-Investition und anschließend über die Festlegung des Absatzpreises entscheiden, werden hier nochmals dargestellt. Sie bilden die Lösung des Teilspiels NN, in dem beide Unternehmenseigentümer auf die Delegation verzichten und folglich die Entscheidungen in allen Stufen selbst mit dem Ziel der Gewinnmaximierung treffen.

Der erzielbare symmetrische Gewinn, der optimale Absatzpreis, die optimale Absatzmenge sowie das F&E-Investitionsniveau in Teilspiel NN lauten folgendermaßen:

$$G_i^{NN*} = G_j^{NN*} = G^{NN*} = \frac{r \cdot (a-A)^2 \cdot (1-f)^2 \cdot (r \cdot (4-f^2)^2 - 2 \cdot (2-f^2)^2)}{(r \cdot (2-f)^2 \cdot (2+f) - 2 \cdot (1-f) \cdot (2-f^2))^2} \tag{6.2}$$

490 Die Ergebnisse für dieses Teilspiel wurden bereits in Kapitel 5 ermittelt und dienen in diesem Kapitel als Referenzlösung.

$$p_i^{NN*} = p_j^{NN*} = p^{NN*} = \frac{r \cdot (A + a \cdot (1-f)) \cdot (4-f^2) - 2 \cdot a \cdot (1-f) \cdot (2-f^2)}{r \cdot (2-f)^2 \cdot (2+f) - 2 \cdot (1-f) \cdot (2-f^2)} \tag{6.3}$$

$$q_i^{NN*} = q_j^{NN*} = q^{NN*} = \frac{r \cdot (a-A) \cdot (1-f) \cdot (4-f^2)}{r \cdot (2-f)^2 \cdot (2+f) - 2 \cdot (1-f) \cdot (2-f^2)} \tag{6.4}$$

$$x_i^{NN*} = x_j^{NN*} = x^{NN*} = \frac{2 \cdot (a-A) \cdot (1-f) \cdot (2-f^2)}{r \cdot (2-f)^2 \cdot (2+f) - 2 \cdot (1-f) \cdot (2-f^2)} \tag{6.5}$$

Nachfolgend sollen nun die vier vorgestellten Möglichkeiten zur Gestaltung des aggregierten Performancemaßes U_i (U_j) analysiert werden, um zu untersuchen, ob Delegation im Kontext von prozesskostensenkender Investition in einem Preiswettbewerbsmarkt in Abhängigkeit vom jeweils gewählten Vertragstyp für den delegierenden Unternehmenseigentümer vorteilhaft sein kann. Dafür werden nacheinander für alle vier Performancemaße die Ergebnisse des symmetrischen Teilspiels DD mit beidseitiger Delegation sowie die Ergebnisse der asymmetrischen Teilspiele DN bzw. ND, wo nur ein Unternehmenseigentümer delegiert, berechnet.

6.4 Gewinn und Umsatz

Bei dieser ersten Vertragsform wird ein kombiniertes Performancemaß aus Gewinn und Umsatz untersucht.[491] Diese beiden Performancegrößen können im Sinne der Prozessdarstellung von *Brown/Svenson* (1988) als Outcome bzw. Ergebnis 2 der F&E-Aktivitäten definiert werden, welches sich durch den Einsatz der Prozessinnovation in den Leistungssystemen ergibt.[492]

Nachfolgend werden die Ergebnisse der Teilspiele DD, DN und ND für das aggregierte Performancemaß mit Gewinn- und Umsatzkomponente ermittelt.

6.4.1 Teilspiel DD

Den Managern in Unternehmen i und j wird, wie oben beschrieben, ein linearer Entlohnungsvertrag $TC_i(TC_j)$ angeboten, wobei sich das aggregierte Performancemaß U_i (U_j) nun aus den zwei outputorientierten Beurteilungsgrößen Gewinn und Umsatz folgendermaßen zusammensetzt:

$$U_i = \alpha_i \cdot G_i + (1-\alpha_i) \cdot R_i \tag{6.6.1}$$
$$U_j = \alpha_j \cdot G_j + (1-\alpha_j) \cdot R_j \tag{6.6.2}$$

---

[491] Vgl. für eine Analyse dieser Vertragsform auch *Sklivas* (1987), *Fershtman/Judd* (1987).

[492] Vgl. dazu die Ausführungen in Kapitel 2.

G_i (G_j) entspricht dabei dem Gewinn, R_i (R_j) entspricht dem Umsatz in Unternehmen i (j), d.h. $R_i = p_i \cdot q_i$ bzw. $R_j = p_j \cdot q_j$. Durch die Auswahl des Parameters α_i (α_j) wird den jeweiligen Performancemaßen Gewinn und Umsatz vom Unternehmenseigentümer eine bestimmte Gewichtung zugeordnet, die auf das Entscheidungsverhalten des Managers Einfluss nimmt. Ein $\alpha_i = 1$ ($\alpha_j = 1$) entspricht in dieser Vertragskonstellation dem Eigentümerkalkül mit reiner Gewinnmaximierung (d.h. $U_i = G_i$ bzw. $U_j = G_j$). Ein $\alpha_i \neq 1$ ($\alpha_j \neq 1$) führt zu einem vom Eigentümerentscheidungskalkül abweichenden, aggregierten Performancemaß U_i (U_j), welches neben dem Gewinn auch den Umsatz enthält. Die Werte für α_i (α_j) sind vorerst nicht beschränkt. Der Beteiligungsparameter kann sowohl negative als auch positive Werte annehmen, was jeweils andere Interpretationsmöglichkeiten zulässt.[493] Allerdings ergeben sich später Werteeinschränkungen für den Beteiligungsparameter aufgrund der Bedingungen zweiter Ordnung, auf die jeweils hingewiesen wird. Dieses erste, linear aggregierte Performancemaß lässt sich nach Umformung für die beiden Manager auch folgendermaßen darstellen:

$$U_i = (p_i - \alpha_i \cdot (A - x_i)) \cdot q_i - \frac{1}{2} \cdot \alpha_i \cdot r \cdot x_i^2 \qquad (6.6.1')$$

$$U_j = (p_j - \alpha_j \cdot (A - x_j)) \cdot q_j - \frac{1}{2} \cdot \alpha_j \cdot r \cdot x_j^2 \qquad (6.6.2')$$

Man kann daraus erkennen, dass bei dieser Vertragsform der jeweilige Manager, im Unterschied zum Unternehmenseigentümer im F&E-Grundmodell in Kapitel 5, seine Entscheidungen zur Maximierung eines modifizierten Gewinns trifft. Die Modifikation betrifft die Grenzkosten und die F&E-Investitionskosten, die durch die multiplikative Verknüpfung mit dem Beteiligungsparameter α_i (α_j), je nach dessen Ausprägung, vom Unternehmenseigentümer erhöht oder gesenkt werden können.[494] Ein $\alpha_i < 1$ ($\alpha_j < 1$) führt zu einer Senkung der relevanten Kosten, der Manager wird daher einerseits mehr in F&E investieren und andererseits einen geringeren optimalen Absatzpreis wählen, was zu einem aggressiveren Auftreten des Unternehmens am Absatzmarkt führt. Ein $\alpha_i > 1$ ($\alpha_j > 1$) führt andererseits zu einer Erhöhung der Grenzkosten und F&E-Investitionskosten. Dadurch wird der Manager weniger in F&E investieren und gleichzeitig aufgrund der höheren Grenzkosten einen höheren Absatzpreis wählen, wodurch sich das Unternehmen als weniger aggressiv positionieren kann. Durch Dele-

---

493 Vgl. zur Wertebeschränkung des Beteiligungsparameters α_i (α_j) z.B. *Reitman* (1993), *Zhang/Zhang* (1997), *Kräkel* (2004), *Kopel/Riegler* (2006b), welche ausschließlich auf positive Werte abstellen bzw. *Fershtman/Judd* (1987), *Bárcena-Ruiz/Olaizola* (2004), welche keine Beschränkung vornehmen und damit auch negative Werte von α_i (α_j) zulassen.

494 Vgl. zu einem ähnlichen Modell, in dem der Unternehmenseigentümer über die Zuordnung höherer Gemeinkosten auf die Preisentscheidung eines Bereichsmanagers im Duopol Einfluss nimmt, *Wagenhofer* (1995).

gation an einen Manager erhält der Unternehmenseigentümer also die Möglichkeit, das Unternehmen am Duopolmarkt glaubwürdig aggressiver bzw. weniger aggressiv auszurichten, wenn der Beteiligungsparameter α_i (α_j) entsprechend „strategisch" gewählt wird.

Analog zur Vorgehensweise in Kapitel 5 wird das Teilspiel der beidseitigen Delegation durch Rückwärtsinduktion, beginnend bei Stufe 4 gelöst.

6.4.1.1 Stufe 4 - Absatzpreisentscheidung

In Stufe 4 optimieren die Manager, wie oben beschrieben, das aggregierte Performancemaß U_i bzw. U_j. Dabei werden zunächst die Entscheidungen auf vorhergehenden Stufen als gegeben angenommen. Die Manager wählen den Preis so, dass U_i bzw. U_j maximiert wird. Durch Ableitung von U_i nach p_i bzw. U_j nach p_j ergeben sich folgende Reaktionsfunktionen in Abhängigkeit von den beiden Beteiligungsparametern, den beiden F&E-Investitionsniveaus und dem jeweiligen Konkurrenzpreis:

$$RF_i = p_i(\alpha_i, \alpha_j, x_i, x_j, p_j) = \frac{1}{2} \cdot (a \cdot (1-f) + \alpha_i \cdot (A - x_i) + f \cdot p_j) \tag{6.7.1}$$

$$RF_j = p_j(\alpha_i, \alpha_j, x_i, x_j, p_i) = \frac{1}{2} \cdot (a \cdot (1-f) + \alpha_j \cdot (A - x_j) + f \cdot p_i) \tag{6.7.2}$$

Im Vergleich zu den Reaktionsfunktionen im F&E-Grundmodell sieht man deutlich, dass sich diese durch den Multiplikator α_i vor dem Grenzkostenterm $(A - x_i)$ für Unternehmen i bzw. durch $\alpha_j \cdot (A - x_j)$ für Unternehmen j, unterscheiden. Ist nun beispielsweise α_i (α_j) kleiner Eins, so sinkt der optimale Absatzpreis im Vergleich zum F&E-Grundmodell ohne Delegation. Der Manager agiert also aggressiver als ein Unternehmenseigentümer. Ist α_i (α_j) größer Eins, so steigt der optimale Preis und der Manager wird weniger aggressiv reagieren als ein Eigentümer.

Aus den beiden Reaktionsfunktionen können die optimalen Absatzpreise abgeleitet werden. Diese lauten, in Abhängigkeit von den Beteiligungsparametern α_i bzw. α_j und in Abhängigkeit von den gewählten F&E-Investitionsniveaus x_i bzw. x_j, wie folgt:

$$p_i(\alpha_i, \alpha_j, x_i, x_j) = \frac{a \cdot (1-f) \cdot (2+f) + 2 \cdot \alpha_i \cdot (A - x_i) + f \cdot \alpha_j \cdot (A - x_j)}{4 - f^2} \tag{6.8.1}$$

$$p_j(\alpha_i, \alpha_j, x_i, x_j) = \frac{a \cdot (1-f) \cdot (2+f) + 2 \cdot \alpha_j \cdot (A - x_j) + f \cdot \alpha_i \cdot (A - x_i)}{4 - f^2} \tag{6.8.2}$$

Auch hier kann man im Vergleich zum Absatzpreis im F&E-Grundmodell erkennen, dass sich die Funktion jeweils um die Beteiligungsparameter α_i bzw. α_j verschiebt, wodurch sich ein abweichendes Marktergebnis einstellen kann.

Die Bedingungen zweiter Ordnung (SOC) für ein Maximum erhält man durch Ableitung der FOC nach dem jeweiligen Preis. Sie sind hier stets erfüllt, da $\partial^2 U_i / \partial p_i^2 = \partial^2 U_j / \partial p_j^2 = -2 < 0$. Dies entspricht der SOC aus dem Grundmodell in der Stufe der Absatzpreisfestlegung.

6.4.1.2 Stufe 3 - F&E-Investitionsentscheidung

In Stufe 3 wählen die beiden Manager das jeweilige F&E-Investitionsniveau x_i (x_j) so, dass wiederum das aggregierte Performancemaß U_i (U_j) maximiert wird. Negative F&E-Investitionsniveaus werden, wie bereits in Kapitel 5 dargestellt, als ökonomisch nicht sinnvolle Ergebnisse dieser Entscheidungsstufe ausgeschlossen, d.h. $x_i, x_j \geq 0$. Weiters muss die Obergrenze für die Kostensenkung beachtet werden, d.h. $A - x_i \geq 0$ für Unternehmen i und analog $A - x_j \geq 0$ für Unternehmen j. In Stufe 3 bestimmt zunächst jeder Manager, nach Einsetzen der optimalen Absatzpreise durch Ableitung von U_i nach x_i bzw. U_j nach x_j eine Reaktionsfunktion, gegeben die optimale F&E-Investitionsentscheidung des Konkurrenten sowie die optimalen Beteiligungsparameter α_i und α_j.

$$x_i(\alpha_i, \alpha_j, x_j) = \max[0, \frac{2 \cdot (f^2 - 2) \cdot (a \cdot (1-f) \cdot (2+f) + \alpha_i \cdot A \cdot (f^2 - 2) + f \cdot \alpha_j \cdot A)}{2 \cdot \alpha_i \cdot (2 - f^2)^2 - r \cdot (4 - f^2)^2} - \frac{2 \cdot f \cdot \alpha_j \cdot (f^2 - 2)}{2 \cdot \alpha_i \cdot (2 - f^2)^2 - r \cdot (4 - f^2)^2} \cdot x_j] \tag{6.9.1}$$

$$x_j(\alpha_i, \alpha_j, x_i) = \max[0, \frac{2 \cdot (f^2 - 2) \cdot (a \cdot (1-f) \cdot (2+f) + \alpha_j \cdot A \cdot (f^2 - 2) + f \cdot \alpha_i \cdot A)}{2 \cdot \alpha_j \cdot (2 - f^2)^2 - r \cdot (4 - f^2)^2} - \frac{2 \cdot f \cdot \alpha_i \cdot (f^2 - 2)}{2 \cdot \alpha_j \cdot (2 - f^2)^2 - r \cdot (4 - f^2)^2} \cdot x_i] \tag{6.9.2}$$

Aus den beiden Reaktionsfunktionen können die optimalen F&E-Investitionsniveaus $x_i(\alpha_i, \alpha_j)$ bzw. $x_j(\alpha_i, \alpha_j)$ in Abhängigkeit von den Beteiligungsparametern berechnet werden.

$$x_i(\alpha_i, \alpha_j) = \frac{2 \cdot \left(f^2-2\right) \cdot \left(a \cdot (f-2) \cdot (f-1) \cdot r \cdot (f+2)^2 - \left(2 \cdot a \cdot \left(f^4 - 3 \cdot f^2 + 2\right) + A \cdot f \cdot \left(f^2-4\right) \cdot r\right) \cdot \alpha_j + A \cdot \left(f^2-2\right) \cdot \left(\left(4-f^2\right) \cdot r + 2 \cdot \left(f^2-1\right) \cdot \alpha_j\right) \cdot \alpha_i\right)}{r^2 \cdot \left(f^2-4\right)^3 + 2 \cdot \left(f^2-2\right)^2 \cdot \left(\left(4-f^2\right) \cdot r \cdot \alpha_j + \alpha_i \cdot \left(\left(4-f^2\right) \cdot r + 2 \cdot \left(f^2-1\right) \cdot \alpha_j\right)\right)} \tag{6.10.1}$$

$$x_j(\alpha_i, \alpha_j) = \frac{2 \cdot \left(f^2-2\right) \cdot \left(a \cdot (f-2) \cdot (f-1) \cdot r \cdot (f+2)^2 - \left(2 \cdot a \cdot \left(f^4 - 3 \cdot f^2 + 2\right) + A \cdot f \cdot \left(f^2-4\right) \cdot r\right) \cdot \alpha_i + A \cdot \left(f^2-2\right) \cdot \left(\left(4-f^2\right) \cdot r + 2 \cdot \left(f^2-1\right) \cdot \alpha_i\right) \cdot \alpha_j\right)}{r^2 \cdot \left(f^2-4\right)^3 + 2 \cdot \left(f^2-2\right)^2 \cdot \left(\left(4-f^2\right) \cdot r \cdot \alpha_j + \alpha_i \cdot \left(\left(4-f^2\right) \cdot r + 2 \cdot \left(f^2-1\right) \cdot \alpha_j\right)\right)} \tag{6.10.2}$$

Auch in dieser Stufe muss die zweite Ableitung (SOC) geprüft werden, d.h. $\partial^2 U_i / \partial x_i^2 = \alpha_i \left(-r + \frac{2 \cdot \alpha_i \cdot (2-f^2)^2}{(4-f^2)^2} \right) < 0$ für Unternehmen i bzw. für Unternehmen j $\partial^2 U_j / \partial x_j^2 = \alpha_j \left(-r + \frac{2 \cdot \alpha_j \cdot (2-f^2)^2}{(4-f^2)^2} \right) < 0$. Unter der Annahme, dass die Beteiligungsparameter α_i und α_j nur positive Werte annehmen können, ergeben sich für den F&E-Kostenparameter folgende Untergrenzen: $r > \frac{2 \cdot \alpha_i \cdot (2-f^2)^2}{(4-f^2)^2}$ bzw. $r > \frac{2 \cdot \alpha_j \cdot (2-f^2)^2}{(4-f^2)^2}$. Im Unterschied zum F&E-Grundmodell ohne Delegation wird hier der Term im Zähler mit dem jeweiligen Beteiligungsparameter multipliziert.

6.4.1.3 Stufe 2 - Vertragsgestaltung

Die Unternehmenseigentümer müssen nun in Stufe 2 die Beteiligungsparameter α_i bzw. α_j mit dem Ziel der Gewinnmaximierung festlegen. Das optimale α_i bzw. α_j wird in Abhängigkeit vom Beteiligungsparameter der Konkurrenz ermittelt. Dazu wird zunächst das optimale F&E-Investitionsniveau $x_i(\alpha_i, \alpha_j)$ bzw. $x_j(\alpha_i, \alpha_j)$ in die Gewinnfunktion G_i bzw. G_j eingesetzt. Daraus kann dann eine Reaktionsfunktion als beste Antwort auf optimierendes Konkurrenzverhalten ermittelt werden, indem der Gewinn G_i nach α_i bzw. der Gewinn G_j nach α_j abgeleitet wird. Aus den beiden resultierenden Reaktionsfunktionen $\alpha_i(\alpha_j)$ bzw. $\alpha_j(\alpha_i)$ können schließlich die optimalen Beteiligungsparameter bestimmt werden.[495]

Eine allgemeine Lösung ist in dieser Stufe und für das aggregierte Performancemaß bestehend aus Gewinn und Umsatz nicht möglich, daher wird nachfolgend eine symmetrische Lösung der Form $\alpha_i = \alpha_j = \alpha$ betrachtet. Aus den beiden FOC $\left. \frac{\partial G_i(\alpha_i, \alpha_j)}{\partial \alpha_i} \right|_{\alpha_i = \alpha_j = \alpha}$ und $\left. \frac{\partial G_j(\alpha_i, \alpha_j)}{\partial \alpha_j} \right|_{\alpha_i = \alpha_j = \alpha}$ können schließlich zwei mögliche Lösungen für den optimalen, symmetrischen Beteiligungsparameter in Teilspiel DD ermittelt werden.

495 Auf eine Darstellung der Reaktionsfunktionen wird an dieser Stelle verzichtet, da sie aufgrund ihrer Komplexität keinen wesentlichen Beitrag zur Erläuterung der nachfolgenden Ergebnisse liefern.

$$\begin{aligned}\alpha' = {} & \frac{1}{(4\cdot(f-1)\cdot(f^2-2)\cdot(2\cdot(f^2\cdot(a-A)-4\cdot a)\cdot(2-3\cdot f^2+f^4)+A\cdot(f-2)^2\cdot(2+f)^3\cdot r))}\cdot \\ & (4\cdot a\cdot(f-1)^2\cdot(1+f)\cdot(f^2-2)\cdot(8-4\cdot f^2+(f^2-4)^2\cdot r)+A\cdot r\cdot(-2\cdot(f-2)\cdot(f-1)\cdot(2+f)\cdot \\ & (f^2-2)\cdot(8+(f-2)\cdot f\cdot(2+f)\cdot(2\cdot f-1))+(f^2-4)^3\cdot(-4+f\cdot(2+f))\cdot r)- \\ & ((-8\cdot(f-1)\cdot(f^2-4)\cdot(f^2-2)\cdot r\cdot(2\cdot(f^2\cdot(a-A)-4\cdot a)\cdot(2-3\cdot f^2+f^4)+ \\ & A\cdot(f-2)^2\cdot(2+f)^3\cdot r)\cdot(-A\cdot(f-2)^3\cdot(2+f)^2\cdot(f^2-2)\cdot r+ \\ & a\cdot(f-1)\cdot(-8\cdot(f^2-2)^2+(f^3-4\cdot f)^2\cdot r))+(-4\cdot a\cdot(f-1)^2\cdot(1+f)\cdot(f^2-2)\cdot \\ & (8-4\cdot f^2+(f^2-4)^2\cdot r)+A\cdot r\cdot(2\cdot(f-2)\cdot(f-1)\cdot(2+f)\cdot(f^2-2)\cdot \\ & (8+(f-2)\cdot f\cdot(2+f)\cdot(2\cdot f-1))-(f^2-4)^3\cdot(f\cdot(2+f)-4)\cdot r))^2)^{1/2})) \end{aligned} \tag{6.11}$$

$$\begin{aligned}\alpha'' = {} & \frac{1}{(4\cdot(f-1)\cdot(f^2-2)\cdot(2\cdot(f^2\cdot(a-A)-4\cdot a)\cdot(2-3\cdot f^2+f^4)+A\cdot(f-2)^2\cdot(2+f)^3\cdot r))}\cdot \\ & (4\cdot a\cdot(f-1)^2\cdot(1+f)\cdot(f^2-2)\cdot(8-4\cdot f^2+(f^2-4)^2\cdot r)+A\cdot r\cdot(-2\cdot(f-2)\cdot(f-1)\cdot(2+f)\cdot \\ & (f^2-2)\cdot(8+(f-2)\cdot f\cdot(2+f)\cdot(2\cdot f-1))+(f^2-4)^3\cdot(-4+f\cdot(2+f))\cdot r)+ \\ & ((-8\cdot(f-1)\cdot(f^2-4)\cdot(f^2-2)\cdot r\cdot(2\cdot(f^2\cdot(a-A)-4\cdot a)\cdot(2-3\cdot f^2+f^4)+ \\ & A\cdot(f-2)^2\cdot(2+f)^3\cdot r)\cdot(-A\cdot(f-2)^3\cdot(2+f)^2\cdot(f^2-2)\cdot r+ \\ & a\cdot(f-1)\cdot(-8\cdot(f^2-2)^2+(f^3-4\cdot f)^2\cdot r))+(-4\cdot a\cdot(f-1)^2\cdot(1+f)\cdot(f^2-2)\cdot \\ & (8-4\cdot f^2+(f^2-4)^2\cdot r)+A\cdot r\cdot(2\cdot(f-2)\cdot(f-1)\cdot(2+f)\cdot(f^2-2)\cdot \\ & (8+(f-2)\cdot f\cdot(2+f)\cdot(2\cdot f-1))-(f^2-4)^3\cdot(f\cdot(2+f)-4)\cdot r))^2)^{1/2})) \end{aligned} \tag{6.12}$$

Auch in Stufe 2 muss für diese beiden Ergebnisse die SOC für ein Maximum erfüllt sein, d.h. $\partial^2 G_i / \partial \alpha_i^2 < 0$ bzw. $\partial^2 G_j / \partial \alpha_j^2 < 0$.

Es bleibt zu prüfen, ob beide möglichen Lösungen für α alle SOC in allen Stufen erfüllen. In Stufe 4 ist jedenfalls ein Maximum gewährleistet, da $\partial^2 U_i / \partial p_i^2 = \partial^2 U_j / \partial p_j^2 = -2 < 0$. Lediglich die Lösung α' stellt ein Maximum in allen Stufen dar. Die Lösung α'' erfüllt, je nach Ausprägung der Parameter a, A, r bzw. f, die SOC in Stufe 3 und/oder in Stufe 2 nicht.

Durch Einsetzen des optimalen Beteiligungsparameters α' können nun der Gewinn $G_i^{GUGU*} = G_j^{GUGU*} = G^{GUGU*}$, der optimale Absatzpreis $p_i^{GUGU*} = p_j^{GUGU*} = p^{GUGU*}$, die optimale Absatzmenge $q_i^{GUGU*} = q_j^{GUGU*} = q^{GUGU*}$ sowie das optimale F&E-Investitionsniveau $x_i^{GUGU*} = x_j^{GUGU*} = x^{GUGU*}$ in Abhängigkeit von a, A, r und f für das Teilspiel DD mit beidseitiger Delegation und einem Managerentlohnungsvertrag, welcher die Performancemaße Gewinn und Umsatz enthält, berechnet werden.[496] Alle Werte sind aufgrund der oben getroffenen Annahmen symmetrisch, wodurch auf den unterneh-

[496] Dabei beschreibt der Index „GU" das aggregierte Performancemaß mit einer Gewinn- und einer Umsatzkomponente im jeweils delegierenden Unternehmen.

mensspezifischen Index verzichtet werden kann. Auf eine Wiedergabe dieser komplexen Funktionen wird an dieser Stelle verzichtet.

Bevor das Gesamtspiel in Stufe 1 gelöst werden kann, müssen noch die Ergebnisse der beiden asymmetrischen Teilspielen DN und ND berechnet werden.

6.4.2 Teilspiele DN

In diesem asymmetrischen Teilspiel erfolgt nur in Unternehmen i eine Entscheidungsdelegation an einen Manager, Unternehmen j bleibt weiterhin eigentümergeführt, d.h. dort trifft der Unternehmenseigentümer die F&E-Investitions- sowie die Absatzpreisentscheidung selbst mit dem Ziel der Gewinnmaximierung.

In Unternehmen i wird in diesem Teilspiel ein Manager eingestellt, dessen Entlohnungsvertrag folgendes aggregiertes Performancemaß U_i enthält, wobei die in Teilspiel DD gezeigte Umformung bereits erfolgt ist:

$$U_i = (p_i - \alpha_i \cdot (A - x_i)) \cdot q_i - \frac{1}{2} \cdot \alpha_i \cdot r \cdot x_i^2 \tag{6.13}$$

In Unternehmen j trifft der Eigentümer die F&E-Investitions- und die Absatzpreisentscheidung mit dem Ziel der Gewinnmaximierung. Seine Gewinnfunktion lautet:

$$G_j = (p_j - (A - x_j)) \cdot q_j - \frac{1}{2} \cdot r \cdot x_j^2 \tag{6.14}$$

Im direkten Vergleich des aggregierten Performancemaßes U_i mit der Gewinnfunktion G_j zeigt sich die, bereits oben bei Teilspiel DD beschriebene Beeinflussungsmöglichkeit durch den Beteiligungsparameter α_i, welche zu einer Erhöhung oder Senkung der relevanten Kosten im Entscheidungskalkül des Managers benutzt werden kann.

Dieses Teilspiel entspricht von der Lösung her auch einer Situation mit beidseitiger Delegation, in der der Eigentümer in Unternehmen j jedoch einen Beteiligungsparameter $\alpha_j = 1$ für das aggregierte Performancemaß im Managerentlohnungsvertrag festlegt, woraus $U_j = G_j$ folgt. Der Manager j trifft dann die F&E-Investitions- und Absatzpreisentscheidung mit dem Kalkül der Gewinnmaximierung.

Auch Teilspiel DN wird durch Rückwärtsinduktion, beginnend in Stufe 4 gelöst.

6.4.2.1 Stufe 4 - Absatzpreisentscheidung

Durch Ableitung von U_i nach p_i für Manager i sowie durch Ableitung von G_j nach p_j für den Unternehmenseigentümer j werden die Preisreaktionsfunktionen in Abhängigkeit von den beiden F&E-Investitionsniveaus und in Abhängigkeit von α_i ermittelt.

$$RF_i = p_i(\alpha_i, x_i, x_j, p_j) = \frac{1}{2} \cdot (a \cdot (1-f) + \alpha_i \cdot (A - x_i) + f \cdot p_j) \tag{6.15.1}$$

$$RF_j = p_j(\alpha_i, x_i, x_j, p_i) = \frac{1}{2} \cdot (a \cdot (1-f) + (A - x_j) + f \cdot p_i) \tag{6.15.2}$$

Auch in den Reaktionsfunktionen zeigt sich der Unterschied je nach Entscheider (Manager oder Eigentümer) deutlich. Durch die Festlegung von α_i kann der Unternehmenseigentümer i die relevanten Kosten für seinen Manager erhöhen oder senken und damit eine höhere oder geringere Absatzpreisfestlegung seines Managers erreichen. Die Reaktionsfunktion in Unternehmen j entspricht jener aus Teilspiel NN, d.h. aus dem F&E-Grundmodell ohne Delegation.

Aus diesen beiden Reaktionsfunktionen lassen sich folgende optimalen Preise in Teilspiel DN in Abhängigkeit von den F&E-Investitionsniveaus und vom Beteiligungsparameter α_i ermitteln:

$$p_i(\alpha_i, x_i, x_j) = \frac{a \cdot (1-f) \cdot (2+f) + 2 \cdot \alpha_i \cdot (A - x_i) + f \cdot (A - x_j)}{4 - f^2} \tag{6.16.1}$$

$$p_j(\alpha_i, x_i, x_j) = \frac{a \cdot (1-f) \cdot (2+f) + 2 \cdot (A - x_j) + f \cdot \alpha_i \cdot (A - x_i)}{4 - f^2} \tag{6.16.2}$$

Diese optimalen Absatzpreise entsprechen jenen aus dem Teilspiel DD, wenn α_j gleich Eins gesetzt wird.

Die Bedingung zweiter Ordnung für ein Maximum in Stufe 4 ist stets erfüllt, da für beide Unternehmen weiterhin $\partial^2 U_i / \partial p_i^2 = \partial^2 G_j / \partial p_j^2 = -2 < 0$ gilt.

6.4.2.2 Stufe 3 - F&E-Investitionsentscheidung

Nach Einsetzen der optimalen Preise $p_i(\alpha_i, x_i, x_j)$ bzw. $p_j(\alpha_i, x_i, x_j)$ ermitteln der Manager in Unternehmen i in Stufe 3 durch Ableitung von U_i nach x_i sowie der Unternehmenseigentümer j durch Ableitung von G_j nach x_j ihre jeweiligen Reaktionsfunktionen.

$$RF_i = x_i(\alpha_i, x_j) = \max[0, \frac{2 \cdot (f^2 - 2) \cdot (a \cdot (1-f) \cdot (2+f) + \alpha_i \cdot A \cdot (f^2 - 2) + f \cdot A)}{2 \cdot \alpha_i \cdot (2 - f^2)^2 - r \cdot (4 - f^2)^2} - \frac{2 \cdot f \cdot (f^2 - 2)}{2 \cdot \alpha_i \cdot (2 - f^2)^2 - r \cdot (4 - f^2)^2} \cdot x_j] \tag{6.17.1}$$

$$RF_j = x_j(\alpha_i, x_i) = \max[0, \frac{2 \cdot (f^2 - 2) \cdot (a \cdot (1-f) \cdot (2+f) + A \cdot (f^2 - 2) + f \cdot \alpha_i \cdot A)}{2 \cdot (2 - f^2)^2 - r \cdot (4 - f^2)^2} - \frac{2 \cdot f \cdot \alpha_i \cdot (f^2 - 2)}{2 \cdot (2 - f^2)^2 - r \cdot (4 - f^2)^2} \cdot x_i] \tag{6.17.2}$$

Aus diesen beiden Reaktionsfunktionen lassen sich die optimalen F&E-Investitionsniveaus ermitteln.

$$x_i(\alpha_i) = \frac{2\cdot\left(f^2-2\right)\cdot\left(-2\cdot a\cdot\left(f^4-3\cdot f^2+2\right)+\left(f^2-4\right)\cdot\left(a\cdot\left(f^2+f-2\right)-A\cdot f\right)\cdot r-A\cdot\left(f^2-2\right)\cdot\left((r-2)\cdot f^2-4\cdot r+2\right)\cdot\alpha_i\right)}{\left(f^2-4\right)\cdot r\cdot\left(\left(f^2-4\right)^2\cdot r-2\cdot\left(f^2-2\right)^2\right)-2\cdot\left(f^2-2\right)^2\cdot\left((r-2)\cdot f^2-4\cdot r+2\right)\cdot\alpha_i} \tag{6.18.1}$$

$$x_j(\alpha_i) = \frac{2\cdot\left(f^4-6\cdot f^2+8\right)\cdot\left(a\cdot\left(f^2+f-2\right)-A\cdot\left(f^2-2\right)\right)\cdot r-2\cdot\left(f^2-2\right)\cdot\left(2\cdot(a-A)\cdot\left(f^4-3\cdot f^2+2\right)+A\cdot f\cdot\left(f^2-4\right)\cdot r\right)\cdot\alpha_i}{\left(f^2-4\right)\cdot r\cdot\left(\left(f^2-4\right)^2\cdot r-2\cdot\left(f^2-2\right)^2\right)-2\cdot\left(f^2-2\right)^2\cdot\left((r-2)\cdot f^2-4\cdot r+2\right)\cdot\alpha_i} \tag{6.18.2}$$

Auch diese entsprechen den optimalen F&E-Investitionsniveaus des Teilspiels DD, wobei allerdings $\alpha_j = 1$ gesetzt wird.

Die SOC zur Überprüfung, ob ein Maximum in Stufe 3 vorliegt, müssen durch Ableiten der FOC nach x_i bzw. x_j ermittelt werden. Dabei ergibt sich aus $\partial^2 U_i / \partial x_i^2 = \alpha_i \cdot \left(-r + \frac{2 \cdot \alpha_i \cdot (2-f^2)^2}{(4-f^2)^2} \right) < 0$ und der Annahme $\alpha_i > 0$ folgende Untergrenze für den F&E-Kostenparameter $r > \frac{2 \cdot \alpha_i \cdot (2-f^2)^2}{(4-f^2)^2}$. Dies entspricht dem Ergebnis für Unternehmen i in Teilspiel DD. Für Unternehmen j lautet die SOC $\partial^2 G_j / \partial x_j^2 = \left(-r + \frac{2 \cdot (2-f^2)^2}{(4-f^2)^2} \right) < 0$, was umgeformt $r > \frac{2 \cdot (2-f^2)^2}{(4-f^2)^2}$ ergibt. Dies entspricht dem Ergebnis für Unternehmen i bzw. j in Teilspiel NN.

6.4.2.3 Stufe 2 - Vertragsgestaltung

In Stufe 2 muss nun lediglich der Unternehmenseigentümer i über die gewinnmaximale Festlegung des Beteiligungsparameters α_i entscheiden. Dieser wird nach dem Einsetzen der optimalen Investitionsniveaus durch Ableitung der Gewinnfunktion G_i nach α_i ermittelt. Durch Nullsetzen der Ableitung und Auflösen nach dem Beteiligungsparameter erhält man eine eindeutige Lösung.

$$\begin{aligned}
\alpha_i^* = {} & (a \cdot (f-1) \cdot (-2 \cdot (f+1) \cdot (f^2-2) + (f-2) \cdot (2+f)^2 \cdot r) \cdot \\
& (16 \cdot (f^2-2)^2 \cdot (f^2-1) - 2 \cdot (f^8 - 6 \cdot f^6 + 48 \cdot f^2 - 64) \cdot r + f^2 \cdot (f^2-4)^3 \cdot r^2) + \\
& A \cdot r \cdot (-4 \cdot (f-2) \cdot (f-1) \cdot (1+f) \cdot (2+f) \cdot (f^2-2)^2 \cdot (8 + f \cdot (4 - 6 \cdot f + f^3)) + \\
& 2 \cdot (f^2-4)^2 \cdot (f^2-2) \cdot (f^2+f-4) \cdot (8 + (f-2) \cdot f \cdot (2+f) \cdot (2 \cdot f - 1)) \cdot r - \\
& (f^2-4)^4 \cdot (8 + f^2 \cdot (f^2+f-6)) \cdot r^2)) / \\
& (2 \cdot (f^2-2) \cdot (2 + f^2 \cdot (r-2) - 4 \cdot r) \cdot (-2 \cdot (f^2-2)^2 \cdot (f^2-1) \cdot \\
& (-4 \cdot a + (a-A) \cdot f^2) + (8 - 6 \cdot f^2 + f^4) \cdot \\
& (a \cdot (f-2) \cdot (f-1) \cdot (2+f)^2 - A \cdot (f^4 + f^3 - 4 \cdot f - 8)) \cdot r + \\
& 2 \cdot A \cdot (f^2-4)^3 \cdot r^2))
\end{aligned} \tag{6.19}$$

Die SOC in Stufe 2 muss ebenfalls ermittelt werden, um zu prüfen, ob diese Lösung für den Beteiligungsparameter ein Maximum darstellt, d.h. $\partial^2 G_i / \partial \alpha_i^2 < 0$. Weiters muss überprüft werden, ob die SOC für ein Maximum in Stufe 3 erfüllt sind. In Stufe 4 ist jedenfalls ein Maximum gewährleistet.

Die Gewinnfunktionen unterscheiden sich nun für die beiden Unternehmenseigentümer. Nach Einsetzen des optimalen Beteiligungsparameters α_i^* erhält man folgende zwei Gewinnfunktionen:[497]

$$G_i^{GUN*} = \frac{(a-A)^2 \cdot r \cdot \left((f-2)^2 \cdot (f-1) \cdot (f+2)^3 \cdot r - 2 \cdot \left(f^6 - 7 \cdot f^4 + 14 \cdot f^2 - 8\right)\right)^2}{8 \cdot \left(2-f^2\right) \cdot \left((r-2) \cdot f^2 - 4 \cdot r + 2\right) \cdot \left(r^2 \cdot \left(f^2-4\right)^3 + 4 \cdot \left(f^2-2\right)^2 \cdot \left(f^2-1\right) - (f-2) \cdot (f+2) \cdot \left(f^2-2\right) \cdot \left(3 \cdot f^2 - 8\right) \cdot r\right)} \tag{6.20.1}$$

$$G_j^{GUN*} = \frac{(a-A)^2 \cdot r \cdot \left(\left(f^2-4\right)^2 \cdot r - 2 \cdot \left(f^2-2\right)^2\right) \cdot \left(-(f-1) \cdot ((f-2) \cdot f - 4) \cdot r^2 \cdot \left(f^2-4\right)^3 + 16 \cdot \left(f^4 - 3 \cdot f^2 + 2\right)^2 + 2 \cdot (f-2) \cdot (f-1) \cdot (f+1) \cdot (f+2) \cdot \left(f^2-2\right) \cdot (f \cdot ((f-6) \cdot f - 4) + 16) \cdot r\right)^2}{16 \cdot \left(f^2-2\right)^2 \cdot \left((r-2) \cdot f^2 - 4 \cdot r + 2\right)^2 \cdot \left(r^2 \cdot \left(f^2-4\right)^3 + 4 \cdot \left(f^2-2\right)^2 \cdot \left(f^2-1\right) - (f-2) \cdot (f+2) \cdot \left(f^2-2\right) \cdot \left(3f^2-8\right) \cdot r\right)^2} \tag{6.20.2}$$

Die optimalen Absatzpreise für die beiden Unternehmen lassen sich nun ebenfalls ermitteln.

$$\begin{aligned} p_i^{GUN*} = {} & (-16 \cdot a \cdot (f^2-2)^3 \cdot (f^2-1)^2 + 2 \cdot (f^2-2)^2 \cdot (4 - 5 \cdot f^2 + f^4) \cdot (A \cdot (f \cdot (f-4) - 4) + a \cdot (f \cdot (9 \cdot f + 4) - 20)) \cdot r - \\ & (f^2-4)^2 \cdot (f^2-2) \cdot (16 \cdot A + (2+f) \cdot (A \cdot (f-3) \cdot f \cdot (3 \cdot f - 2) + a \cdot (f-1) \cdot (f \cdot (7 \cdot f - 2) - 16))) \cdot r^2 + (f^2-4)^4 \cdot \\ & (A \cdot (f-2) \cdot (1+f) + a \cdot (f^2 + f - 2)) \cdot r^3) / (2 \cdot (f^2-2) \cdot (2 + f^2 \cdot (r-2) - 4 \cdot r) \cdot (4 \cdot (f^2-2)^2 \cdot (f^2-1) - (f^2-4) \cdot \\ & (f^2-2) \cdot (3 \cdot f^2 - 8) \cdot r + (f^2-4)^3 \cdot r^2)) \end{aligned} \tag{6.21.1}$$

$$\begin{aligned} p_j^{GUN*} = {} & (-32 \cdot a \cdot (f^2-2)^3 \cdot (f^2-1)^2 - 4 \cdot (f^2-2)^2 \cdot (4 - 5 \cdot f^2 + f^4) \cdot (A \cdot (4 + 4 \cdot f - f^3) + \\ & a \cdot (20 + f \cdot (f \cdot (f-10) - 4))) \cdot r + 2 \cdot (f^2-4)^2 \cdot (f^2-2) \cdot (-A \cdot (16 + f \cdot (12 + f \cdot (1+f) \cdot \\ & (2+f) \cdot (2 \cdot f - 5))) + a \cdot (f-1) \cdot (32 + f \cdot (20 + f \cdot (f \cdot (2 \cdot f - 7) - 18)))) \cdot r^2 - (f^2-4)^4 \cdot \\ & (4 \cdot A + (f-1) \cdot (-A \cdot f \cdot (2+f) + a \cdot (-4 + f \cdot (f-2)))) \cdot r^3) / (4 \cdot (f^2-2) \cdot (2 + f^2 \cdot (r-2) - \\ & 4 \cdot r) \cdot (4 \cdot (f^2-2)^2 \cdot (f^2-1) - (f^2-4) \cdot (f^2-2) \cdot (3 \cdot f^2 - 8) \cdot r + (f^2-4)^3 \cdot r^2)) \end{aligned} \tag{6.21.2}$$

Die optimalen Absatzmengen lassen sich für Teilspiel DN folgendermaßen errechnen:

$$q_i^{GUN*} = \frac{(a-A) \cdot r \cdot \left(2 \cdot \left(f^2-4\right)^2 \cdot \left(f^4 - 3 \cdot f^2 + 2\right) - (f-2)^3 \cdot (f-1) \cdot (f+2)^4 \cdot r\right)}{4 \cdot r^2 \cdot \left(f^2-4\right)^3 + 16 \cdot \left(f^2-2\right)^2 \cdot \left(f^2-1\right) - 4 \cdot (f-2) \cdot (f+2) \cdot \left(f^2-2\right) \cdot \left(3 \cdot f^2 - 8\right) \cdot r} \tag{6.22.1}$$

$$q_j^{GUN*} = \frac{(a-A) \cdot (2-f) \cdot (f-1) \cdot (f+2) \cdot r \cdot \left(((f-2) \cdot f - 4) \cdot r^2 \cdot \left(f^2-4\right)^3 - 16 \cdot (f-1) \cdot (f+1)^2 \cdot \left(f^2-2\right)^2 - 2 \cdot (f-2) \cdot (f+1) \cdot (f+2) \cdot \left(f^2-2\right) \cdot (f \cdot ((f-6) \cdot f - 4) + 16) \cdot r\right)}{4 \cdot \left(f^2-2\right) \cdot \left((r-2) \cdot f^2 - 4 \cdot r + 2\right) \cdot \left(r^2 \cdot \left(f^2-4\right)^3 + 4 \cdot \left(f^2-2\right)^2 \cdot \left(f^2-1\right) - (f-2) \cdot (f+2) \cdot \left(f^2-2\right) \cdot \left(3 \cdot f^2 - 8\right) \cdot r\right)} \tag{6.22.2}$$

---

[497] Der Index „GUN*“ repräsentiert dabei die Optimallösung des Teilspiels DN, in dem Unternehmen *i* die Entscheidungen an einen Manager delegiert, dessen Entlohnungsvertrag ein aggregiertes Performancemaß mit Gewinn- und Umsatzkomponente enthält und Unternehmen *j* eigentümergeführt bleibt.

Schließlich können auch die beiden optimalen F&E-Investitionsniveaus für dieses asymmetrische Teilspiel ermittelt werden.

$$x_i^{GUN*} = \frac{(a-A)\cdot\left(f^2-2\right)\cdot\left(2\cdot\left(f^2-2\right)\cdot\left(f^4-5\cdot f^2+4\right)-(f-2)^2\cdot(f-1)\cdot(f+2)^3\cdot r\right)}{2\cdot r^2\cdot\left(f^2-4\right)^3+8\cdot\left(f^2-2\right)^2\cdot\left(f^2-1\right)-2\cdot(f-2)\cdot(f+2)\cdot\left(f^2-2\right)\cdot\left(3\cdot f^2-8\right)\cdot r} \tag{6.23.1}$$

$$x_j^{GUN*} = \frac{(a-A)\cdot\left(-(f-1)\cdot((f-2)\cdot f-4)\cdot r^2\cdot\left(f^2-4\right)^3+16\cdot\left(f^4-3\cdot f^2+2\right)^2+2\cdot(f-2)\cdot(f-1)\cdot(f+1)\cdot(f+2)\cdot\left(f^2-2\right)\cdot(f\cdot((f-6)\cdot f-4)+16)\cdot r\right)}{2\cdot r^3\cdot\left(f^2-4\right)^4-2\cdot\left(5\cdot f^4-24\cdot f^2+24\right)\cdot r^2\cdot\left(f^2-4\right)^2-16\cdot\left(f^4-3\cdot f^2+2\right)^2+4\cdot(f-2)\cdot(f-1)\cdot(f+1)\cdot(f+2)\cdot\left(f^2-2\right)\cdot\left(5\cdot f^2-12\right)\cdot r} \tag{6.23.2}$$

Zuletzt müssen noch die Ergebnisse des vierten Teilspiels ermittelt werden, um anschließend das Gesamtspiel in Stufe 1 lösen zu können.

6.4.3 Teilspiel ND

In diesem Teilspiel erfolgt die Delegation nur in Unternehmen j, Unternehmen i bleibt eigentümergeführt. Dieses Teilspiel entspricht dabei einer Situation mit beidseitiger Delegation, in der der Eigentümer in Unternehmen i jedoch einen Beteiligungsparameter $\alpha_i = 1$ für das aggregierte Performancemaß im Managerentlohnungsvertrag festlegt, woraus $U_i = G_i$ folgt. Der Manager i trifft dann die F&E-Investitions- und Absatzpreisentscheidung mit dem Kalkül der Gewinnmaximierung.

Auf eine ausführliche Darstellung des Teilspiels wird an dieser Stelle verzichtet. Die Teilspielergebnisse in den einzelnen Stufen lassen sich aus den Ergebnissen des Teilspiels DD durch Festlegung des Beteiligungsparameters $\alpha_i = 1$ ermitteln. Alternativ kann auch die ausführliche Darstellung des anderen asymmetrischen Teilspiels DN herangezogen werden, um die Ergebnisse für Teilspiel ND durch einen Austausch der Indizes i durch j bzw. j durch i zu ermitteln. Der optimale Beteiligungsparameter in Unternehmen j im Teilspiel ND entspricht jenem von Unternehmen i in Teilspiel DN. Es gilt weiters $G_i^{NGU*} = G_j^{GUN*}$, $G_j^{NGU*} = G_i^{GUN*}$.[498] Auch für die optimalen Absatzpreise, Absatzmengen und F&E-Investitionsniveaus muss lediglich ein Austausch der Indizes vorgenommen werden.

Nach der Darstellung der Lösungen der einzelnen Teilspiele muss nun in Stufe 1 das Gesamtspiel gelöst werden, um die Frage nach der Vorteilhaftigkeit der Delegation mit einem aggregierten Performancemaß aus Gewinn und Umsatz zu beantworten.

---

[498] Der Index „NGU*" repräsentiert die Optimallösung des Teilspiels ND, in dem Unternehmen i eigentümergeführt bleibt und Unternehmen j die Absatzpreis- und F&E-Investitionsentscheidung an einen Manager delegiert, dessen Entlohnungsvertrag ein aggregiertes Performancemaß mit Gewinn- und Umsatzkomponente enthält.

6.4.4 Stufe 1 - Lösung des Gesamtspiels

In Stufe 1 entscheidet jeder Unternehmenseigentümer, ob er die F&E-Investitions- und die Absatzpreisentscheidung an einen Manager mit einem aggregierten Performancemaß aus Gewinn und Umsatz delegieren oder ob er beide Entscheidungen selbst treffen soll. Dazu müssen die Ergebnisse der vier Teilspiele miteinander verglichen werden, um eine teilspielperfekte Nash-Gleichgewichtslösung für das Gesamtspiel zu ermitteln. Alle Gewinnfunktionen der beiden Unternehmen in den vier Teilspielen sind von den Parametern a, A, r und f abhängig. Eine Interpretation der Gewinndifferenzen ist aufgrund der Komplexität in allgemeiner Form nicht möglich. Daher wird in der Folge auf eine grafische Darstellung der Differenzen zurückgegriffen, um Einsicht in die Eigenschaften der Gesamtspiellösung zu erhalten.

Um eine grafische Darstellung der Gewinne zu ermöglichen, wird der Prohibitivpreis mit $a = 1$ normiert. Weiters wird für den Elastizitätsparameter f eine Unterscheidung nach der Ausprägung der Wettbewerbsintensität vorgenommen. Wie bereits in Kapitel 5 dargestellt, definiert f den Grad der Heterogenität der Produkte. Ein f nahe an Eins bedeutet, dass die beiden Produkte aus Sicht der Nachfrager beinahe identisch sind, was auf einen aggressiven Wettbewerb schließen lässt.[499] Ein f nahe an Null zeigt andererseits, dass die beiden Produkte aus Sicht der Nachfrager sehr unterschiedlich sind, was zu einer monopolähnlichen Position für die beiden Unternehmen führt.

Es wird für die nachfolgende Darstellung eine Fallunterscheidung bezüglich des Elastizitätsparameters f in die drei Ausprägungsgrade „niedrig", „mittel" und „hoch" vorgenommen. Damit wird $f \in \{\frac{1}{4}, \frac{1}{2}, \frac{3}{4}\}$ definiert.[500] Die Gewinndifferenzen werden anhand einer dreidimensionalen Darstellung in Abhängigkeit von A und r für die drei Ausprägungsgrade von f dargestellt. Weiters werden die Auswirkungen der Delegationsentscheidung auf die Absatzpreise, die Absatzmengen sowie auf die F&E-Investitionsniveaus und die effektiven Grenzkosten analysiert.

Bei der Festlegung der zulässigen Parameterwerte für A und r müssen die SOC in allen Stufen sowie die Ober- und Untergrenze für das F&E-Investitionsniveau aus allen vier Teilspielen berücksichtigt werden. Für den F&E-Kostenparameter r gilt

---

[499] Bei $f = 1$ würde sich im Duopol eine Situation wie bei vollkommenem Wettbewerb einstellen, wo beide Unternehmen den Preis in Höhe der Grenzkosten setzen. Vgl. dazu die Ausführungen zum Bertrand-Paradoxon in Kapitel 5.

[500] Die nachfolgenden Teilspielvergleiche wurden auch für kleinere bzw. größere Werte von f durchgeführt und die ermittelten Ergebnisse gelten unverändert, sofern die beiden Produkte noch eine (schwache) heterogen-substitutive Beziehung aufweisen, d.h. f kann nahe an Null bzw. nahe an Eins sein, jedoch nicht $f = 0$ bzw. $f = 1$.

$r > \frac{2\cdot(2-f^2)^2}{(4-f^2)^2}$, $r > \frac{2\cdot\alpha_i\cdot(2-f^2)^2}{(4-f^2)^2}$ bzw. $r > \frac{2\cdot\alpha_j\cdot(2-f^2)^2}{(4-f^2)^2}$. Für die Basisproduktionskosten gilt $0 \le x_i \le A < a$ sowie $0 \le x_j \le A < a$.

Zunächst werden für niedrigen Wettbewerb mit $f = 1/4$ die beiden symmetrischen Teilspiele NN und DD miteinander verglichen. Anschließend werden die symmetrischen Teilspiele mit den asymmetrischen Teilspielen verglichen, um schließlich das (die) teilspielperfekte(n) Gleichgewicht(e) des Gesamtspiels zu ermitteln. Dieser Vorgehensweise wird auch für mittleren und hohen Wettbewerb gefolgt. Abschließend erfolgt eine zusammenfassende Schlussbetrachtung des aggregierten Performancemaßes mit Gewinn- und Umsatzkomponente.

6.4.4.1 Niedriger Wettbewerb, *f* = 1/4

6.4.4.1.1 Vergleich Teilspiel NN und DD

Die Gewinndifferenz $G^{NN*} - G^{GUGU*}$, als Differenz zwischen Teilspiel NN und Teilspiel DD, lässt sich grafisch in den Grenzen $A \in [\frac{1}{2}, \frac{9}{10}]$[501] bzw. $r \in [\frac{7}{2}, 4]$[502] folgendermaßen darstellen:

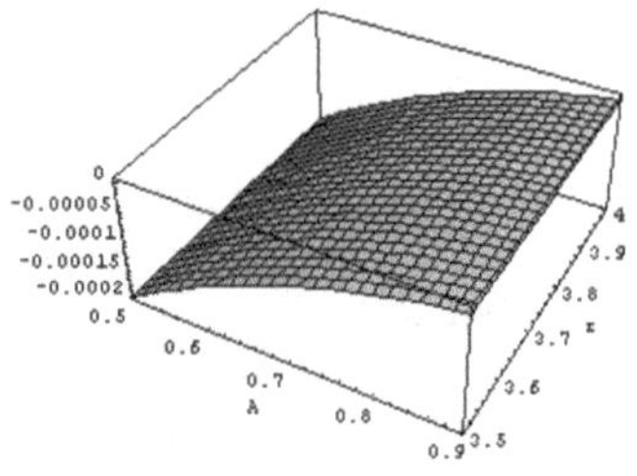

Abbildung 12: Gewinndifferenz $G^{NN*} - G^{GUGU*}$, niedriger Wettbewerb

Dieser Gewinnvergleich gilt aufgrund der Symmetrie der Ergebnisse in den hier verglichenen Teilspielen für Unternehmenseigentümer i und j; es gilt $G_i^{GUGU*} = G_j^{GUGU*} = G^{GUGU*}$ bzw. $G_i^{NN*} = G_j^{NN*} = G^{NN*}$ Es zeigt sich, dass der Gewinn bei

501 Diese Werteeinschränkungen der Basisproduktionskosten ergeben sich aus der Bedingung $0 \le x_i^* < A < a$. Dies gilt analog für Unternehmen *j*.

502 Für den F&E-Kostenparameter *r* ergibt sich aus den SOC in Stufe 3 lediglich eine Untergrenze. Um eine grafische Darstellung zu ermöglichen, wurde die Obergrenze für *r* mit 4 festgelegt. Diese Festlegung hat jedoch keine Auswirkungen auf das Ergebnis; auch für höhere Werte von *r* gelten die getroffenen Aussagen über die Gewinndifferenzen.

beidseitiger Delegation und Erfolgsbeteiligung des Managers an Gewinn und Umsatz für alle Werte von A und r innerhalb der gewählten Parametergrenzen höher ist als jener bei beidseitiger Nichtdelegation. Die Differenz nimmt überall Werte kleiner Null an.

Bei der Festlegung der Wertegrenzen für A und r muss anschließend auch geprüft werden, ob die optimalen Absatzpreise und Absatzmengen positive Werte annehmen. Weiters muss überprüft werden, ob die optimalen F&E-Investitionsniveaus sich innerhalb der zulässigen Grenzen befinden, d.h. $0 \leq x_i^* \leq A < a$ sowie $0 \leq x_j^* \leq A < a$, was gleichzeitig auch zu einer Beschränkung der effektiven Grenzkosten mit $c_i, c_j \geq 0$ führt. Dazu werden der Beteiligungsparameter sowie diese Variablen für das Teilspiel DD grafisch dargestellt und zusätzlich die Differenzen zu Teilspiel NN innerhalb der Parametergrenzen für A und r gezeigt, um so die Unterschiede zwischen beiden Teilspielen hinsichtlich der Festlegung der einzelnen Variablen zu erläutern.[503]

- Beteiligungsparameter α^{GUGU*} in Teilspiel DD

Der symmetrische Beteiligungsparameter α^{GUGU*} in Teilspiel DD lässt sich innerhalb der Parametergrenzen für A und r bei niedrigem Wettbewerb folgendermaßen darstellen:[504]

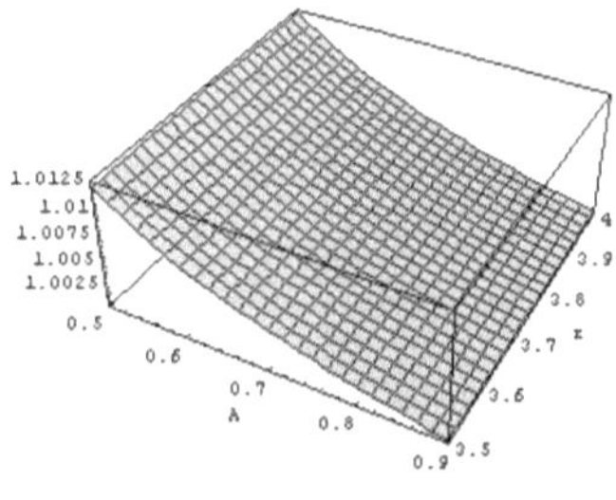

Abbildung 13: Beteiligungsparameter α^{GUGU*}, niedriger Wettbewerb

Es zeigt sich, dass α^{GUGU*} innerhalb der Parametergrenzen stets Werte größer Eins annimmt. Dies führt dazu, dass im Entscheidungskalkül der Manager sowohl die relevanten Grenzkosten als auch die F&E-Investitionskosten relativ zum Entscheidungskalkül des gewinnmaximierenden Eigentümers erhöht werden.

503 Auf eine gesonderte Darstellung des optimalen Absatzpreises, der optimalen Absatzmenge, des optimalen F&E-Investitionsniveaus sowie auf die effektiven Grenzkosten in Teilspiel NN wird verzichtet. Diese sind innerhalb der Parametergrenzen stets positiv.

504 Dabei wird auf α' aus Abschnitt 6.4 zurückgegriffen, da der Beteiligungsparameter α'' nicht alle SOC in allen Stufen erfüllt und daher keine Optimallösung darstellt.

- Absatzpreis p^{GUGU*} in Teilspiel DD

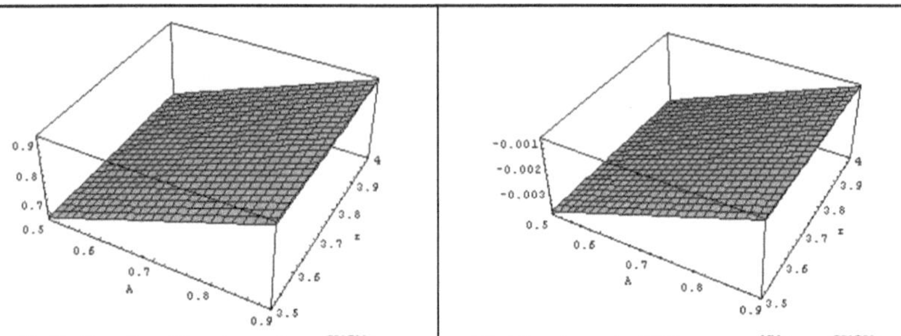

1) Optimaler Absatzpreis p^{GUGU*} | 2) Absatzpreisdifferenz $p^{NN*} - p^{GUGU*}$

Abbildung 14: Optimaler Absatzpreis p^{GUGU*}, niedriger Wettbewerb

Der optimale Absatzpreis ist innerhalb der gewählten Parametergrenzen für A und r bei niedrigem Wettbewerb stets positiv. Die Differenz zwischen dem optimalen Absatzpreis in Teilspiel NN und dem optimalen Absatzpreis in Teilspiel DD ist negativ, d.h. durch beidseitige Delegation wird im Vergleich zur reinen Eigentümerentscheidung ein höherer Absatzpreis gewählt.

- Absatzmenge q^{GUGU*} in Teilspiel DD

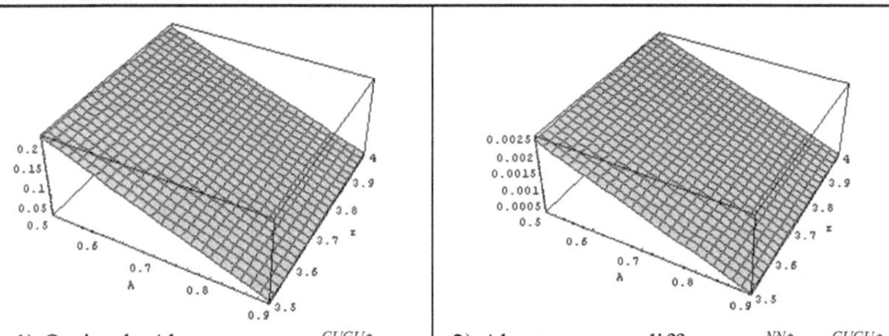

1) Optimale Absatzmenge q^{GUGU*} | 2) Absatzmengendifferenz $q^{NN*} - q^{GUGU*}$

Abbildung 15: Optimale Absatzmenge q^{GUGU*}, niedriger Wettbewerb

Die optimale Absatzmenge in Teilspiel DD ist bei niedrigem Wettbewerb innerhalb der gewählten Parametergrenzen für A und r stets positiv. Die Differenz $q^{NN*} - q^{GUGU*}$ ist innerhalb der Parametergrenzen für A und r und bei $f = 1/4$ stets positiv, d.h. die optimale Absatzmenge ist in Teilspiel NN höher als in Teilspiel DD mit einem aggregierten Performancemaß aus Gewinn und Umsatz.

- F&E-Investitionsniveau x^{GUGU*} in Teilspiel DD

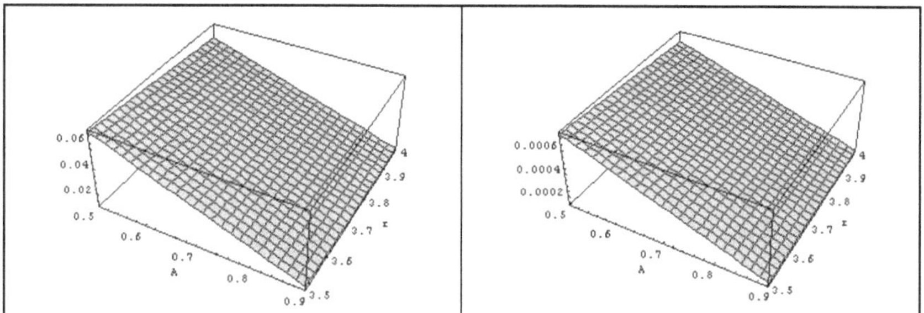

1) Optimales F&E-Investitionsniveau x^{GUGU*}

2) F&E-Investitionsniveaudifferenz $x^{NN*} - x^{GUGU*}$

Abbildung 16: Optimales F&E-Investitionsniveau x^{GUGU*}, niedriger Wettbewerb

Das optimale F&E-Investitionsniveau ist bei niedrigem Wettbewerb innerhalb der Parametergrenzen für A und r stets positiv. Die Differenz $x^{NN*} - x^{GUGU*}$ ist stets positiv, d.h. innerhalb der Parametergrenzen kommt es bei niedrigem Wettbewerb zu einer geringeren Investition im Fall der beidseitigen Delegation. Das optimale F&E-Investitionsniveau ist in Teilspiel DD geringer als jenes in Teilspiel NN bei rein eigentümergeführten Unternehmen.

- Effektive Grenzkosten c^{GUGU*} in Teilspiel DD

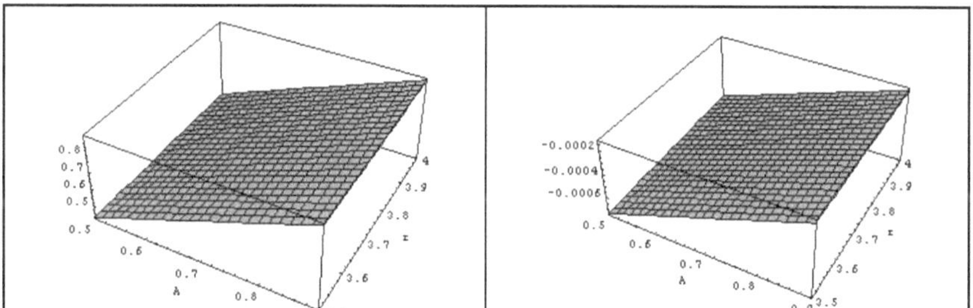

1) Effektive Grenzkosten c^{GUGU*}

2) Grenzkostendifferenz $c^{NN*} - c^{GUGU*}$

Abbildung 17: Effektive Grenzkosten c^{GUGU*}, niedriger Wettbewerb

Die aus der F&E-Investition resultierenden effektiven Grenzkosten $c^{GUGU*} = (A - x^{GUGU*})$ sind innerhalb der Parametergrenzen für A und r bei niedrigem Wettbewerb stets positiv. Die Differenz $c^{NN*} - c^{GUGU*}$ ist für niedrigen Wettbewerb innerhalb der Parametergrenzen für A und r stets negativ, d.h. die effektiven Grenzkosten im

Fall beidseitiger Delegation sind höher als jene im Fall beidseitiger Nichtdelegation. Dies lässt sich auch intuitiv aus dem geringeren F&E-Investitionsniveau in Teilspiel DD ableiten.

6.4.4.1.2 Vergleich Teilspiel NN und DN

Die Gewinndifferenzen $G^{NN*} - G_i^{GUN*}$ als Differenz zwischen Teilspiel NN und Teilspiel DN aus Sicht von Unternehmen i bzw. $G^{NN*} - G_j^{GUN*}$ aus Sicht von Unternehmen j lassen sich grafisch in den Grenzen $A \in [\frac{1}{2}, \frac{9}{10}]$ bzw. $r \in [\frac{7}{2}, 4]$ wie folgt darstellen:

Unternehmen i

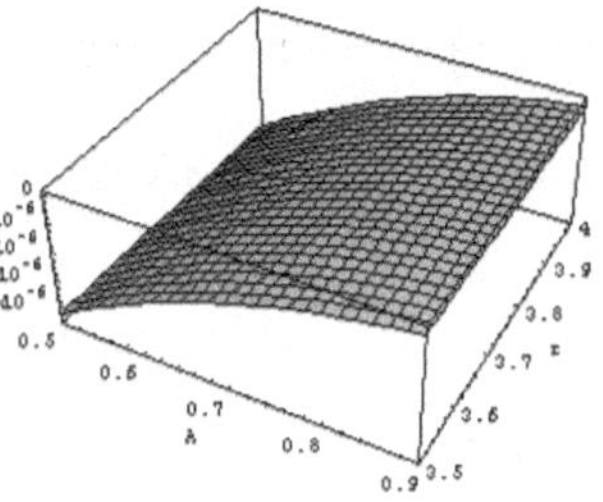

1) Gewinndifferenz $G^{NN*} - G_i^{GUN*}$

Unternehmen j

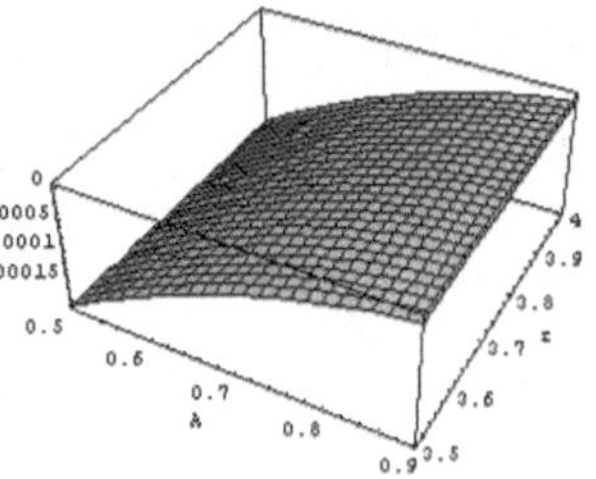

2) Gewinndifferenz $G^{NN*} - G_j^{GUN*}$

Abbildung 18: Gewinndifferenzen im Vergleich NN und DN, niedriger Wettbewerb

Der Gewinn für Unternehmenseigentümer i bei Delegation, gegeben Unternehmen j bleibt eigentümergeführt, ist innerhalb der Parametergrenzen für A und r bei niedrigem Wettbewerb höher als bei beidseitiger Nichtdelegation. Der Gewinn für Unternehmenseigentümer j im Falle der Nichtdelegation, gegeben Unternehmen i delegiert, ist ebenfalls höher als der Gewinn in Teilspiel NN. Ein relativer Vergleich der beiden Gewinnfunktionen in Teilspiel DN zeigt, dass $G_i^{GUN*} < G_j^{GUN*}$. Im delegierenden Unternehmen i wird also in Teilspiel DN ein geringerer Gewinn erzielt als im eigentümergeführten Unternehmen j.

Auf eine ausführliche grafische Darstellung des Beteiligungsparameters in Unternehmen i sowie der Absatzpreise, Absatzmengen, F&E-Investitionsniveaus und der effektiven Grenzkosten in beiden Unternehmen wird in der Folge zugunsten einer verbalen Beschreibung verzichtet.

Der Beteiligungsparameter α_i^{GUN*} im delegierenden Unternehmen i wird innerhalb der Parametergrenzen stets größer Eins festgelegt, d.h. die relevanten Grenzkosten und

F&E-Investitionskosten werden für den Manager i relativ zum Entscheidungskalkül eines gewinnmaximierenden Eigentümers erhöht.

Die optimalen Absatzpreise von Unternehmen i und j in Teilspiel DN sind innerhalb der Parametergrenzen für A und r bei niedrigem Wettbewerb stets positiv. Die Absatzpreisdifferenz $p^{NN*} - p_i^{GUN*}$ in Unternehmen i ist innerhalb der gewählten Parametergrenzen bei $f = 1/4$ stets negativ, d.h. der Preis, den Manager i in Teilspiel DN wählt, ist höher als der optimale Absatzpreis in Teilspiel NN. Auch in Unternehmen j ist die Absatzpreisdifferenz negativ, d.h. Unternehmenseigentümer j wählt in Teilspiel DN einen höheren Absatzpreis als in Teilspiel NN. Im relativen Vergleich der beiden Unternehmen zeigt sich, dass der Absatzpreis, den der Manager in Unternehmen i in Teilspiel DN wählt, höher ist als der optimale Absatzpreis im eigentümergeführten Unternehmen j.

Die optimalen Absatzmengen sind in Teilspiel DN für Unternehmen i und j innerhalb der gewählten Parametergrenzen bei $f = 1/4$ stets positiv. Die Differenz $q^{NN*} - q_i^{GUN*}$ ist innerhalb der Parametergrenzen für A und r bei niedrigem Wettbewerb stets positiv, d.h. die optimale Absatzmenge von Unternehmen i in Teilspiel DN ist stets kleiner als die optimale Absatzmenge in Teilspiel NN. Im eigentümergeführten Unternehmen j ist die Absatzmenge in Teilspiel DN stets höher als in Teilspiel NN. Dies lässt sich mit der substitutiven Interdependenz zwischen den Produkten und der Reaktion auf die stärkere Absatzpreiserhöhung in Unternehmen i erklären, welche zu einer höheren Absatzmenge in Unternehmen j auch im relativen Vergleich in Teilspiel DN führt.

Die optimalen F&E-Investitionsniveaus von Unternehmen i und j in Teilspiel DN sind innerhalb der Parametergrenzen bei niedrigem Wettbewerb stets positiv. Die Differenz $x^{NN*} - x_i^{GUN*}$ ist innerhalb der gewählten Parametergrenzen für A und r bei niedrigem Wettbewerb stets positiv; es kommt also in Unternehmen i in Teilspiel DN zu einer geringeren Investition in prozesskostensenkende Maßnahmen im Vergleich zu Teilspiel NN. Im eigentümergeführten Unternehmen j wird in Teilspiel DN mehr in F&E investiert als in Teilspiel NN. Daraus folgt für den relativen Vergleich, dass in Unternehmen j in Teilspiel DN mehr in F&E investiert wird als im managergeführten Unternehmen i.

Die effektiven Grenzkosten ergeben sich als $c_i^{GUN*} = (A - x_i^{GUN*})$ bzw. $c_j^{GUN*} = (A - x_j^{GUN*})$ und sind bei niedrigem Wettbewerb innerhalb der Parametergrenzen in beiden Unternehmen stets positiv. Die Differenz $c^{NN*} - c_i^{GUN*}$ ist innerhalb der Parametergrenzen bei niedrigem Wettbewerb stets negativ, d.h. die effektiven Grenzkosten für Unternehmen i in Teilspiel DN sind höher als jene in Teilspiel NN. Im eigentümergeführten Unternehmen j resultieren in Teilspiel DN aufgrund der höheren F&E-Investition geringere effektive Grenzkosten als in Teilspiel NN. Für den relativen Vergleich folgt daraus, dass die effektiven Grenzkosten in Teilspiel DN im managergeführten Unternehmen i höher sind als im eigentümergeführten Unternehmen j.

6.4.4.1.3 Vergleich Teilspiel NN und ND

Dieser Teilspielvergleich entspricht dem in Abschnitt 6.4.4.1.2 durchgeführten Vergleich zwischen den Teilspielen NN und DN. Allerdings müssen nun die Indizes vertauscht werden, d.h. $G_i^{GUN*} = G_j^{NGU*}$ usw. Alle Ergebnisinterpretationen für Unternehmen i im Teilspielvergleich NN und DN sind nun auf Unternehmen j im Teilspielvergleich NN und ND anzuwenden und umgekehrt.

6.4.4.1.4 Vergleich Teilspiel DD und DN

Die Gewinndifferenzen $G^{GUGU*} - G_i^{GUN*}$ als Differenz zwischen Teilspiel DD und Teilspiel DN aus Sicht von Unternehmen i sowie $G^{GUGU*} - G_j^{GUN*}$ aus der Sicht von Unternehmen j zeigt Abbildung 19 in den Grenzen $A \in [\frac{1}{2}, \frac{9}{10}]$ bzw. $r \in [\frac{7}{2}, 4]$.

Unternehmen i | Unternehmen j

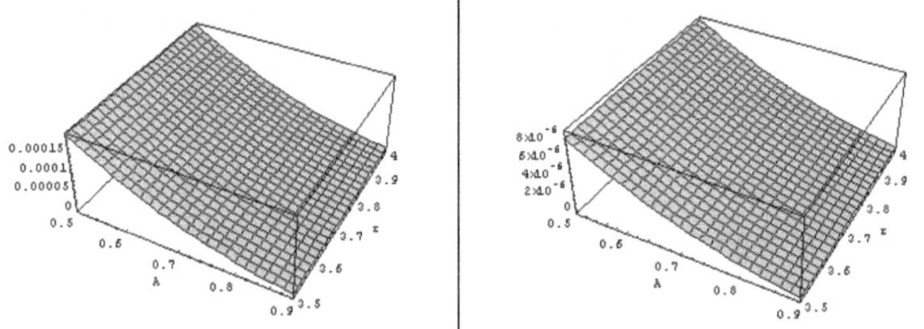

1) Gewinndifferenz $G^{GUGU*} - G_i^{GUN*}$ | 2) Gewinndifferenz $G^{GUGU*} - G_j^{GUN*}$

Abbildung 19: Gewinndifferenzen im Vergleich DD und DN, niedriger Wettbewerb

Der Gewinn für Unternehmenseigentümer i bei Delegation, gegeben Unternehmen j bleibt eigentümergeführt, ist innerhalb der Parametergrenzen für A und r bei niedrigem Wettbewerb stets geringer als bei beidseitiger Delegation, die Gewinndifferenz $G^{GUGU*} - G_i^{GUN*}$ ist stets positiv. Der Gewinn für Unternehmenseigentümer j im Falle der Nichtdelegation, gegeben Unternehmen i delegiert, ist ebenfalls geringer als der Gewinn in Teilspiel DD, d.h. $G^{GUGU*} > G_j^{GUN*}$.

Die Absatzpreisdifferenz $p^{GUGU*} - p_i^{GUN*}$ ist innerhalb der gewählten Parametergrenzen bei $f = 1/4$ stets positiv, d.h. der Absatzpreis, den Manager i in Teilspiel DN wählt, ist geringer als der optimale Absatzpreis in Teilspiel DD bei beidseitiger Delegation.

Auch im eigentümergeführten Unternehmen j ist der Absatzpreis in Teilspiel DN geringer als in Teilspiel DD bei beidseitiger Delegation.

Die Differenz $q^{GUGU*} - q_i^{GUN*}$ ist innerhalb der Parametergrenzen für A und r bei niedrigem Wettbewerb stets positiv, d.h. die optimale Absatzmenge von Unternehmen i in Teilspiel DN ist stets kleiner als die optimale Absatzmenge in Teilspiel DD. Für das eigentümergeführte Unternehmen j zeigt sich aus diesem Teilspielvergleich, dass die optimale Absatzmenge in Teilspiel DN höher ist als die optimale Absatzmenge bei beidseitiger Delegation.

Die Differenz $x^{GUGU*} - x_i^{GUN*}$ ist innerhalb der gewählten Parametergrenzen für A und r bei niedrigem Wettbewerb stets positiv; es kommt also in Unternehmen i in Teilspiel DN zu einer geringeren Investition in prozesskostensenkende Maßnahmen im Vergleich zu Teilspiel DD. Im eigentümergeführten Unternehmen j ist das optimale F&E-Investitionsniveau in Teilspiel DN hingegen höher als das von Manager j in Teilspiel DD gewählte.

Die Differenz $c^{GUGU*} - c_i^{GUN*}$ ist innerhalb der Parametergrenzen bei niedrigem Wettbewerb stets negativ, d.h. die effektiven Grenzkosten $c_i^{GUN*} = (A - x_i^{GUN*})$ für Unternehmen i in Teilspiel DN sind höher als jene in Teilspiel DD. Für Unternehmen j sind die effektiven Grenzkosten $c_j^{GUN*} = (A - x_j^{GUN*})$ in Teilspiel DN geringer als in Teilspiel DD bei beidseitiger Delegation.

6.4.4.1.5 Vergleich Teilspiel DD und ND

Dieser Teilspielvergleich entspricht dem in Abschnitt 6.4.4.1.4 durchgeführten Vergleich zwischen DD und DN. Allerdings müssen nun die Indizes vertauscht werden, d.h. $G_i^{GUN*} = G_j^{NGU*}$ usw. Alle Ergebnisinterpretationen für Unternehmen i im Teilspielvergleich DD und DN sind nun auf Unternehmen j im Teilspielvergleich DD und ND anzuwenden und umgekehrt.

6.4.4.1.6 Lösung des Gesamtspiels in Stufe 1, niedriger Wettbewerb

Tabelle 3 fasst die Ergebnisse aus den Teilspielvergleichen für niedrigen Wettbewerb nochmals übersichtlich zusammen.

$f = 1/4$, $A \in [\frac{1}{2}, \frac{9}{10}]$, $r \in [\frac{7}{2}, 4]$, $p_i, p_j, q_i, q_j, x_i, x_j, c_i, c_j > 0$ in allen Teilspielen	
$G^{NN*} < G_i^{GUN*}$, Eigentümer i delegiert $G^{NN*} < G_j^{GUN*}$	$G^{NN*} < G_i^{NGU*}$ $G^{NN*} < G_j^{NGU*}$, Eigentümer j delegiert
$G^{GUGU*} > G_i^{NGU*}$, Eigentümer i delegiert $G^{GUGU*} > G_j^{NGU*}$	$G^{GUGU*} > G_i^{GUN*}$ $G^{GUGU*} > G_j^{GUN*}$ Eigentümer j delegiert
$G^{GUGU*} > G^{NN*}$, beidseitige Delegation führt zu einer Verbesserung	

Tabelle 3: Zsfg. der Ergebnisse „Gewinn-Umsatz", niedriger Wettbewerb

Ausgehend von den dargestellten Vergleichen der einzelnen Teilspiele lassen sich nun die optimalen Strategien in Stufe 1 für die Unternehmenseigentümer i und j ableiten.[505] Angenommen Unternehmen j bleibt eigentümergeführt. Dann könnte der Unternehmenseigentümer i, wenn er sich ebenfalls gegen die Delegation entscheidet und Unternehmen i daher eigentümergeführt bleibt, den Gewinn G^{NN*} erzielen. Würde Eigentümer i jedoch die beiden Entscheidungen an einen Manager delegieren, so würde er den Gewinn G_i^{GUN*} erzielen. Aus dem Vergleich dieser beiden Gewinnfunktionen für niedrigen Wettbewerb zeigt sich, dass $G_i^{GUN*} > G^{NN*}$, daher wird sich Eigentümer i bei gegebener Entscheidung von Unternehmenseigentümer j für Delegation entscheiden.

Angenommen der Unternehmenseigentümer j delegiert beide Entscheidungen an einen Manager. Dann könnte Eigentümer i bei gleichzeitiger Delegation der Entscheidungen an einen Manager den Gewinn G^{GUGU*} erzielen. Wenn sich Eigentümer i jedoch gegen die Delegation entscheidet und Unternehmen i daher eigentümergeführt bleibt, erzielt er den Gewinn G_i^{NGU*}. Ein Vergleich dieser Gewinnfunktionen zeigt, dass innerhalb der gewählten Parametergrenzen für A und r bei niedrigem Wettbewerb $G^{GUGU*} > G_i^{NGU*}$. Eigentümer i wird sich daher, bei gegebener Entscheidung von Unternehmenseigentümer j für Delegation entscheiden. Diese Überlegungen gelten aufgrund der Symmetrie des Gesamtspiels analog auch für Unternehmenseigentümer j.

Unabhängig von der Konkurrenzentscheidung ist es für beide Unternehmenseigentümer optimal, die F&E-Investitions- und die Absatzpreisentscheidung an einen Manager zu delegieren. Daher stellt die Delegation innerhalb der gewählten Parametergren-

505 Vgl. für eine ähnliche Herleitung der Gesamtspiellösung *Göx* (1999), S. 57.

zen für A und r bei niedrigem Wettbewerb ein Gleichgewicht in dominanten Strategien dar.

Nachfolgend wird nun für mittleren und hohen Wettbewerb, ausgedrückt durch den Elastizitätsparameter f in den Ausprägungen 1/2 bzw. 3/4, ebenfalls die teilspielperfekte Lösung des Gesamtspiels ermittelt. Da die Vorgehensweise analog zu jener in Abschnitt 6.4.4.1 ist, wird auf eine ausführliche grafische Darstellung verzichtet. Die Ergebnisse aus dem Vergleich der einzelnen Teilspiele werden nur verbal beschrieben.

6.4.4.2 Mittlerer Wettbewerb, $f = 1/2$

Die Ermittlung der Teilspielgewinndifferenzen erfolgt wiederum unter Rückgriff auf grafische Darstellungen der Gewinne, Absatzpreise, Absatzmengen, F&E-Investitionsniveaus sowie der effektiven Grenzkosten in Abhängigkeit von A und r. Dabei wird der Prohibitivpreis erneut mit $a=1$ normiert. Die Basisproduktionskosten A werden unverändert in den Grenzen $A \in [\frac{1}{2}, \frac{9}{10}]$, der F&E-Kostenparameter in den Grenzen $r \in [\frac{7}{2}, 4]$ untersucht.

6.4.4.2.1 Vergleich Teilspiel NN und DD

Die Gewinndifferenz $G^{NN*} - G^{GUGU*}$ ist negativ, d.h. $G^{GUGU*} > G^{NN*}$. Die Absatzpreise, Absatzmengen, F&E-Investitionsniveaus sowie die effektiven Grenzkosten sind sowohl in Teilspiel NN als auch in Teilspiel DD bei mittlerem Wettbewerb innerhalb der gewählten Parametergrenzen für A und r positiv. Der Beteiligungsparameter α^{GUGU*} wird von beiden Eigentümern in Teilspiel DD innerhalb der Parametergrenzen auch bei mittlerem Wettbewerb stets größer Eins festgelegt. Die Absatzpreisdifferenz ist negativ, d.h. in Teilspiel DD wird ein höherer Preis gewählt als in Teilspiel NN. Die Absatzmengendifferenz ist positiv, d.h. in Teilspiel DD resultiert eine geringere optimale Absatzmenge als in Teilspiel NN. Aus dem Vergleich der optimalen F&E-Investitionsniveaus zeigt sich, dass $x^{NN*} > x^{GUGU*}$. Die Differenz der effektiven Grenzkosten ist innerhalb der gewählten Parametergrenzen stets negativ, d.h. in Teilspiel DD resultieren höhere effektive Grenzkosten als in Teilspiel NN.

6.4.4.2.2 Vergleich Teilspiel NN und DN

Eine Analyse der Gewinndifferenzen zeigt, dass $G^{NN*} < G_i^{GUN*}$, d.h. der Gewinn von Unternehmenseigentümer i in Teilspiel DN ist höher als der Gewinn in Teilspiel NN, wo beide Unternehmen eigentümergeführt bleiben. Auch für Unternehmenseigentümer j ist der Gewinn in Teilspiel DN höher als in Teilspiel NN. Ein relativer Vergleich der beiden Gewinnfunktionen in Teilspiel DN zeigt, dass $G_i^{GUN*} < G_j^{GUN*}$. Es gilt für $f = 1/2$ innerhalb der Parametergrenzen für A und r $p_i^{GUN*}, p_j^{GUN*}, q_i^{GUN*}, q_j^{GUN*}, x_i^{GUN*}, x_j^{GUN*}, c_i^{GUN*}, c_j^{GUN*} > 0$. Der Beteiligungsparameter α_i^{GUN*} wird von Eigentümer i auch für mittleren Wettbewerb stets größer Eins festgelegt. Die Absatzpreisdifferenz ist in diesem Teilspielvergleich für beide Unternehmen negativ, d.h. die optimalen Absatzpreise in Teilspiel DN sind höher als der optimale Absatzpreis in Teilspiel NN. Aus dem relativen Vergleich zeigt sich, dass $p_i^{GUN*} > p_j^{GUN*}$. Die Absatzmengendifferenz in Unternehmen i ist positiv, d.h. $q^{NN*} > q_i^{GUN*}$. In Unternehmen j ist die Absatzmengendifferenz hingegen negativ, d.h. die optimale Absatzmenge in Teilspiel DN ist höher als jene in Teilspiel NN. Die Differenz der optimalen F&E-Investitionsniveaus ist innerhalb der gewählten Parametergrenzen bei mittlerem Wettbewerb für Unternehmen i stets positiv, d.h. das von Manager i gewählte optimale F&E-Investitionsniveau in Teilspiel DN ist geringer als das optimale F&E-Investitionsniveau in Teilspiel NN. Für Unternehmen j zeigt der Teilspielvergleich $x^{NN*} < x_j^{GUN*}$, d.h. in Unternehmen j wird in Teilspiel DN mehr in F&E investiert als in Teilspiel NN. Die effektiven Grenzkosten in Unternehmen i in Teilspiel DN sind höher als jene in Teilspiel NN, d.h. $c^{NN*} - c_i^{GUN*} < 0$. Im eigentümergeführten Unternehmen j sind die effektiven Grenzkosten in Teilspiel DN geringer als in Teilspiel NN.

6.4.4.2.3 Vergleich Teilspiel NN und ND

Dieser Teilspielvergleich entspricht dem in Abschnitt 6.4.4.2.2 durchgeführten Vergleich, wobei jedoch die Indizes der beiden Unternehmen getauscht werden müssen, d.h. $G_i^{GUN*} = G_j^{NGU*}$ usw.

6.4.4.2.4 Vergleich Teilspiel DD und DN

Die Gewinndifferenzen $G^{GUGU*} - G_i^{GUN*}$ sowie $G^{GUGU*} - G_j^{GUN*}$ sind bei mittlerem Wettbewerb innerhalb der Parametergrenzen für A und r stets positiv. Die Absatzpreisdifferenzen sind für beide Unternehmen stets positiv, d.h. der optimale Absatzpreis in Teilspiel DD ist jeweils höher als die von Manager i bzw. Eigentümer j in Teilspiel DN gewählten optimalen Absatzpreise. Die Absatzmengendifferenz in Unternehmen i ist ebenfalls positiv, d.h. $q^{GUGU*} > q_i^{GUN*}$. Im eigentümergeführten Unternehmen j ist die Absatzmengendifferenz negativ, d.h. die optimale Absatzmenge q_j^{GUN*} in Teilspiel DN ist höher als jene in Teilspiel DD. Ein Vergleich der optimalen F&E-Investitionsniveaus zeigt, dass $x^{GUGU*} > x_i^{GUN*}$ bzw. $x^{GUGU*} < x_j^{GUN*}$. Für die effektiven Grenzkosten ergibt sich in diesem Teilspielvergleich bei mittlerem Wettbewerb, dass in Unternehmen i in Teilspiel DN stets höhere effektive Grenzkosten resultieren, in Unternehmen j jedoch geringere im Vergleich zu Teilspiel DD.

6.4.4.2.5 Vergleich Teilspiel DD und ND

Dieser Teilspielvergleich entspricht dem in Abschnitt 6.4.4.2.4 durchgeführten Vergleich, wobei jedoch die Indizes der beiden Unternehmen getauscht werden müssen, d.h. $G_i^{GUN*} = G_j^{NGU*}$ usw.

6.4.4.2.6 Lösung des Gesamtspiels in Stufe 1, mittlerer Wettbewerb

Tabelle 4 fasst die Ergebnisse aus den Teilspielvergleichen für mittleren Wettbewerb nochmals übersichtlich zusammen.

$f = 1/2$, $A \in [\frac{1}{2}, \frac{9}{10}]$, $r \in [\frac{7}{2}, 4]$, $p_i, p_j, q_i, q_j, x_i, x_j, c_i, c_j > 0$ in allen Teilspielen	
$G^{NN*} < G_i^{GUN*}$, Eigentümer i delegiert $G^{NN*} < G_j^{GUN*}$	$G^{NN*} < G_i^{NGU*}$ $G^{NN*} < G_j^{NGU*}$, Eigentümer j delegiert
$G^{GUGU*} > G_i^{NGU*}$, Eigentümer i delegiert $G^{GUGU*} > G_j^{NGU*}$	$G^{GUGU*} > G_i^{GUN*}$ $G^{GUGU*} > G_j^{GUN*}$ Eigentümer j delegiert
$G^{GUGU*} > G^{NN*}$, beidseitige Delegation führt zu einer Verbesserung	

Tabelle 4: Zsfg. der Ergebnisse „Gewinn-Umsatz", mittlerer Wettbewerb

Die Lösung des Gesamtspiels lässt sich analog zur Vorgehensweise in Abschnitt 6.4.4.1.6 herleiten. Für Unternehmenseigentümer i, gegeben Eigentümer j delegiert nicht, ergibt sich aus dem Vergleich der Gewinnfunktionen auch für mittleren Wettbewerb $G_i^{GUN*} > G^{NN*}$, d.h. Delegation der beiden Entscheidungen an einen Manager ist die optimale Strategie aus der Sicht von Unternehmen i. Wird angenommen, dass Eigentümer j delegiert, so müssen für Unternehmenseigentümer i die Gewinnfunktionen G^{GUGU*} und G_i^{NGU*} verglichen werden. Es zeigt sich, dass innerhalb der gewählten Parameterwerte für A und r bei mittlerem Wettbewerb $G^{GUGU*} > G_i^{NGU*}$ und daher auch in diesem Fall in Unternehmen i Delegation die dominante Strategie ist. Aufgrund der Symmetrie gelten diese Überlegungen auch für Unternehmenseigentümer j.

Für den Fall mittleren Wettbewerbs, d.h. $f = 1/2$, erhält man das gleiche Ergebnis wie bei niedrigem Wettbewerb: Unabhängig von der jeweiligen Konkurrenzentscheidung stellt Delegation ein Gleichgewicht in dominanten Strategien dar.

6.4.4.3 Hoher Wettbewerb, $f = 3/4$

Die Ermittlung der Teilspielgewinndifferenzen erfolgt auch für die Situation mit hohem Wettbewerb unter Rückgriff auf grafische Darstellungen der Gewinne, Absatzpreise, Absatzmengen, F&E-Investitionsniveaus sowie der effektiven Grenzkosten in

Abhängigkeit von den Basisproduktionskosten A und dem F&E-Kostenparameter r. Für den Prohibitivpreis gilt unverändert $a=1$. Die Basisproduktionskosten A werden in den Grenzen $A \in [\frac{1}{2}, \frac{9}{10}]$, der F&E-Kostenparameter in den Grenzen $r \in [\frac{7}{2}, 4]$ untersucht.

6.4.4.3.1 Vergleich Teilspiel NN und DD

Die Gewinndifferenz ist bei hohem Wettbewerb innerhalb der gewählten Grenzen für A und r stets negativ, d.h. $G^{NN*} < G^{GUGU*}$. Die resultierenden Absatzpreise, Absatzmengen, F&E-Investitionsniveaus sowie die effektiven Grenzkosten sind innerhalb der Parametergrenzen für A und r in Teilspiel NN und DD stets positiv. Der Beteiligungsparameter α^{GUGU*} wird auch bei hohem Wettbewerb innerhalb der Parametergrenzen für A und r stets größer Eins gesetzt. Die Absatzpreisdifferenz ist negativ, d.h. in Teilspiel DD wird ein höherer optimaler Absatzpreis gewählt als in Teilspiel NN. Die Absatzmengendifferenz ist positiv, d.h. $q^{NN*} > q^{GUGU*}$. Aus dem Vergleich der F&E-Investitionsniveaus zeigt sich, dass in Teilspiel DD ein geringeres optimales F&E-Investitionsniveau gewählt wird als in Teilspiel NN. Die Differenz der effektiven Grenzkosten ist negativ, d.h. $c^{NN*} < c^{GUGU*}$.

6.4.4.3.2 Vergleich Teilspiel NN und DN

Die Gewinndifferenzen in diesem Teilspielvergleich sind auch bei hohem Wettbewerb negativ, d.h. $G^{NN*} < G_i^{GUN*}$ bzw. $G^{NN*} < G_j^{GUN*}$. Der relative Vergleich zeigt für Teilspiel DN, dass $G_i^{GUN*} < G_j^{GUN*}$. Es gilt weiters $p_i^{GUN*}, p_j^{GUN*}, q_i^{GUN*}, q_j^{GUN*}, x_i^{GUN*}$, $x_j^{GUN*}, c_i^{GUN*}, c_j^{GUN*} > 0$. Der Beteiligungsparameter α_i^{GUN*} wird von Unternehmenseigentümer i auch bei $f = 3/4$ stets größer Eins festgelegt. Die Absatzpreisdifferenzen sind innerhalb der Parametergrenzen für A und r bei beiden Unternehmen negativ; es gilt weiters $p_i^{GUN*} > p_j^{GUN*}$. Die Absatzmengendifferenz für Unternehmen i ist positiv, d.h. für Unternehmen i resultiert in Teilspiel DN eine geringere optimale Absatzmenge als in Teilspiel NN. Für Unternehmen j ist die Absatzmengendifferenz hingegen negativ, d.h. $q^{NN*} < q_j^{GUN*}$. Ein Vergleich der optimalen F&E-Investitionsniveaus zeigt, dass $x^{NN*} > x_i^{GUN*}$ bzw. $x^{NN*} < x_j^{GUN*}$, woraus $x_i^{GUN*} < x_j^{GUN*}$ folgt. Die Differenz der effektiven Grenzkosten ist innerhalb der Parametergrenzen für A und r bei hohem Wettbewerb für Unternehmen i stets negativ, d.h. $c^{NN*} < c_i^{GUN*}$. Für Unternehmen j sind die effektiven Grenzkosten hingegen in Teilspiel DN geringer als in Teilspiel NN.

6.4.4.3.3 Vergleich Teilspiel NN und ND

Dieser Teilspielvergleich entspricht dem in Abschnitt 6.4.4.3.2 durchgeführten Vergleich, wobei jedoch die Indizes der beiden Unternehmen getauscht werden müssen, d.h. $G_i^{GUN*} = G_j^{NGU*}$ usw.

6.4.4.3.4 Vergleich Teilspiel DD und DN

Die Gewinndifferenzen in diesem Teilspielvergleich sind stets positiv, d.h. $G^{GUGU*} > G_i^{GUN*}$ bzw. $G^{GUGU*} > G_j^{GUN*}$. Die Absatzpreisdifferenzen sind bei hohem Wettbewerb innerhalb der Parametergrenzen stets positiv, d.h. $p^{GUGU*} > p_i^{GUN*}$ sowie $p^{GUGU*} > p_j^{GUN*}$. Die Absatzmengendifferenz für Unternehmen i ist positiv, d.h. $q^{GUGU*} > q_i^{GUN*}$. Für Unternehmen j ist die Absatzmengendifferenz aus diesem Teilspielvergleich negativ, d.h. $q^{GUGU*} < q_j^{GUN*}$. Die Differenz der optimalen F&E-Investitionsniveaus ist innerhalb der Grenzen für A und r für Unternehmen i ebenfalls positiv, d.h. $x^{GUGU*} > x_i^{GUN*}$. Für Unternehmen j zeigt sich, dass $x^{GUGU*} < x_j^{GUN*}$. Aus dem Vergleich der effektiven Grenzkosten zeigt sich, dass $c^{GUGU*} < c_i^{GUN*}$ bzw. $c^{GUGU*} > c_j^{GUN*}$.

6.4.4.3.5 Vergleich Teilspiel DD und ND

Dieser Teilspielvergleich entspricht dem in Abschnitt 6.4.4.3.4 durchgeführten Vergleich, wobei jedoch die Indizes der beiden Unternehmen getauscht werden müssen, d.h. $G_i^{GUN*} = G_j^{NGU*}$ usw.

6.4.4.3.6 Lösung des Gesamtspiels in Stufe 1, hoher Wettbewerb

Tabelle 5 fasst die Ergebnisse aus den Teilspielvergleichen für hohen Wettbewerb nochmals übersichtlich zusammen.

$f = 3/4$, $A \in [\frac{1}{2}, \frac{9}{10}]$, $r \in [\frac{7}{2}, 4]$, $p_i, p_j, q_i, q_j, x_i, x_j, c_i, c_j > 0$ in allen Teilspielen	
$G^{NN*} < G_i^{GUN*}$, Eigentümer i delegiert $G^{NN*} < G_j^{GUN*}$	$G^{NN*} < G_i^{NGU*}$ $G^{NN*} < G_j^{NGU*}$, Eigentümer j delegiert
$G^{GUGU*} > G_i^{NGU*}$, Eigentümer i delegiert $G^{GUGU*} > G_j^{NGU*}$	$G^{GUGU*} > G_i^{GUN*}$ $G^{GUGU*} > G_j^{GUN*}$ Eigentümer j delegiert
$G^{GUGU*} > G^{NN*}$, beidseitige Delegation führt zu einer Verbesserung	

Tabelle 5: Zsfg. der Ergebnisse „Gewinn-Umsatz", hoher Wettbewerb

Die Lösung des Gesamtspiels lässt sich analog zur Vorgehensweise in Abschnitt 6.4.4.1.6 bzw. 6.4.4.2.6 herleiten. Für den Fall hohen Wettbewerbs, d.h. $f = 3/4$, erhält man das gleiche Ergebnis wie bei niedrigem und mittlerem Wettbewerb: Unabhängig von der jeweiligen Konkurrenzentscheidung stellt Delegation auch hier ein Gleichgewicht in dominanten Strategien dar, da gilt $G_i^{GUN*} > G^{NN*}$ und $G^{GUGU*} > G_i^{NGU*}$.

6.4.5 Zusammenfassung Performancemaß „Gewinn und Umsatz"

Insgesamt kann als Ergebnis in Stufe 1 die beidseitige Delegation der F&E-Investitions- und Absatzpreisentscheidung an einen Manager, dessen Entlohnungsvertrag ein aggregiertes Performancemaß mit Gewinn- und Umsatzkomponente enthält, als teilspielperfektes Gleichgewicht in dominanten Strategien unabhängig von der Ausprägung des Elastizitätsparameters f festgestellt werden.

Die beidseitige Delegation stellt für beide Unternehmenseigentümer innerhalb der jeweils gewählten Parametergrenzen für die Basisproduktionskosten A und den F&E-Kostenparameter r eine Verbesserung gegenüber jener Situation, in der beide Unternehmen eigentümergeführt bleiben, dar.

Im direkten Vergleich der beiden symmetrischen Teilspiele zeigt sich, dass die Manager im Falle der beidseitigen Delegation einen höheren optimalen Absatzpreis und ein geringeres F&E-Investitionsniveau wählen als die Unternehmenseigentümer im Fall der beidseitigen Nichtdelegation. Es kommt also durch Delegation zu einer geringeren Investition in prozesskostensenkende Maßnahmen. Durch die Wahl eines höheren Absatzpreises tritt das delegierende Unternehmen am Absatzmarkt als weniger aggressiv auf. Beides ergibt sich aus der strategischen Festlegung des Beteiligungsparameters α^*, dem Gewichtungsfaktor im aggregierten Performancemaß U_i bzw. U_j. Für alle drei Wettbewerbsausprägungen wurde gezeigt, dass innerhalb der gewählten Parametergrenzen für A und r der Beteiligungsparameter α^* stets größer Eins gewählt wird, was zu einer Erhöhung der Grenzkosten und der F&E-Investitionskosten im Entscheidungskalkül des Managers führt.[506]

Nachfolgend wird nun eine alternative Beurteilungsgröße für den performancebasierten Teil des Entlohnungsvertrags präsentiert, bei der das Performancemaß Umsatz durch die Absatzmenge ersetzt wird.

6.5 Gewinn und Absatzmenge

Alternativ zum bereits dargestellten aggregierten Performancemaß aus Gewinn und Umsatz wurde von *Vickers* (1985) ein aggregiertes Performancemaß mit Gewinn- und Absatzmengenkomponente vorgeschlagen. In der Prozessdarstellung von *Brown/Svenson* (1988) entspricht der Gewinn wiederum dem Ergebnis 2, also dem mittelbaren Ergebnis aus den F&E-Aktivitäten. Die Absatzmenge muss ebenfalls dem mittelbaren Ergebnis 2 zugerechnet werden, da diese als Messgröße für den Marktanteil, welcher sich aufgrund der Prozessinnovation und deren Auswirkungen auf die Wettbewerbsposition des Unternehmens ergibt, dienen kann.

[506] Zu dem gleichen Ergebnis, nämlich einer beidseitigen Delegation mit Festlegung des Beteiligungsparameters $\alpha > 1$ als teilspielperfekte Gleichgewichtslösung in einem zweistufigen Duopolspiel mit Preiswettbewerb, gelangen auch *Sklivas* (1987), S. 456, bzw. *Fershtman/Judd* (1987), S. 938.

Nachfolgend werden, der Vorgehensweise in Abschnitt 6.4 folgend, die Ergebnisse der Teilspiele DD, DN und ND für ein aggregiertes Performancemaß mit Gewinn- und Absatzmengenkomponente ermittelt. Die Ergebnisse des Teilspiels NN ohne Delegation wurden bereits in Abschnitt 6.3 präsentiert und gelten unverändert.

6.5.1 Teilspiel DD

Der lineare Entlohnungsvertrag des Managers in Unternehmen i bzw. j enthält nun ein aggregiertes Performancemaß, welches sich aus einer Gewinn- und einer Absatzmengenkomponente folgendermaßen zusammensetzt:

$$U_i = G_i + \alpha_i \cdot q_i \tag{6.24.1}$$

$$U_j = G_j + \alpha_j \cdot q_j \tag{6.24.2}$$

Dabei kann vom Unternehmenseigentümer, je nach Ausprägung des Beteiligungsparameters α_i (α_j) ein positives oder negatives Gewicht auf die Absatzmenge im Entscheidungskalkül des Managers gelegt werden. Umgeformt lässt sich dieses aggregierte Performancemaß wie folgt darstellen:

$$U_i = (p_i - (A - x_i - \alpha_i)) \cdot q_i - \frac{1}{2} \cdot r \cdot x_i^2 \tag{6.24.1'}$$

$$U_j = (p_j - (A - x_j - \alpha_j)) \cdot q_j - \frac{1}{2} \cdot r \cdot x_j^2 \tag{6.24.2'}$$

Der jeweilige Manager maximiert eine modifizierte Gewinngröße, die sich bei dem hier untersuchten Performancemaß durch eine additive Verknüpfung des Parameters α_i (α_j) mit den Kosten ($A - x_i$) bzw. ($A - x_j$) vom Gewinn des Unternehmenseigentümers unterscheidet.[507]

Durch die strategische Auswahl von α_i (α_j) kann der Unternehmenseigentümer gezielt das Entscheidungsverhalten des Managers beeinflussen. Ein $\alpha_i = 0$ ($\alpha_j = 0$) entspricht in dieser Vertragskonstellation dem Entscheidungskalkül des Eigentümers mit reiner Gewinnmaximierung (d.h. $U_i = G_i$ bzw. $U_j = G_j$). Ein $\alpha_i > 0$ ($\alpha_j > 0$) führt zu geringeren Grenzkosten aus Sicht des Managers und legt ein positives Gewicht auf die Absatzmenge. Der Manager wird einen geringeren Absatzpreis wählen, wodurch die Absatzmenge positiv beeinflusst wird. Ein $\alpha_i < 0$ ($\alpha_j < 0$) führt andererseits zu einer Verzerrung der Kosten nach oben, also zu einer Erhöhung der entscheidungsrelevanten Grenzkosten im Kalkül des Managers. Der Manager wird einen höheren Absatzpreis wählen, wodurch die Absatzmenge negativ beeinflusst wird.

---

[507] Beim aggregierten Performancemaß aus Gewinn und Umsatz ist der Beteiligungsparameter α_i (α_j) jeweils multiplikativ mit den Grenz- und F&E-Investitionskosten verknüpft.

Die Handlungssequenz, wie in Abbildung 10 dargestellt, umfasst ein vierstufiges Spiel. Zur Ermittlung der Ergebnisse in Teilspiel DD wird wiederum in Stufe 4 begonnen.

6.5.1.1 Stufe 4 - Absatzpreisentscheidung

In Stufe 4 wählen die beiden Manager den optimalen Abatzpreis, um ihr aggregiertes Performancemaß U_i bzw. U_j zu maximieren. Nach Ableitung von U_i nach p_i bzw. U_j nach p_j erhält man folgende Reaktionsfunktionen der beiden Manager in Abhängigkeit von den Beteiligungsparametern, den F&E-Investitionsniveaus und in Abhängigkeit vom jeweiligen Konkurrenzpreis.

$$RF_i = p_i(\alpha_i,\alpha_j,x_i,x_j,p_j) = \frac{1}{2}\cdot(a\cdot(1-f)+(A-x_i-\alpha_i)+f\cdot p_j) \tag{6.25.1}$$

$$RF_j = p_j(\alpha_i,\alpha_j,x_i,x_j,p_i) = \frac{1}{2}\cdot(a\cdot(1-f)+(A-x_j-\alpha_j)+f\cdot p_i) \tag{6.25.2}$$

Im Unterschied zum F&E-Grundmodell ohne Delegation sieht man hier die kosten- und damit auch absatzpreisbeeinflussende Wirkung des Beteiligungsparameters α_i (α_j). Eine Erhöhung von α_i (α_j) würde aus Sicht des Managers die entscheidungsrelevanten Grenzkosten senken und damit zu einer Absatzpreissenkung führen. Der Manager würde am Markt daher aggressiver agieren. Eine Senkung von α_i (α_j) würde zu einer Erhöhung der Grenzkosten und damit zu einer Absatzpreiserhöhung führen. In diesem Fall würde der Manager am Markt weniger aggressiv auftreten. Auch mit dieser Vertragsform wird es dem jeweiligen Unternehmenseigentümer durch Delegation und strategische Auswahl des Beteiligungsparameters α_i (α_j) ermöglicht, sein Unternehmen am Duopol-Markt glaubwürdig als aggressiver bzw. weniger aggressiv darzustellen.

Aus den beiden Reaktionsfunktionen lassen sich die optimalen Absatzpreise in Abhängigkeit von x_i, x_j, α_i und α_j ermitteln.

$$p_i(\alpha_i,\alpha_j,x_i,x_j) = \frac{a\cdot(1-f)\cdot(2+f)+2\cdot(A-x_i-\alpha_i)+f\cdot(A-x_j-\alpha_j)}{4-f^2} \tag{6.26.1}$$

$$p_j(\alpha_i,\alpha_j,x_i,x_j) = \frac{a\cdot(1-f)\cdot(2+f)+2\cdot(A-x_j-\alpha_j)+f\cdot(A-x_i-\alpha_i)}{4-f^2} \tag{6.26.2}$$

Auch hier zeigt sich im Vergleich zum F&E-Grundmodell die Beeinflussungsmöglichkeit durch die Beteiligungsparameter α_i bzw. α_j.

Die SOC für ein Maximum in Stufe 4 sind stets erfüllt, da $\partial^2 U_i/\partial p_i^2 = \partial^2 U_j/\partial p_j^2 = -2 < 0$ weiterhin gilt.

6.5.1.2 Stufe 3 - F&E-Investitionsentscheidung

In Stufe 3 wählen die Manager das jeweilige F&E-Investitionsniveau, um ihr aggregiertes Performancemaß U_i bzw. U_j zu maximieren. Jeder Manager ermittelt, nach Einsetzen der optimalen Absatzpreise, durch Ableitung von U_i nach x_i bzw. U_j nach x_j eine Reaktionsfunktion in Abhängigkeit von den Beteiligungsparametern und vom jeweiligen Konkurrenzinvestitionsniveau. Die bereits im F&E-Grundmodell ohne Delegation festgelegten Ober- und Untergrenzen für die F&E-Investitionsniveaus gelten weiterhin, d.h. $0 \leq x_i \leq A$ für Unternehmen i und $0 \leq x_j \leq A$ für Unternehmen j.

$$x_i(\alpha_i,\alpha_j,x_j) = \max[0, \frac{2\cdot(f^2-2)\cdot(a\cdot(1-f)\cdot(2+f)+(f^2-2)\cdot(A-\alpha_i)+f\cdot(A-\alpha_j))}{2\cdot(2-f^2)^2-r\cdot(4-f^2)^2} - \frac{2\cdot f\cdot(f^2-2)}{2\cdot(2-f^2)^2-r\cdot(4-f^2)^2}\cdot x_j] \tag{6.27.1}$$

$$x_j(\alpha_i,\alpha_j,x_i) = \max[0, \frac{2\cdot(f^2-2)\cdot(a\cdot(1-f)\cdot(2+f)+(f^2-2)\cdot(A-\alpha_j)+f\cdot(A-\alpha_i))}{2\cdot(2-f^2)^2-r\cdot(4-f^2)^2} - \frac{2\cdot f\cdot(f^2-2)}{2\cdot(2-f^2)^2-r\cdot(4-f^2)^2}\cdot x_i] \tag{6.27.2}$$

Aus den beiden Reaktionsfunktionen können die optimalen F&E-Investitionsniveaus $x_i(\alpha_i,\alpha_j)$ und $x_j(\alpha_i,\alpha_j)$ in Abhängigkeit von den Beteiligungsparametern bestimmt werden.

$$x_i(\alpha_i,\alpha_j) = \frac{2\cdot(f^2-2)\cdot\left((a-A)\cdot\left((f-2)\cdot(f-1)\cdot(f+2)^2\cdot r-2\cdot(f^4-3\cdot f^2+2)\right)+(f^2-2)\cdot\left((r-2)\cdot f^2-4\cdot r+2\right)\cdot\alpha_i+f\cdot(f^2-4)\cdot r\cdot\alpha_j\right)}{r^2\cdot(f^2-4)^3-4\cdot(f^2-2)^2\cdot r\cdot(f^2-4)+4\cdot(f^2-2)^2\cdot(f^2-1)} \tag{6.28.1}$$

$$x_j(\alpha_i,\alpha_j) = \frac{2\cdot(f^2-2)\cdot\left((a-A)\cdot\left((f-2)\cdot(f-1)\cdot(f+2)^2\cdot r-2\cdot(f^4-3\cdot f^2+2)\right)+(f^2-2)\cdot\left((r-2)\cdot f^2-4\cdot r+2\right)\cdot\alpha_j+f\cdot(f^2-4)\cdot r\cdot\alpha_i\right)}{r^2\cdot(f^2-4)^3-4\cdot(f^2-2)^2\cdot r\cdot(f^2-4)+4\cdot(f^2-2)^2\cdot(f^2-1)} \tag{6.28.2}$$

Auch in Stufe 3 müssen die Bedingungen zweiter Ordnung für das Vorliegen eines Maximums geprüft werden. Aus $\partial^2 U_i / \partial x_i^2 = \partial^2 U_j / \partial x_j^2 = -r + \frac{2\cdot(2-f^2)^2}{(4-f^2)^2} < 0$ lässt sich folgende Untergrenze für den F&E-Kostenparameter ableiten: $r > \frac{2\cdot(2-f^2)^2}{(4-f^2)^2}$. Dies entspricht der Untergrenze im F&E-Grundmodell in Stufe 3. Im Unterschied zum Performancemaß mit Gewinn- und Umsatzkomponente müssen hier keine Einschränkungen hinsichtlich der Beteiligungsparameter α_i und α_j vorgenommen werden. Sie können sowohl positive als auch negative Werte annehmen.

6.5.1.3 Stufe 2 - Vertragsgestaltung

In Stufe 2 entscheiden nun die Unternehmenseigentümer über die Festlegung des Beteiligungsparameters α_i (α_j). Nach Einsetzen der optimalen F&E-Investitionsniveaus wird die Gewinnfunktion G_i nach α_i bzw. G_j nach α_j abgeleitet um die Reaktionsfunktionen der beiden Eigentümer in Abhängigkeit vom Beteiligungsparameter des jeweiligen Konkurrenzunternehmens zu ermitteln.[508]

Aus den beiden Reaktionsfunktionen lässt sich eine eindeutige, symmetrische Lösung für den optimalen Beteiligungsparameter ermitteln.[509]

$$\alpha^{GMGM*} = -\frac{(a-A)\cdot(f-1)\cdot f^2\cdot\left(r^2\cdot\left(f^2-4\right)^3+4\cdot\left(f^2-2\right)^2\cdot\left(f^2-1\right)-4\cdot\left(f^6-9\cdot f^4+26\cdot f^2-24\right)\cdot r\right)}{(f\cdot(f+2)-4)\cdot r^2\cdot\left(f^2-4\right)^3+16\cdot(f-1)^2\cdot(f+1)\cdot\left(f^2-2\right)^2-2\cdot(f-2)\cdot(f-1)\cdot(f+2)\cdot\left(f^2-2\right)\cdot(f\cdot(f\cdot(f+6)-4)-16)\cdot r} \tag{6.29}$$

Die Bedingung zweiter Ordnung für ein Maximum muss auch in Stufe 2 geprüft werden, d.h. $\partial^2 G_i / \partial\alpha_i^2 < 0$ bzw. $\partial^2 G_j / \partial\alpha_j^2 < 0$. Weiters muss geprüft werden, ob diese Optimallösung ein Maximum in Stufe 3 darstellt. In Stufe 4 ist ein Maximum jedenfalls gewährleistet.

Durch Einsetzen der optimalen Beteiligungsparameter α_i^* und α_j^* erhält man schließlich den symmetrischen Gewinn $G_i^{GMGM*} = G_j^{GMGM*} = G^{GMGM*}$, den optimalen symmetrischen Absatzpreis $p_i^{GMGM*} = p_j^{GMGM*} = p^{GMGM*}$, die optimale symmetrische Absatzmenge $q_i^{GMGM*} = q_j^{GMGM*} = q^{GMGM*}$ sowie das optimale symmetrische F&E-Investitionsniveau $x_i^{GMGM*} = x_j^{GMGM*} = x^{GMGM*}$ in Abhängigkeit von a, A, r und f für das Teilspiel DD mit beidseitiger Delegation und einem aggregierten Performancemaß aus Gewinn und Absatzmenge im Managerentlohnungsvertrag.[510]

$$G^{GMGM*} = \frac{2\cdot(a-A)^2\cdot(f-2)^2\cdot(f-1)^2\cdot(f+2)^2\cdot\left(2-f^2\right)\cdot\left((r-2)\cdot f^2-4\cdot r+2\right)\cdot r\cdot\left(r^2\cdot\left(f^2-4\right)^3+4\cdot\left(f^2-2\right)^2\cdot\left(f^2-1\right)-(f-2)\cdot(f+2)\cdot\left(f^2-2\right)\cdot\left(3\cdot f^2-8\right)\cdot r\right)}{\left((f\cdot(f+2)-4)\cdot r^2\cdot\left(f^2-4\right)^3+16\cdot(f-1)^2\cdot(f+1)\cdot\left(f^2-2\right)^2-2\cdot(f-2)\cdot(f-1)\cdot(f+2)\cdot\left(f^2-2\right)\cdot(f\cdot(f\cdot(f+6)-4)-16)\cdot r\right)^2} \tag{6.30}$$

$$p^{GMGM*} = \frac{A\cdot\left(f^2-2\right)\cdot\left((r-2)\cdot f^2-4\cdot r+2\right)\cdot r\cdot\left(f^2-4\right)^2+2\cdot a\cdot(f-1)\cdot\left(r^2\cdot\left(f^2-4\right)^3+8\cdot\left(f^2-2\right)^2\cdot\left(f^2-1\right)-(f-2)\cdot(f+2)\cdot\left(f^2-2\right)\cdot\left(5\cdot f^2-12\right)\cdot r\right)}{(f\cdot(f+2)-4)\cdot r^2\cdot\left(f^2-4\right)^3+16\cdot(f-1)^2\cdot(f+1)\cdot\left(f^2-2\right)^2-2\cdot(f-2)\cdot(f-1)\cdot(f+2)\cdot\left(f^2-2\right)\cdot(f\cdot(f\cdot(f+6)-4)-16)\cdot r} \tag{6.31}$$

---

508 Auf eine Darstellung dieser Reaktionsfunktionen wird hier verzichtet.

509 Bei diesem Performancemaß ist die vorhergehende Annahme einer symmetrischen Lösung daher nicht notwendig. Die symmetrische Wahl der Beteiligungsparameter ergibt sich aus der Lösung des Modells.

510 Dabei kennzeichnet der Index „GM“ das aggregierte Performancemaß als Kombination aus Gewinn und Absatzmenge im jeweils delegierenden Unternehmen.

$$q^{GMGM*} = \frac{(a-A)\cdot(1-f)\cdot\left(f^2-4\right)^2\cdot\left(f^2-2\right)\cdot\left((r-2)\cdot f^2-4\cdot r+2\right)\cdot r}{(f\cdot(f+2)-4)\cdot r^2\cdot\left(f^2-4\right)^3+16\cdot(f-1)^2\cdot(f+1)\cdot\left(f^2-2\right)^2-2\cdot(f-2)\cdot(f-1)\cdot(f+2)\cdot\left(f^2-2\right)\cdot(f\cdot(f\cdot(f+6)-4)-16)\cdot r} \tag{6.32}$$

$$x^{GMGM*} = \frac{2\cdot(a-A)\cdot(2-f)\cdot(f-1)\cdot(f+2)\cdot\left(f^2-2\right)^2\cdot\left((r-2)\cdot f^2-4\cdot r+2\right)}{(f\cdot(f+2)-4)\cdot r^2\cdot\left(f^2-4\right)^3+16\cdot(f-1)^2\cdot(f+1)\cdot\left(f^2-2\right)^2-2\cdot(f-2)\cdot(f-1)\cdot(f+2)\cdot\left(f^2-2\right)\cdot(f\cdot(f\cdot(f+6)-4)-16)\cdot r} \tag{6.33}$$

Bevor das Gesamtspiel in Stufe 1 gelöst werden kann, werden noch die Ergebnisse der beiden asymmetrischen Teilspiele DN und ND berechnet.

6.5.2 Teilspiel DN

In diesem asymmetrischen Teilspiel delegiert nur Unternehmenseigentümer i die Absatzpreis- und F&E-Investitionsentscheidung an einen Manager, dessen Entlohnungsvertrag ein aggregiertes Performancemaß aus Gewinn und Absatzmenge enthält.

Das aggregierte Performancemaß von Manager i lässt sich, wie bereits in Teilspiel DD beschrieben, in modifizierter Form folgendermaßen darstellen:

$$U_i = (p_i - (A - x_i - \alpha_i)) \cdot q_i - \frac{1}{2} \cdot r \cdot x_i^2 \tag{6.34}$$

Unternehmen j bleibt eigentümergeführt; die beiden Entscheidungen werden mit dem Ziel der Gewinnmaximierung vom Eigentümer selbst getroffen. Der Gewinn von Unternehmenseigentümer j stellt sich folgendermaßen dar:

$$G_j = (p_j - (A - x_j)) \cdot q_j - \frac{1}{2} \cdot r \cdot x_j^2 \tag{6.35}$$

Im direkten Vergleich erkennt man deutlich die kosten- und damit absatzpreisbeeinflussende Wirkung des Beteiligungsparameters α_i, welchen Eigentümer i zur Erhöhung oder Senkung der entscheidungsrelevanten Grenzkosten im Kalkül des Managers nutzen kann.

Dieses asymmetrische Teilspiel entspricht einer Situation mit beidseitiger Delegation, in der jedoch Eigentümer j den Beteiligungsparameter $\alpha_j = 0$ setzt, woraus für Manager j dann $U_j = G_j$ folgt und dieser die Absatzpreis- und F&E-Investitionsentscheidung mit dem Ziel der Gewinnmaximierung trifft.

Auch Teilspiel DN wird durch Rückwärtsinduktion, beginnend in Stufe 4 gelöst.

6.5.2.1 Stufe 4 - Absatzpreisentscheidung

Manager i und Eigentümer j ermitteln durch Ableitung von U_i nach p_i bzw. G_j nach p_j ihre Reaktionsfunktionen in Abhängigkeit vom Beteiligungsparameter α_i, von den beiden F&E-Investitionsniveaus und vom jeweiligen Konkurrenzpreis.

$$RF_i = p_i(\alpha_i, x_i, x_j, p_j) = \frac{1}{2}\cdot(a\cdot(1-f)+(A-x_i-\alpha_i)+f\cdot p_j) \tag{6.36.1}$$

$$RF_j = p_j(\alpha_i, x_i, x_j, p_i) = \frac{1}{2}\cdot(a\cdot(1-f)+(A-x_j)+f\cdot p_i) \tag{6.36.2}$$

Die Reaktionsfunktion von Manager i entspricht seiner Reaktionsfunktion in Teilspiel DD, die Reaktionsfunktion von Unternehmenseigentümer j entspricht seiner Reaktionsfunktion in Teilspiel NN. Aus diesen beiden Funktionen lassen sich folgende Absatzpreise in Abhängigkeit vom Beteiligungsparameter α_i und von den F&E-Investitionsniveaus ermitteln:

$$p_i(\alpha_i, x_i, x_j) = \frac{a\cdot(1-f)\cdot(2+f)+2\cdot(A-x_i-\alpha_i)+f\cdot(A-x_j)}{4-f^2} \tag{6.37.1}$$

$$p_j(\alpha_i, x_i, x_j) = \frac{a\cdot(1-f)\cdot(2+f)+2\cdot(A-x_j)+f\cdot(A-x_i-\alpha_i)}{4-f^2} \tag{6.37.2}$$

Die optimalen Absatzpreise in Abhängigkeit von α_i, x_i und x_j entsprechen den Absatzpreisen aus dem Teilspiel DD, wenn man $\alpha_j = 0$ setzt.

Die Bedingung zweiter Ordnung für ein Maximum ist in Stufe 4 stets erfüllt; es gilt $\partial^2 U_i / \partial p_i^2 = \partial^2 G_j / \partial p_j^2 = -2 < 0$.

6.5.2.2 Stufe 3 - F&E-Investitionsentscheidung

Nach Einsetzen der optimalen Absatzpreise ermittelt Manager i durch Ableitung von U_i nach x_i seine Reaktionsfunktion in Abhängigkeit vom Beteiligungsparameter α_i und vom Konkurrenzinvestitionsniveau x_j. Eigentümer j ermittelt seine Reaktionsfunktion durch Ableitung von G_j nach x_j.

$$x_i(\alpha_i, x_j) = \max[0, \frac{2\cdot(f^2-2)\cdot(a\cdot(1-f)\cdot(2+f)+(f^2-2)\cdot(A-\alpha_i)+f\cdot A)}{2\cdot(2-f^2)^2-r\cdot(4-f^2)^2} - \frac{2\cdot f\cdot(f^2-2)}{2\cdot(2-f^2)^2-r\cdot(4-f^2)^2}\cdot x_j] \tag{6.38.1}$$

$$x_j(\alpha_i, x_i) = \max[0, \frac{2 \cdot (f^2 - 2) \cdot (a \cdot (1 - f) \cdot (2 + f) + A \cdot (f^2 - 2) + f \cdot (A - \alpha_i))}{2 \cdot (2 - f^2)^2 - r \cdot (4 - f^2)^2} - \frac{2 \cdot f \cdot (f^2 - 2)}{2 \cdot (2 - f^2)^2 - r \cdot (4 - f^2)^2} \cdot x_i] \tag{6.38.2}$$

Diese beiden Reaktionsfunktionen entsprechen jenen aus Teilspiel DD, wenn $\alpha_j = 0$. Daraus lassen sich in Abhängigkeit von α_i folgende optimalen F&E-Investitionsniveaus ermitteln:

$$x_i(\alpha_i) = \frac{2 \cdot (f^2 - 2) \cdot ((a - A) \cdot ((f - 2) \cdot (f - 1) \cdot (f + 2)^2 \cdot r - 2 \cdot (f^4 - 3 \cdot f^2 + 2)) + (f^2 - 2) \cdot ((r - 2) \cdot f^2 - 4 \cdot r + 2) \cdot \alpha_i)}{r^2 \cdot (f^2 - 4)^3 - 4 \cdot (f^2 - 2)^2 \cdot r \cdot (f^2 - 4) + 4 \cdot (f^2 - 2)^2 \cdot (f^2 - 1)} \tag{6.39.1}$$

$$x_j(\alpha_i) = \frac{2 \cdot (a - A) \cdot (f^2 - 2) \cdot ((f - 2) \cdot (f - 1) \cdot (f + 2)^2 \cdot r - 2 \cdot (f^4 - 3 \cdot f^2 + 2)) + 2 \cdot f \cdot (f^4 - 6 \cdot f^2 + 8) \cdot r \cdot \alpha_i}{r^2 \cdot (f^2 - 4)^3 - 4 \cdot (f^2 - 2)^2 \cdot r \cdot (f^2 - 4) + 4 \cdot (f^2 - 2)^2 \cdot (f^2 - 1)} \tag{6.39.2}$$

Die SOC müssen auch in Stufe 3 in Teilspiel DN geprüft werden. Aus $\partial^2 U_i / \partial x_i^2 < 0$ ergibt sich wiederum nach Umformung eine Untergrenze für den F&E-Kostenparameter in der Form $r > \frac{2 \cdot (2 - f^2)^2}{(4 - f^2)^2}$. Dies entspricht der Untergrenze im F&E-Grundmodell ohne Delegation und gilt analog in Unternehmen j.

6.5.2.3 Stufe 2 - Vertragsgestaltung

In Teilspiel DN legt in Stufe 2 lediglich Unternehmenseigentümer i den optimalen Beteiligungsparameter α_i mit dem Ziel der Gewinnmaximierung fest. Nach Einsetzen der optimalen F&E-Investitionsniveaus wird der Gewinn G_i nach α_i abgeleitet. Durch Nullsetzen der Ableitung und Auflösen nach α_i erhält man schließlich eine eindeutige Lösung in der Form:

$$\alpha_i^* = -\frac{(a-A) \cdot (f-1) \cdot f^2 \cdot \left((f-2) \cdot (f+2)^2 \cdot r - 2 \cdot (f+1) \cdot (f^2-2)\right) \cdot \left(r^2 \cdot (f^2-4)^3 + 4 \cdot (f^2-2)^2 \cdot (f^2-1) - 4 \cdot (f^6 - 9 \cdot f^4 + 26 \cdot f^2 - 24) \cdot r\right)}{4 \cdot (f^2-2) \cdot ((r-2) \cdot f^2 - 4 \cdot r + 2) \cdot \left(r^2 \cdot (f^2-4)^3 + 4 \cdot (f^2-2)^2 \cdot (f^2-1) - (f-2) \cdot (f+2) \cdot (f^2-2) \cdot (3 \cdot f^2 - 8) \cdot r\right)} \tag{6.40}$$

Die SOC in Stufe 2 muss ebenfalls ermittelt werden, um zu prüfen, ob ein Maximum vorliegt, d.h. $\partial^2 G_i / \partial \alpha_i^2 < 0$. Weiters muss geprüft werden, ob diese Lösung auch in Stufe 3 ein Maximum darstellt. In Stufe 4 ist, wie oben dargestellt, ein Maximum stets gewährleistet.

Im Unterschied zum symmetrischen Teilspiel DD unterscheiden sich nun die Gewinnfunktionen der beiden Unternehmenseigentümer. Nach Einsetzen des optimalen Beteiligungsparameters lassen sich die Gewinne, Absatzpreise, Absatzmengen sowie F&E-

Investitionsniveaus in Abhängigkeit von a, A, r und f folgendermaßen darstellen:[511]

$$G_i^{GMN*} = \frac{(a-A)^2 \cdot r \cdot \left((f-2)^2 \cdot (f-1) \cdot (f+2)^3 \cdot r - 2 \cdot \left(f^6 - 7 \cdot f^4 + 14 \cdot f^2 - 8\right)\right)^2}{8 \cdot \left(2-f^2\right) \cdot \left((r-2) \cdot f^2 - 4 \cdot r + 2\right) \cdot \left(r^2 \cdot \left(f^2-4\right)^3 + 4 \cdot \left(f^2-2\right)^2 \cdot \left(f^2-1\right) - (f-2) \cdot (f+2) \cdot \left(f^2-2\right) \cdot \left(3 \cdot f^2 - 8\right) \cdot r\right)} \tag{6.41.1}$$

$$G_j^{GMN*} = \frac{(a-A)^2 \cdot r \cdot \left(\left(f^2-4\right)^2 \cdot r - 2 \cdot \left(f^2-2\right)^2\right) \cdot \left(-(f-1) \cdot ((f-2) \cdot f - 4) \cdot r^2 \cdot \left(f^2-4\right)^3 + 16 \cdot \left(f^4 - 3 \cdot f^2 + 2\right)^2 + 2 \cdot (f-2) \cdot (f-1) \cdot (f+1) \cdot (f+2) \cdot \left(f^2-2\right) \cdot (f \cdot ((f-6) \cdot f - 4) + 16) \cdot r\right)^2}{16 \cdot \left(f^2-2\right)^2 \cdot \left((r-2) \cdot f^2 - 4 \cdot r + 2\right)^2 \cdot \left(r^2 \cdot \left(f^2-4\right)^3 + 4 \cdot \left(f^2-2\right)^2 \cdot \left(f^2-1\right) - (f-2) \cdot (f+2) \cdot \left(f^2-2\right) \cdot \left(3 \cdot f^2 - 8\right) \cdot r\right)^2} \tag{6.41.2}$$

$$\begin{aligned} p_i^{GMN*} = {} & (-16 \cdot a \cdot (f^2-2)^3 \cdot (f^2-1)^2 + 2 \cdot (f^2-2)^2 \cdot (4 - 5 \cdot f^2 + f^4) \cdot (A \cdot (f \cdot (f-4) - 4) + a \cdot (f \cdot (4 + 9 \cdot f) - 20)) \cdot r - \\ & (f^2-4)^2 \cdot (f^2-2) \cdot (16 \cdot A + (2+f) \cdot (A \cdot (f-3) \cdot f \cdot (3 \cdot f - 2) + a \cdot (f-1) \cdot (f \cdot (7 \cdot f - 2) - 16))) \cdot r^2 + (f^2-4)^4 \cdot \\ & (A \cdot (f-2) \cdot (1+f) + a \cdot (f^2 + f - 2)) \cdot r^3) / (2 \cdot (f^2-2) \cdot (2 + f^2 \cdot (r-2) - 4 \cdot r) \cdot (4 \cdot (f^2-2)^2 \cdot (f^2-1) - (f^2-4) \cdot \\ & (f^2-2) \cdot (3 \cdot f^2 - 8) \cdot r + (f^2-4)^3 \cdot r^2)) \end{aligned} \tag{6.42.1}$$

$$\begin{aligned} p_j^{GMN*} = {} & (-32 \cdot a \cdot (f^2-2)^3 \cdot (f^2-1)^2 - 4 \cdot (f^2-2)^2 \cdot (4 - 5 \cdot f^2 + f^4) \cdot (A \cdot (4 + 4 \cdot f - f^3) + \\ & a \cdot (20 + f \cdot (f \cdot (f-10) - 4))) \cdot r + 2 \cdot (f^2-4)^2 \cdot (f^2-2) \cdot (-A \cdot (16 + f \cdot (12 + f \cdot (1+f) \cdot (2+f) \cdot \\ & (2 \cdot f - 5))) + a \cdot (f-1) \cdot (32 + f \cdot (20 + f \cdot (f \cdot (2 \cdot f - 7) - 18)))) \cdot r^2 - (f^2-4)^4 \cdot (4 \cdot A + (f-1) \cdot \\ & (-A \cdot f \cdot (2+f) + a \cdot (f \cdot (f-2) - 4))) \cdot r^3) / (4 \cdot (f^2-2) \cdot (2 + f^2 \cdot (r-2) - 4 \cdot r) \cdot (4 \cdot (f^2-2)^2 \cdot \\ & (f^2-1) - (f^2-4) \cdot (f^2-2) \cdot (3 \cdot f^2 - 8) \cdot r + (f^2-4)^3 \cdot r^2)) \end{aligned} \tag{6.42.2}$$

$$q_i^{GMN*} = \frac{(a-A) \cdot r \cdot \left(2 \cdot \left(f^2-4\right)^2 \cdot \left(f^4 - 3 \cdot f^2 + 2\right) - (f-2)^3 \cdot (f-1) \cdot (f+2)^4 \cdot r\right)}{4 \cdot r^2 \cdot \left(f^2-4\right)^3 + 16 \cdot \left(f^2-2\right)^2 \cdot \left(f^2-1\right) - 4 \cdot (f-2) \cdot (f+2) \cdot \left(f^2-2\right) \cdot \left(3 \cdot f^2 - 8\right) \cdot r} \tag{6.43.1}$$

$$q_j^{GMN*} = \frac{(a-A) \cdot (2-f) \cdot (f-1) \cdot (f+2) \cdot r \cdot \left(((f-2) \cdot f - 4) \cdot r^2 \cdot \left(f^2-4\right)^3 - 16 \cdot (f-1) \cdot (f+1)^2 \cdot \left(f^2-2\right)^2 - 2 \cdot (f-2) \cdot (f+1) \cdot (f+2) \cdot \left(f^2-2\right) \cdot (f \cdot ((f-6) \cdot f - 4) + 16) \cdot r\right)}{4 \cdot \left(f^2-2\right) \cdot \left((r-2) \cdot f^2 - 4 \cdot r + 2\right) \cdot \left(r^2 \cdot \left(f^2-4\right)^3 + 4 \cdot \left(f^2-2\right)^2 \cdot \left(f^2-1\right) - (f-2) \cdot (f+2) \cdot \left(f^2-2\right) \cdot \left(3 \cdot f^2 - 8\right) \cdot r\right)} \tag{6.43.2}$$

---

511 Der Index „GMN*“ bezeichnet dabei die Optimallösung in Teilspiel DN, in dem Eigentümer i delegiert und der Managerentlohnungsvertrag ein aggregiertes Performancemaß aus Gewinn und Absatzmenge enthält. Unternehmen j bleibt eigentümergeführt.

$$x_i^{GMN*} = \frac{(a-A)\cdot\left(f^2-2\right)\cdot\left(2\cdot\left(f^2-2\right)\cdot\left(f^4-5\cdot f^2+4\right)-(f-2)^2\cdot(f-1)\cdot(f+2)^3\cdot r\right)}{2\cdot r^2\cdot\left(f^2-4\right)^3+8\cdot\left(f^2-2\right)^2\cdot\left(f^2-1\right)-2\cdot(f-2)\cdot(f+2)\cdot\left(f^2-2\right)\cdot\left(3\cdot f^2-8\right)\cdot r} \tag{6.44.1}$$

$$x_j^{GMN*} = \frac{(a-A)\cdot\left(-(f-1)\cdot((f-2)\cdot f-4)\cdot r^2\cdot\left(f^2-4\right)^3+16\cdot\left(f^4-3\cdot f^2+2\right)^2+2\cdot(f-2)\cdot(f-1)\cdot(f+1)\cdot(f+2)\cdot\left(f^2-2\right)\cdot(f\cdot((f-6)\cdot f-4)+16)\cdot r\right)}{2\cdot r^3\cdot\left(f^2-4\right)^4-2\cdot\left(5\cdot f^4-24\cdot f^2+24\right)\cdot r^2\cdot\left(f^2-4\right)^2-16\cdot\left(f^4-3\cdot f^2+2\right)^2+4\cdot(f-2)\cdot(f-1)\cdot(f+1)\cdot(f+2)\cdot\left(f^2-2\right)\cdot\left(5\cdot f^2-12\right)\cdot r} \tag{6.44.2}$$

Zuletzt müssen nun noch die Ergebnisse des Teilspiels ND ermittelt werden, um anschließend in Stufe 1 das (die) teilspielperfekte(n) Gesamtspielgleichgewicht(e) zu ermitteln.

6.5.3 Teilspiel ND

In diesem Teilspiel bleibt Unternehmen i eigentümergeführt, während in Unternehmen j die Absatzpreis- und die F&E-Investitionsentscheidung an einen Manager delegiert werden, dessen Entlohnungsvertrag wiederum ein aggregiertes Performancemaß mit Gewinn und Absatzmenge enthält.

Dieses Teilspiel entspricht von den Ergebnissen her einer Situation mit beidseitiger Delegation, in der jedoch Unternehmenseigentümer i den Beteiligungsparameter $\alpha_i = 0$ setzt und der Manager in Unternehmen i daher ein Performancemaß $U_i = G_i$ maximiert.

Auf eine ausführliche Herleitung der Ergebnisse wird an dieser Stelle verzichtet. Man erhält die Teilschritte indem man entweder in Teilspiel DD $\alpha_i = 0$ setzt oder die Indizes in Teilspiel DN vertauscht. Der optimale Beteiligungsparameter in Unternehmen j im Teilspiel ND entspricht jenem von Unternehmen i in Teilspiel DN. Es gilt weiters $G_i^{NGM*} = G_j^{GMN*}$, $G_j^{NGM*} = G_i^{GMN*}$.[512] Auch für die optimalen Absatzpreise, Absatzmengen und F&E-Investitionsniveaus muss lediglich ein Austausch der Indizes vorgenommen werden.

Nach der Darstellung der einzelnen Teilspielergebnisse muss nun in Stufe 1 die Lösung des Gesamtspiels ermittelt werden, um wiederum die Frage nach der Vorteilhaftigkeit der Delegation mit einem aggregierten Performancemaß aus Gewinn und Absatzmenge zu beantworten.

6.5.4 Stufe 1 - Lösung des Gesamtspiels

In Stufe 1 muss jeder Unternehmenseigentümer entscheiden, ob er die Absatzpreis- und F&E-Investitionsentscheidung an einen Manager delegiert, der ein aggregiertes

---

[512] Der Index „NGM*" bezeichnet dabei die Optimallösung in Teilspiel ND, in dem Unternehmen i eigentümergeführt bleibt und Eigentümer j beide Entscheidungen an einen Manager delegiert, der ein aggregierte Performancemaß aus Gewinn und Absatzmenge maximiert.

Performancemaß aus Gewinn und Absatzmenge erhält, oder ob er nicht delegiert und folglich beide Entscheidungen selbst mit dem Ziel der Gewinnmaximierung trifft.

Alle Gewinnfunktionen aus den Teilspielen sind von den Parametern a, A, r und f abhängig. Eine Interpretation der Gewinndifferenzen in allgemeiner Form ist aufgrund der Komplexität nicht möglich, weshalb nachfolgend wiederum auf eine grafische Analyse der Gewinndifferenzen zurückgegriffen wird.

Analog zur Vorgehensweise in Abschnitt 6.4 wird der Prohibitivpreis mit $a=1$ normiert und für den Elastizitätsparameter f eine Fallunterscheidung in die drei Ausprägungen „niedrig“, „mittel“ und „hoch“ vorgenommen, d.h. $f \in [\frac{1}{4}, \frac{1}{2}, \frac{3}{4}]$.[513] Die grafische Darstellung erfolgt jeweils in Abhängigkeit von den Basisproduktionskosten A und dem F&E-Kostenparameter r. Dabei gilt $0 \le x_i \le A < a$ bzw. $0 \le x_j \le A < a$ sowie $r > \frac{2\cdot(2-f^2)^2}{(4-f^2)^2}$.

Zunächst werden für niedrigen Wettbewerb die Teilspiele DD und NN verglichen. Danach erfolgt ein Vergleich der symmetrischen mit den asymmetrischen Teilspielen, um schließlich das (die) teilspielperfekte(n) Gleichgewicht(e) des Gesamtspiels zu ermitteln. Dieser Vorgehensweise wird auch für mittleren und hohen Wettbewerb gefolgt. Abschließend erfolgt eine zusammenfassende Schlussbetrachtung des aggregierten Performancemaßes mit Gewinn und Absatzmenge.

6.5.4.1 Niedriger Wettbewerb, *f* = 1/4

6.5.4.1.1 Vergleich Teilspiel NN und DD

Die Gewinndifferenz der Teilspiele NN und DD, $G^{NN*} - G^{GMGM*}$, lässt sich grafisch in den Grenzen $A \in [\frac{1}{2}, \frac{9}{10}]$[514] bzw. $r \in [\frac{7}{2}, 4]$[515] folgendermaßen darstellen:

[513] Die nachfolgenden Teilspielvergleiche wurden auch für kleinere bzw. größere Werte von f durchgeführt und die ermittelten Ergebnisse gelten unverändert, sofern die beiden Produkte noch eine (schwache) heterogen-substitutive Beziehung aufweisen, d.h. f kann nahe an Null bzw. nahe an Eins sein, jedoch nicht $f = 0$ bzw. $f = 1$.

[514] Diese Werteeinschränkung nach oben ergibt sich aus der Bedingung $0 \le x_i^* \le A < a$ in Unternehmen *i* und analog in Unternehmen *j*.

[515] Eine Untergrenze für *r* ergibt sich aus den jeweiligen SOC in Stufe 3. Für die Obergrenze wurden die Werte aus der Analyse des aggregierten Performancemaßes mit Gewinn- und Umsatzkomponente übernommen.

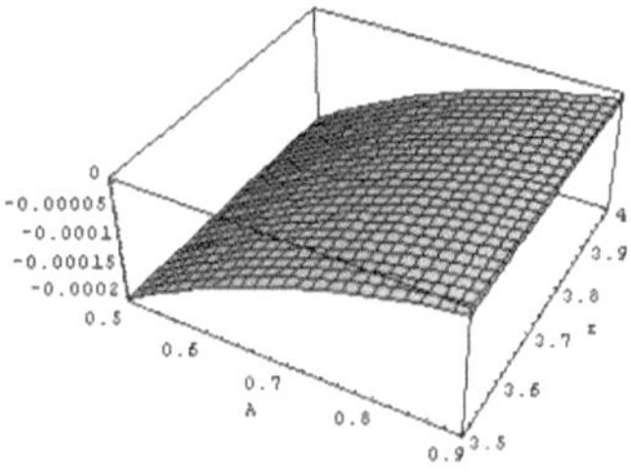

Abbildung 20: Gewinndifferenz $G^{NN*} - G^{GMGM*}$, niedriger Wettbewerb

Dieser Gewinnvergleich gilt aufgrund der Symmetrie in den Ergebnissen der hier verglichenen Teilspiele für beide Unternehmenseigentümer. Die Gewinndifferenz ist innerhalb der Parametergrenzen stets negativ, d.h. der Gewinn bei beidseitiger Delegation mit einem aggregierten Performancemaß mit Gewinn- und Absatzmengenkomponente ist stets höher als der Gewinn bei beidseitiger Nichtdelegation, also $G^{NN*} < G^{GMGM*}$.

Auf eine ausführliche grafische Darstellung der optimalen Absatzpreise, Absatzmengen, F&E-Investitionsniveaus sowie effektiven Grenzkosten in Teilspiel DD wird an dieser Stelle zugunsten einer verbalen Beschreibung der Differenzen zu Teilspiel NN verzichtet. Lediglich der optimale Beteiligungsparameter, den Unternehmenseigentümer i und j in Teilspiel DD beim aggregierten Performancemaß aus Gewinn und Absatzmenge wählen, wird nachfolgend grafisch dargestellt.

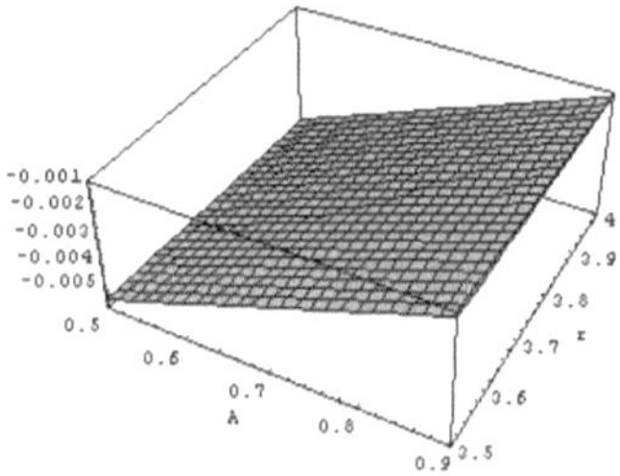

Abbildung 21: Beteiligungsparameter α^{GMGM*}, niedriger Wettbewerb

Der optimale Beteiligungsparameter nimmt in beiden Unternehmen innerhalb der gewählten Parametergrenzen für A und r jeweils Werte kleiner Null an. Dies führt dazu, dass die relevanten Grenzkosten im Entscheidungskalkül des jeweiligen Managers nach oben verzerrt werden.

Die optimalen Absatzpreise, Absatzmengen, F&E-Investitionsniveaus sowie die effektiven Grenzkosten in Teilspiel DD nehmen innerhalb der Parametergrenzen für A und r stets positive Werte an.[516] Der optimale Absatzpreis, den Manager i und j in Teilspiel DD bei niedrigem Wettbewerb symmetrisch wählen, ist stets größer als der optimale Absatzpreis in Teilspiel NN bei reiner Eigentümerentscheidung. Die optimale Absatzmenge in Teilspiel DD ist geringer als jene in Teilspiel NN. Für das optimale, symmetrische F&E-Investitionsniveau gilt $x^{NN*} > x^{GMGM*}$, es kommt also in Teilspiel DD relativ zu Teilspiel NN zu einer geringeren Investition in prozesskostensenkende Maßnahmen. Für die effektiven Grenzkosten resultiert daraus $c^{NN*} < c^{GMGM*}$.

6.5.4.1.2 Vergleich Teilspiel NN und DN

Unternehmen i

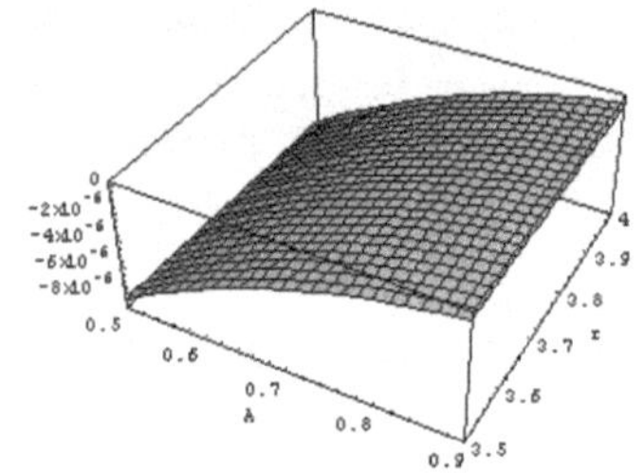

1) Gewinndifferenz $G^{NN*} - G_i^{GMN*}$

Unternehmen j

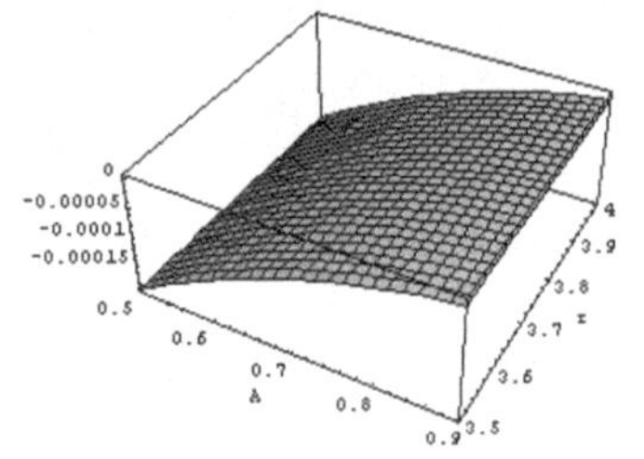

1) Gewinndifferenz $G^{NN*} - G_j^{GMN*}$

Abbildung 22: Gewinndifferenzen im Vergleich NN und DN, niedriger Wettbewerb

Die Gewinndifferenzen $G^{NN*} - G_i^{GMN*}$ für Unternehmen i bzw. $G^{NN*} - G_j^{GMN*}$ für Unternehmen j in diesem Teilspielvergleich sind bei niedrigem Wettbewerb stets negativ. Der Gewinn des delegierenden Unternehmens i in Teilspiel DN ist also höher als jener bei beidseitiger Nichtdelegation. Auch das eigentümergeführte Unternehmen j erzielt in Teilspiel DN einen höheren Gewinn als in Teilspiel NN. Ein relativer Vergleich der beiden Gewinnfunktionen für Teilspiel DN zeigt, dass $G_i^{GMN*} < G_j^{GMN*}$. Die optimalen Absatzpreise, Absatzmengen, F&E-Investitionsniveaus sowie die effektiven Grenzkosten sind für beide Unternehmen innerhalb der relevanten Parametergrenzen in Teilspiel DN stets positiv. Der optimale Beteiligungsparameter wird von Eigentümer i stets kleiner Null festgelegt. Die Absatzpreisdifferenzen sind negativ, d.h. $p^{NN*} < p_i^{GMN*}$ bzw. $p^{NN*} < p_j^{GMN*}$. Im relativen Vergleich zeigt sich, dass $p_i^{GMN*} > p_j^{GMN*}$. Die Differenz der Absatzmengen für Unternehmen i ist positiv, d.h. $q^{NN*} > q_i^{GMN*}$. Im

[516] Für Teilspiel NN wurde dies bereits in Abschnitt 6.4.4.1.1 gezeigt.

eigentümergeführten Unternehmen j wird in Teilspiel DN dagegen eine höhere Absatzmenge realisiert als in Teilspiel NN, was sich, wie auch bereits beim aggregierten Performancemaß aus Gewinn und Umsatz, durch die substitutive Beziehung der beiden Produkte und die entsprechende Reaktion auf die stärkere Absatzpreiserhöhung in Unternehmen i ergibt. Das optimale F&E-Investitionsniveau von Unternehmen i in Teilspiel DN ist geringer als jenes in Teilspiel NN; es kommt also in dem delegierenden Unternehmen zu einer geringeren Investition relativ zur Situation mit beidseitiger Nichtdelegation. In Unternehmen j wählt der Eigentümer dagegen in Teilspiel DN ein höheres F&E-Investitionsniveau als in Teilspiel NN. Für die effektiven Grenzkosten resultiert daraus $c^{NN*} < c_i^{GMN*}$ bzw. $c^{NN*} > c_j^{GMN*}$.

6.5.4.1.3 Vergleich Teilspiel NN und ND

Dieser Teilspielvergleich entspricht dem in Abschnitt 6.5.4.1.2 durchgeführten Vergleich zwischen den Teilspielen NN und DN, wobei allerdings die Indizes vertauscht werden müssen, d.h. $G_i^{GMN*} = G_j^{NGM*}$ usw.

6.5.4.1.4 Vergleich Teilspiel DD und DN

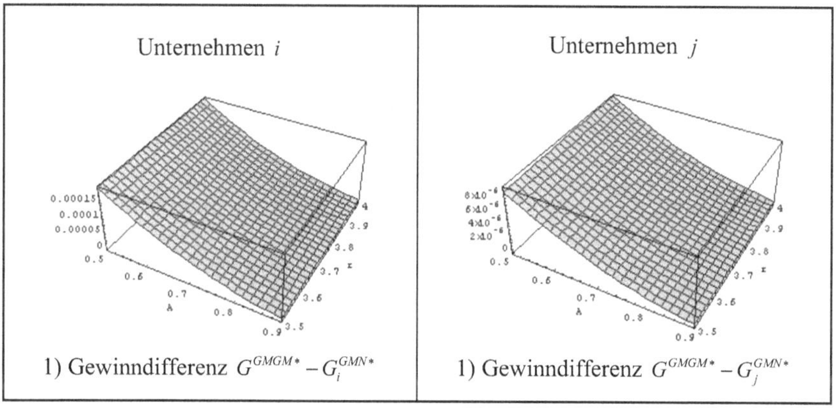

Abbildung 23: Gewinndifferenzen im Vergleich DD und DN, niedriger Wettbewerb

Die Gewinndifferenzen $G^{GMGM*} - G_i^{GMN*}$ für Unternehmen i bzw. $G^{GMGM*} - G_j^{GMN*}$ für Unternehmen j in diesem Teilspielvergleich sind stets positiv. Die Absatzpreisdifferenzen sind für beide Unternehmen positiv, d.h. in Teilspiel DN wird von beiden Unternehmen ein geringerer Absatzpreis gewählt als bei beidseitiger Delegation. Die Absatzmengendifferenz für Unternehmen i ist innerhalb der Parametergrenzen positiv; für Unternehmen j ist sie negativ, d.h. $q^{GMGM*} > q_i^{GMN*}$ bzw. $q^{GMGM*} < q_j^{GMN*}$. Für das optimale F&E-Investitionsniveau gilt in Unternehmen i $x^{GMGM*} > x_i^{GMN*}$. In Unternehmen j wird in Teilspiel DN ein höheres F&E-Investitionsniveau gewählt als in Teilspiel DD. Für die effektiven Grenzkosten zeigt sich in diesem Teilspielvergleich, dass $c^{GMGM*} < c_i^{GMN*}$ bzw. $c^{GMGM*} > c_j^{GMN*}$.

6.5.4.1.5 Vergleich Teilspiel DD und ND

Dieser Teilspielvergleich entspricht dem in Abschnitt 6.5.4.1.4 durchgeführten Vergleich zwischen den Teilspielen DD und DN, wobei allerdings die Indizes vertauscht werden müssen, d.h. $G_i^{GMN*} = G_j^{NGM*}$ usw.

6.5.4.1.6 Lösung des Gesamtspiels in Stufe 1, niedriger Wettbewerb

Tabelle 6 fasst die Ergebnisse aus den Teilspielvergleichen für niedrigen Wettbewerb nochmals übersichtlich zusammen.

$f = 1/4$, $A \in [\frac{1}{2}, \frac{9}{10}]$, $r \in [\frac{7}{2}, 4]$, $p_i, p_j, q_i, q_j, x_i, x_j, c_i, c_j > 0$ in allen Teilspielen	
$G^{NN*} < G_i^{GMN*}$, Eigentümer i delegiert $G^{NN*} < G_j^{GMN*}$	$G^{NN*} < G_i^{NGM*}$ $G^{NN*} < G_j^{NGM*}$, Eigentümer j delegiert
$G^{GMGM*} > G_i^{NGM*}$, Eigentümer i delegiert $G^{GMGM*} > G_j^{NGM*}$	$G^{GMGM*} > G_i^{GMN*}$ $G^{GMGM*} > G_j^{GMN*}$ Eigentümer j delegiert
$G^{GMGM*} > G^{NN*}$, beidseitige Delegation führt zu einer Verbesserung	

Tabelle 6: Zsfg. der Ergebnisse „Gewinn-Absatzmenge", niedriger Wettbewerb

Aus den dargestellten Teilspielvergleichen lassen sich nun in Stufe 1 die optimalen Strategien für Unternehmenseigentümer i und j ermitteln.

Angenommen Unternehmen j bleibt eigentümergeführt. Dann kann Eigentümer i die Absatzpreis- und F&E-Investitionsentscheidung an einen Manager delegieren, dessen Entlohnungsvertrag ein aggregiertes Performancemaß aus Gewinn und Absatzmenge enthält. Er erzielt in diesem Fall Gewinn G_i^{GMN*}. Entscheidet sich Eigentümer i gegen die Delegation, bleibt Unternehmen i eigentümergeführt und es resultiert der Gewinn G^{NN*}. Aus dem Vergleich dieser beiden Gewinne zeigt sich, dass $G_i^{GMN*} > G^{NN*}$, daher wird sich Eigentümer i bei gegebener Konkurrenzentscheidung für Delegation entscheiden.

Wird andererseits angenommen, dass Eigentümer j jedenfalls delegiert, so kann sich Eigentümer i ebenfalls für Delegation entscheiden und erzielt dann den Gewinn G^{GMGM*}. Entscheidet sich Eigentümer i jedoch gegen Delegation, bleibt Unternehmen i eigentümergeführt und es resultiert der Gewinn G_i^{NGM*}. Aus dem Vergleich dieser Gewinne zeigt sich, dass $G^{GMGM*} > G_i^{NGM*}$ und dass daher aus Sicht von Eigentümer i

die Delegation bei gegebener Konkurrenzentscheidung vorteilhafter ist. Diese Überlegungen gelten aufgrund der Symmetrie des Gesamtspiels analog auch für Unternehmenseigentümer j.

Unabhängig von der jeweiligen Konkurrenzentscheidung stellt also die Delegation der Absatzpreis- und F&E-Investitionsentscheidung an einen Manager, dessen Entlohnungsvertrag ein aggregiertes Performancemaß aus Gewinn und Absatzmenge enthält, innerhalb der gewählten Parametergrenzen für niedrigen Wettbewerb für beide Unternehmenseigentümer eine dominante Strategie dar.

Nachfolgend wird der Teilspielvergleich für mittleren und hohen Wettbewerb durchgeführt, wobei die Ergebnisse nur verbal beschrieben werden.

6.5.4.2 Mittlerer Wettbewerb, $f = 1/2$

Die Basisproduktionskosten A werden weiterhin in den Grenzen $A \in [\frac{1}{2}, \frac{9}{10}]$ untersucht. Für den F&E-Kostenparameter werden die Grenzen mit $r \in [\frac{7}{2}, 4]$ definiert.

6.5.4.2.1 Vergleich Teilspiel NN und DD

Die Gewinndifferenz $G^{NN*} - G^{GMGM*}$ ist auch bei mittlerem Wettbewerb innerhalb der Parametergrenzen stets negativ, d.h. $G^{NN*} < G^{GMGM*}$. Die Absatzpreise, Absatzmengen, F&E-Investitionsniveaus sowie die effektiven Grenzkosten in Teilspiel NN und DD sind stets positiv. Der Beteiligungsparameter α^{GMGM*} wird von den Eigentümern auch bei mittlerem Wettbewerb stets kleiner Null gewählt. Die Absatzpreisdifferenz ist negativ, d.h. der optimale Absatzpreis in Teilspiel DD ist größer als jener in Teilspiel NN. Die Absatzmengendifferenz ist positiv, es gilt $q^{NN*} > q^{GMGM*}$. Das optimale F&E-Investitionsniveau in Teilspiel DD ist geringer als jenes in Teilspiel NN. Es kommt also auch bei mittlerem Wettbewerb zu einer Verringerung des Investitionsniveaus, wenn die F&E-Investitionsentscheidung an einen Manager delegiert wird. Für die effektiven Grenzkosten resultiert daraus $c^{NN*} < c^{GMGM*}$.

6.5.4.2.2 Vergleich Teilspiel NN und DN

In diesem Teilspielvergleich zeigt der Vergleich der Gewinnfunktionen für mittleren Wettbewerb, dass $G^{NN*} < G_i^{GMN*}$ und $G^{NN*} < G_j^{GMN*}$. Beide Unternehmenseigentümer erzielen in Teilspiel DN einen höheren Gewinn als in Teilspiel NN. Es gilt $G_i^{GMN*} < G_j^{GMN*}$. Die optimalen Absatzpreise, Absatzmengen, F&E-Investitionsniveaus sowie die effektiven Grenzkosten sind für beide Unternehmen innerhalb der relevanten Parametergrenzen stets positiv. Für den optimalen Beteiligungsparameter gilt stets $\alpha_i^{GMN*} < 0$. Die Absatzpreisdifferenzen sind negativ, d.h. $p^{NN*} < p_i^{GMN*}$ bzw. $p^{NN*} < p_j^{GMN*}$. Im relativen Vergleich für Teilspiel DN zeigt sich, dass der von Manager

i gewählte Absatzpreis höher ist als der von Unternehmenseigentümer j gewählte. Die Absatzmenge, welche Manager i in Teilspiel DN wählt, ist geringer als die optimale Absatzmenge in Teilspiel NN, d.h. $q^{NN*} > q_i^{GMN*}$. Die Absatzmengendifferenz für Unternehmen j ist negativ, d.h. $q^{NN*} < q_j^{GMN*}$. Das optimale F&E-Investitionsniveau von Unternehmen i in Teilspiel DN ist geringer als jenes in Teilspiel NN. Umgekehrt verhält es sich in diesem Teilspielvergleich für Unternehmen j; es gilt $x^{NN*} < x_j^{GMN*}$. Für die effektiven Grenzkosten resultiert daraus $c^{NN*} < c_i^{GMN*}$ bzw. $c^{NN*} > c_j^{GMN*}$.

6.5.4.2.3 Vergleich Teilspiel NN und ND

Dieser Teilspielvergleich entspricht dem in Abschnitt 6.5.4.2.2 durchgeführten Vergleich zwischen den Teilspielen NN und DN, wobei allerdings die Indizes vertauscht werden müssen, d.h. $G_i^{GMN*} = G_j^{NGM*}$ usw.

6.5.4.2.4 Vergleich Teilspiel DD und DN

Aus dem Vergleich der Gewinne zeigt sich $G^{GMGM*} > G_i^{GMN*}$ bzw. $G^{GMGM*} > G_j^{GMN*}$, d.h. beide Unternehmen erzielen in Teilspiel DN einen geringeren Gewinn als in Teilspiel DD bei beidseitiger Delegation. Die Absatzpreisdifferenzen sind bei mittlerem Wettbewerb positiv, d.h. $p^{GMGM*} > p_i^{GMN*}$ bzw. $p^{GMGM*} > p_j^{GMN*}$. Die optimale Absatzmenge in Unternehmen i in Teilspiel DN ist geringer als jene in Teilspiel DD. In Unternehmen j ist hingegen die optimale Absatzmenge in Teilspiel DN höher als in Teilspiel DD. Für die optimalen F&E-Investitionsniveaus zeigt der Vergleich, dass $x^{GMGM*} > x_i^{GMN*}$ bzw. $x^{GMGM*} < x_j^{GMN*}$. Daraus folgt für die effektiven Grenzkosten $c^{GMGM*} < c_i^{GMN*}$ bzw. $c^{GMGM*} > c_j^{GMN*}$.

6.5.4.2.5 Vergleich Teilspiel DD und ND

Dieser Teilspielvergleich entspricht dem in Abschnitt 6.5.4.2.4 durchgeführten Vergleich zwischen den Teilspielen DD und DN, wobei allerdings die Indizes vertauscht werden müssen, d.h. $G_i^{GMN*} = G_j^{NGM*}$ usw.

6.5.4.2.6 Lösung des Gesamtspiels in Stufe 1, mittlerer Wettbewerb

Tabelle 7 fasst die Ergebnisse aus den Teilspielvergleichen für mittleren Wettbewerb nochmals übersichtlich zusammen.

$f=1/2$, $A \in [\frac{1}{2}, \frac{9}{10}]$, $r \in [\frac{7}{2}, 4]$, $p_i, p_j, q_i, q_j, x_i, x_j, c_i, c_j > 0$ in allen Teilspielen	
$G^{NN*} < G_i^{GMN*}$, Eigentümer i delegiert $G^{NN*} < G_j^{GMN*}$	$G^{NN*} < G_i^{NGM*}$ $G^{NN*} < G_j^{NGM*}$, Eigentümer j delegiert
$G^{GMGM*} > G_i^{NGM*}$, Eigentümer i delegiert $G^{GMGM*} > G_j^{NGM*}$	$G^{GMGM*} > G_i^{GMN*}$ $G^{GMGM*} > G_j^{GMN*}$ Eigentümer j delegiert
$G^{GMGM*} > G^{NN*}$, beidseitige Delegation führt zu einer Verbesserung	

Tabelle 7: Zsfg. der Ergebnisse „Gewinn-Absatzmenge", mittlerer Wettbewerb

Die Lösung des Gesamtspiels erfolgt auch für mittleren Wettbewerb analog zur Vorgehensweise in Abschnitt 6.5.4.1.6. Für Unternehmenseigentümer i, gegeben Unternehmen j bleibt eigentümergeführt, zeigt sich aus dem Vergleich der relevanten Gewinnfunktionen, dass $G_i^{GMN*} > G^{NN*}$. D.h. Eigentümer i wird, gegeben Eigentümer j delegiert nicht, jedenfalls beide Entscheidungen an einen Manager delegieren. Wird andererseits angenommen, dass Eigentümer j jedenfalls delegiert, so müssen aus Sicht von Unternehmenseigentümer i die Gewinnfunktionen G^{GMGM*} und G_i^{NGM*} verglichen werden. Es zeigt sich, dass $G^{GMGM*} > G_i^{NGM*}$. Eigentümer i wird also, gegeben die Konkurrenzentscheidung, jedenfalls delegieren. Diese Überlegungen gelten wiederum analog für Unternehmenseigentümer j.

Auch für mittleren Wettbewerb stellt daher die Delegation, unabhängig von der jeweiligen Konkurrenzentscheidung, ein Gleichgewicht in dominanten Strategien dar.

6.5.4.3 Hoher Wettbewerb, *f* = 3/4

Bei der Darstellung der Ergebnisse für hohen Wettbewerb werden die Basisproduktionskosten A weiterhin in den Grenzen $A \in [\frac{1}{2}, \frac{9}{10}]$ festgelegt. Für den F&E-Kostenparameter werden die Grenzen mit $r \in [\frac{7}{2}, 4]$ definiert.

6.5.4.3.1 Vergleich Teilspiel NN und DD

Aus dem Vergleich der Teilspiel NN und DD zeigt sich für die Gewinnfunktionen, dass $G^{NN*} < G^{GMGM*}$ gilt. Die Gewinndifferenz ist also auch bei hohem Wettbewerb innerhalb der gewählten Parametergrenzen negativ. Weiters gilt p^{GMGM*}, q^{GMGM*}, $x^{GMGM*}, c^{GMGM*} > 0$. Der optimale Beteiligungsparameter α^{GMGM*} nimmt auch bei hohem Wettbewerb stets Werte kleiner Null an. Die Absatzpreisdifferenz ist negativ, es gilt $p^{NN*} < p^{GMGM*}$. Die optimale Absatzmenge in Teilspiel DD ist geringer als jene in Teilspiel NN. Für das optimale F&E-Investitionsniveau gilt $x^{NN*} > x^{GMGM*}$. Daraus resultiert für die effektiven Grenzkosten $c^{NN*} < c^{GMGM*}$.

6.5.4.3.2 Vergleich Teilspiel NN und DN

Die Gewinndifferenzen in diesem Teilspielvergleich sind auch bei hohem Wettbewerb stets negativ, d.h. $G^{NN*} < G_i^{GMN*}$ bzw. $G^{NN*} < G_j^{GMN*}$. Es gilt $G_i^{GMN*} < G_j^{GMN*}$. Die optimalen Absatzpreise, Absatzmengen, F&E-Investitionsniveaus sowie die effektiven Grenzkosten sind für beide Unternehmen innerhalb der relevanten Parametergrenzen stets positiv. Der optimale Beteiligungsparameter wird von Eigentümer i stets kleiner Null festgelegt. Die Absatzpreisdifferenzen sind in beiden Unternehmen negativ, d.h. $p^{NN*} < p_i^{GMN*}$ bzw. $p^{NN*} < p_j^{GMN*}$. Im relativen Vergleich zeigt sich, dass $p_i^{GMN*} > p_j^{GMN*}$. Die Differenz der Absatzmengen ist für Unternehmen i positiv, d.h. $q^{NN*} > q_i^{GMN*}$. Für Unternehmen j ist die Absatzmengendifferenz hingegen negativ. Das optimale F&E-Investitionsniveau von Unternehmen i in Teilspiel DN ist geringer als jenes in Teilspiel NN; in Unternehmen j wird in Teilspiel DN ein höheres F&E-Investitionsniveau gewählt als in Teilspiel NN. Für die effektiven Grenzkosten resultiert daraus $c^{NN*} < c_i^{GMN*}$ bzw. $c^{NN*} > c_j^{GMN*}$.

6.5.4.3.3 Vergleich Teilspiel NN und ND

Dieser Teilspielvergleich entspricht dem in Abschnitt 6.5.4.3.2 durchgeführten Vergleich zwischen den Teilspielen NN und DN, wobei allerdings die Indizes vertauscht werden müssen, d.h. $G_i^{GMN*} = G_j^{NGM*}$ usw.

6.5.4.3.4 Vergleich Teilspiel DD und DN

Die Gewinndifferenzen sind auch bei hohem Wettbewerb innerhalb der Parametergrenzen für A und r stets positiv, d.h. $G^{GMGM*} > G_i^{GMN*}$ bzw. $G^{GMGM*} > G_j^{GMN*}$. Die Absatzpreisdifferenzen sind ebenfalls positiv, d.h. der optimale Absatzpreis in Teilspiel DD ist höher als jener, den Manager i bzw. Unternehmenseigentümer j in Teilspiel DN wählen. Die Absatzmengendifferenz für Unternehmen i ist ebenfalls positiv; es gilt $q^{GMGM*} > q_i^{GMN*}$. Für Unternehmen j zeigt der Teilspielvergleich eine negative Absatzmengendifferenz, d.h. $q^{GMGM*} < q_j^{GMN*}$. Für die F&E-Investitionsniveaus zeigt sich aus dem Vergleich, dass $x^{GMGM*} > x_i^{GMN*}$ bzw. $x^{GMGM*} < x_j^{GMN*}$. Daraus folgt für die effektiven Grenzkosten $c^{GMGM*} < c_i^{GMN*}$ bzw. $c^{GMGM*} > c_j^{GMN*}$.

6.5.4.3.5 Vergleich Teilspiel DD und ND

Dieser Teilspielvergleich entspricht dem in Abschnitt 6.5.4.3.4 durchgeführten Vergleich zwischen den Teilspielen DD und DN, wobei allerdings die Indizes vertauscht werden müssen, d.h. $G_i^{GMN*} = G_j^{NGM*}$ usw.

6.5.4.3.6 Lösung des Gesamtspiels in Stufe 1, hoher Wettbewerb

Tabelle 8 fasst die Ergebnisse aus den Teilspielvergleichen für hohen Wettbewerb nochmals übersichtlich zusammen.

$f = 3/4$, $A \in [\frac{1}{2}, \frac{9}{10}]$, $r \in [\frac{7}{2}, 4]$, $p_i, p_j, q_i, q_j, x_i, x_j, c_i, c_j > 0$ in allen Teilspielen	
$G^{NN*} < G_i^{GMN*}$, Eigentümer i delegiert $G^{NN*} < G_j^{GMN*}$	$G^{NN*} < G_i^{NGM*}$ $G^{NN*} < G_j^{NGM*}$, Eigentümer j delegiert
$G^{GMGM*} > G_i^{NGM*}$, Eigentümer i delegiert $G^{GMGM*} > G_j^{NGM*}$	$G^{GMGM*} > G_i^{GMN*}$ $G^{GMGM*} > G_j^{GMN*}$ Eigentümer j delegiert
$G^{GMGM*} > G^{NN*}$, beidseitige Delegation führt zu einer Verbesserung	

Tabelle 8: Zsfg. der Ergebnisse „Gewinn-Absatzmenge“, hoher Wettbewerb

Die Lösung des Gesamtspiels in Stufe 1 lässt sich für hohen Wettbewerb analog zur Vorgehensweise in Abschnitt 6.5.4.1.6 bzw. 6.5.4.2.6 ermitteln. Man erhält für $f = 3/4$ das gleiche Ergebnis wie bei niedrigem und mittlerem Wettbewerb, d.h. unabhängig von der Konkurrenzentscheidung stellt Delegation ein Gleichgewicht in dominanten Strategien dar. Es gilt auch hier $G_i^{GMN*} > G^{NN*}$ sowie $G^{GMGM*} > G_i^{NGM*}$.

6.5.5 Zusammenfassung Performancemaß „Gewinn und Absatzmenge“

Insgesamt kann also für ein aggregiertes Performancemaß mit einer Gewinn- und Absatzmengenkomponente unabhängig von der Ausprägung des Elastizitätsparameters f gezeigt werden, dass in Stufe 1 aus der Sicht des jeweiligen Unternehmenseigentümers Delegation der Absatzpreis- und F&E-Investitionsentscheidung an einen Manager vorteilhaft ist. Die beidseitige Delegation stellt ein teilspielperfektes Gleichgewicht innerhalb der jeweils gewählten Parametergrenzen für die Basisproduktionskosten A und den F&E-Kostenparameter r dar. Die Gleichgewichtslösung ist durch höhere Gewinne für beide Unternehmen gekennzeichnet und stellt daher eine Verbesserung gegenüber der Situation ohne Delegation dar.

Im direkten Vergleich der beiden symmetrischen Teilspiele DD und NN zeigt sich, dass die Unternehmenseigentümer im Falle der Delegation einen optimalen Beteiligungsparameter $\alpha^* < 0$ wählen. Durch diese strategische Auswahl kommt es zu einer Erhöhung der relevanten Grenzkosten im Entscheidungskalkül des Managers. Dieser wählt daher einen höheren Absatzpreis als ein rein gewinnmaximierender Entscheider. Das delegierende Unternehmen kann sich am Absatzmarkt glaubwürdig als weniger aggressiv präsentieren. Das vom Manager gewählte optimale F&E-Investitionsniveau ist geringer als jenes, welches ein gewinnmaximierend agierender Entscheider wählen würde. Es kommt daher im Falle der Delegation zu einer geringeren Investition in prozesskostensenkende Maßnahmen. Daraus resultieren für das delegierende Unternehmen höhere effektive Grenzkosten als für ein eigentümergeführtes Unternehmen.

Nachfolgend wird eine weitere Variation des aggregierten Performancemaßes hinsichtlich der Vorteilhaftigkeit der Delegation aus der Sicht der Unternehmenseigentümer untersucht. Anstelle der Absatzmenge wird neben dem Gewinn die Kostenreduktion ins aggregierte Performancemaß $U_i(U_j)$ miteinbezogen.

6.6 Gewinn und Kostenreduktion

Das nächste betrachtete aggregierte Performancemaß beinhaltet neben dem Gewinn die Kostenreduktion pro Stück, welche mit der F&E-Investition erzielt wird. Im Prozessmodell von *Brown/Svenson* (1988) entspricht der Gewinn wiederum dem Ergebnis 2. Die Kostenreduktion wird ebenfalls als Outcome, also als mittelbares Ergebnis 2 der F&E-Tätigkeit definiert. Das neue Produktionsverfahren, welches zu dieser Kostenreduktion geführt hat, entspricht dem direkten Ergebnis aus der F&E-Aktivität. Erst dessen Umsetzung im Leistungsverwertungssystem des Unternehmens führt jedoch letztlich zur Kostenreduktion.

Von *Mitlacher/Mitlacher* (2003) wird z.B. für F&E-Mitarbeiter ein Anreizsystem im Zusammenhang mit Target Costing vorgestellt, bei dem die Mitarbeiter zur Erreichung einer Zielkostenvorgabe motiviert werden sollen.[517] Als eine Bemessungsgrundlage werden von den Autoren die „erreichten Kosten der Komponente" vorgeschlagen, also jene Kosten, die sich für eine bestimmte Produktkomponente nach erfolgten Kostensenkungsmaßnahmen einstellen.[518] *Shields/Young* (1994) unterstreichen den Zusammenhang zwischen performanceorientierter Entlohnung, welche auf einer aus der Unternehmensrechnung abgeleiteten Beurteilungsgröße basiert, und der Motivation der Mitarbeiter, diese Größe zu optimieren.[519] Sie untersuchen in ihrer empirischen Arbeit das Kostenbewusstsein von F&E-Mitarbeitern und potentielle Einflussmöglichkeiten darauf. Exemplarisch führen sie dabei Unternehmen an, die ihren Mitarbeitern eine Beteiligung an der Kosteneinsparung bei Prozessinnovationen gewähren, um deren Kostenbewusstsein zu stärken.[520]

Die Unternehmenseigentümer im Preiswettbewerb sind, wie bereits bei den beiden anderen aggregierten Performancemaßen dargestellt wurde, generell an hohen Preisen und einem weniger aggressiven Wettbewerb interessiert. Indem die direkte Wirkung

---

517 Vgl. für einen einführenden Überblick zum Thema Target Costing z.B. *Ewert/Wagenhofer* (2005), S. 286ff.

518 Vgl. *Mitlacher/Mitlacher* (2003), S. 281. Die zweite Bemessungsgrundlage ist qualitativer Natur.

519 Vgl. *Shields/Young* (1994), S. 182.

520 Vgl. *Shields/Young* (1994), S. 182f. Als Ergebnis der empirischen Befragung von 160 F&E-Experten wurde die Beteiligung bei der Budgetfestlegung als stärkster Einflussfaktor auf das Kostenbewusstsein identifiziert (S. 191). Die kostenbasierte Entlohnung hatte dagegen in dieser Erhebung keinen signifikanten Einfluss, was von den Autoren jedoch als überraschendes Ergebnis kommentiert wurde (S. 191).

der F&E-Investition in Form der Kostenreduktion in das Entscheidungskalkül des Managers aufgenommen wird, erhalten die Unternehmenseigentümer eine direkte Einflussmöglichkeit auf dessen Investitionsverhalten.

Im Unterschied zu den in Abschnitt 6.4 und 6.5 dargestellten aggregierten Performancemaßen, welche in der Literatur zur strategischen Delegation bereits vielfach untersucht wurden, stellt die Verknüpfung von Kostenreduktion und Gewinn eine neue Form des Performancemaßes dar, welches keine zusätzliche Absatzmarktkomponente (wie z.B. Umsatz bzw. die realisierte Absatzmenge) enthält.

Im Fall der Delegation wird, wie bereits in Abschnitt 6.2 dargestellt, der Manager zum Leiter eines Investment Centers und trägt die Verantwortung für die als kurzfristig zu charakterisierende Absatzpreisentscheidung und auch für die, üblicherweise als langfristig klassifizierte F&E-Investitionsentscheidung. Die erzielte Kostenreduktion pro Stück als Ergebnis der F&E-Investitionsentscheidung fällt daher in seinen Verantwortungsbereich und kann auch unter dem Gesichtspunkt des Controllability-Prinzips als geeignete Beurteilungsgröße identifiziert werden. Das hier untersuchte aggregierte Performancemaß beinhaltet neben der Kostenreduktion auch deren Auswirkungen auf die Gesamtzielerreichung in Form des Gewinns, um so dysfunktionales Verhalten des Managers zu vermeiden. Bei reiner Konzentration auf die Wirkung der F&E-Investition ohne gleichzeitige Berücksichtigung der dadurch entstehenden Investitionskosten könnte der Entlohnungsvertrag aus Sicht der Unternehmenseigentümer sonst zu Fehlallokationen führen.

Nachfolgend werden wiederum die Ergebnisse der Teilspiele DD, DN und ND für ein aggregiertes Performancemaß bestehend aus Gewinn und Kostenreduktion für Unternehmen i und j ermittelt. Die Ergebnisse des Teilspiels NN ohne Delegation wurden bereits in Abschnitt 6.3 dargestellt und gelten hier unverändert.

6.6.1 Teilspiel DD

Der performanceorientierte Teil des Managerentlohnungsvertrags stellt sich nun in Unternehmen i und j folgendermaßen dar:

$$U_i = \alpha_i \cdot G_i + (1-\alpha_i) \cdot x_i \qquad (6.45.1)$$

$$U_j = \alpha_j \cdot G_j + (1-\alpha_j) \cdot x_j \qquad (6.45.2)$$

Der erste Teil ist im Vergleich zum aggregierten Performancemaß mit Gewinn- und Umsatzkomponente aus Abschnitt 6.4 unverändert. Der zweite Teil entspricht nun der mit $(1-\alpha_i)$ bzw. $(1-\alpha_j)$ gewichteten Kostenreduktion pro Stück, die auf eigene F&E-Investitionen zurückzuführen ist. Dabei steht x_i (x_j), wie bereits im F&E-Grundmodell ohne Delegation dargelegt wurde, für die in Geldeinheiten bewertete Wirkung der eigenen F&E-Investition. Aus den effektiven Grenzkosten $c_i = A - x_i$ bzw. $c_j = A - x_j$ erkennt man, dass x_i (x_j) genau der Differenz zwischen den Basisproduktionskosten

A vor der F&E-Investition und den effektiven Grenzkosten nach Investition in prozesskostensenkende F&E entspricht. Wird $\alpha_i < 1$ ($\alpha_j < 1$) gewählt, wird sowohl der Gewinn als auch die erzielte Kostenreduktion mit positivem Gewicht in den Entlohnungsvertrag aufgenommen. Der Manager wird dabei für höhere Kostenreduktionen belohnt und dies führt zu einer verstärkten Investition in prozesskostensenkende F&E. Daraus resultieren geringere effektive Grenzkosten, damit auch geringere optimale Absatzpreise und ein aggressiverer Wettbewerb. Legt der Eigentümer $\alpha_i > 1$ ($\alpha_j > 1$) fest, wird der Manager für Gewinne übermäßig belohnt, für höhere Kostenreduktionen jedoch bestraft. Durch Vorgabe eines $\alpha_i > 1$ ($\alpha_j > 1$) kann der jeweilige Unternehmenseigentümer den Manager zu einer geringeren Investition in kostensenkende F&E bewegen, woraus erwartungsgemäß höhere effektive Grenzkosten und daher ein höherer optimaler Absatzpreis resultiert, der dann zu insgesamt weniger aggressivem Wettbewerb führt.

Die Lösung erfolgt auch für dieses Performancemaß wiederum durch Rückwärtsinduktion, beginnend in Stufe 4.

6.6.1.1 Stufe 4 - Absatzpreisentscheidung

Die Manager möchten ihre jeweiligen Entlohnungsfunktionen maximieren und wählen daher in Stufe 4 den Preis p_i (p_j) so, dass U_i (U_j) maximiert wird. Durch Ableiten von U_i nach p_i bzw. U_j nach p_j erhält man folgende Reaktionsfunktionen:

$$RF_i = p_i(\alpha_i, \alpha_j, x_i, x_j, p_j) = \frac{1}{2} \cdot (a \cdot (1-f) + (A - x_i) + f \cdot p_j) \tag{6.46.1}$$

$$RF_j = p_j(\alpha_i, \alpha_j, x_i, x_j, p_i) = \frac{1}{2} \cdot (a \cdot (1-f) + (A - x_j) + f \cdot p_i) \tag{6.46.2}$$

Diese Preisreaktionsfunktionen der beiden Manager entsprechen jenen der Unternehmenseigentümer im F&E-Grundmodell ohne Delegation. Der Beteiligungsparameter α_i (α_j) hat in dieser Stufe keinen direkten Einfluss auf die Absatzpreisentscheidung; eine Änderung gegenüber der Preiswahl des Unternehmenseigentümers ergibt sich aus dem möglicherweise geänderten F&E-Investitionsniveau x_i bzw. x_j, welches in einem negativen Zusammenhang mit dem optimalen Preis steht.

Die optimalen Absatzpreise in Abhängigkeit von den beiden F&E-Investitionsniveaus sowie den beiden Beteiligungsparametern lauten folgendermaßen:

$$p_i(\alpha_i, \alpha_j, x_i, x_j) = \frac{a \cdot (1-f) \cdot (2+f) + 2 \cdot (A - x_i) + f \cdot (A - x_j)}{4 - f^2} \tag{6.47.1}$$

$$p_j(\alpha_i, \alpha_j, x_i, x_j) = \frac{a \cdot (1-f) \cdot (2+f) + 2 \cdot (A - x_j) + f \cdot (A - x_i)}{4 - f^2} \tag{6.47.2}$$

Die optimalen Preise in Abhängigkeit von α_i, α_j, x_i und x_j entsprechen den Preisen im F&E-Grundmodell ohne Delegation, ein Unterschied kann sich jedoch über die Wahl der F&E-Investitionsniveaus x_i bzw. x_j ergeben, welche in Stufe 3 von den Managern mit dem Ziel der Maximierung von U_i bzw. U_j festgelegt werden.

Aus den SOC ergibt sich in dieser Stufe nun eine Wertebeschränkung für die Beteiligungsparameter α_i bzw. α_j, da $\partial^2 U_i / \partial p_i^2 = -2 \cdot \alpha_i < 0$ bzw. $\partial^2 U_j / \partial p_j^2 = -2 \cdot \alpha_j < 0$ gelten muss. Es sind folglich nur positive Werte für α_i bzw. α_j zulässig, um ein Maximum in Stufe 4 zu gewährleisten.

6.6.1.2 Stufe 3 - F&E-Investitionsentscheidung

In Stufe 3 wählen beide Manager nun, nach Einsetzen der optimalen Absatzpreise in U_i bzw. U_j die jeweiligen F&E-Investitionsniveaus. Die Ober- und Untergrenzen für x_i bzw. x_j, welche bereits im F&E-Grundmodell ohne Delegation diskutiert wurden, gelten hier analog, d.h. $0 \leq x_i \leq A$ bzw. $0 \leq x_j \leq A$.

Durch Ableitung von U_i nach x_i erhält man die Reaktionsfunktion des Managers i, welche zusammen mit der Reaktionsfunktion des Managers j zur Bestimmung der optimalen F&E-Investitionsniveaus in Abhängigkeit von den Parametern α_i und α_j verwendet wird.

$$x_i(\alpha_i, \alpha_j, x_j) = \max[0, \frac{((\alpha_i \cdot ((4-f^2)^2 + 2 \cdot (a-A) \cdot (1-f) \cdot (2+f) \cdot (f^2-2))) - (4-f^2)^2)}{2 \cdot \alpha_i \cdot (2-f^2)^2 - r \cdot \alpha_i \cdot (4-f^2)^2} - \frac{2 \cdot f \cdot \alpha_i \cdot (f^2-2)}{2 \cdot \alpha_i \cdot (2-f^2)^2 - r \cdot \alpha_i \cdot (4-f^2)^2} \cdot x_j] \tag{6.48.1}$$

$$x_j(\alpha_i, \alpha_j, x_i) = \max[0, \frac{((\alpha_j \cdot ((4-f^2)^2 + 2 \cdot (a-A) \cdot (1-f) \cdot (2+f) \cdot (f^2-2))) - (4-f^2)^2)}{2 \cdot \alpha_j \cdot (2-f^2)^2 - r \cdot \alpha_j \cdot (4-f^2)^2} - \frac{2 \cdot f \cdot \alpha_j \cdot (f^2-2)}{2 \cdot \alpha_j \cdot (2-f^2)^2 - r \cdot \alpha_j \cdot (4-f^2)^2} \cdot x_i] \tag{6.48.2}$$

Die optimalen F&E-Investitionsniveaus als Ergebnis aus der Gleichsetzung der Reaktionsfunktionen ergeben sich folgendermaßen:

$$x_i(\alpha_i, \alpha_j) = \frac{(f^2-4) \cdot \left((f^2-4)^2 \cdot r - 2 \cdot (f^2-2)^2\right) \cdot \alpha_j + \alpha_i \cdot \left(2 \cdot f \cdot (f^4 - 6 \cdot f^2 + 8) + \left(-4 \cdot (A-f+2) + 2 \cdot a \cdot (f-1) \cdot (f^2-2) - (f-2) \cdot f \cdot (f+2 \cdot A \cdot (f+1))\right) \cdot \left((f-2) \cdot (f+2)^2 \cdot r - 2 \cdot (f+1) \cdot (f^2-2)\right) \cdot \alpha_j\right)}{\left(r^2 \cdot (f^2-4)^3 - 4 \cdot (f^2-2)^2 \cdot r \cdot (f^2-4) + 4 \cdot (f^2-2)^2 \cdot (f^2-1)\right) \cdot \alpha_i \cdot \alpha_j} \tag{6.49.1}$$

$$x_j(\alpha_i, \alpha_j) = \frac{2 \cdot f \cdot (f^4 - 6 \cdot f^2 + 8) \cdot \alpha_j + \alpha_i \cdot \left(r \cdot (f^2-4)^3 - 2 \cdot (f^2-2)^2 \cdot (f^2-4) + \left(-4 \cdot (A-f+2) + 2 \cdot a \cdot (f-1) \cdot (f^2-2) - (f-2) \cdot f \cdot (f+2 \cdot A \cdot (f+1))\right) \cdot \left((f-2) \cdot (f+2)^2 \cdot r - 2 \cdot (f+1) \cdot (f^2-2)\right) \cdot \alpha_j\right)}{\left(r^2 \cdot (f^2-4)^3 - 4 \cdot (f^2-2)^2 \cdot r \cdot (f^2-4) + 4 \cdot (f^2-2)^2 \cdot (f^2-1)\right) \cdot \alpha_i \cdot \alpha_j} \tag{6.49.2}$$

Die SOC muss geprüft werden, damit in Stufe 3 ein Maximum gewährleistet ist, d.h. $\partial^2 U_i / \partial x_i^2 = \alpha_i \cdot \left(-r + \frac{2 \cdot (2-f^2)^2}{(4-f^2)^2} \right) < 0$ bzw. $\partial^2 U_j / \partial x_j^2 = \alpha_j \cdot \left(-r + \frac{2 \cdot (2-f^2)^2}{(4-f^2)^2} \right) < 0$, woraus sich unter der bereits in Stufe 4 getroffenen Annahme $\alpha_i, \alpha_j > 0$ wiederum eine Untergrenze für den F&E-Kostenparameter in der Form $r > \frac{2 \cdot (2-f^2)^2}{(4-f^2)^2}$ ergibt. Diese entspricht der Untergrenze aus dem F&E-Grundmodell ohne Delegation bzw. jener bei Anwendung des aggregierten Performancemaßes aus Gewinn und Absatzmenge.

6.6.1.3 Stufe 2 - Vertragsgestaltung

In Stufe 2 ermitteln die Unternehmenseigentümer nach Einsetzen von $x_i(\alpha_i, \alpha_j)$ bzw. $x_j(\alpha_i, \alpha_j)$ durch Ableiten des Gewinns G_i nach dem Beteiligungsparameter α_i bzw. G_j nach α_j ihre jeweiligen Reaktionsfunktionen in Abhängigkeit von der Konkurrenzentscheidung. Eine allgemeine Lösung für beide Unternehmen ist für das aggregierte Performancemaß aus Gewinn und Kostenreduktion nicht möglich, wodurch, wie bereits beim aggregierten Performancemaß aus Gewinn und Umsatz, auf eine symmetrische Lösung der Form $\alpha_i = \alpha_j = \alpha$ zurückgegriffen wird. Aus den beiden Bedingungen erster Ordnung $\left. \frac{\partial G_i(\alpha_i, \alpha_j)}{\partial \alpha_i} \right|_{\alpha_i = \alpha_j = \alpha}$ und $\left. \frac{\partial G_j(\alpha_i, \alpha_j)}{\partial \alpha_j} \right|_{\alpha_i = \alpha_j = \alpha}$ kann schließlich eine eindeutige Lösung für den symmetrischen Beteiligungsparameter in Teilspiel DD ermittelt werden.

$$\alpha^{GKGK*} = \frac{(f-2)\cdot(f+2)\cdot\left((f+2)^2\cdot r^2\cdot(f-2)^3 - 2\cdot\left(f^2-2\right)\cdot\left(2\cdot f^2+f-4\right)\cdot r\cdot(f-2) + 4\cdot(f-1)^2\cdot(f+1)\cdot\left(f^2-2\right)\right)}{(f+2)^3\cdot r^2\cdot(f-2)^4 + 4\cdot(f-1)^2\cdot(f+1)\cdot(f+2)\cdot\left(f^2-2\right)\cdot(f-2) - 2\cdot\left(f^2-2\right)\cdot(f\cdot(f\cdot(-2\cdot a\cdot(f-1)+2\cdot A\cdot(f-1)+f\cdot(f+2)\cdot(2\cdot f-7)+20)+24)-32)\cdot r} \quad (6.50)$$

Zur Überprüfung der Optimalität dieser Lösung müssen wiederum die SOC in Stufe 2 geprüft werden, d.h. $\partial^2 G_i / \partial \alpha_i^2 < 0$ bzw. $\partial^2 G_j / \partial \alpha_j^2 < 0$. Ebenso muss dieser optimale Beteiligungsparameter die SOC in Stufe 3 und 4 erfüllen. In Stufe 4 schließt die Bedingung zweiter Ordnung, wie bereits oben dargestellt, negative Werte von α aus.

Der symmetrische Gewinn $G_i^{GKGK*} = G_j^{GKGK*} = G^{GKGK*}$ bei Anwendung eines aggregierten Performancemaßes, welches neben dem Gewinn die Kostenreduktion beinhaltet, ergibt sich nach Einsetzen des optimalen Beteiligungsparameters α^{GKGK*} in Abhängigkeit von a, A, r und f folgendermaßen:[521]

$$G^{GKGK*} = \frac{(a-A)^2\cdot(f-1)^2\cdot r\cdot\left(r^3\cdot\left(f^2-4\right)^4 - 8\cdot\left(f^4-3\cdot f^2+2\right)^2 - 6\cdot(f-2)^2\cdot(f+2)^2\cdot\left(f^2-2\right)^2\cdot r^2 + 4\cdot\left(f^2-2\right)^2\cdot\left(3\cdot f^4-14\cdot f^2+12\right)\cdot r\right)}{\left((f+2)^2\cdot r^2\cdot(f-2)^3 - 2\cdot\left(f^2-2\right)\cdot\left(2\cdot f^2+f-4\right)\cdot r\cdot(f-2) + 4\cdot(f-1)^2\cdot(f+1)\cdot\left(f^2-2\right)\right)^2} \quad (6.51)$$

---

[521] Dabei kennzeichnet der Index „GK“ das aggregierte Performancemaß aus Gewinn und Kostenreduktion im jeweils delegierenden Unternehmen.

Der optimale symmetrische Absatzpreis, die optimale symmetrische Absatzmenge sowie das optimale symmetrische F&E-Investitionsniveau ergeben sich folgendermaßen:

$$p^{GKGK*} = \frac{A \cdot r \cdot \left(2 \cdot \left(f^2-2\right)^2 - \left(f^2-4\right)^2 \cdot r\right) + a \cdot (f-1) \cdot \left((r-2)^2 \cdot f^4 - 4 \cdot (r-1) \cdot (2 \cdot r-3) \cdot f^2 + 8 \cdot (r-1) \cdot (2 \cdot r-1)\right)}{(f+2)^2 \cdot r^2 \cdot (f-2)^3 - 2 \cdot \left(f^2-2\right) \cdot \left(2 \cdot f^2+f-4\right) \cdot r \cdot (f-2) + 4 \cdot (f-1)^2 \cdot (f+1) \cdot \left(f^2-2\right)} \tag{6.52}$$

$$q^{GKGK*} = \frac{(a-A) \cdot (f-1) \cdot r \cdot \left(\left(f^2-4\right)^2 \cdot r - 2 \cdot \left(f^2-2\right)^2\right)}{(f+2)^2 \cdot r^2 \cdot (f-2)^3 - 2 \cdot \left(f^2-2\right) \cdot \left(2 \cdot f^2+f-4\right) \cdot r \cdot (f-2) + 4 \cdot (f-1)^2 \cdot (f+1) \cdot \left(f^2-2\right)} \tag{6.53}$$

$$x^{GKGK*} = \frac{2 \cdot (a-A) \cdot (f-1) \cdot \left(f^2-2\right) \cdot \left((r-2) \cdot f^2 - 4 \cdot r + 2\right)}{(f+2)^2 \cdot r^2 \cdot (f-2)^3 - 2 \cdot \left(f^2-2\right) \cdot \left(2 \cdot f^2+f-4\right) \cdot r \cdot (f-2) + 4 \cdot (f-1)^2 \cdot (f+1) \cdot \left(f^2-2\right)} \tag{6.54}$$

Bevor das Gesamtspiel in Stufe 1 gelöst werden kann, werden nachfolgend noch die Ergebnisse der beiden asymmetrischen Teilspiele DN und ND dargestellt.

6.6.2 Teilspiel DN

In diesem asymmetrischen Teilspiel erfolgt nur in Unternehmen i eine Delegation an einen Manager. Dessen Entlohnungsvertrag enthält ein aggregiertes Performancemaß aus Gewinn und Kostenreduktion in der Form:

$$U_i = \alpha_i \cdot G_i + (1-\alpha_i) \cdot x_i \tag{6.55}$$

Unternehmen j bleibt in diesem Teilspiel eigentümergeführt. Die Absatzpreis- und die F&E-Investitionsentscheidung werden mit dem Ziel der Gewinnmaximierung getroffen. Der Gewinn von Unternehmenseigentümer j stellt sich folgendermaßen dar:

$$G_j = (p_j - (A - x_j)) \cdot q_j - \frac{1}{2} \cdot r \cdot x_j^2 \tag{6.56}$$

Dieses asymmetrische Teilspiel entspricht einer Situation mit beidseitiger Delegation, in der Unternehmenseigentümer j den Beteiligungsparameter $\alpha_j = 1$ setzt und der Manager j daher $U_j = G_j$ maximiert.

Auch dieses Teilspiel wird durch Rückwärtsinduktion gelöst.

6.6.2.1 Stufe 4 - Absatzpreisentscheidung

Manager i und Eigentümer j ermitteln in Stufe 4 durch Ableitung von U_i nach p_i bzw. G_j nach p_j ihre Reaktionsfunktionen in Abhängigkeit von den F&E-Investitionsniveaus, vom Beteiligungsparameter in Unternehmen i und vom jeweiligen Konkurrenzpreis.

$$RF_i = p_i(\alpha_i, x_i, x_j, p_j) = \frac{1}{2}\cdot(a\cdot(1-f)+(A-x_i)+f\cdot p_j) \quad (6.57.1)$$

$$RF_j = p_j(\alpha_i, x_i, x_j, p_i) = \frac{1}{2}\cdot(a\cdot(1-f)+(A-x_j)+f\cdot p_i) \quad (6.57.2)$$

Diese entsprechen, trotz des asymmetrischen Teilspiels, den Reaktionsfunktionen im F&E-Grundmodell bzw. jenen in Teilspiel DD. Unterschiede können sich jedoch durch die alternative Festlegung der F&E-Investitionsniveaus in Stufe 3 ergeben.

Aus diesen beiden Reaktionsfunktionen lassen sich folgende Absatzpreise in Abhängigkeit von den F&E-Investitionsniveaus und vom Beteiligungsparameter α_i ermitteln:

$$p_i(\alpha_i, x_i, x_j) = \frac{a\cdot(1-f)\cdot(2+f)+2\cdot(A-x_i)+f\cdot(A-x_j)}{4-f^2} \quad (6.58.1)$$

$$p_j(\alpha_i, x_i, x_j) = \frac{a\cdot(1-f)\cdot(2+f)+2\cdot(A-x_j)+f\cdot(A-x_i)}{4-f^2} \quad (6.58.2)$$

Auch diese entsprechen den optimalen Absatzpreisen in Stufe 4 in Teilspiel DD bzw. NN.

Die Bedingung zweiter Ordnung ergibt in dieser Stufe wiederum die Einschränkung des Parameters α_i auf positive Werte, da für Unternehmen i gilt $\partial^2 U_i / \partial p_i^2 = -2\cdot\alpha_i < 0$. Für Unternehmen j stellt dieser Absatzpreis jedenfalls ein Maximum in Stufe 4 dar, da $\partial^2 G_j / \partial p_j^2 = -2 < 0$ stets erfüllt ist.

6.6.2.2 Stufe 3 - F&E-Investitionsentscheidung

Nach Einsetzen der optimalen Absatzpreise ermitteln Manager i und Eigentümer j durch Ableitung von U_i nach x_i bzw. G_j nach x_j ihre Reaktionsfunktionen in Abhängigkeit von α_i und vom jeweiligen Konkurrenzinvestitionsniveau.

$$x_i(\alpha_i, x_j) = \max[0, \frac{((\alpha_i\cdot((4-f^2)^2+2\cdot(a-A)\cdot(1-f)\cdot(2+f)\cdot(f^2-2)))-(4-f^2)^2)}{2\cdot\alpha_i\cdot(2-f^2)^2-r\cdot\alpha_i\cdot(4-f^2)^2} - \frac{2\cdot f\cdot\alpha_i\cdot(f^2-2)}{2\cdot\alpha_i\cdot(2-f^2)^2-r\cdot\alpha_i\cdot(4-f^2)^2}\cdot x_j] \quad (6.59.1)$$

$$x_j(\alpha_i, x_i) = \max[0, \frac{2\cdot(a-A)\cdot(1-f)\cdot(2+f)\cdot(f^2-2)}{2\cdot(2-f^2)^2-r\cdot(4-f^2)^2} - \frac{2\cdot f\cdot(f^2-2)}{2\cdot(2-f^2)^2-r\cdot(4-f^2)^2}\cdot x_i] \quad (6.59.2)$$

Die Reaktionsfunktion von Manager i entspricht seiner Reaktionsfunktion aus Teilspiel DD. Die Reaktionsfunktion von Eigentümer j entspricht dessen Reaktionsfunktion in Teilspiel NN, bzw. der Reaktionsfunktion von Unternehmen j in Teilspiel DD, wenn jedoch $\alpha_j = 1$ gesetzt wird.

Aus den beiden Reaktionsfunktionen lassen sich für dieses asymmetrische Teilspiel folgende optimalen F&E-Investitionsniveaus in Abhängigkeit von α_i ermitteln:

$$\begin{aligned} x_i(\alpha_i) = {} & (r \cdot (f^2-4)^3 - 2 \cdot (f^2-2)^2 \cdot (f^2-4) + ((f-2) \cdot (f+2)^2 \cdot (-4 \cdot (A-f+2) + \\ & 2 \cdot a \cdot (f-1) \cdot (f^2-2) - (f-2) \cdot f \cdot (f+2 \cdot A \cdot (f+1))) \cdot r - 2 \cdot (f^2-2)^2 \cdot ((2 \cdot a - 2 \cdot A - 1) \cdot f^2 - \\ & 2 \cdot a + 2 \cdot A + 4)) \cdot \alpha_i) / ((r^2 \cdot (f^2-4)^3 - 4 \cdot (f^2-2)^2 \cdot r \cdot (f^2-4) + 4 \cdot (f^2-2)^2 \cdot (f^2-1)) \cdot \alpha_i) \end{aligned} \tag{6.60.1}$$

$$\begin{aligned} x_j(\alpha_i) = {} & (2 \cdot (f^2-2) \cdot (f^3 - 4 \cdot f + (-2 \cdot a \cdot f^4 + 2 \cdot A \cdot f^4 - f^3 + 6 \cdot a \cdot f^2 - 6 \cdot A \cdot f^2 - \\ & 4 \cdot a + 4 \cdot (A+f) + (a-A) \cdot (f-2) \cdot (f-1) \cdot (f+2)^2 \cdot r) \cdot \alpha_i)) / ((r^2 \cdot (f^2-4)^3 - \\ & 4 \cdot (f^2-2)^2 \cdot r \cdot (f^2-4) + 4 \cdot (f^2-2)^2 \cdot (f^2-1)) \cdot \alpha_i) \end{aligned} \tag{6.60.2}$$

Die SOC in Stufe 3 in Teilspiel DN müssen geprüft werden, um festzustellen, ob ein Maximum gewährleistet ist. Für Unternehmen i ergibt sich aus $\partial^2 U_i / \partial x_i^2 < 0$ unter der Annahme $\alpha_i > 0$ folgende Untergrenze für den F&E-Kostenparameter: $r > \frac{2 \cdot (2-f^2)^2}{(4-f^2)^2}$. Dies entspricht der Untergrenze in Teilspiel DD bzw. NN und gilt hier analog für Unternehmen j.

6.6.2.3 Stufe 2 - Vertragsgestaltung

In Stufe 2 muss in Teilspiel DN lediglich Eigentümer i über die Festlegung des optimalen Beteiligungsparameters im Performancemaß seines Managers entscheiden. Nach Einsetzen der optimalen F&E-Investitionsniveaus in die Gewinnfunktion G_i, Ableitung nach α_i, Nullsetzen und Auflösen nach α_i erhält man schließlich folgenden optimalen Beteiligungsparameter:

$$\begin{aligned} \alpha_i^* = {} & (r^3 \cdot (f^2-4)^5 - 6 \cdot (f^2-2)^2 \cdot r^2 \cdot (f^2-4)^3 - 8 \cdot (f^4 - 3 \cdot f^2 + 2)^2 \cdot (f^2-4) + 4 \cdot (f^2-2)^2 \cdot (3 \cdot f^6 - 26 \cdot f^4 + 68 \cdot f^2 - 48) \cdot r) / \\ & (r^3 \cdot (f^2-4)^5 - 8 \cdot (f^4 - 3 \cdot f^2 + 2)^2 \cdot (f^2-4) - \\ & 2 \cdot (f-2) \cdot (f+2)^2 \cdot (f^2-2) \cdot (f \cdot (f \cdot (-2 \cdot a \cdot (f-1) + 2 \cdot A \cdot (f-1) + 3 \cdot (f-2) \cdot (f^2-6)) + 24) - 48) \cdot r^2 + \\ & 4 \cdot (f^2-2)^2 \cdot (3 \cdot f^6 - 2 \cdot (a - A + 13) \cdot f^4 + 2 \cdot (a - A + 34) \cdot f^2 - 48) \cdot r) \end{aligned} \tag{6.61}$$

Die SOC in Stufe 2 muss ebenfalls ermittelt werden, um zu prüfen, ob ein Maximum in dieser Stufe vorliegt, d.h. $\partial^2 G_i / \partial \alpha_i^2 < 0$. Weiter muss geprüft werden, ob in Stufe 3 ebenfalls ein Maximum gewährleistet ist. Durch die SOC in Stufe 4 werden negative Werte für den Beteiligungsparameter ausgeschlossen.

Nach Einsetzen des optimalen Beteiligungsparameters α_i^{GKN*} erhält man schließlich für beide Unternehmen die (unterschiedlichen) Gewinnfunktionen, Absatzpreise, Absatzmengen sowie die F&E-Investitionsniveaus.[522]

[522] Dabei bezeichnet Index „GKN*" die Optimallösung in Teilspiel DN, wo Eigentümer i delegiert und der Manager ein aggregiertes Performancemaß aus Gewinn und Kostenreduktion maximiert. Unternehmen j bleibt eigentümergeführt.

$$G_i^{GKN*} = \frac{(a-A)^2 \cdot r \cdot \left((f-2)\cdot(f-1)\cdot(f+2)^2 \cdot r - 2\cdot\left(f^4-3\cdot f^2+2\right)\right)^2}{r^3\cdot\left(f^2-4\right)^4-8\cdot\left(f^4-3\cdot f^2+2\right)^2-6\cdot\left(f^4-6\cdot f^2+8\right)^2\cdot r^2+4\cdot\left(f^2-2\right)^2\cdot\left(3\cdot f^4-14\cdot f^2+12\right)\cdot r} \quad (6.62.1)$$

$$G_j^{GKN*} = \frac{(a-A)^2 \cdot r \cdot \left(\left(f^2-4\right)^2\cdot r-2\cdot\left(f^2-2\right)^2\right)\cdot\left((f-2)^2\cdot(f-1)\cdot r^2\cdot(f+2)^3-2\cdot(f-1)\cdot\left(f^2-2\right)\cdot(f\cdot(2\cdot f-1)-4)\cdot r\cdot(f+2)+4\cdot\left(f^2-2\right)\cdot\left(f^2-1\right)^2\right)^2}{\left(r^3\cdot\left(f^2-4\right)^4-8\cdot\left(f^4-3\cdot f^2+2\right)^2-6\cdot\left(f^4-6\cdot f^2+8\right)^2\cdot r^2+4\cdot\left(f^2-2\right)^2\cdot\left(3\cdot f^4-14\cdot f^2+12\right)\cdot r\right)^2} \quad (6.62.2)$$

$$\begin{aligned} p_i^{GKN*} = {} & (A \cdot r \cdot (-4 \cdot (f^2-2) \cdot (4+f\cdot(f^2-4)\cdot(f^2+f-1)) + 2\cdot(f-2)\cdot(f+2)^2\cdot(f^2-2)\cdot \\ & (f\cdot(2\cdot f-1)-4)\cdot r-(f-2)^3\cdot(f+2)^4\cdot r^2)+a\cdot(f-1)\cdot(-2\cdot(1+f)\cdot(f^2-2)+(f-2)\cdot \\ & (f+2)^2\cdot r)\cdot(f^4\cdot(r-2)^2-4\cdot f^2\cdot(r-1)\cdot(2\cdot r-3)+8\cdot(r-1)\cdot(2\cdot r-1)))/(-8\cdot(f^4-3\cdot f^2+2)^2+ \\ & 4\cdot(f^2-2)^2\cdot(12-14\cdot f^2+3\cdot f^4)\cdot r-6\cdot(8-6\cdot f^2+f^4)^2\cdot r^2+(f^2-4)^4\cdot r^3) \end{aligned} \quad (6.63.1)$$

$$\begin{aligned} p_j^{GKN*} = {} & (-8\cdot a\cdot(f^4-3\cdot f^2+2)^2+4\cdot(f^2-2)\cdot(a\cdot(f-1)\cdot(2+f)\cdot(10+f\cdot(3+f\cdot(f\cdot(3\cdot f-2)-11)))- \\ & A\cdot(4+f\cdot(4+f\cdot(f\cdot(f^2+f-4)-5))))\cdot r-2\cdot(f-2)\cdot(2+f)^2\cdot(f^2-2)\cdot(A\cdot(4+f-2\cdot f^2)+ \\ & a\cdot(f-1)\cdot(f\cdot(3\cdot f-1)-8))\cdot r^2+(f-2)^3\cdot(2+f)^4\cdot(-a-A+a\cdot f)\cdot r^3)/(-8\cdot(f^4-3\cdot f^2+2)^2+ \\ & 4\cdot(f^2-2)^2\cdot(12-14\cdot f^2+3\cdot f^4)\cdot r-6\cdot(8-6\cdot f^2+f^4)^2\cdot r^2+(f^2-4)^4\cdot r^3) \end{aligned} \quad (6.63.2)$$

$$q_i^{GKN*} = \frac{(a-A)\cdot(f-1)\cdot r\cdot\left((f-2)\cdot(f+2)^2\cdot r-2\cdot(f+1)\cdot\left(f^2-2\right)\right)\cdot\left(\left(f^2-4\right)^2\cdot r-2\cdot\left(f^2-2\right)^2\right)}{r^3\cdot\left(f^2-4\right)^4-8\cdot\left(f^4-3\cdot f^2+2\right)^2-6\cdot\left(f^4-6\cdot f^2+8\right)^2\cdot r^2+4\cdot\left(f^2-2\right)^2\cdot\left(3\cdot f^4-14\cdot f^2+12\right)\cdot r} \quad (6.64.1)$$

$$q_j^{GKN*} = \frac{(a-A)\cdot r\cdot\left((f-2)^3\cdot(f-1)\cdot r^2\cdot(f+2)^4-2\cdot(f-2)\cdot(f-1)\cdot\left(f^2-2\right)\cdot(f\cdot(2\cdot f-1)-4)\cdot r\cdot(f+2)^2+4\cdot\left(f^2-1\right)^2\cdot\left(f^4-6\cdot f^2+8\right)\right)}{r^3\cdot\left(f^2-4\right)^4-8\cdot\left(f^4-3\cdot f^2+2\right)^2-6\cdot\left(f^4-6\cdot f^2+8\right)^2\cdot r^2+4\cdot\left(f^2-2\right)^2\cdot\left(3\cdot f^4-14\cdot f^2+12\right)\cdot r} \quad (6.64.2)$$

$$x_i^{GKN*} = \frac{2\cdot(a-A)\cdot(f-1)\cdot\left(f^2-2\right)\cdot\left((r-2)\cdot f^2-4\cdot r+2\right)\cdot\left((f-2)\cdot(f+2)^2\cdot r-2\cdot(f+1)\cdot\left(f^2-2\right)\right)}{r^3\cdot\left(f^2-4\right)^4-8\cdot\left(f^4-3\cdot f^2+2\right)^2-6\cdot\left(f^4-6\cdot f^2+8\right)^2\cdot r^2+4\cdot\left(f^2-2\right)^2\cdot\left(3\cdot f^4-14\cdot f^2+12\right)\cdot r} \quad (6.65.1)$$

$$x_j^{GKN*} = \frac{2\cdot(a-A)\cdot\left((f-2)^2\cdot(f-1)\cdot\left(f^2-2\right)\cdot r^2\cdot(f+2)^3-2\cdot(f-1)\cdot\left(f^2-2\right)^2\cdot(f\cdot(2\cdot f-1)-4)\cdot r\cdot(f+2)+4\cdot\left(f^4-3\cdot f^2+2\right)^2\right)}{r^3\cdot\left(f^2-4\right)^4-8\cdot\left(f^4-3\cdot f^2+2\right)^2-6\cdot\left(f^4-6\cdot f^2+8\right)^2\cdot r^2+4\cdot\left(f^2-2\right)^2\cdot\left(3\cdot f^4-14\cdot f^2+12\right)\cdot r} \quad (6.65.2)$$

Zuletzt müssen noch die Ergebnisse des zweiten asymmetrischen Teilspiels ND ermittelt werden, um anschließend das (die) Gesamtspielgleichgewicht(e) in Stufe 1 zu ermitteln.

6.6.3 Teilspiel ND

In diesem asymmetrischen Teilspiel bleibt Unternehmen i eigentümergeführt. Dort werden also die Absatzpreis- und F&E-Investitionsentscheidung mit dem Ziel der Gewinnmaximierung getroffen. Eigentümer j delegiert beide Entscheidungen an einen Manager, dessen Entlohnungsvertrag das aggregierte Performancemaß aus Gewinn und Kostenreduktion enthält.

Dies entspricht einer Situation, in der beide Unternehmen delegieren, Eigentümer i jedoch seinen Beteiligungsparameter $\alpha_i = 1$ setzt, wodurch Manager i dann $U_i = G_i$ maximiert.

Die Herleitung der Ergebnisse erfolgt analog zu den bisher dargestellten Teilspielen. Die Ergebnisse der einzelnen Stufen können entweder aus den Werten von Teilspiel DD, wenn $\alpha_i = 1$ gesetzt wird, ermittelt werden oder durch Austausch der Indizes in Teilspiel DN. Der optimale Beteiligungsparameter in Unternehmen j im Teilspiel ND entspricht jenem von Unternehmen i in Teilspiel DN. Es gilt weiters $G_i^{NGK*} = G_j^{GKN*}$, $G_j^{NGK*} = G_i^{GKN*}$.[523] Auch für die optimalen Absatzpreise, Absatzmengen und F&E-Investitionsniveaus muss lediglich ein Austausch der Indizes vorgenommen werden.

Nach der Darstellung der einzelnen Teilspielergebnisse muss (müssen) nun in Stufe 1 das (die) Gesamtspielgleichgewicht(e) ermittelt werden, um eine Aussage über die Vorteilhaftigkeit der Delegation mit einem aggregierten Performancemaß aus Gewinn und Kostenreduktion treffen zu können.

6.6.4 Stufe 1 - Lösung des Gesamtspiels

In Stufe 1 muss jeder Unternehmenseigentümer entscheiden, ob er Absatzpreis- und F&E-Investitionsentscheidung an einen Manager delegiert, der ein aggregiertes Performancemaß aus Gewinn und Kostenreduktion erhält, oder ob er sich gegen Delegation entscheidet und sein Unternehmen daher eigentümergeführt bleibt.

Alle Gewinnfunktionen aus den Teilspielen sind von den Parametern a, A, r und f abhängig. Eine allgemeine Interpretation der Gewinndifferenzen ist aufgrund der Komplexität nicht möglich, weshalb nachfolgend wiederum auf eine grafische Analyse der Gewinndifferenzen zurückgegriffen wird.

Analog zur Vorgehensweise in Abschnitt 6.4 wird der Prohibitivpreis mit $a = 1$ normiert und für den Elastizitätsparameter f eine Fallunterscheidung in die drei Ausprägungen „niedrig“, „mittel“ und „hoch“ vorgenommen, d.h. $f \in [\frac{1}{4}, \frac{1}{2}, \frac{3}{4}]$.[524] Die grafische Darstellung erfolgt jeweils in Abhängigkeit von den Basisproduktionskosten A

[523] Dabei bezeichnet der Index „NGK*“ die Optimallösung in Teilspiel ND, wenn Unternehmen i eigentümergeführt bleibt und Eigentümer j beide Entscheidungen an einen Manager delegiert, dessen Entlohnungsvertrag ein aggregiertes Performancemaß aus Gewinn und Kostenreduktion enthält.

[524] Die nachfolgenden Teilspielvergleiche wurden auch für kleinere bzw. größere Werte von f durchgeführt und die ermittelten Ergebnisse gelten unverändert, sofern die beiden Produkte noch eine (schwache) heterogen-substitutive Beziehung aufweisen, d.h. f kann nahe an Null bzw. nahe an Eins sein, jedoch nicht $f = 0$ bzw. $f = 1$.

und dem F&E-Kostenparameter r. Es gilt dabei $0 \leq x_i \leq A < a$ bzw. $0 \leq x_j \leq A < a$ sowie $r > \frac{2 \cdot (2-f^2)^2}{(4-f^2)^2}$.

Zunächst werden für niedrigen Wettbewerb die Teilspiele DD und NN verglichen. Danach erfolgt ein Vergleich der symmetrischen mit den asymmetrischen Teilspielen, um schließlich das (die) teilspielperfekte(n) Gleichgewicht(e) des Gesamtspiels zu ermitteln. Dieser Vorgehensweise wird auch für mittleren und hohen Wettbewerb gefolgt. Abschließend erfolgt eine zusammenfassende Betrachtung des aggregierten Performancemaßes mit Gewinn und Kostenreduktion.

6.6.4.1 Niedriger Wettbewerb, *f* = 1/4

6.6.4.1.1 Vergleich Teilspiel NN und DD

Die Gewinndifferenz $G^{NN*} - G^{GKGK*}$ der Teilspiele NN und DD lässt sich grafisch in den Grenzen $A \in [\frac{1}{2}, \frac{9}{10}]$ bzw. $r \in [\frac{7}{2}, 4]$ wie folgt darstellen:[525]

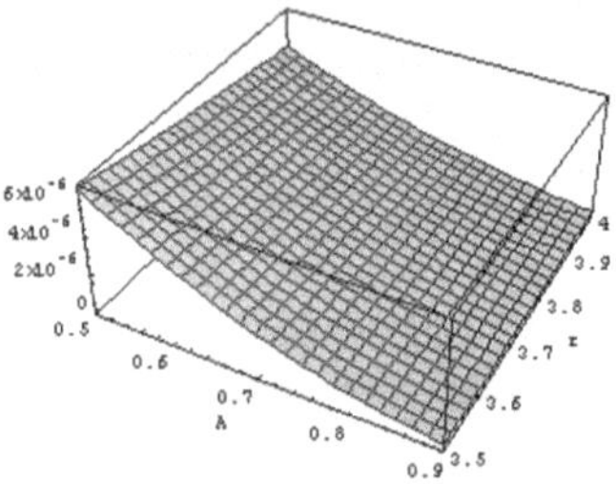

Abbildung 24: Gewinndifferenz $G^{NN*} - G^{GKGK*}$, niedriger Wettbewerb

Aufgrund der Symmetrie in den hier untersuchten Teilspielen gilt diese für beide Unternehmenseigentümer. Es zeigt sich, dass die Gewinndifferenz bei niedrigem Wettbewerb innerhalb der gewählten Parametergrenzen stets positiv ist, d.h. $G^{NN*} > G^{GKGK*}$. Delegation in Verbindung mit einem aggregierten Performancemaß aus Gewinn und Kostenreduktion führt zu einem geringeren Gewinn und ist daher aus Sicht des Unternehmenseigentümers an sich nicht vorteilhaft.

Der in Teilspiel DD von den Unternehmenseigentümern gewählte Beteiligungsparameter α^{GKGK*} lässt sich grafisch für niedrigen Wettbewerb folgendermaßen darstellen:

[525] Die Parametergrenzen für A und r aus der Analyse in Abschnitt 6.4.4.1 werden hier unverändert übernommen.

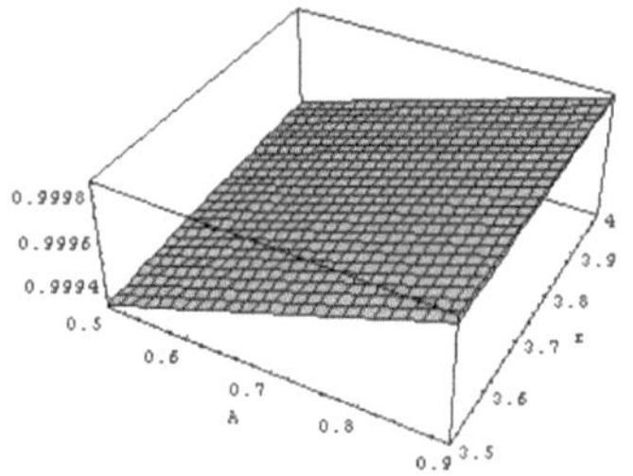

Abbildung 25: Beteiligungsparameter α^{GKGK*}, niedriger Wettbewerb

Beide Eigentümer wählen in Teilspiel DD $0 < \alpha^{GKGK*} < 1$, d.h. sowohl der Gewinn als auch die Kostenreduktion gehen mit einem positiven Gewicht in das aggregierte Performancemaß U_i (U_j) ein. Die SOC aus Stufe 4, welche zu einer Beschränkung auf positive Werte führt, ist jedoch erfüllt, da der Beteiligungsparameter zwar kleiner Eins aber größer Null festgelegt wird. Dies wird, wie nachfolgend gezeigt wird, in einem höheren F&E-Investitionsniveau, geringeren effektiven Grenzkosten, aber auch geringeren Absatzpreisen und daraus folgend höheren Absatzmengen resultieren.

Auf eine ausführliche grafische Darstellung der optimalen Absatzpreise, Absatzmengen, F&E-Investitionsniveaus sowie effektiven Grenzkosten wird an dieser Stelle für die einzelnen Teilspielvergleiche verzichtet. Die Teilspielgewinndifferenzen werden jedoch verbal beschrieben, um die Herleitung der Gesamtspiellösung nachvollziehbar zu machen.

Die optimalen Absatzpreise, Absatzmengen, F&E-Investitionsniveaus sowie die effektiven Grenzkosten nehmen in Teilspiel DD innerhalb der gewählten Parametergrenzen bei niedrigem Wettbewerb auch für dieses aggregierte Performancemaß stets positive Werte an.[526] Die Absatzpreisdifferenz in diesem Teilspielvergleich ist positiv, d.h. der resultierende Absatzpreis in Teilspiel NN ist höher als jener, den die Manager in Teilspiel DD wählen. Die Absatzmengendifferenz ist negativ, d.h. $q^{NN*} < q^{GKGK*}$. Aus der strategischen Wahl des Beteiligungsparameters resultiert ein positives Gewicht auf der Kostenreduktion. Dies spiegelt sich im höheren optimalen F&E-Investitionsniveau in Teilspiel DD im Vergleich zu Teilspiel NN wider. Daraus resultieren geringere effektive Grenzkosten in Teilspiel DD, d.h. $c^{NN*} > c^{GKGK*}$.

6.6.4.1.2 Vergleich Teilspiel NN und DN

Die Gewinndifferenzen in diesem Teilspielvergleich lassen sich in Abhängigkeit von A und r folgendermaßen darstellen:

---

[526] Für Teilspiel NN wurde dies bereits in Abschnitt 6.4.4.1.1 gezeigt.

Unternehmen i | Unternehmen j

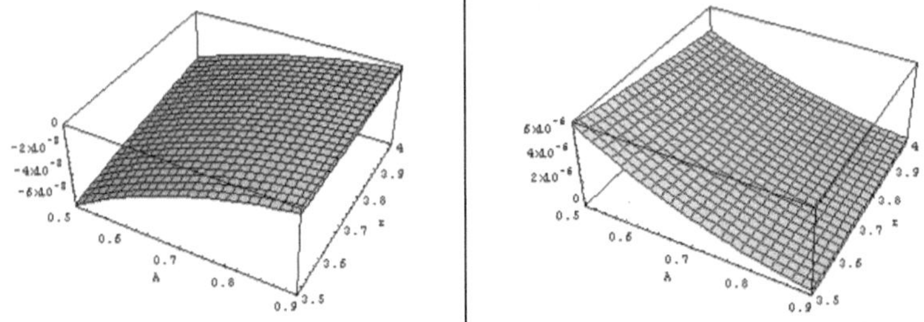

1) Gewinndifferenz $G^{NN*} - G_i^{GKN*}$ | 2) Gewinndifferenz $G^{NN*} - G_j^{GKN*}$

Abbildung 26: Gewinndifferenzen im Vergleich NN und DN, niedriger Wettbewerb

Für Unternehmen i ist die Gewinndifferenz in diesem Teilspielvergleich stets negativ, es gilt $G^{NN*} < G_i^{GKN*}$. Für Unternehmen j dagegen ist die Gewinndifferenz positiv, d.h. es erzielt einen höheren Gewinn in Teilspiel NN als in Teilspiel DN. Daraus folgt im relativen Vergleich für Teilspiel DN, dass $G_i^{GKN*} > G_j^{GKN*}$. Das delegierende Unternehmen i erzielt einen höheren Gewinn als das eigentümergeführte Unternehmen j. Die Absatzpreise, Absatzmengen, F&E-Investitionsniveaus sowie die Grenzkosten sind in Teilspiel DN innerhalb der gewählten Parametergrenzen in beiden Unternehmen stets positiv. Der von Eigentümer i gewählte optimale Beteiligungsparameter α_i^{GKN*} nimmt stets Werte kleiner Eins aber größer Null an. Die Absatzpreisdifferenzen sind für beide Unternehmen positiv, d.h. $p^{NN*} > p_i^{GKN*}$ bzw. $p^{NN*} > p_j^{GKN*}$. Im relativen Vergleich zeigt sich, dass $p_i^{GKN*} < p_j^{GKN*}$, d.h. Manager i wählt bei Vorgabe eines aggregierten Performancemaßes aus Gewinn und Kostenreduktion einen geringeren Absatzpreis als der Eigentümer in Unternehmen j. Die Absatzmengendifferenz für Unternehmen i ist negativ, d.h. in Teilspiel DN resultiert eine höhere Absatzmenge als in Teilspiel NN. Für Unternehmen j ist die Absatzmengendifferenz positiv, d.h. $q^{NN*} > q_j^{GKN*}$. Ein Vergleich der optimalen F&E-Investitionsniveaus zeigt, dass $x^{NN*} < x_i^{GKN*}$, d.h. Manager i wählt in Teilspiel DN ein höheres optimales Investitionsniveau als dies Eigentümer i in Teilspiel NN tun würde. Für Unternehmen j zeigt der Vergleich, dass $x^{NN*} > x_j^{GKN*}$, d.h. in Teilspiel DN wird von Unternehmenseigentümer j ein geringeres Investitionsniveau gewählt als in Teilspiel NN. Für die effektiven Grenzkosten resultiert daraus $c^{NN*} > c_i^{GKN*}$ bzw. $c^{NN*} < c_j^{GKN*}$.

6.6.4.1.3 Vergleich Teilspiel NN und ND

Dieser Teilspielvergleich entspricht dem in Abschnitt 6.6.4.1.2 durchgeführten Vergleich, wobei allerdings die Indizes für die beiden Unternehmen getauscht werden müssen, d.h. $G_i^{GKN*} = G_j^{NGK*}$ usw.

6.6.4.1.4 Vergleich Teilspiel DD und DN

Unternehmen i

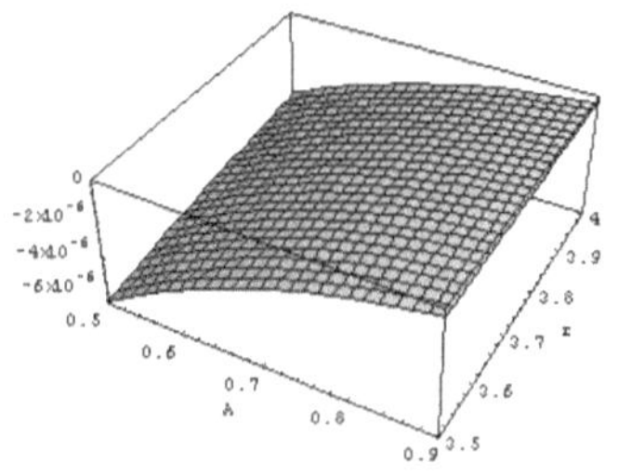

1) Gewinndifferenz $G^{GKGK*} - G_i^{GKN*}$

Unternehmen j

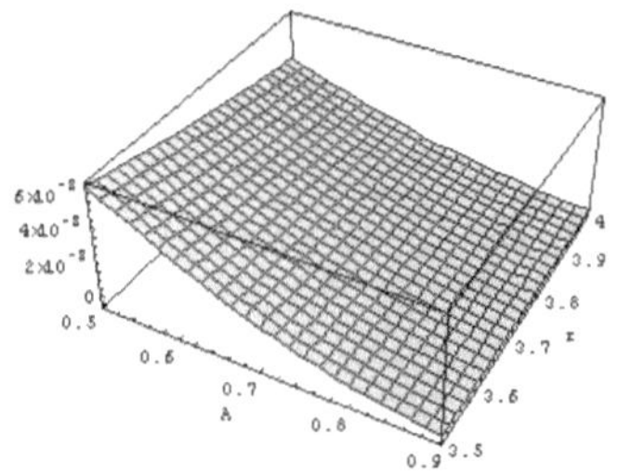

2) Gewinndifferenz $G^{GKGK*} - G_j^{GKN*}$

Abbildung 27: Gewinndifferenzen im Vergleich DD und DN, niedriger Wettbewerb

In diesem Teilspielvergleich zeigt sich, dass der Gewinn von Unternehmenseigentümer i in Teilspiel DN stets höher ist als jener in Teilspiel DD, d.h. $G^{GKGK*} < G_i^{GKN*}$. Für Unternehmen j zeigt der Vergleich, dass der Gewinn bei beidseitiger Delegation höher ist als in Teilspiel DN, wenn nur Unternehmen i delegiert. Die Absatzpreisdifferenzen sind für beide Unternehmen stets negativ; in Teilspiel DN wird ein höherer Absatzpreis gewählt als in Teilspiel DD. Die Absatzmengendifferenz ist für Unternehmen i negativ, es gilt $q^{GKGK*} < q_i^{GKN*}$. Für Unternehmen j zeigt der Teilspielvergleich $q^{GKGK*} > q_j^{GKN*}$. Das optimale F&E-Investitionsniveau, welches Manager i bei niedrigem Wettbewerb in Teilspiel DN wählt, ist höher als jenes in Teilspiel DD, d.h. $x^{GKGK*} < x_i^{GKN*}$. In Unternehmen j wird in Teilspiel DN dagegen ein geringeres Investitionsniveau gewählt, d.h. $x^{GKGK*} > x_j^{GKN*}$. Daraus resultiert für die effektiven Grenzkosten $c^{GKGK*} > c_i^{GKN*}$ bzw. $c^{GKGK*} < c_j^{GKN*}$.

6.6.4.1.5 Vergleich Teilspiel DD und ND

Dieser Teilspielvergleich entspricht dem in Abschnitt 6.6.4.1.4 durchgeführten Vergleich, wobei allerdings die Indizes für die beiden Unternehmen getauscht werden müssen, d.h. $G_i^{GKN*} = G_j^{NGK*}$ usw.

6.6.4.1.6 Lösung des Gesamtspiels in Stufe 1, niedriger Wettbewerb

Tabelle 9 fasst die Ergebnisse aus den Teilspielvergleichen für niedrigen Wettbewerb nochmals übersichtlich zusammen.

$f=1/4$, $A\in[\frac{1}{2},\frac{9}{10}]$, $r\in[\frac{7}{2},4]$, $p_i,p_j,q_i,q_j,x_i,x_j,c_i,c_j>0$ in allen Teilspielen	
$G^{NN*}<G_i^{GKN*}$, Eigentümer i delegiert $G^{NN*}>G_j^{GKN*}$	$G^{NN*}>G_i^{NGK*}$ $G^{NN*}<G_j^{NGK*}$, Eigentümer j delegiert
$G^{GKGK*}>G_i^{NGK*}$, Eigentümer i delegiert $G^{GKGK*}<G_j^{NGK*}$	$G^{GKGK*}<G_i^{GKN*}$ $G^{GKGK*}>G_j^{GKN*}$ Eigentümer j delegiert
$G^{GKGK*}<G^{NN*}$, beidseitige Delegation führt zu einer Verschlechterung	

Tabelle 9: Zsfg. der Ergebnisse „Gewinn-Kostenreduktion“, niedriger Wettbewerb

Aus den dargestellten Teilspielvergleichen lassen sich nun in Stufe 1 die optimalen Strategien der beiden Unternehmenseigentümer ermitteln.

Angenommen, Unternehmen j ist eigentümergeführt. Dann kann Unternehmenseigentümer i sich ebenfalls gegen Delegation entscheiden und sowohl die Absatzpreis- als auch die F&E-Investitionsentscheidung mit dem Ziel der Gewinnmaximierung selbst treffen. Es resultiert dann für ihn der Gewinn G^{NN*}. Entscheidet sich Eigentümer i jedoch für Delegation und offeriert einen Managerentlohnungsvertrag mit einem aggregierten Performancemaß aus Gewinn und Kostenreduktion, so erzielt er den Gewinn G_i^{GKN*}. Aus dem Vergleich dieser beiden Gewinnfunktionen zeigt sich innerhalb der gewählten Parametergrenzen für niedrigen Wettbewerb, dass $G^{NN*}<G_i^{GKN*}$. Eigentümer i wird sich daher, gegeben Unternehmen j bleibt eigentümergeführt, für Delegation entscheiden.

Wird andererseits angenommen, Unternehmenseigentümer j delegiert jedenfalls beide Entscheidungen an einen Manager, so kann Eigentümer i sich entweder gegen Delegation entscheiden und den Gewinn G_i^{NGK*} erzielen oder er kann ebenfalls beide Entscheidungen delegieren und erzielt dann G^{GKGK*}. Ein Vergleich dieser beiden Gewinnfunktionen zeigt, dass $G^{GKGK*}>G_i^{NGK*}$. Eigentümer i wird sich daher, gegeben Eigentümer j delegiert, ebenfalls für Delegation entscheiden. Diese Überlegungen gelten aufgrund der Symmetrie analog für Unternehmenseigentümer j.

Als Gesamtspielgleichgewicht lässt sich daher auch für dieses aggregierte Performancemaß die beidseitige Delegation ermitteln. Unabhängig von der jeweiligen Konkurrenzentscheidung werden beide Eigentümer die Absatzpreis- und F&E-Investitionsent-

scheidung delegieren. Im Unterschied zu den in Abschnitt 6.4 und 6.5 dargestellten aggregierten Performancemaßen sind die resultierenden Gewinne in Teilspiel DD jedoch geringer als die Gewinne in Teilspiel NN ohne Delegation. Beide Unternehmenseigentümer befinden sich in einem Gefangenendilemma, sie würden sich ohne Delegationsmöglichkeit besser stellen.

6.6.4.2 Mittlerer Wettbewerb, $f = 1/2$

Für die Analyse bei mittlerem Wettbewerb werden die Basisproduktionskosten in den Grenzen $A \in [\frac{1}{2}, \frac{9}{10}]$ und der F&E-Kostenparameter $r \in [\frac{7}{2}, 4]$ festgelegt.

6.6.4.2.1 Vergleich Teilspiel NN und DD

Für mittleren Wettbewerb ergibt sich in diesem Teilspielvergleich eine positive Gewinndifferenz, d.h. $G^{NN*} > G^{GKGK*}$. Innerhalb der Parametergrenzen für A und r gilt stets $p^{GKGK*}, q^{GKGK*}, x^{GKGK*}, c^{GKGK*} > 0$. Der optimale Beteiligungsparameter α^{GKGK*} wird von den Eigentümern stets kleiner Eins aber größer Null festgelegt. Die Absatzpreisdifferenz ist positiv, der optimale Absatzpreis in Teilspiel NN also höher als jener in Teilspiel DD. Die Absatzmengendifferenz ist negativ, d.h. $q^{NN*} < q^{GKGK*}$. Aus dem Vergleich der optimalen F&E-Investitionsniveaus zeigt sich wiederum die höhere Investition durch den Manager in Teilspiel DD, da $x^{NN*} < x^{GKGK*}$. Für die effektiven Grenzkosten resultiert daraus $c^{NN*} > c^{GKGK*}$.

6.6.4.2.2 Vergleich Teilspiel NN und DN

Die Gewinndifferenz für Unternehmen i ist stets auch für mittleren Wettbewerb negativ, es gilt $G^{NN*} < G_i^{GKN*}$. Für Unternehmen j ist die Teilspielgewinndifferenz positiv, d.h. $G^{NN*} > G_j^{GKN*}$. Daraus folgt, dass $G_i^{GKN*} > G_j^{GKN*}$. Die optimalen Absatzpreise, Absatzmengen, F&E-Investitionsniveaus sowie die effektiven Grenzkosten sind für beide Unternehmen in Teilspiel DN stets positiv. Für den optimalen Beteiligungsparameter in Unternehmen i gilt stets $0 < \alpha_i^{GKN*} < 1$. Die Absatzpreisdifferenzen sind in diesem Teilspielvergleich innerhalb der Grenzen für A und r stets positiv. In Teilspiel DN wählt Manager i im relativen Vergleich einen geringeren Absatzpreis als Eigentümer j. Die Absatzmengendifferenz für Unternehmen i ist negativ, d.h. $q^{NN*} < q_i^{GKN*}$. Für Unternehmen j ist die Absatzmengendifferenz positiv, d.h. $q^{NN*} > q_j^{GKN*}$. Für die optimalen F&E-Investitionsniveaus gilt auch bei mittlerem Wettbewerb $x^{NN*} < x_i^{GKN*}$ bzw. $x^{NN*} > x_j^{GKN*}$. Daraus resultiert für die effektiven Grenzkosten $c^{NN*} > c_i^{GKN*}$ bzw. $c^{NN*} < c_j^{GKN*}$.

6.6.4.2.3 Vergleich Teilspiel NN und ND

Dieser Teilspielvergleich entspricht dem in Abschnitt 6.6.4.2.2 durchgeführten Vergleich, wobei allerdings die Indizes für die beiden Unternehmen getauscht werden müssen, d.h. $G_i^{GKN*} = G_j^{NGK*}$ usw.

6.6.4.2.4 Vergleich Teilspiel DD und DN

In diesem Teilspielvergleich zeigt sich auch bei mittlerem Wettbewerb, dass der Gewinn von Eigentümer i in Teilspiel DN stets höher ist als jener in Teilspiel DD, d.h. $G^{GKGK*} < G_i^{GKN*}$. Für Unternehmenseigentümer j ist der Gewinn in Teilspiel DN geringer als jener bei beidseitiger Delegation; es gilt $G^{GKGK*} > G_j^{GKN*}$. Die Absatzpreisdifferenzen sind stets negativ, d.h. $p^{GKGK*} < p_i^{GKN*}$ bzw. $p^{GKGK*} < p_j^{GKN*}$. Die Absatzmengendifferenz für Unternehmen i ist negativ, d.h. für Unternehmen i resultiert in Teilspiel DN eine höhere Absatzmenge als in Teilspiel DD. Für Unternehmen j gilt dagegen $q^{GKGK*} > q_j^{GKN*}$. Das optimale F&E-Investitionsniveau, welches Manager i in Teilspiel DN wählt, ist innerhalb der gewählten Parametergrenzen für A und r höher als jenes in Teilspiel DD, d.h. $x^{GKGK*} < x_i^{GKN*}$. Unternehmenseigentümer j wählt hingegen in Teilspiel DN ein geringeres Investitionsniveau als in Teilspiel DD. Daraus resultiert für die effektiven Grenzkosten $c^{GKGK*} > c_i^{GKN*}$ bzw. $c^{GKGK*} < c_j^{GKN*}$.

6.6.4.2.5 Vergleich Teilspiel DD und ND

Dieser Teilspielvergleich entspricht dem in Abschnitt 6.6.4.2.4 durchgeführten Vergleich, wobei allerdings die Indizes für die beiden Unternehmen getauscht werden müssen, d.h. $G_i^{GKN*} = G_j^{NGK*}$ usw.

6.6.4.2.6 Lösung des Gesamtspiels in Stufe 1, mittlerer Wettbewerb

Die Lösung des Gesamtspiels bei mittlerem Wettbewerb erfolgt analog zur Vorgehensweise in Abschnitt 6.6.4.1.6. Für Unternehmenseigentümer i werden, gegeben Unternehmen j bleibt eigentümergeführt, die Gewinnfunktionen G^{NN*} und G_i^{GKN*} verglichen. Es zeigt sich, dass auch bei mittlerem Wettbewerb $G^{NN*} < G_i^{GKN*}$ gilt. Eigentümer i wird, gegeben Eigentümer j verzichtet auf Delegation, jedenfalls delegieren. Für den Fall, dass Eigentümer j jedenfalls delegiert, vergleicht Eigentümer i die Gewinnfunktionen G^{GKGK*} und G_i^{NGK*}. Es zeigt sich auch hier, dass $G^{GKGK*} > G_i^{NGK*}$ und dass daher Eigentümer i jedenfalls delegiert. Auch für mittleren Wettbewerb gilt daher, dass unabhängig von der Konkurrenzentscheidung, die Delegation für beide Eigentümer ein Gleichgewicht in dominanten Strategien darstellt. Die Unternehmenseigentümer befinden sich jedoch auch hier in einem Gefangenendilemma und erzielen einen geringeren Gewinn als im Fall beidseitiger Nichtdelegation.

Tabelle 10 fasst die Ergebnisse aus den Teilspielvergleichen für mittleren Wettbewerb nochmals übersichtlich zusammen.

$f=1/2$, $A\in[\frac{1}{2},\frac{9}{10}]$, $r\in[\frac{7}{2},4]$, $p_i,p_j,q_i,q_j,x_i,x_j,c_i,c_j>0$ in allen Teilspielen	
$G^{NN*}<G_i^{GKN*}$, Eigentümer *i* delegiert $G^{NN*}>G_j^{GKN*}$	$G^{NN*}>G_i^{NGK*}$ $G^{NN*}<G_j^{NGK*}$, Eigentümer *j* delegiert
$G^{GKGK*}>G_i^{NGK*}$, Eigentümer *i* delegiert $G^{GKGK*}<G_j^{NGK*}$	$G^{GKGK*}<G_i^{GKN*}$ $G^{GKGK*}>G_j^{GKN*}$ Eigentümer *j* delegiert
$G^{GKGK*}<G^{NN*}$, beidseitige Delegation führt zu einer Verschlechterung	

Tabelle 10: Zsfg. der Ergebnisse „Gewinn-Kostenreduktion“, mittlerer Wettbewerb

6.6.4.3 Hoher Wettbewerb, *f* = 3/4

Für die Analyse bei $f=3/4$ werden die Basisproduktionskosten in den Grenzen $A\in[\frac{1}{2},\frac{9}{10}]$ und der F&E-Kostenparameter $r\in[\frac{7}{2},4]$ festgelegt.

6.6.4.3.1 Vergleich Teilspiel NN und DD

Die Gewinndifferenz $G^{NN*}-G^{GKGK*}$ ist bei hohem Wettbewerb innerhalb der Parametergrenzen für A und r stets positiv, d.h. $G^{NN*}>G^{GKGK*}$. Die optimalen Absatzpreise, Absatzmengen, F&E-Investitionsniveaus und effektiven Grenzkosten sind auch bei hohem Wettbewerb stets positiv. Der optimale Beteiligungsparameter wird von den Eigentümern in Teilspiel DD stets kleiner Eins aber größer Null festgelegt. Die Absatzpreisdifferenz ist positiv, d.h. $p^{NN*}>p^{GKGK*}$. Für die Absatzmengen ergibt der Vergleich $q^{NN*}<q^{GKGK*}$. Die Differenz aus dem Vergleich der F&E-Investitionsniveaus ist negativ, d.h. $x^{NN*}<x^{GKGK*}$. Daraus folgt für die Grenzkosten bei hohem Wettbewerb innerhalb der Parametergrenzen $c^{NN*}>c^{GKGK*}$

6.6.4.3.2 Vergleich Teilspiel NN und DN

Aus dem Vergleich der Gewinne zeigt sich auch bei hohem Wettbewerb, dass $G^{NN*}<G_i^{GKN*}$ bzw. $G^{NN*}>G_j^{GKN*}$. Daraus folgt, dass $G_i^{GKN*}>G_j^{GKN*}$. Die optimalen Absatzpreise, Absatzmengen, F&E-Investitionsniveaus sowie die effektiven Grenzkosten sind für beide Unternehmen in Teilspiel DN innerhalb der Parametergrenzen stets positiv. Für den optimalen Beteiligungsparameter in Unternehmen i gilt unverändert $0<\alpha_i^{GKN*}<1$. Die Absatzpreisdifferenzen sind in diesem Teilspielvergleich innerhalb der Grenzen für A und r stets positiv, d.h. $p^{NN*}>p_i^{GKN*}$ bzw. $p^{NN*}>p_j^{GKN*}$. Der relative Vergleich zeigt, dass $p_i^{GKN*} < p_j^{GKN*}$. Die Absatzmengendifferenz für Unternehmen i ist negativ, d.h. $q^{NN*} < q_i^{GKN*}$. Für Unternehmen j ist die Absatzmengendifferenz in diesem Teilspielvergleich positiv, d.h. $q^{NN*} > q_j^{GKN*}$. Für das optimale F&E-Investitionsniveaus gilt auch bei hohem Wettbewerb $x^{NN*} < x_i^{GKN*}$ bzw. $x^{NN*} > x_j^{GKN*}$. Daraus resultiert für die effektiven Grenzkosten $c^{NN*} > c_i^{GKN*}$ bwz. $c^{NN*} < c_j^{GKN*}$.

6.6.4.3.3 Vergleich Teilspiel NN und ND

Dieser Teilspielvergleich entspricht dem in Abschnitt 6.6.4.3.2 durchgeführten Vergleich, wobei allerdings die Indizes für die beiden Unternehmen getauscht werden müssen, d.h. $G_i^{GKN*} = G_j^{NGK*}$ usw.

6.6.4.3.4 Vergleich Teilspiel DD und DN

In diesem Teilspielvergleich zeigt sich auch bei hohem Wettbewerb, dass $G^{GKGK*} < G_i^{GKN*}$, d.h. der Gewinn von Eigentümer i in Teilspiel DN ist stets höher als jener in Teilspiel DD. Für Unternehmenseigentümer j resultiert in Teilspiel DN dagegen ein geringerer Gewinn als in Teilspiel DD bei beidseitiger Delegation, d.h. $G^{GKGK*} > G_j^{GKN*}$. Die Absatzpreisdifferenzen sind für beide Unternehmen stets negativ, d.h. $p^{GKGK*} < p_i^{GKN*}$ und $p^{GKGK*} < p_j^{GKN*}$. Die Absatzmengendifferenz für Unternehmen i ist negativ, d.h. $q^{GKGK*} < q_i^{GKN*}$. Für Unternehmen j ist die Absatzmengendifferenz hingegen positiv, d.h. $q^{GKGK*} > q_j^{GKN*}$. Das optimale F&E-Investitionsniveau, welches Manager i in Teilspiel DN wählt, ist innerhalb der gewählten Parametergrenzen für A und r höher als jenes in Teilspiel DD, d.h. $x^{GKGK*} < x_i^{GKN*}$. Unternehmenseigentümer j wählt in Teilspiel DN ein geringeres F&E-Investitionsniveau als in Teilspiel DD. Daraus resultiert für die effektiven Grenzkosten $c^{GKGK*} > c_i^{GKN*}$ bzw. $c^{GKGK*} < c_j^{GKN*}$.

6.6.4.3.5 Vergleich Teilspiel DD und ND

Dieser Teilspielvergleich entspricht dem in Abschnitt 6.6.4.3.4 durchgeführten Vergleich, wobei allerdings die Indizes für die beiden Unternehmen getauscht werden müssen, d.h. $G_i^{GKN*} = G_j^{NGK*}$ usw.

6.6.4.3.6 Lösung des Gesamtspiels in Stufe 1, hoher Wettbewerb

Die Lösung des Gesamtspiels erfolgt für hohen Wettbewerb in Stufe 1 analog zur Vorgehensweise in Abschnitt 6.6.4.1.6 bzw. 6.6.4.2.6. Auch hier zeigt sich, dass unabhängig von der Konkurrenzentscheidung, die Delegation für beide Unternehmenseigentümer ein Gleichgewicht in dominanten Strategien darstellt. Es gilt auch hier $G^{NN*} < G_i^{GKN*}$ sowie $G^{GKGK*} > G_i^{NGK*}$.

Tabelle 11 fasst die Ergebnisse aus den Teilspielvergleichen für hohen Wettbewerb nochmals übersichtlich zusammen.

$f = 3/4$, $A \in [\frac{1}{2}, \frac{9}{10}]$, $r \in [\frac{7}{2}, 4]$, $p_i, p_j, q_i, q_j, x_i, x_j, c_i, c_j > 0$ in allen Teilspielen	
$G^{NN*} < G_i^{GKN*}$, Eigentümer *i* delegiert $G^{NN*} > G_j^{GKN*}$	$G^{NN*} > G_i^{NGK*}$ $G^{NN*} < G_j^{NGK*}$, Eigentümer *j* delegiert
$G^{GKGK*} > G_i^{NGK*}$, Eigentümer *i* delegiert $G^{GKGK*} < G_j^{NGK*}$	$G^{GKGK*} < G_i^{GKN*}$ $G^{GKGK*} > G_j^{GKN*}$ Eigentümer *j* delegiert
$G^{GKGK*} < G^{NN*}$, beidseitige Delegation führt zu einer Verschlechterung	

Tabelle 11: Zsfg. der Ergebnisse „Gewinn-Kostenreduktion", hoher Wettbewerb

6.6.5 Zusammenfassung Performancemaß „Gewinn und Kostenreduktion"

Zusammenfassend lässt sich für ein aggregiertes Performancemaß aus Gewinn und Kostenreduktion in Stufe 1 feststellen, dass, innerhalb der gewählten Parametergrenzen für A und r unabhängig von der Ausprägung des Elastizitätsparameters f, die beidseitige Delegation ein teilspielperfektes Gleichgewicht darstellt. Dieses Ergebnis wurde auch bei den aggregierten Performancemaßen aus Gewinn und Umsatz bzw. Gewinn und Absatzmenge ermittelt. Im Unterschied zu den beiden vorhergehenden aggregierten Performancemaßen, welche zusätzlich zum Gewinn eine Absatzmarktkomponente (Umsatz bzw. Absatzmenge) beinhalten, zeigt ein direkter Vergleich des Teilspiels DD mit dem Teilspiel NN jedoch keine Erhöhung der Gewinne durch Delegation, wenn dem Manager ein aggregiertes Performancemaß aus Gewinn und Kostenreduktion offeriert wird. Beide Unternehmenseigentümer befinden sich in einem Gefangenendilemma und würden sich ohne Delegationsmöglichkeit besser stellen.[527]

Der optimale Beteiligungsparameter α^* wird im Fall der Delegation von beiden Unternehmenseigentümern stets kleiner Eins aber größer Null gewählt.[528] Es wird also im aggregierten Performancemaß sowohl auf den Gewinn als auch auf die Kostenreduktion ein positives Gewicht gelegt. Der Manager wählt, mit dem Ziel der Maximierung dieses aggregierten Performancemaßes ein höheres F&E-Investitionsniveau als dies der Eigentümer im Fall der Nichtdelegation tun würde. Es kommt zu einer höheren Investition in prozesskostensenkende Maßnahmen, woraus geringere effektive Grenz-

527 Vgl. zu dieser Situation eines Gefangenendilemmas der beidseitigen Delegation mit geringeren Gewinnen als teilspielperfektes Gleichgewicht in einem zweistufigen Duopolspiel mit Mengenwettbewerb ohne F&E-Investitionsmöglichkeit z.B. *Fershtman/Judd* (1987) oder *Sklivas* (1987).

528 Die Untergrenze für den Beteiligungsparameter ergibt sich bei diesem Performancemaß aus der Bedingung zweiter Ordnung in Stufe 4 bei der Festlegung der Absatzpreise.

kosten für das delegierende Unternehmen resultieren. Der vom Manager gewählte optimale Absatzpreis ist geringer als jener, den ein Eigentümer wählen würde, d.h. das delegierende Unternehmen agiert aggressiver am Absatzmarkt, was sich auch in einer höheren Absatzmenge widerspiegelt. Aus strategischer Sicht eignet sich das aggregierte Performancemaß aus Gewinn und Kostenreduktion daher in dem hier untersuchten Szenario nicht, um eine Verbesserung der Unternehmenszielerreichung zu bewirken.

Nachfolgend wird die Entlohnungsfunktion des Managers im Delegationsspiel nochmals variiert, indem nun der Residualgewinn als Performancemaß herangezogen wird.

6.7 Residualgewinn

Das vierte im Rahmen dieser Modellanalyse untersuchte Performancemaß ist der Residualgewinn. Gerade im Kontext von Investment-Center-Organisationsstrukturen wurde der Residualgewinn in der Unternehmensrechnungsliteratur als geeignetes Performancemaß, welches neben dem erzielten Überschuss (Gewinn) auch den dafür notwendigen Ressourceneinsatz berücksichtigt, vorgeschlagen.[529]

Der Residualgewinn ist üblicherweise definiert als Gewinngröße abzüglich Kapitalkosten. Diese Kapitalkosten stellen Zinsen auf das im Unternehmen bzw. im Unternehmensbereich gebundene Kapital dar. Der Residualgewinn entspricht also einem Übergewinn, welcher nach Abzug dieser Verzinsung auf die eingesetzten Ressourcen resultiert. Die Eignung des Residualgewinns für Investment-Center-Manager wird in der Literatur folgendermaßen begründet:[530] Werden langfristig wirksame Investitionsentscheidungen an einen Manager delegiert, dessen Entlohnungsvertrag den Residualgewinn als Performancemaß enthält,[531] führt eine Maximierung des Barwerts der zukünftig erwarteten Residualgewinne zu einer gleichzeitigen Maximierung des Kapitalwerts der Einzahlungsüberschüsse aus dem Investitionsprojekt. Der Kapitalwert der Einzahlungsüberschüsse stellt das aus Sicht der Unternehmenseigentümer relevante Kriterium dar. Der einperiodige Residualgewinn als Performancemaß dient also, unter bestimmten Annahmen[532], einer Interessensharmonisierung zwischen Unternehmenseigentümern und Manager.

Bei Verwendung des Residualgewinns wird, der Systematik von *Brown/Svenson* (1988) folgend, ebenfalls auf ein mittelbares F&E-Ergebnis abgestellt, nämlich auf eine modifizierte Gewinngröße, die damit den Erfolg aus der F&E-Tätigkeit nach Verwertung in den Leistungssystemen widerspiegelt.

---

529 Vgl. *Ewert/Wagenhofer* (2005), S. 408. Für einen Überblick über die Entwicklung des Residualgewinns siehe z.B. *Bromwich/Walker* (1998).

530 Vgl. z.B. *Ewert/Wagenhofer* (2005), Kapitel 2, für eine durch Beispiele gestützte Darstellung, aber auch *Laux/Liermann* (2005), S. 597ff.

531 Ressourcenpräferenzen des Managers werden in der vorliegenden Analyse, wie in Annahme 10 dargelegt wurde, ausgeschlossen.

532 Siehe dazu *Ewert/Wagenhofer* (2005), S. 65ff.

Betrachtet man im vorliegenden Modellanalyserahmen die F&E-Investitionsausgaben als einperiodige Investition, so entspricht die Investitionszahlung gerade der Abschreibung.[533] Der Residualgewinn wird daher im Modell definiert als Gewinn G_i (G_j) abzüglich einer Verzinsung auf das gebundene Kapital, welches in diesem einperiodigen Kontext genau der F&E-Investitionsauszahlung $\frac{1}{2}\cdot r\cdot x_i^2$ bzw. $\frac{1}{2}\cdot r\cdot x_j^2$ entspricht.

Im Unterschied zu den in Abschnitt 6.4 und 6.5 dargestellten aggregierten Performancemaßen, stellt der Residualgewinn, so wie auch bereits die Kombination aus Gewinn und Kostenreduktion, im Kontext strategischer Delegation eine neue Form des Performancemaßes dar, welches keine zusätzliche Absatzmarktkomponente (wie z.B. Umsatz bzw. die realisierte Absatzmenge) enthält.

Nachfolgend werden die Ergebnisse der Teilspiele DD, DN und ND für einen Managerentlohnungsvertrag, der den Residualgewinn als Performancemaß enthält, für Unternehmen i und j ermittelt. Die Ergebnisse für Teilspiel NN entsprechen wiederum jenen des F&E-Grundmodells ohne Delegation und wurden bereits in Abschnitt 6.3 dargestellt.

6.7.1 Teilspiel DD

Der Entlohnungsvertrag des jeweiligen Managers enthält nun folgendes aggregiertes Performancemaß:

$$U_i = RG_i = G_i - \alpha_i \cdot \left(\frac{1}{2}\cdot r\cdot x_i^2\right) \tag{6.66.1}$$

$$U_j = RG_j = G_j - \alpha_j \cdot \left(\frac{1}{2}\cdot r\cdot x_j^2\right) \tag{6.66.2}$$

Dabei bezeichnet RG den jeweiligen Residualgewinn. Der Parameter α_i (α_j) repräsentiert in dieser Definition den Kapitalkostensatz, welcher aus Sicht der Unternehmenseigentümer gewissermaßen „Opportunitätskosten“ für die Kapitalüberlassung darstellt. Dieses Performancemaß lässt sich umformen zu:

$$U_i = (p_i - (A - x_i))\cdot q_i - (1+\alpha_i)\cdot\left(\frac{1}{2}\cdot r\cdot x_i^2\right) \tag{6.67.1}$$

$$U_j = (p_j - (A - x_j))\cdot q_j - (1+\alpha_j)\cdot\left(\frac{1}{2}\cdot r\cdot x_j^2\right) \tag{6.67.2}$$

---

[533] Vgl. *Ewert/Wagenhofer* (2005), S. 476ff, für eine Äquivalenzdarstellung zur Lösung von Investitionsproblemen.

Durch diese Umformung erkennt man, dass das aggregierte Performancemaß wiederum eine modifizierte Gewinngröße darstellt, in der die F&E-Investitionsausgaben mit dem Klammerausdruck $(1+\alpha_i)$ bzw. $(1+\alpha_j)$ multipliziert werden. Durch die Wahl eines $\alpha_i > 0$ ($\alpha_j > 0$) können die Unternehmenseigentümer die F&E-Investitionsausgaben für den Manager verteuern und ihn daher zu einer geringeren Investition in prozesskostensenkende Maßnahmen bewegen. Daraus resultieren höhere effektive Grenzkosten, was sich in höheren Absatzpreisen und damit in einem weniger aggressiven Verhalten des delegierenden Unternehmens am Markt widerspiegelt. Alternativ können die Eigentümer die F&E-Investitionskosten im Kalkül des Managers auch senken ($\alpha_i, \alpha_j < 0$), wodurch der Manager zu einer verstärkten Investition in F&E angeregt wird. Dies führt zu einer Senkung der effektiven Grenzkosten, woraus geringere Absatzpreise und höhere Absatzmengen resultieren. Das delegierende Unternehmen präsentiert sich in diesem Fall am Absatzmarkt als aggressiver.

Die Lösung dieses Teilspiels wird wiederum durch Rückwärtsinduktion ermittelt, beginnend in Stufe 4.

6.7.1.1 Stufe 4 - Absatzpreisentscheidung

Die beiden Manager optimieren ihre jeweiligen Entlohnungsfunktionen und wählen daher den Absatzpreis p_i (p_j) so, dass U_i (U_j) maximiert wird. Durch Ableiten von U_i nach p_i bzw. U_j nach p_j erhält man folgende Reaktionsfunktionen:

$$RF_i = p_i(\alpha_i, \alpha_j, x_i, x_j, p_j) = \frac{1}{2} \cdot (a \cdot (1-f) + (A - x_i) + f \cdot p_j) \tag{6.68.1}$$

$$RF_j = p_j(\alpha_i, \alpha_j, x_i, x_j, p_i) = \frac{1}{2} \cdot (a \cdot (1-f) + (A - x_j) + f \cdot p_i) \tag{6.68.2}$$

Diese Reaktionsfunktionen entsprechen jenen der Unternehmenseigentümer im F&E-Grundmodell ohne Delegation, da bei Ableitung von U_i nach p_i bzw. U_j nach p_j der Parameter α_i (α_j) zunächst wegfällt. Ein Unterschied zur Absatzpreisentscheidung im F&E-Grundmodell kann sich, wie bereits bei dem aggregierten Performancemaß aus Gewinn und Kostenreduktion dargestellt, durch unterschiedliche F&E-Investitionsniveaus ergeben, welche jeweils in einem negativen Zusammenhang mit dem eigenen optimalen Absatzpreis stehen.

Die optimalen Absatzpreise in Abhängig von den F&E-Investitionsniveaus und von den Kapitalkosten α_i und α_j lauten folgendermaßen:

$$p_i(\alpha_i, \alpha_j, x_i, x_j) = \frac{a \cdot (1-f) \cdot (2+f) + 2 \cdot (A - x_i) + f \cdot (A - x_j)}{4 - f^2} \tag{6.69.1}$$

$$p_j(\alpha_i, \alpha_j, x_i, x_j) = \frac{a \cdot (1-f) \cdot (2+f) + 2 \cdot (A - x_j) + f \cdot (A - x_i)}{4 - f^2} \tag{6.69.2}$$

Auch diese entsprechen zunächst den optimalen Absatzpreisen aus dem F&E-Grundmodell ohne Delegation, ein Unterschied kann sich aber durch ein geändertes F&E-Investitionsniveau sowohl des eigenen Unternehmens als auch des Konkurrenten ergeben.

Die SOC ergibt in dieser Stufe $\partial^2 U_i / \partial p_i^2 = \partial^2 U_j / \partial p_j^2 = -2 < 0$; ein Maximum ist daher stets gewährleistet. Die vorher im Fall des aggregierten Performancemaßes aus Gewinn und Kostenreduktion gemachte Einschränkung auf positive Werte ist hier nicht notwendig. Daher kann α_i (α_j) zunächst sowohl positive als auch negative Werte annehmen. Je nach Ausprägung ergibt sich eine entsprechende Verzerrung der F&E-Investitionskosten im Entscheidungskalkül des Managers. Eine Festlegung des Kapitalkostensatzes kleiner Null könnte als Subvention interpretiert werden und entspricht damit nicht mehr der „Standarddefinition" des Residualgewinns, da dieser dann als Gewinn *zuzüglich* Kapitalkosten auf das eingesetzte Kapital zu verstehen ist. In der vorliegenden Modelluntersuchung wird jedoch die Eignung des Residualgewinns zur Erzielung eines strategischen Wettbewerbseffekts am Duopolmarkt untersucht und daher erscheint ein Abgehen von der „Standarddefinition" zulässig.

6.7.1.2 Stufe 3 – F&E-Investitionsentscheidung

In Stufe 3 ermitteln beide Manager, nach Einsetzen der optimalen Absatzpreise in U_i bzw. U_j und Ableitung nach x_i bzw. x_j ihre Reaktionsfunktionen in Abhängigkeit von den Kapitalkostensätzen α_i (α_j) und vom jeweiligen Konkurrenzinvestitionsniveau. Die Ober- und Untergrenzen für x_i (x_j) gelten weiterhin, d.h. $0 \leq x_i \leq A$ bzw. $0 \leq x_j \leq A$.

Durch Ableitung von U_i nach x_i bzw. U_j nach x_j erhält man die Reaktionsfunktionen der beiden Manager.

$$x_i(\alpha_i,\alpha_j,x_j) = \max[0, \frac{2\cdot(f^2-2)\cdot(a-A)\cdot(1-f)\cdot(2+f)}{(8\cdot f^2\cdot(r\cdot(1+\alpha_i)-1)-f^4\cdot(r\cdot(1+\alpha_i)-2)-8\cdot(2\cdot r\cdot(1+\alpha_i)-1))} - \frac{2\cdot f\cdot(f^2-2)}{(8\cdot f^2\cdot(r\cdot(1+\alpha_i)-1)-f^4\cdot(r\cdot(1+\alpha_i)-2)-8\cdot(2\cdot r\cdot(1+\alpha_i)-1))}\cdot x_j] \tag{6.70.1}$$

$$x_j(\alpha_i,\alpha_j,x_i) = \max[0, \frac{2\cdot(f^2-2)\cdot(a-A)\cdot(1-f)\cdot(2+f)}{(8\cdot f^2\cdot(r\cdot(1+\alpha_j)-1)-f^4\cdot(r\cdot(1+\alpha_j)-2)-8\cdot(2\cdot r\cdot(1+\alpha_j)-1))} - \frac{2\cdot f\cdot(f^2-2)}{(8\cdot f^2\cdot(r\cdot(1+\alpha_j)-1)-f^4\cdot(r\cdot(1+\alpha_j)-2)-8\cdot(2\cdot r\cdot(1+\alpha_j)-1))}\cdot x_i] \tag{6.70.2}$$

Aus diesen beiden Reaktionsfunktionen können nun die optimalen F&E-Investitionsniveaus $x_i(\alpha_i,\alpha_j)$ bzw. $x_j(\alpha_i,\alpha_j)$ in Abhängigkeit von den Kapitalkostensätzen ermittelt werden.

$$x_i(\alpha_i,\alpha_j) = 2\cdot(a-A)\cdot(f-1)\cdot(f^2-2)\cdot((f-2)\cdot r\cdot(f+2)^2+(f-2)\cdot r\cdot\alpha_j\cdot(f+2)^2-2\cdot(f+1)\cdot(f^2-2))/$$
$$(r^2\cdot(f^2-4)^3-4\cdot(f^2-2)^2\cdot r\cdot(f^2-4)+4\cdot(f^2-2)^2\cdot(f^2-1)+$$
$$r\cdot\left(\left((f^2-4)^2\cdot r-2\cdot(f^2-2)^2\right)\cdot\alpha_j+\alpha_i\cdot\left(r\cdot(f^2-4)^2+r\cdot\alpha_j\cdot(f^2-4)^2-2\cdot(f^2-2)^2\right)\right)\cdot(f^2-4)) \tag{6.71.1}$$

$$x_j(\alpha_i,\alpha_j) = 2\cdot(a-A)\cdot(f-1)\cdot(f^2-2)\cdot((f-2)\cdot r\cdot(f+2)^2+(f-2)\cdot r\cdot\alpha_i\cdot(f+2)^2-2\cdot(f+1)\cdot(f^2-2))/$$
$$(r^2\cdot(f^2-4)^3-4\cdot(f^2-2)^2\cdot r\cdot(f^2-4)+4\cdot(f^2-2)^2\cdot(f^2-1)+$$
$$r\cdot\left(\left((f^2-4)^2\cdot r-2\cdot(f^2-2)^2\right)\cdot\alpha_j+\alpha_i\cdot\left(r\cdot(f^2-4)^2+r\cdot\alpha_j\cdot(f^2-4)^2-2\cdot(f^2-2)^2\right)\right)\cdot(f^2-4)) \tag{6.71.2}$$

Die SOC müssen auch in Stufe 3 geprüft werden, damit ein Maximum gewährleistet ist, d.h. $\partial^2 U_i / \partial x_i^2 = -r + \frac{2\cdot(2-f^2)^2}{(1+\alpha_i)\cdot(4-f^2)^2} < 0$, bzw. $\partial^2 U_j / \partial x_j^2 = -r + \frac{2\cdot(2-f^2)^2}{(1+\alpha_j)\cdot(4-f^2)^2} < 0$ woraus sich jeweils eine Untergrenze für den zulässigen F&E-Kostenparameter in der Form $r > \frac{2\cdot(2-f^2)^2}{(1+\alpha_i)\cdot(4-f^2)^2}$ bzw. $r > \frac{2\cdot(2-f^2)^2}{(1+\alpha_j)\cdot(4-f^2)^2}$ ableiten lässt. Im Unterschied zum F&E-Grundmodell ohne Delegation wird hier der Term im Nenner mit $(1+\alpha_i)$ bzw. $(1+\alpha_j)$ multipliziert.

6.7.1.3 Stufe 2 - Vertragsgestaltung

Nach Einsetzen von $x_i(\alpha_i,\alpha_j)$ und $x_j(\alpha_i,\alpha_j)$ in G_i bzw. G_j können schließlich in Stufe 2 die optimalen Kapitalkostensätze α_i (α_j) aus den beiden Reaktionsfunktionen der Unternehmenseigentümer bestimmt werden.

Eine allgemeine Lösung für beide Unternehmen ist auch für das Performancemaß Residualgewinn nicht möglich, wodurch hier ebenfalls auf eine symmetrische Lösung der Form $\alpha_i = \alpha_j = \alpha$ zurückgegriffen wird. Aus den beiden Bedingungen erster Ordnung $\left.\frac{\partial G_i(\alpha_i,\alpha_j)}{\partial \alpha_i}\right|_{\alpha_i=\alpha_j=\alpha}$ und $\left.\frac{\partial G_j(\alpha_i,\alpha_j)}{\partial \alpha_j}\right|_{\alpha_i=\alpha_j=\alpha}$ erhält man zwei Lösungsmöglichkeiten für den optimalen symmetrischen Kapitalkostensatz:

$$\alpha' = -\frac{4\cdot f^2}{(r-2)\cdot f^4-2\cdot(4\cdot r-5)\cdot f^2+16\cdot r-\sqrt{\left(f^2-4\right)^2\cdot\left(\left((r-2)\cdot f^2-4\cdot r+2\right)^2-8\cdot f^2\cdot r\right)}-8} \tag{6.72.1}$$

$$\alpha'' = \frac{2\cdot(4\cdot r-5)\cdot f^2-(r-2)\cdot f^4-16\cdot r+\sqrt{\left(f^2-4\right)^2\cdot\left(\left((r-2)\cdot f^2-4\cdot r+2\right)^2-8\cdot f^2\cdot r\right)}+8}{2\cdot\left(f^2-4\right)^2\cdot r} \tag{6.72.2}$$

Auch in Stufe 2 muss für beide Lösungsmöglichkeiten geprüft werden, ob sie ein Maximum darstellen, d.h. $\partial^2 G_i / \partial \alpha_i^2 < 0$ bzw. $\partial^2 G_j / \partial \alpha_j^2 < 0$. Weiters müssen auch die SOC in Stufe 3 überprüft werden. In Stufe 4 ist, wie bereits oben dargestellt, jederzeit ein Maximum gewährleistet.

Es stellt sich heraus, dass nur eine der beiden Lösungen, nämlich α'', ein Maximum in allen Stufen darstellt. Die Lösung α' erfüllt nicht alle relevanten SOC. Nach Einsetzen des optimalen Kapitalkostensatzes α^{RGRG*} können der symmetrische Gewinn $G_i^{RGRG*} = G_j^{RGRG*} = G^{RGRG*}$, der optimale Absatzpreis $p_i^{RGRG*} = p_j^{RGRG*} = p^{RGRG*}$, die optimale Absatzmenge $q_i^{RGRG*} = q_j^{RGRG*} = q^{RGRG*}$ sowie das optimale F&E-Investitionsniveau $x_i^{RGRG*} = x_j^{RGRG*} = x^{RGRG*}$ in Abhängigkeit von a, A, r und f als Ergebnis des Teilspiels DD berechnet werden.[534] Diese stellen sich folgendermaßen dar:

$$\begin{aligned}G^{RGRG*} = {} & (2\cdot(a-A)^2\cdot(f-1)^2\cdot(2+f)\cdot(4\cdot(f^2-4)\cdot(f^2-1)^2-4\cdot(f^2-4)\cdot(4-3\cdot f^2+f^4)\cdot r+(f^2-4)^3\cdot r^2- \\ & 2\cdot\sqrt{(f^2-4)^2\cdot((2+f^2\cdot(r-2)-4\cdot r)^2-8\cdot f^2\cdot r)}+2\cdot f^2\cdot\sqrt{(f^2-4)^2\cdot((2+f^2\cdot(r-2)-4\cdot r)^2-8\cdot f^2\cdot r)}- \\ & 4\cdot r\cdot\sqrt{(f^2-4)^2\cdot((2+f^2\cdot(r-2)-4\cdot r)^2-8\cdot f^2\cdot r)}+f^2\cdot r\cdot\sqrt{(f^2-4)^2\cdot((2+f^2\cdot(r-2)-4\cdot r)^2-8\cdot f^2\cdot r)}))/ \\ & ((f-2)\cdot(-8+8\cdot f-4\cdot f^3+f^4\cdot(r-2)+16\cdot r-2\cdot f^2\cdot(4\cdot r-3)+\sqrt{(f^2-4)^2\cdot((2+f^2\cdot(r-2)-4\cdot r)^2-8\cdot f^2\cdot r)})^2)\end{aligned} \tag{6.73}$$

$$\begin{aligned}p^{RGRG*} = {} & (a\cdot(f-1)\cdot(-24+f^2\cdot(14-8\cdot r)+f^4\cdot(r-2)+16\cdot r+ \\ & \sqrt{(f^2-4)^2\cdot(4\cdot(1-2\cdot r)^2+f^4\cdot(r-2)^2-4\cdot f^2\cdot(2+r\cdot(2\cdot r-3)))})-A\cdot(8+16\cdot r+f^4\cdot(2+r)- \\ & 2\cdot f^2\cdot(5+4\cdot r)+\sqrt{(f^2-4)^2\cdot(4\cdot(1-2\cdot r)^2+f^4\cdot(r-2)^2-4\cdot f^2\cdot(2+r\cdot(2\cdot r-3)))}))/((f-2)\cdot \\ & (-8+8\cdot f-4\cdot f^3+f^4\cdot(r-2)+16\cdot r-2\cdot f^2\cdot(4\cdot r-3)+\sqrt{(f^2-4)^2\cdot((2+f^2\cdot(r-2)-4\cdot r)^2-8\cdot f^2\cdot r)}))\end{aligned} \tag{6.74}$$

$$q^{RGRG*} = \frac{(a-A)\cdot(f-1)\cdot\left(r\cdot f^4+2\cdot f^4-8\cdot r\cdot f^2-10\cdot f^2+16\cdot r+\sqrt{\left(f^2-4\right)^2\cdot\left(\left((r-2)\cdot f^2-4\cdot r+2\right)^2-8\cdot f^2\cdot r\right)}+8\right)}{(f-2)\cdot\left(r\cdot f^4-2\cdot f^4-4\cdot f^3-8\cdot r\cdot f^2+6\cdot f^2+8\cdot f+16\cdot r+\sqrt{\left(f^2-4\right)^2\cdot\left(\left((r-2)\cdot f^2-4\cdot r+2\right)^2-8\cdot f^2\cdot r\right)}-8\right)} \tag{6.75}$$

$$x^{RGRG*} = \frac{4\cdot(a-A)\cdot(f-1)\cdot(f+2)\cdot\left(f^2-2\right)}{(r-2)\cdot f^4-4\cdot f^3-2\cdot(4\cdot r-3)\cdot f^2+8\cdot f+16\cdot r+\sqrt{\left(f^2-4\right)^2\cdot\left(\left((r-2)\cdot f^2-4\cdot r+2\right)^2-8\cdot f^2\cdot r\right)}-8} \tag{6.76}$$

Bevor das Gesamtspiel in Stufe 1 gelöst werden kann, müssen noch die Ergebnisse der beiden asymmetrischen Teilspiele DN und ND, in denen jeweils nur ein Eigentümer delegiert, ermittelt werden.

6.7.2 Teilspiel DN

In diesem Teilspiel erfolgt nur in Unternehmen i eine Delegation. Das Performancemaß von Manager i lässt sich modifiziert wiederum folgendermaßen darstellen:

---

[534] Dabei beschreibt der Index „RG" das Performancemaß Residualgewinn im jeweils delegierenden Unternehmen.

$$U_i = (p_i - (A - x_i)) \cdot q_i - (1 + \alpha_i) \cdot \left(\frac{1}{2} \cdot r \cdot x_i^2 \right) \tag{6.77}$$

Eigentümer j delegiert nicht und trifft daher die Absatzpreis- und F&E-Investitionsentscheidung selbst mit dem Ziel der Gewinnmaximierung. Sein Gewinn stellt sich folgendermaßen dar:

$$G_j = (p_j - (A - x_j)) \cdot q_j - \frac{1}{2} \cdot r \cdot x_j^2 \tag{6.78}$$

Im direkten Vergleich zeigt sich die Beeinflussungsmöglichkeit, die Unternehmenseigentümer i über die strategische Wahl des Kapitalkostensatzes α_i auf die F&E-Investitionskosten hat. Je nach Wahl des Kapitalkostensatzes können die Investitionskosten im Entscheidungskalkül des Managers erhöht oder gesenkt werden.

Dieses asymmetrische Teilspiel entspricht einer Situation mit beidseitiger Delegation, in der Eigentümer j den Kapitalkostensatz jedoch mit $\alpha_j = 0$ festlegt. Manager j trifft dann die Absatzpreis- und F&E-Investitionsentscheidung mit dem Ziel der Maximierung von $U_j = G_j$.

Auch Teilspiel DN wird durch Rückwärtsinduktion gelöst.

6.7.2.1 Stufe 4 - Absatzpreisentscheidung

In Stufe 4 ermitteln Manager i und Eigentümer j durch Ableitung von U_i nach p_i bzw. G_j nach p_j ihre Reaktionsfunktionen in Abhängigkeit von den Kapitalkosten α_i, von den beiden F&E-Investitionsniveaus und vom jeweiligen Konkurrenzpreis.

$$RF_i = p_i(\alpha_i, x_i, x_j, p_j) = \frac{1}{2} \cdot (a \cdot (1 - f) + (A - x_i) + f \cdot p_j) \tag{6.79.1}$$

$$RF_j = p_j(\alpha_i, x_i, x_j, p_i) = \frac{1}{2} \cdot (a \cdot (1 - f) + (A - x_j) + f \cdot p_i) \tag{6.79.2}$$

Diese beiden Reaktionsfunktionen entsprechen, trotz des asymmetrischen Teilspiels, den Reaktionsfunktionen aus dem F&E-Grundmodell bzw. jenen in Teilspiel DD. Unterschiede in der tatsächlichen Festlegung der Absatzpreise können sich jedoch über geänderte F&E-Investitionsniveaus ergeben.

Daraus lassen sich folgende optimalen Absatzpreise in Abhängig von x_i, x_j und α_i ermitteln:

$$p_i(\alpha_i, x_i, x_j) = \frac{a \cdot (1 - f) \cdot (2 + f) + 2 \cdot (A - x_i) + f \cdot (A - x_j)}{4 - f^2} \tag{6.80.1}$$

$$p_j(\alpha_i, x_i, x_j) = \frac{a \cdot (1 - f) \cdot (2 + f) + 2 \cdot (A - x_j) + f \cdot (A - x_i)}{4 - f^2} \tag{6.80.2}$$

Auch diese entsprechen zunächst den Preisen aus den Teilspielen NN bzw. DD. Die SOC in Stufe 4 ergeben $\partial^2 U_i / \partial p_i^2 = \partial^2 G_j / \partial p_j^2 = -2 < 0$. Ein Maximum ist daher stets gewährleistet.

6.7.2.2 Stufe 3 - F&E-Investitionsentscheidung

Nach Einsetzen der optimalen Absatzpreise ermitteln Manager i und Eigentümer j durch Ableitung von U_i nach x_i bzw. G_j nach x_j ihre Reaktionsfunktionen in Abhängigkeit vom Kapitalkostensatz α_i und vom jeweiligen Konkurrenzinvestitionsniveau.

$$x_i(\alpha_i, x_j) = \max[0, \frac{2 \cdot (f^2 - 2) \cdot (a - A) \cdot (1 - f) \cdot (2 + f)}{(8 \cdot f^2 \cdot (r \cdot (1 + \alpha_i) - 1) - f^4 \cdot (r \cdot (1 + \alpha_i) - 2) - 8 \cdot (2 \cdot r \cdot (1 + \alpha_i) - 1))} - \frac{2 \cdot f \cdot (f^2 - 2)}{(8 \cdot f^2 \cdot (r \cdot (1 + \alpha_i) - 1) - f^4 \cdot (r \cdot (1 + \alpha_i) - 2) - 8 \cdot (2 \cdot r \cdot (1 + \alpha_i) - 1))} \cdot x_j] \tag{6.81.1}$$

$$x_j(\alpha_i, x_i) = \max[0, \frac{2 \cdot (f^2 - 2) \cdot (a - A) \cdot (1 - f) \cdot (2 + f)}{(8 \cdot f^2 \cdot (r - 1) - f^4 \cdot (r - 2) - 8 \cdot (2 \cdot r - 1))} - \frac{2 \cdot f \cdot (f^2 - 2)}{(8 \cdot f^2 \cdot (r - 1) - f^4 \cdot (r - 2) - 8 \cdot (2 \cdot r - 1))} \cdot x_i] \tag{6.81.2}$$

Die Reaktionsfunktion von Manager i entspricht seiner Reaktionsfunktion in Teilspiel DD. Die Reaktionsfunktion von Unternehmenseigentümer j entspricht der Reaktionsfunktion von Manager j in Teilspiel DD, wenn $\alpha_j = 0$ gesetzt wird, bzw. seiner eigenen Reaktionsfunktion in Teilspiel NN.

Aus diesen beiden Reaktionsfunktionen lassen sich folgende F&E-Investitionsniveaus in Abhängigkeit von α_i ermitteln:

$$x_i(\alpha_i) = \frac{2 \cdot (a-A) \cdot (f^2-2) \cdot ((f-2) \cdot (f-1) \cdot (f+2)^2 \cdot r - 2 \cdot (f^4 - 3 \cdot f^2 + 2))}{r^2 \cdot (f^2-4)^3 - 4 \cdot (f^2-2)^2 \cdot r \cdot (f^2-4) + r \cdot ((f^2-4)^2 \cdot r - 2 \cdot (f^2-2)^2) \cdot \alpha_i \cdot (f^2-4) + 4 \cdot (f^2-2)^2 \cdot (f^2-1)} \tag{6.82.1}$$

$$x_j(\alpha_i) = \frac{2 \cdot (a-A) \cdot (f-1) \cdot (f^2-2) \cdot ((f-2) \cdot r \cdot (f+2)^2 + (f-2) \cdot r \cdot \alpha_i \cdot (f+2)^2 - 2 \cdot (f+1) \cdot (f^2-2))}{r^2 \cdot (f^2-4)^3 - 4 \cdot (f^2-2)^2 \cdot r \cdot (f^2-4) + r \cdot ((f^2-4)^2 \cdot r - 2 \cdot (f^2-2)^2) \cdot \alpha_i \cdot (f^2-4) + 4 \cdot (f^2-2)^2 \cdot (f^2-1)} \tag{6.82.2}$$

Die SOC in Stufe 3 müssen geprüft werden, um festzustellen, ob ein Maximum vorliegt. Daraus lassen sich wiederum Untergrenzen für den F&E-Kostenparameter in der Form $r > \frac{2 \cdot (2 - f^2)^2}{(1 + \alpha_i) \cdot (4 - f^2)^2}$ für Unternehmen i bzw. $r > \frac{2 \cdot (2 - f^2)^2}{(4 - f^2)^2}$ für Unternehmen j festlegen.

6.7.2.3 Stufe 2 - Vertragsgestaltung

In dieser Stufe ermittelt nun in Teilspiel DN Unternehmenseigentümer i nach Einsetzen der F&E-Investitionsniveaus in die Gewinnfunktion G_i und Ableitung nach α_i den optimalen Kapitalkostensatz in der Form:

$$\alpha_i^* = -\frac{2\cdot f^2}{\left(f^2-4\right)\cdot\left(r\cdot f^2-2\cdot f^2-4\cdot r+2\right)} \tag{6.83}$$

Die SOC in Stufe 2 muss ebenfalls berechnet werden, um zu prüfen ob in dieser Stufe ein Maximum gewährleistet ist, d.h. $\partial^2 G_i / \partial\alpha_i^2 < 0$. Weiters muss die SOC in Stufe 3 geprüft werden. In Stufe 4 ist jedenfalls ein Maximum gewährleistet.

Nach Einsetzen dieses optimalen Kapitalkostensatzes α_i^{RGN*} lassen sich die nun für beide Unternehmenseigentümer unterschiedlichen Gewinne, optimalen Absatzpreise, optimalen Absatzmengen und optimalen F&E-Investitionsniveaus berechnen.[535]

$$G_i^{RGN*} = \frac{(a-A)^2\cdot r\cdot\left((f-2)\cdot(f-1)\cdot(f+2)^2\cdot r-2\cdot\left(f^4-3\cdot f^2+2\right)\right)^2}{r^3\cdot\left(f^2-4\right)^4-8\cdot\left(f^4-3\cdot f^2+2\right)^2-6\cdot\left(f^4-6\cdot f^2+8\right)^2\cdot r^2+4\cdot\left(f^2-2\right)^2\cdot\left(3\cdot f^4-14\cdot f^2+12\right)\cdot r} \tag{6.84.1}$$

$$G_j^{RGN*} = \frac{(a-A)^2\cdot r\cdot\left(\left(f^2-4\right)^2\cdot r-2\cdot\left(f^2-2\right)^2\right)\cdot\left((f-2)^2\cdot(f-1)\cdot r^2\cdot(f+2)^3-2\cdot(f-1)\cdot\left(f^2-2\right)\cdot(f\cdot(2\cdot f-1)-4)\cdot r\cdot(f+2)+4\cdot\left(f^2-2\right)\cdot\left(f^2-1\right)^2\right)^2}{\left(r^3\cdot\left(f^2-4\right)^4-8\cdot\left(f^4-3\cdot f^2+2\right)^2-6\cdot\left(f^4-6\cdot f^2+8\right)^2\cdot r^2+4\cdot\left(f^2-2\right)^2\cdot\left(3\cdot f^4-14\cdot f^2+12\right)\cdot r\right)^2} \tag{6.84.2}$$

$$\begin{aligned} p_i^{RGN*} = {} & (A\cdot r\cdot(-4\cdot(f^2-2)\cdot(4+(f^2-4)\cdot f\cdot(f^2+f-1))+2\cdot(f-2)\cdot(2+f)^2\cdot(f^2-2)\cdot \\ & (-4+f\cdot(2\cdot f-1))\cdot r-(f-2)^3\cdot(2+f)^4\cdot r^2)+a\cdot(f-1)\cdot(-2\cdot(1+f)\cdot(f^2-2)+(f-2)\cdot \\ & (2+f)^2\cdot r)\cdot(f^4\cdot(r-2)^2-4\cdot f^2\cdot(r-1)\cdot(2\cdot r-3)+8\cdot(r-1)\cdot(2\cdot r-1)))/(-8\cdot(2-3\cdot f^2+f^4)^2+ \\ & 4\cdot(f^2-2)^2\cdot(12-14\cdot f^2+3\cdot f^4)\cdot r-6\cdot(8-6\cdot f^2+f^4)^2\cdot r^2+(f^2-4)^4\cdot r^3) \end{aligned} \tag{6.85.1}$$

$$\begin{aligned} p_j^{RGN*} = {} & (-8\cdot a\cdot(2-3\cdot f^2+f^4)^2+4\cdot(f^2-2)\cdot(a\cdot(f-1)\cdot(2+f)\cdot(10+f\cdot(3+f\cdot(f\cdot(3\cdot f-2)-11)))- \\ & A\cdot(4+f\cdot(4+f\cdot(f\cdot(f^2+f-4)-5))))\cdot r-2\cdot(f-2)\cdot(2+f)^2\cdot(f^2-2)\cdot(A\cdot(4+f-2\cdot f^2)+ \\ & a\cdot(f-1)\cdot(-8+f\cdot(3\cdot f-1)))\cdot r^2+(f-2)^3\cdot(2+f)^4\cdot(a\cdot f-a-A)\cdot r^3)/(-8\cdot(2-3\cdot f^2+f^4)^2+ \\ & 4\cdot(f^2-2)^2\cdot(12-14\cdot f^2+3\cdot f^4)\cdot r-6\cdot(8-6\cdot f^2+f^4)^2\cdot r^2+(f^2-4)^4\cdot r^3) \end{aligned} \tag{6.85.2}$$

---

535 Dabei bezeichnet der Index „RGN*" die Optimallösung in Teilspiel DN, wenn Eigentümer i seinem Manager einen Entlohnungsvertrag mit dem Performancemaß Residualgewinn anbietet und Unternehmen j eigentümergeführt bleibt.

$$q_i^{RGN*} = \frac{(a-A)\cdot(f-1)\cdot r\cdot\left((f-2)\cdot(f+2)^2\cdot r-2\cdot(f+1)\cdot\left(f^2-2\right)\right)\cdot\left(\left(f^2-4\right)^2\cdot r-2\cdot\left(f^2-2\right)^2\right)}{r^3\cdot\left(f^2-4\right)^4-8\cdot\left(f^4-3\cdot f^2+2\right)^2-6\cdot\left(f^4-6\cdot f^2+8\right)^2\cdot r^2+4\cdot\left(f^2-2\right)^2\cdot\left(3\cdot f^4-14\cdot f^2+12\right)\cdot r} \tag{6.86.1}$$

$$q_j^{RGN*} = \frac{(a-A)\cdot r\cdot\left((f-2)^3\cdot(f-1)\cdot r^2\cdot(f+2)^4-2\cdot(f-2)\cdot(f-1)\cdot\left(f^2-2\right)\cdot(f\cdot(2\cdot f-1)-4)\cdot r\cdot(f+2)^2+4\cdot\left(f^2-1\right)^2\cdot\left(f^4-6\cdot f^2+8\right)\right)}{r^3\cdot\left(f^2-4\right)^4-8\cdot\left(f^4-3\cdot f^2+2\right)^2-6\cdot\left(f^4-6\cdot f^2+8\right)^2\cdot r^2+4\cdot\left(f^2-2\right)^2\cdot\left(3\cdot f^4-14\cdot f^2+12\right)\cdot r} \tag{6.86.2}$$

$$x_i^{RGN*} = \frac{2\cdot(a-A)\cdot\left(f^2-2\right)\cdot\left((r-2)\cdot f^2-4\cdot r+2\right)\cdot\left((f-2)\cdot(f-1)\cdot(f+2)^2\cdot r-2\cdot\left(f^4-3\cdot f^2+2\right)\right)}{r^3\cdot\left(f^2-4\right)^4-8\cdot\left(f^4-3\cdot f^2+2\right)^2-6\cdot\left(f^4-6\cdot f^2+8\right)^2\cdot r^2+4\cdot\left(f^2-2\right)^2\cdot\left(3\cdot f^4-14\cdot f^2+12\right)\cdot r} \tag{6.87.1}$$

$$x_j^{RGN*} = \frac{2\cdot(a-A)\cdot\left((f-2)^2\cdot(f-1)\cdot\left(f^2-2\right)\cdot r^2\cdot(f+2)^3-2\cdot(f-1)\cdot\left(f^2-2\right)^2\cdot(f\cdot(2\cdot f-1)-4)\cdot r\cdot(f+2)+4\cdot\left(f^4-3\cdot f^2+2\right)^2\right)}{r^3\cdot\left(f^2-4\right)^4-8\cdot\left(f^4-3\cdot f^2+2\right)^2-6\cdot\left(f^4-6\cdot f^2+8\right)^2\cdot r^2+4\cdot\left(f^2-2\right)^2\cdot\left(3\cdot f^4-14\cdot f^2+12\right)\cdot r} \tag{6.87.2}$$

Bevor man das (die) Gesamtspielgleichgewicht(e) in Stufe 1 ermitteln kann, müssen noch die Ergebnisse des Teilspiels ND berechnet werden.

6.7.3 Teilspiel ND

In diesem asymmetrischen Teilspiel wird nur in Unternehmen j delegiert. Manager j trifft anschließend die Absatzpreis- und F&E-Investitionsentscheidung mit dem Ziel der Maximierung seines Entlohnungsvertrags, welcher das Performancemaß Residualgewinn enthält. Unternehmen i bleibt eigentümergeführt; Eigentümer i trifft beide Entscheidungen selbst mit dem Ziel der Gewinnmaximierung.

Dieses Teilspiel entspricht wiederum einer Situation beidseitiger Delegation, in der Eigentümer i jedoch den Kapitalkostensatz mit $\alpha_i = 0$ festlegt und Manager i dann $U_i = G_i$ maximiert.

Die Ermittlung der Ergebnisse erfolgt analog zu den bisher dargestellten Teilspielen. Die einzelnen Teilschritte lassen sich aus Teilspiel DD ermitteln, wenn $\alpha_i = 0$ gesetzt wird. Alternativ kann man auch die Indizes in Teilspiel DN tauschen, um die Teilergebnisse in den einzelnen Stufen zu berechnen. Der optimale Beteiligungsparameter in Unternehmen j im Teilspiel ND entspricht jenem von Unternehmen i in Teilspiel DN. Es gilt weiters $G_i^{NRG*} = G_j^{RGN*}$, $G_j^{NRG*} = G_i^{RGN*}$.[536] Auch für die optimalen Absatzpreise, Absatzmengen und F&E-Investitionsniveaus muss lediglich ein Austausch der Indizes vorgenommen werden.

[536] Dabei bezeichnet der Index „NRG*“ die Optimallösung in Teilspiel ND, wenn Eigentümer j seinem Manager einen Entlohnungsvertrag mit dem Performancemaß Residualgewinn anbietet und Eigentümer i nicht delegiert.

Nach Darstellung der einzelnen Teilspielergebnisse kann man nun in Stufe 1 das (die) Gesamtspielgleichgewicht(e) ermitteln, um eine Aussage über die Vorteilhaftigkeit der Delegation mit dem Performancemaß Residualgewinn treffen zu können.

6.7.4 Stufe 1 - Lösung des Gesamtspiels

In Stufe 1 müssen nun beide Unternehmenseigentümer entscheiden, ob sie die Absatzpreis- und F&E-Investitionsentscheidung an einen Manager delegieren, dessen Entlohnungsvertrag das Performancemaß Residualgewinn enthält, oder ob sie nicht delegieren und beide Entscheidungen selbst treffen.

Alle Gewinnfunktionen aus den Teilspielen sind von den Parametern a, A, r und f abhängig. Eine Interpretation der Gewinnvergleiche in allgemeiner Form ist aufgrund der Komplexität nicht möglich, weshalb nachfolgend wiederum auf eine grafische Analyse der Teilspielgewinndifferenzen zurückgegriffen wird.

Analog zur Vorgehensweise bei den anderen dargestellten aggregierten Performancemaßen wird der Prohibitivpreis mit $a=1$ normiert und für den Elastizitätsparameter f eine Fallunterscheidung in die drei Ausprägungen „niedrig", „mittel" und „hoch" vorgenommen, d.h. $f \in [\frac{1}{4}, \frac{1}{2}, \frac{3}{4}]$.[537] Die grafische Darstellung erfolgt jeweils in Abhängigkeit von den Basisproduktionskosten A und dem F&E-Kostenparameter r. Für r gilt $r > \frac{2\cdot(2-f^2)^2}{(1+\alpha_i)\cdot(4-f^2)^2}$ bzw. $r > \frac{2\cdot(2-f^2)^2}{(1+\alpha_j)\cdot(4-f^2)^2}$ bzw. $r > \frac{2\cdot(2-f^2)^2}{(4-f^2)^2}$. Für die Basisproduktionskosten gilt unverändert $0 \le x_i \le A < a$ sowie $0 \le x_j \le A < a$.

Zunächst werden für niedrigen Wettbewerb die symmetrischen Teilspiele DD und NN verglichen. Danach erfolgt ein Vergleich der symmetrischen mit den asymmetrischen Teilspielen, um schließlich das (die) teilspielperfekte(n) Gleichgewicht(e) des Gesamtspiels zu ermitteln. Dieser Vorgehensweise wird auch für mittleren und hohen Wettbewerb gefolgt. Abschließend erfolgt eine zusammenfassende Schlussbetrachtung des Performancemaßes Residualgewinn.

537 Die nachfolgenden Teilspielvergleiche wurden auch für kleinere bzw. größere Werte von f durchgeführt und die ermittelten Ergebnisse gelten unverändert, sofern die beiden Produkte noch eine (schwache) heterogen-substitutive Beziehung aufweisen, d.h. f kann nahe an Null bzw. nahe an Eins sein, jedoch nicht $f=0$ bzw. $f=1$.

6.7.4.1 Niedriger Wettbewerb, $f = 1/4$

6.7.4.1.1 Vergleich Teilspiel NN und DD

Die Gewinndifferenz der Teilspiele NN und DD lässt sich innerhalb der Grenzen $A \in [\frac{1}{2}, \frac{9}{10}]$ bzw. $r \in [\frac{7}{2}, 4]$ folgendermaßen darstellen:[538]

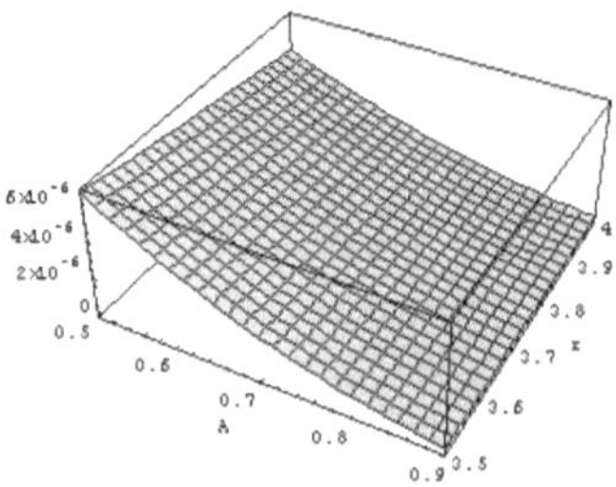

Abbildung 28: Gewinndifferenz $G^{NN*} - G^{RGRG*}$, niedriger Wettbewerb

Aufgrund der Symmetrie in den hier verglichenen Teilspielen gilt diese Gewinndifferenz für beide Unternehmenseigentümer. Dabei zeigt sich, dass die Gewinndifferenz bei niedrigem Wettbewerb innerhalb der gewählten Parametergrenzen stets positiv ist, d.h. $G^{NN*} > G^{RGRG*}$. Wie auch schon beim aggregierten Performancemaß aus Gewinn und Kostenreduktion führt Delegation in Verbindung mit dem Residualgewinn als Performancemaß zu einem geringeren Gewinn für die Unternehmenseigentümer als bei Nichtdelegation.

Wie Abbildung 29 zeigt, wird innerhalb der Parametergrenzen α^{RGRG*} von beiden Unternehmenseigentümern stets kleiner Null festgelegt. Der Kapitalkostensatz nimmt also negative Werte an, was als Subvention des Eigentümers an den Manager interpretiert werden kann. Im Entscheidungskalkül des Managers werden die relevanten F&E-Investitionskosten daher gesenkt. Dies wird zu einem höheren F&E-Investitionsniveau und damit zu geringeren effektiven Grenzkosten, einem geringeren Absatzpreis und einer höheren Absatzmenge im delegierenden Unternehmen führen.

[538] Die verwendeten Wertegrenzen für die Basisproduktionskosten A und den F&E-Kostenparameter r wurden dabei in Übereinstimmung mit den drei bereits dargestellten aggregierten Performancemaßen festgelegt.

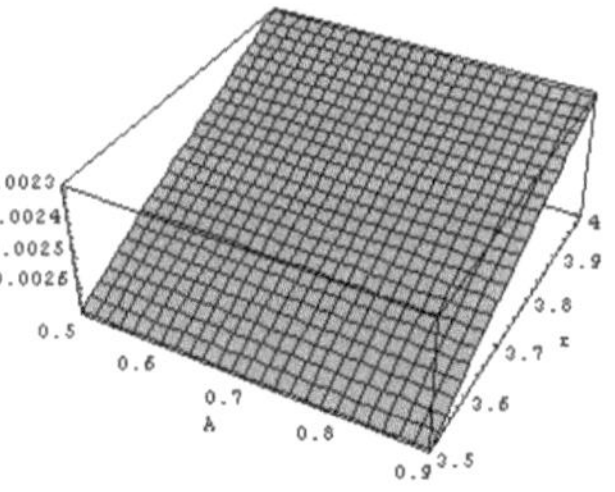

Abbildung 29: Kapitalkostensatz α^{RGRG*}, niedriger Wettbewerb

Die optimalen Absatzpreise, Absatzmengen, F&E-Investitionsniveaus sowie die effektiven Grenzkosten sind in Teilspiel DD innerhalb der Grenzen für A und r bei niedrigem Wettbewerb stets positiv.[539]

Die Absatzpreisdifferenz aus dem Teilspielvergleich ist positiv, d.h. $p^{NN*} > p^{RGRG*}$. In Teilspiel DD werden also geringere Absatzpreise gewählt, was zu einem aggressiveren Wettbewerb am Absatzmarkt führt. Für die Absatzmengen gilt $q^{NN*} < q^{RGRG*}$. Aufgrund der „Senkung" der F&E-Investitionskosten wählen die Manager in Teilspiel DD ein höheres F&E-Investitionsniveau als die Eigentümer in Teilspiel NN, es gilt $x^{NN*} < x^{RGRG*}$. Für die effektiven Grenzkosten resultiert daraus $c^{NN*} > c^{RGRG*}$.

6.7.4.1.2 Vergleich Teilspiel NN und DN

Die Gewinndifferenzen in diesem Teilspielvergleich werden für $f = 1/4$ in Abbildung 30 dargestellt. Für Unternehmen i ist die Differenz stets negativ, d.h. $G^{NN*} < G_i^{RGN*}$. Für Unternehmen j resultiert dagegen in Teilspiel NN ein höherer Gewinn als in Teilspiel DN; es gilt $G^{NN*} > G_j^{RGN*}$. Für den relativen Vergleich in Teilspiel DN folgt daraus $G_i^{RGN*} > G_j^{RGN*}$. Die Absatzpreise, Absatzmengen, F&E-Investitionsniveaus und die effektiven Grenzkosten nehmen innerhalb der Parametergrenzen bei niedrigem Wettbewerb stets positive Werte an. Der optimale Kapitalkostensatz, den Eigentümer i in Teilspiel DN wählt, nimmt stets Werte kleiner Null an. Die Absatzpreisdifferenzen sind für beide Unternehmen positiv, d.h. $p^{NN*} > p_i^{RGN*}$ bzw. $p^{NN*} > p_j^{RGN*}$. Im relativen Vergleich zeigt sich, dass $p_i^{RGN*} < p_j^{RGN*}$. Die Absatzmengendifferenz für Unternehmen i ist negativ, d.h. die Absatzmenge q_i^{RGN*} in Teilspiel DN ist höher als jene in Teilspiel NN. Für Unternehmen j resultiert dagegen in Teilspiel DN eine geringere Absatzmenge als in Teilspiel NN. Ein Vergleich der F&E-Investitionsniveaus zeigt, dass

539 Für Teilspiel NN wurde dies bereits in Abschnitt 6.4.4.1.1 gezeigt.

$x^{NN*} < x_i^{RGN*}$ bzw. $x^{NN*} > x_j^{RGN*}$. Für die effektiven Grenzkosten folgt daraus $c^{NN*} > c_i^{RGN*}$ bzw. $c^{NN*} < c_j^{RGN*}$.

Unternehmen i	Unternehmen j

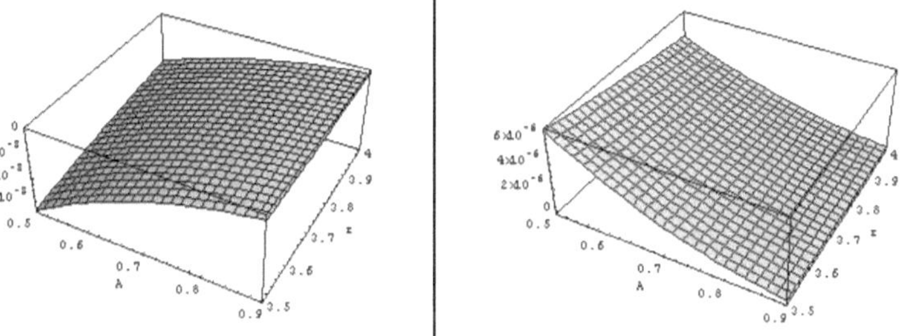

1) Gewinndifferenz $G^{NN*} - G_i^{RGN*}$	2) Gewinndifferenz $G^{NN*} - G_j^{RGN*}$

Abbildung 30: Gewinndifferenzen im Vergleich NN und DN, niedriger Wettbewerb

6.7.4.1.3 Vergleich Teilspiel NN und ND

Dieser Teilspielvergleich entspricht dem in Abschnitt 6.7.4.1.2 durchgeführten Vergleich, wobei allerdings die Indizes für die beiden Unternehmen getauscht werden müssen, d.h. $G_i^{RGN*} = G_j^{NRG*}$ usw.

6.7.4.1.4 Vergleich Teilspiel DD und DN

Ein Vergleich der Gewinne aus Teilspiel DD und DN zeigt, dass Unternehmenseigentümer i in Teilspiel DN einen höheren Gewinn erzielen kann, als im Fall beidseitiger Delegation, d.h. $G^{RGRG*} < G_i^{RGN*}$. Für Unternehmenseigentümer j resultiert hingegen in Teilspiel DN ein geringerer Gewinn als bei beidseitiger Delegation; es gilt $G^{RGRG*} > G_j^{RGN*}$. Die Gewinndifferenzen werden in Abbildung 31 veranschaulicht. Die Absatzpreisdifferenzen sind negativ, d.h. in Teilspiel DN werden jeweils höhere Absatzpreise gewählt als in Teilspiel DD. Die Absatzmengendifferenz ist für Unternehmen i negativ; es gilt $q^{RGRG*} < q_i^{RGN*}$. Für Unternehmen j resultiert in Teilspiel DN eine geringere Absatzmenge als in Teilspiel DD. Ein Vergleich der beiden optimalen F&E-Investitionsniveaus zeigt, dass in Teilspiel DN von Manager i mehr in F&E investiert wird als in Teilspiel DD. Unternehmenseigentümer j investiert dagegen in Teilspiel DN weniger in F&E als in Teilspiel DD. Daraus folgt für die effektiven Grenzkosten $c^{RGRG*} > c_i^{RGN*}$ bzw. $c^{RGRG*} < c_j^{RGN*}$.

Unternehmen i	Unternehmen j

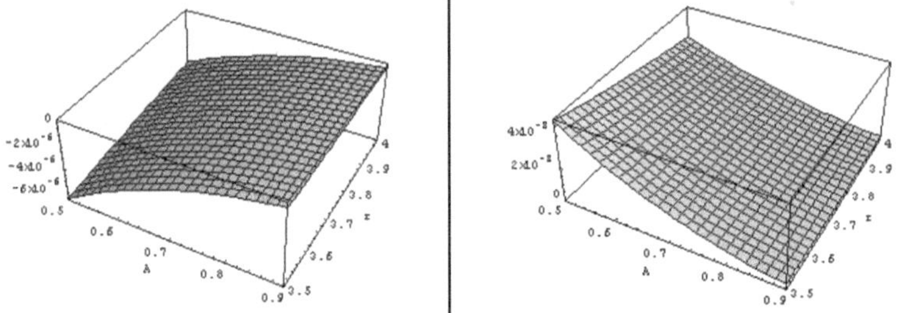

1) Gewinndifferenz $G^{RGRG*} - G_i^{RGN*}$	2) Gewinndifferenz $G^{RGRG*} - G_j^{RGN*}$

Abbildung 31: Gewinndifferenzen im Vergleich DD und DN, niedriger Wettbewerb

6.7.4.1.5 Vergleich Teilspiel DD und ND

Dieser Teilspielvergleich entspricht dem in Abschnitt 6.7.4.1.4 durchgeführten Vergleich, wobei allerdings die Indizes für die beiden Unternehmen getauscht werden müssen, d.h. $G_i^{RGN*} = G_j^{NRG*}$ usw.

6.7.4.1.6 Lösung des Gesamtspiels in Stufe 1, niedriger Wettbewerb

Tabelle 12 fasst die Ergebnisse aus den Teilspielvergleichen für niedrigen Wettbewerb nochmals übersichtlich zusammen.

$f = 1/4$, $A \in [\frac{1}{2}, \frac{9}{10}]$, $r \in [\frac{7}{2}, 4]$, $p_i, p_j, q_i, q_j, x_i, x_j, c_i, c_j > 0$ in allen Teilspielen	
$G^{NN*} < G_i^{RGN*}$, Eigentümer i delegiert $G^{NN*} > G_j^{RGN*}$	$G^{NN*} > G_i^{NRG*}$ $G^{NN*} < G_j^{NRG*}$, Eigentümer j delegiert
$G^{RGRG*} > G_i^{NRG*}$, Eigentümer i delegiert $G^{RGRG*} < G_j^{NRG*}$	$G^{RGRG*} < G_i^{RGN*}$ $G^{RGRG*} > G_j^{RGN*}$ Eigentümer j delegiert
$G^{RGRG*} < G^{NN*}$, beidseitige Delegation führt zu einer Verschlechterung	

Tabelle 12: Zsfg. der Ergebnisse „Residualgewinn“, niedriger Wettbewerb

Aus den dargestellten Teilspielvergleichen lassen sich nun in Stufe 1 die optimalen Strategien der Unternehmenseigentümer bezüglich Delegation oder Nichtdelegation festlegen.

Angenommen Unternehmen j ist eigentümergeführt. Dann kann Unternehmenseigentümer i im Fall der Delegation den Gewinn G_i^{RGN*} erzielen. Delegiert Eigentümer i nicht, so erzielt er den Gewinn G^{NN*}. Ein Vergleich der beiden Gewinne zeigt, dass $G^{NN*} < G_i^{RGN*}$ und daher Delegation aus Sicht von Unternehmenseigentümer i die optimale Strategie ist, gegeben die Nichtdelegation in Unternehmen j.

Wird in Unternehmen j jedenfalls delegiert, so kann Eigentümer i sich ebenfalls für Delegation entscheiden und den Gewinn G^{RGRG*} erzielen. Bleibt Unternehmen i aber eigentümergeführt, resultiert für Eigentümer i der Gewinn G_i^{NRG*}. Im Teilspielvergleich wurde gezeigt, dass bei niedrigem Wettbewerb innerhalb der Parametergrenzen $G^{RGRG*} > G_i^{NRG*}$ gilt und daher Delegation die optimale Strategie aus Sicht von Unternehmenseigentümer i darstellt. Dies gilt aufgrund der Symmetrie wiederum analog für Unternehmenseigentümer j.

Unabhängig vom Konkurrenzverhalten kann also für eine Situation mit niedrigem Wettbewerb die beidseitige Delegation als eindeutiges Gleichgewicht in dominanten Strategien ermittelt werden. Dies wurde auch bereits bei den drei anderen aggregierten Performancemaßen als Lösung ermittelt. Wie jedoch das aggregierte Performancemaß aus Gewinn und Kostenreduktion auch, führt eine Verwendung des Residualgewinns im Entlohnungsvertrag zu einem Gefangenendilemma, da sich beide Unternehmenseigentümer ohne Delegationsmöglichkeit besser stellen könnten. Die Gewinne in Teilspiel NN sind innerhalb der Parametergrenzen stets höher als jene in Teilspiel DD.

6.7.4.2 Mittlerer Wettbewerb, $f = 1/2$

Für die Analyse bei mittlerem Wettbewerb werden die Basisproduktionskosten A in den Grenzen $A \in [\frac{1}{2}, \frac{9}{10}]$ und der F&E-Kostenparameter in den Grenzen $r \in [\frac{7}{2}, 4]$ betrachtet.

6.7.4.2.1 Vergleich Teilspiel NN und DD

Eine Analyse der Gewinndifferenz aus dem Vergleich der symmetrischen Teilspiele zeigt auch bei mittlerem Wettbewerb, dass $G^{NN*} > G^{RGRG*}$. Die optimalen Absatzpreise, Absatzmengen, F&E-Investitionsniveaus sowie die effektiven Grenzkosten sind in Teilspiel DD innerhalb der Grenzen für A und r bei mittlerem Wettbewerb stets positiv. Der optimale Kapitalkostensatz wird von den Eigentümern in Teilspiel DD mit $\alpha^{RGRG*} < 0$ festgelegt. Die Absatzpreisdifferenz aus dem Teilspielvergleich ist positiv, d.h. $p^{NN*} > p^{RGRG*}$. Die Absatzmengendifferenz ist negativ, d.h. $q^{NN*} < q^{RGRG*}$. Ein Vergleich der F&E-Investitionsniveaus zeigt, dass die Manager in Teilspiel DD ein höheres F&E-Investitionsniveau wählen als die Eigentümer in Teilspiel NN, d.h. $x^{NN*} < x^{RGRG*}$. Für die effektiven Grenzkosten resultiert daraus $c^{NN*} > c^{RGRG*}$.

6.7.4.2.2 Vergleich Teilspiel NN und DN

Die Gewinndifferenz für Unternehmen i ist bei mittlerem Wettbewerb stets negativ, d.h. $G^{NN*} < G_i^{RGN*}$. Für Unternehmenseigentümer j resultiert dagegen in Teilspiel DN ein geringerer Gewinn als in Teilspiel NN, d.h. $G^{NN*} > G_j^{RGN*}$. Für den relativen Vergleich in Teilspiel DN folgt daraus $G_i^{RGN*} > G_j^{RGN*}$. Die Absatzpreise, Absatzmengen, F&E-Investitionsniveaus und die effektiven Grenzkosten nehmen innerhalb der Parametergrenzen stets positive Werte an. Der optimale Kapitalkostensatz, den Eigentümer i in Teilspiel DN wählt, nimmt stets Werte kleiner Null an. Die Absatzpreisdifferenzen sind positiv, d.h. $p^{NN*} > p_i^{RGN*}$ bzw. $p^{NN*} > p_j^{RGN*}$. Im relativen Vergleich zeigt sich, dass $p_i^{RGN*} < p_j^{RGN*}$. Die Absatzmengendifferenz für Unternehmen i ist negativ, d.h. die für Unternehmen i resultierende Absatzmenge in Teilspiel DN ist höher als jene in Teilspiel NN. Für Unternehmen j ist die Absatzmengendifferenz dagegen positiv, es gilt $q^{NN*} > q_j^{RGN*}$. Ein Vergleich der F&E-Investitionsniveaus zeigt, dass $x^{NN*} < x_i^{RGN*}$ bzw. $x^{NN*} > x_j^{RGN*}$. Für die effektiven Grenzkosten folgt daraus $c^{NN*} > c_i^{RGN*}$ bzw. $c^{NN*} < c_j^{RGN*}$.

6.7.4.2.3 Vergleich Teilspiel NN und ND

Dieser Teilspielvergleich entspricht dem in Abschnitt 6.7.4.2.2 durchgeführten Vergleich, wobei allerdings die Indizes für die beiden Unternehmen getauscht werden müssen, d.h. $G_i^{RGN*} = G_j^{NRG*}$ usw.

6.7.4.2.4 Vergleich Teilspiel DD und DN

Ein Vergleich der Gewinne aus Teilspiel DD und DN zeigt, dass auch bei mittlerem Wettbewerb innerhalb der Parametergrenzen $G^{RGRG*} < G_i^{RGN*}$ bzw. $G^{RGRG*} > G_j^{RGN*}$. Die Absatzpreisdifferenzen sind negativ, d.h. in Teilspiel DN wird ein höherer Absatzpreis gewählt als in Teilspiel DD. Die Absatzmengendifferenz ist für Unternehmen i negativ, d.h. $q^{RGRG*} < q_i^{RGN*}$. Für Unternehmen j ist die Absatzmengendifferenz hingegen positiv, d.h. $q^{RGRG*} > q_j^{RGN*}$. Ein Vergleich der optimalen F&E-Investitionsniveaus zeigt, dass $x^{RGRG*} < x_i^{RGN*}$ bzw. $x^{RGRG*} > x_j^{RGN*}$. Daraus folgt für die effektiven Grenzkosten $c^{RGRG*} > c_i^{RGN*}$ bzw. $c^{RGRG*} < c_j^{RGN*}$.

6.7.4.2.5 Vergleich Teilspiel DD und ND

Dieser Teilspielvergleich entspricht dem in Abschnitt 6.7.4.2.4 durchgeführten Vergleich, wobei allerdings die Indizes für die beiden Unternehmen getauscht werden müssen, d.h. $G_i^{RGN*} = G_j^{NRG*}$ usw.

6.7.4.2.6 Lösung des Gesamtspiels in Stufe 1, mittlerer Wettbewerb

Tabelle 13 fasst die Ergebnisse aus den Teilspielvergleichen für mittleren Wettbewerb nochmals übersichtlich zusammen.

$f = 1/2$, $A \in [\frac{1}{2}, \frac{9}{10}]$, $r \in [\frac{7}{2}, 4]$, $p_i, p_j, q_i, q_j, x_i, x_j, c_i, c_j > 0$ in allen Teilspielen	
$G^{NN*} < G_i^{RGN*}$, Eigentümer i delegiert $G^{NN*} > G_j^{RGN*}$	$G^{NN*} > G_i^{NRG*}$ $G^{NN*} < G_j^{NRG*}$, Eigentümer j delegiert
$G^{RGRG*} > G_i^{NRG*}$, Eigentümer i delegiert $G^{RGRG*} < G_j^{NRG*}$	$G^{RGRG*} < G_i^{RGN*}$ $G^{RGRG*} > G_j^{RGN*}$ Eigentümer j delegiert
$G^{RGRG*} < G^{NN*}$, beidseitige Delegation führt zu einer Verschlechterung	

Tabelle 13: Zsfg. der Ergebnisse „Residualgewinn", mittlerer Wettbewerb

Die Lösung des Gesamtspiels bei mittlerem Wettbewerb erfolgt für das Performancemaß Residualgewinn analog zur Vorgehensweise in Abschnitt 6.7.4.1.6 bei niedrigem Wettbewerb. Bleibt Unternehmen j eigentümergeführt, muss Eigentümer i die Gewinne G^{NN*} und G_i^{RGN*} vergleichen. Es zeigt sich auch bei mittlerem Wettbewerb, dass $G^{NN*} < G_i^{RGN*}$ und daher Delegation die optimale Strategie darstellt, gegeben Eigentümer j delegiert nicht. Wird jedoch in Unternehmen j jedenfalls delegiert, so vergleicht Eigentümer i die Gewinne G^{RGRG*} und G_i^{NRG*}. Der Vergleich zeigt, dass $G^{RGRG*} > G_i^{NRG*}$ und daher Delegation für Eigentümer i die optimale Strategie darstellt, wenn Eigentümer j ebenfalls delegiert. Diese Überlegungen gelten wiederum analog für Unternehmenseigentümer j.

Auch bei mittlerem Wettbewerb zeigt sich, unabhängig von der Konkurrenzentscheidung, dass Delegation jedenfalls die optimale Strategie darstellt und daher die beidseitige Delegation ein Gleichgewicht in dominanten Strategien ist. Vergleicht man jedoch die Gewinnhöhen in Teilspiel DD und NN, befinden sich auch für mittleren Wettbewerb die Eigentümer in einem Gefangenendilemma, da $G^{NN*} > G^{RGRG*}$.

6.7.4.3 Hoher Wettbewerb, $f = 3/4$

Für die Analyse bei hohem Wettbewerb werden weiterhin die bisher verwendeten Parametergrenzen übernommen, d.h. $A \in [\frac{1}{2}, \frac{9}{10}]$ bzw. $r \in [\frac{7}{2}, 4]$.

6.7.4.3.1 Vergleich Teilspiel NN und DD

Eine Analyse der Gewinndifferenz aus dem Vergleich der symmetrischen Teilspiele zeigt auch bei hohem Wettbewerb, dass $G^{NN*} > G^{RGRG*}$. Es gilt weiters $p^{RGRG*}, q^{RGRG*}, x^{RGRG*}, c^{RGRG*} > 0$. Der optimale Kapitalkostensatz wird von den Eigentümern in Teilspiel DD auch bei hohem Wettbewerb mit $\alpha^{RGRG*} < 0$ festgelegt. Die Absatzpreisdifferenz aus dem Teilspielvergleich ist positiv, d.h. $p^{NN*} > p^{RGRG*}$. Die Absatzmengendifferenz ist negativ, da $q^{NN*} < q^{RGRG*}$. Ein Vergleich der F&E-Investitionsniveaus zeigt, dass $x^{NN*} < x^{RGRG*}$. Für die effektiven Grenzkosten resultiert daraus $c^{NN*} > c^{RGRG*}$.

6.7.4.3.2 Vergleich Teilspiel NN und DN

Die Gewinndifferenz für Unternehmen i ist auch bei hohem Wettbewerb stets negativ, d.h. $G^{NN*} < G_i^{RGN*}$. Für Unternehmenseigentümer j resultiert hingegen in Teilspiel DN ein geringerer Gewinn als in Teilspiel NN. Der relative Vergleich in Teilspiel DN zeigt daher, dass $G_i^{RGN*} > G_j^{RGN*}$. Die Absatzpreise, Absatzmengen, F&E-Investitionsniveaus und die effektiven Grenzkosten nehmen innerhalb der Parametergrenzen stets positive Werte an. Für den optimalen Kapitalkostensatz, den Eigentümer i in Teilspiel DN wählt, gilt innerhalb der Parametergrenzen stets $\alpha^{RGN*} < 0$. Die Absatzpreisdifferenzen sind positiv, d.h. $p^{NN*} > p_i^{RGN*}$ bzw. $p^{NN*} > p_j^{RGN*}$. Der relative Vergleich zeigt, dass $p_i^{RGN*} < p_j^{RGN*}$. Die Absatzmengendifferenz für Unternehmen i ist negativ, d.h. $q^{NN*} < q_i^{RGN*}$. Für Unternehmenseigentümer j resultiert in Teilspiel DN eine geringere Absatzmenge als in Teilspiel NN. Ein Vergleich der F&E-Investitionsniveaus zeigt, dass $x^{NN*} < x_i^{RGN*}$ bzw. $x^{NN*} > x_j^{RGN*}$. Für die effektiven Grenzkosten folgt daraus $c^{NN*} > c_i^{RGN*}$ bzw. $c^{NN*} < c_j^{RGN*}$.

6.7.4.3.3 Vergleich Teilspiel NN und ND

Dieser Teilspielvergleich entspricht dem in Abschnitt 6.7.4.3.2 durchgeführten Vergleich, wobei allerdings die Indizes für die beiden Unternehmen getauscht werden müssen, d.h. $G_i^{RGN*} = G_j^{NRG*}$ usw.

6.7.4.3.4 Vergleich Teilspiel DD und DN

Für hohen Wettbewerb zeigt sich, im Unterschied zur Situation bei $f = 1/4$ bzw. $f = 1/2$, dass beide Gewinndifferenzen aus diesem Teilspielvergleich nun negativ sind, d.h. $G^{RGRG*} < G_i^{RGN*}$ und $G^{RGRG*} < G_j^{RGN*}$.

Unternehmen i	Unternehmen j

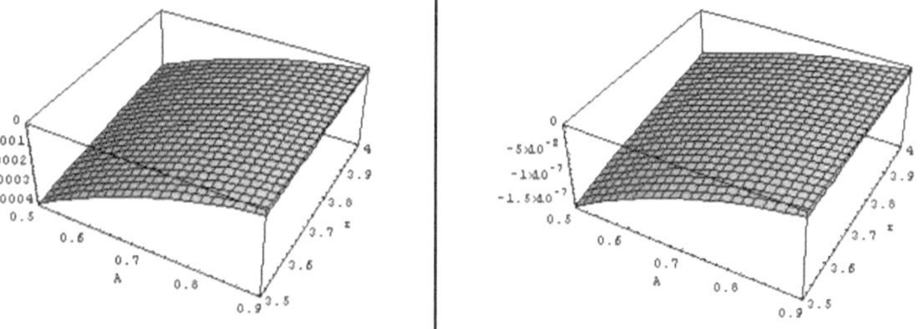

1) Gewinndifferenz $G^{RGRG*} - G_i^{RGN*}$	2) Gewinndifferenz $G^{RGRG*} - G_j^{RGN*}$

Abbildung 32: Gewinndifferenzen im Vergleich DD und DN, hoher Wettbewerb

Die Absatzpreisdifferenzen sind für beide Unternehmen negativ, d.h. $p^{RGRG*} < p_i^{RGN*}$ bzw. $p^{RGRG*} < p_j^{RGN*}$. Die Absatzmengendifferenz ist für Unternehmen i negativ; es gilt $q^{RGRG*} < q_i^{RGN*}$. Für Unternehmen j ist die Absatzmengendifferenz positiv, d.h. in Teilspiel DN resultiert eine geringere Absatzmenge im eigentümergeführten Unternehmen als in Teilspiel DD bei Delegation. Ein Vergleich der optimalen F&E-Investitionsniveaus zeigt, dass $x^{RGRG*} < x_i^{RGN*}$ bzw. $x^{RGRG*} > x_j^{RGN*}$. Für die effektiven Grenzkosten folgt $c^{RGRG*} > c_i^{RGN*}$ bzw. $c^{RGRG*} < c_j^{RGN*}$.

6.7.4.3.5 Vergleich Teilspiel DD und ND

Dieser Teilspielvergleich entspricht dem in Abschnitt 6.7.4.3.4 durchgeführten Vergleich, wobei allerdings die Indizes für die beiden Unternehmen getauscht werden müssen, d.h. $G_i^{RGN*} = G_j^{NRG*}$ usw.

6.7.4.3.6 Lösung des Gesamtspiels in Stufe 1, hoher Wettbewerb

Für hohen Wettbewerb kann nun, im Unterschied zur Situation mit niedrigem und mittlerem Wettbewerb, kein eindeutiges Gleichgewicht mehr ermittelt werden.

Angenommen Unternehmen j bleibt eigentümergeführt, dann vergleicht Eigentümer i die Gewinne G^{NN*} und G_i^{RGN*}. Hier zeigt sich auch bei hohem Wettbewerb, dass $G^{NN*} < G_i^{RGN*}$ und sich Eigentümer i daher für Delegation entscheiden wird, gegeben Unternehmen j bleibt eigentümergeführt.

Anders als bei niedrigem und mittlerem Wettbewerb wird sich Eigentümer i jedoch, gegeben Eigentümer j delegiert jedenfalls, gegen Delegation entscheiden. Aus dem Vergleich der relevanten Gewinne zeigt sich, dass nun $G^{RGRG*} < G_i^{NRG*}$ und daher die

Nichtdelegation aus Sicht von Unternehmen i vorteilhafter ist. Dies gilt wiederum analog für Unternehmenseigentümer j. Tabelle 14 fasst die Ergebnisse aus den Teilspielvergleichen für hohen Wettbewerb nochmals übersichtlich zusammen.

$f=3/4$, $A\in[\frac{1}{2},\frac{9}{10}]$, $r\in[\frac{7}{2},4]$, $p_i,p_j,q_i,q_j,x_i,x_j,c_i,c_j>0$ in allen Teilspielen	
$G^{NN*}<G_i^{RGN*}$, Eigentümer i delegiert $G^{NN*}>G_j^{RGN*}$	$G^{NN*}>G_i^{NRG*}$ $G^{NN*}<G_j^{NRG*}$, Eigentümer j delegiert
$G^{RGRG*}<G_i^{NRG*}$, Eigentümer i delegiert nicht (!) $G^{RGRG*}<G_j^{NRG*}$	$G^{RGRG*}<G_i^{RGN*}$ $G^{RGRG*}<G_j^{RGN*}$ Eigentümer j delegiert nicht (!)
$G^{RGRG*}<G^{NN*}$, beidseitige Delegation führt zu einer Verschlechterung	

Tabelle 14: Zsfg. der Ergebnisse „Residualgewinn", hoher Wettbewerb

Ein eindeutiges Gleichgewicht lässt sich daher für das Performancemaß Residualgewinn bei hohem Wettbewerb innerhalb der gewählten Parametergrenzen für A und r nicht ermitteln. Vielmehr gibt es zwei Gleichgewichte in reinen Strategien in den asymmetrischen Teilspielen DN und ND, d.h. jeweils ein Eigentümer entscheidet sich für Delegation, das andere Unternehmen bleibt eigentümergeführt.

6.7.5 Zusammenfassung Performancemaß „Residualgewinn"

Für das Performancemaß Residualgewinn muss bei der Gesamtbeurteilung eine Differenzierung in niedrigen und mittleren Wettbewerb sowie hohen Wettbewerb vorgenommen werden.

Für niedrigen und mittleren Wettbewerb kann anhand der Teilspielvergleiche gezeigt werden, dass die beidseitige Delegation der Absatzpreis- und F&E-Investitionsentscheidung an einen Manager, dessen Entlohnungsvertrag den Residualgewinn als Performancemaß enthält, ein Gleichgewicht in dominanten Strategien darstellt. Im Unterschied zu den aggregierten Performancemaßen aus Gewinn und Umsatz bzw. Gewinn und Absatzmenge, welche zusätzlich zum Gewinn eine Absatzmarktkomponente beinhalten, befinden sich die beiden Unternehmenseigentümer jedoch in einem Gefangenendilemma, da der Gewinn in Teilspiel NN höher ist als jener in Teilspiel DD.

Der optimale Kapitalkostensatz α^* wird von den delegierenden Unternehmenseigentümern stets kleiner Null festgelegt. Daraus folgt eine Verzerrung der relevanten F&E-Investitionskosten im Entscheidungskalkül des Managers nach unten. Die Investition in F&E wird vom Unternehmenseigentümer „subventioniert". Es kommt daher zu einer höheren Investition im delegierenden Unternehmen relativ zu einer Situation, in der das F&E-Investitionsniveau gewinnmaximierend festgelegt wird. Daraus resultieren im delegierenden Unternehmen geringere effektive Grenzkosten, ein geringerer Absatzpreis und mithin eine höhere Absatzmenge als im Fall der Nichtdelegation. Das Unternehmen präsentiert sich am Absatzmarkt durch Delegation, mit dem Residualgewinn als Performancemaß, also als aggressiver.

Für hohen Wettbewerb konnte anhand der Teilspielvergleiche kein eindeutiges Gleichgewicht identifiziert werden. Es gibt vielmehr zwei Gleichgewichte in den asymmetrischen Teilspielen, in denen jeweils ein Unternehmenseigentümer delegiert, das andere Unternehmen jedoch eigentümergeführt bleibt. Im delegierenden Unternehmen wird in diesem Fall der Kapitalkostensatz mit $\alpha^* < 0$ festgelegt. Daraus resultieren eine höhere Investition in prozesskostensenkende Maßnahmen, geringere effektive Grenzkosten und ein geringerer optimaler Absatzpreis als im Fall der beidseitigen Nichtdelegation. Im eigentümergeführten Unternehmen, gegeben der andere Eigentümer delegiert, wird weniger in F&E investiert als im Fall der beidseitigen Nichtdelegation. Daraus resultieren höhere effektive Grenzkosten. Der Eigentümer wird jedoch, als Antwort auf den geringeren Absatzpreis den der Manager im delegierenden Unternehmen wählt, ebenfalls einen niedrigeren Absatzpreis wählen.[540] Der Deckungsbeitrag im eigentümergeführten Unternehmen sinkt daher, was in einem insgesamt geringeren Gewinn im Vergleich zur Situation mit beidseitiger Nichtdelegation resultiert. Aus dem oben dargestellten Teilspielvergleich hat sich jedoch gezeigt, dass sich der Eigentümer, gegeben der Konkurrent delegiert jedenfalls, durch Delegation nicht verbessern kann, da der Gewinn bei beidseitiger Delegation innerhalb der Parametergrenzen bei hohem Wettbewerb noch geringer ist als im asymmetrischen Teilspiel mit einseitiger Delegation ($G^{RGRG*} < G_i^{NRG*}$ bzw. $G^{RGRG*} < G_j^{RGN*}$).

Aus strategischer Sicht eignet sich das Performancemaß Residualgewinn daher in dem hier untersuchten Szenario nicht, um eine Verbesserung der Unternehmenszielerreichung zu bewirken. Durch Berücksichtigung der Konkurrenzreaktion ergibt sich vielmehr eine Festlegung des Kapitalkostensatzes kleiner Null, d.h. eine Subventionierung der F&E-Investitionskosten. Der Manager investiert verstärkt in prozesskostensenkende Maßnahmen, woraus letztlich über die geringeren Absatzpreise ein aggressiveres Auftreten des delegierenden Unternehmens am Markt resultiert.

Abschließend erfolgt nun noch ein Vergleich der resultierenden Gewinne aus den einzelnen Gesamtspielgleichgewichten, um das vorteilhafteste Performancemaß bzw. eine Reihung der vier untersuchten aggregierten Performancemaße zu ermitteln.

---

540 Vgl. dazu die Ausführungen in Kapitel 5, dass die Absatzpreise strategische Komplemente sind und daher eine Senkung des Konkurrenzpreises mit einer Senkung des eigenen Absatzpreises beantwortet wird.

6.8 Vorteilhaftigkeit der Delegation

Aus der vorhergehenden Analyse hat sich gezeigt, dass von den vier untersuchten Performancemaßen zwei im Falle beidseitiger Delegation zu einem höheren Gewinn führen (Gewinn-Umsatz bzw. Gewinn-Absatzmenge) und zwei zu einem geringeren Gewinn (Gewinn-Kostenreduktion bzw. Residualgewinn).[541]

Nachfolgend sollen nun die vier Gewinne bei beidseitiger Delegation zusätzlich untereinander verglichen werden, um eine Reihung nach der Vorteilhaftigkeit der jeweiligen aggregierten Performancemaße zu erhalten. Der bereits in den vorigen Abschnitten durchgeführte Vergleich mit dem Teilspiel NN wird hier ebenfalls dargestellt. Dabei wird der Prohibitivpreis wiederum mit $a = 1$ normiert und für den Elastizitätsparameter f eine Unterscheidung in die Ausprägungen niedrig, mittel und hoch vorgenommen, d.h. $f \in \{\frac{1}{4}, \frac{1}{2}, \frac{3}{4}\}$.[542] Es ergeben sich pro Performancemaß drei zusätzliche Gewinndifferenzen, die für die drei Wettbewerbsausprägungen untersucht werden müssen. Die Ergebnisse werden tabellarisch dargestellt bzw. verbal beschrieben; auf eine detaillierte grafische Darstellung der einzelnen Gewinnvergleiche wird verzichtet.

6.8.1 Niedriger Wettbewerb

	G^{NN*}	G^{GUGU*}	G^{GMGM*}	G^{GKGK*}	G^{RGRG*}
G^{NN*}		NN < GUGU	NN < GMGM	NN > GKGK	NN > RGRG
G^{GUGU*}			GUGU < GMGM	GUGU > GKGK	GUGU > RGRG
G^{GMGM*}				GMGM > GKGK	GMGM > RGRG
G^{GKGK*}					GKGK > RGRG
G^{RGRG*}					

Tabelle 15: Gewinndifferenzen bei niedrigem Wettbewerb

Es werden nur Situationen betrachtet, in denen beide Unternehmenseigentümer das gleiche Performancemaß wählen. Die Gewinnvergleiche in Tabelle 15 unterhalb der

541 Es muss darauf hingewiesen werden, dass bislang nur Spiele untersucht wurden, in denen beide Unternehmenseigentümer entweder das gleiche Performancemaß wählen oder nicht delegieren. Lässt man jedoch alle möglichen Kombinationen in diesem „Superspiel" zu, würden sich 25 Teilspiele ergeben, da jedes Unternehmen aus einer von fünf Alternativen wählen kann, nämlich $\{NN, GU, GM, GK, RG\}$.

542 Die nachfolgende Analyse wurde auch für kleinere bzw. größere Werte von f durchgeführt und die ermittelten Ergebnisse gelten unverändert, sofern die beiden Produkte noch eine (schwache) heterogen-substitutive Beziehung aufweisen, d.h. f kann nahe an Null bzw. nahe an Eins sein, jedoch nicht $f = 0$ bzw. $f = 1$.

Diagonale entsprechen jenen oberhalb der Diagonale, daher reicht es aus, zehn Gewinnvergleiche durchzuführen.

Insgesamt lässt sich für niedrigen Wettbewerb innerhalb der Parametergrenzen $A \in [\frac{1}{2}, \frac{9}{10}]$ bzw. $r \in [\frac{7}{2}, 4]$ folgende Reihung nach der Vorteilhaftigkeit der jeweiligen Strategie feststellen: $G^{GMGM*} > G^{GUGU*} > G^{NN*} > G^{GKGK*} > G^{RGRG*}$.

6.8.2 Mittlerer Wettbewerb

Für mittleren Wettbewerb, d.h. $f = 1/2$, und innerhalb der Parametergrenzen $A \in [\frac{1}{2}, \frac{9}{10}]$ bzw. $r \in [\frac{7}{2}, 4]$ lässt sich dieselbe Reihung nach der Vorteilhaftigkeit der jeweiligen Strategie ermitteln: $G^{GMGM*} > G^{GUGU*} > G^{NN*} > G^{GKGK*} > G^{RGRG*}$.

6.8.3 Hoher Wettbewerb

Bei hohem Wettbewerb müssen für das Performancemaß Residualgewinn die beiden asymmetrischen Gleichgewichte DN bzw. ND mit den dazugehörigen Gewinnfunktionen $G_i^{RGN*} = G_j^{NRG*}$ bzw. $G_j^{RGN*} = G_i^{NRG*}$ für den relativen Vergleich der vier Performancemaße berücksichtigt werden. Innerhalb der Parametergrenzen $A \in [\frac{1}{2}, \frac{9}{10}]$ bzw. $r \in [\frac{7}{2}, 4]$ ergibt sich für hohen Wettbewerb folgende Reihung nach der Vorteilhaftigkeit: $G^{GMGM*} > G^{GUGU*} > G_i^{RGN*} = G_j^{NRG*} > G^{NN*} > G^{GKGK*} > G_j^{RGN*} = G_i^{NRG*}$. Beim Performancemaß Residualgewinn zeigt sich für die beiden Gleichgewichte in reinen Strategien, dass das jeweils delegierende Unternehmen einen höheren Gewinn als bei beidseitiger Nichtdelegation und damit auch einen höheren Gewinn als bei beidseitiger Delegation mit dem aggregierten Performancemaß aus Gewinn und Kostenreduktion erzielt. Der Gewinn des jeweils eigentümergeführten Unternehmens ist geringer als bei beidseitiger Nichtdelegation bzw. auch geringer als bei beidseitiger Delegation und einem Performancemaß aus Gewinn und Kostenreduktion.

6.9 Zusammenfassung

Man kann als Ergebnis der durchgeführten Modellanalyse feststellen, dass innerhalb der jeweils gewählten Parametergrenzen unabhängig von der Ausprägung des Elastizitätsparameters f die Delegation in Verbindung mit den beiden aggregierten Performancemaßen aus Gewinn und Absatzmenge (GM) sowie Gewinn und Umsatz (GU) aus Sicht der Unternehmenseigentümer nicht nur ein Gleichgewicht in dominanten Strategien darstellt, sondern auch vorteilhaft im Vergleich zur Strategie der Nichtdelegation ist. Die beiden anderen vorgestellten Performancemaße, Gewinn und Kostenreduktion (GK) bzw. Residualgewinn (RG), führen in der durchgeführten Modellanalyse innerhalb der Parametergrenzen bei niedrigem und mittlerem Wettbewerb zwar stets zu einer Gleichgewichtslösung mit beidseitiger Delegation, gleichzeitig aber auch zu einem geringeren Gewinn als bei beidseitiger Nichtdelegation. Die Unternehmenseigentümer befinden sich in einem Gefangenendilemma und würden sich ohne beidseitige Delegationsmöglichkeit besser stellen.

Aus der Sicht des Wettbewerbseffekts lässt sich zeigen, dass den Unternehmenseigentümern mit den aggregierten Performancemaßen Gewinn und Umsatz bzw. Gewinn und Absatzmenge die Möglichkeit gegeben wird, durch die strategische Festlegung des jeweiligen Beteiligungsparameters ($\alpha^{GUGU*} > 1$ bzw. $\alpha^{GMGM*} < 0$) das Entscheidungskalkül ihres Managers zu verändern, sodass der Manager einen höheren Absatzpreis wählt als ein rein gewinnmaximierender Entscheider. Dadurch kann das delegierende Unternehmen am Absatzmarkt glaubhaft als weniger aggressiv positioniert werden. Weiters kommt es bei diesen beiden aggregierten Performancemaßen zu einer geringeren Investition in prozesskostensenkende Maßnahmen, wenn die F&E-Investitionsentscheidung von einem Manager getroffen wird. Daraus resultieren jeweils höhere effektive Grenzkosten.

Eine Delegation mit den aggregierten Performancemaßen aus Gewinn und Kostenreduktion bzw. Residualgewinn, welche keine zusätzliche Absatzmarktkomponente enthalten, führt hingegen über die Festlegung des Beteiligungsparameters bzw. Kapitalkostensatzes ($0 < \alpha^{GKGK*} < 1$ bzw. $\alpha^{RGRG*} < 0$) zu einer höheren Investition des Managers in prozesskostensenkende Maßnahmen. Daraus folgen für die delegierenden Unternehmen geringere effektive Grenzkosten, geringere Absatzpreise und höhere Absatzmengen als bei rein gewinnmaximierendem Entscheidungsverhalten. Bei Anwendung dieser Performancemaße tritt das delegierende Unternehmen am Absatzmarkt daher als aggressiver auf, woraus schließlich geringere Gewinne und damit eine Verschlechterung durch Delegation resultieren. Aus strategischer Sicht eignen sich die Performancemaße Gewinn und Kostenreduktion bzw. Residualgewinn daher in dem hier untersuchten Szenario nicht, um eine Verbesserung der Unternehmenszielerreichung zu bewirken.

Im nächsten Kapitel soll jedoch gezeigt werden, dass auch die Delegation mit einem aggregierten Performancemaß aus Gewinn und Kostenreduktion bzw. mit dem Residualgewinn als Performancemaß aus der Sicht des Wettbewerbseffekts für die beiden Unternehmenseigentümer vorteilhaft sein kann, indem die Wirkung der Prozesskosteninnovation modifiziert wird und Spillover-Effekte explizit berücksichtigt werden.

7 Wettbewerbseffekt im F&E-Kontext in der ökonomischen Analyse - Strategische Delegation, F&E und Spillover-Effekte

In diesem Kapitel soll, aufbauend auf den Ergebnissen aus Kapitel 6, gezeigt werden, dass die Delegation der Absatzpreis- und F&E-Investitionsentscheidung an einen Manager, sowohl mit einem aggregierten Performancemaß aus Gewinn und Kostenreduktion als auch mit dem Performancemaß Residualgewinn, zu einer Verbesserung der Gewinnsituation des delegierenden Unternehmens führen kann. Dazu wird die prozesskostensenkende Wirkung der F&E-Investition nicht mehr nur auf das eigene Unternehmen beschränkt. Auch im jeweiligen Konkurrenzunternehmen zeigt sich eine kostensenkende Wirkung der eigenen Investition in F&E bzw. profitiert das eigene Unternehmen von der Konkurrenzinvestition. Diese externen Effekte von F&E werden auch als „Spillover-Effekte" bezeichnet.[543] Auf sie wurde bereits in Kapitel 2 bei der Darstellung der Besonderheiten von F&E-Investitionen hingewiesen.

Im Unterschied zur Modellanalyse in den Kapiteln 5 und 6 wird in der ökonomischen Literatur die Wirkung von F&E-Investitionen in der Regel im Zusammenhang mit Spillover-Effekten illustriert.[544] Argumentiert wird dies beispielsweise durch allgemein bekannte erfolgreiche Innovationen der Konkurrenz, die ohne eigenen oder zumindest mit geringerem eigenen Forschungsaufwand übernommen werden können (Stichwort: „reverse engineering").[545] Weiters können informelle Netzwerke zwischen F&E-Mitarbeitern aus unterschiedlichen Unternehmen, aber auch Treffen auf Konferenzen und anderen Meetings als Erklärung für Spillover-Effekte dienen.[546] Auch Mitarbeiterfluktuationen, und damit der Übergang des spezifischen Wissens um eine Innovation von einem Unternehmen auf ein anderes, führen zu Wissens-Spillover.[547]

7.1 Modelldesign und Annahmen

In der Analyse muss Annahme 2' nochmals modifiziert werden, um Spillover-Effekte der Prozessinnovation im Modell zu berücksichtigen.

---

543 Alternativ wird auch der Begriff „technological externalities" verwendet (vgl. z.B. *Gersbach/Schmutzler* (2003), *Ornaghi* (2006)).

544 Vgl. dazu z.B. *D'Aspremont/Jacquemin* (1988), *Levin/Reiss* (1988), *Kamien/Muller/Zang* (1992), *Suzumura* (1992), *Griliches* (1992), *De Bondt* (1996), *Amir* (2000), *Kamien/Zang* (2000), *Gersbach/Schmutzler* (2003), *Ornaghi* (2006).

545 Vgl. *D'Aspremont/Jacquemin* (1988), S. 1133, Fußnote 3, aber auch *Martin* (2002), S. 448, mit einem Verweis auf empirische Arbeiten zur Nachahmungshäufigkeit von Produktinnovationen.

546 Vgl. *Mansfield* (1985), S. 221, *Geroski* (1995), S. 78, *Hauser/Zettelmeyer* (2004), S. 400, die einen derartigen Wissensaustausch als „Research tourism" bezeichnen. Dem Einfluss von Spillover-Effekten auf die Anreizgestaltung widmet sich *Severinov* (2001). Dessen Modell wurde bereits in Kapitel 4 der vorliegenden Arbeit kurz dargestellt.

547 Vgl. *Gersbach/Schmutzler* (2003) für eine Analyse von Spillover-Effekten im Zusammenhang mit dem Arbeitsmarkt für F&E-Mitarbeiter.

- Annahme 2'': Die Grenzkosten werden nun folgendermaßen definiert: $c_i = A - x_i - \theta \cdot x_j$ mit A als Basisproduktionskosten vor der F&E-Investition, x_i als in Geldeinheiten bewertete Wirkung der eigenen F&E-Bemühungen und x_j als in Geldeinheiten bewertete Wirkung der Konkurrenzinvestition.[548] Die eigene Investition wirkt, wie bisher schon, vollständig kostensenkend, die Wirkung der Konkurrenzinvestition hängt vom Spillover-Parameter θ ab.[549] Dieser ist im Intervall [0,1] definiert. Ein $\theta = 1$ bedeutet vollständiges Spillover, d.h. das Unternehmen profitiert im gleichen Ausmaß von der Konkurrenzinvestition wie der Konkurrent selbst. Ein $\theta = 0$ bedeutet kein Spillover und damit keine Auswirkung der Konkurrenzinvestition auf die eigenen Produktionskosten. Diese Situation ohne Spillover wurde bereits in Kapitel 6 für die vier aggregierten Performancemaße dargestellt.

Alle anderen Annahmen werden aus der Analyse in Kapitel 6 unverändert übernommen. Folgende zusätzliche Annahmen werden bezüglich des Spillover-Effekts noch getroffen:

- Annahme 13: Redundanzen in der F&E-Technologie werden explizit ausgeschlossen, d.h. jener Teil der Kostensenkung, der über den Spillover-Effekt durch die F&E-Investition des Konkurrenten entsteht, vermindert nicht die Wirkkraft der eigenen F&E-Investitionen, obwohl beide Unternehmen die F&E unabhängig voneinander betreiben, d.h. ihr jeweiliges F&E-Investitionsniveau nichtkooperativ festlegen.[550]

Diese Modellierung des Spillover-Effekts als Kostenreduktion wird als „outputorientiert" bezeichnet und geht auf *D'Aspremont/Jacquemin* (1988) zurück. Der Spillover-Effekt bezieht sich auf das Ergebnis, also die kostensenkende Wirkung der F&E-Investition.[551] Bei gleich bleibenden eigenen F&E-Investitionskosten $\frac{1}{2} \cdot r \cdot x_i^2$ kann durch $\theta > 0$ eine größere kostensenkende Wirkung, nämlich $(x_i + \theta \cdot x_j)$ erzielt werden.[552] Eine andere Variante der Modellierung wurde von *Kamien/Muller/Zang* (1992) vorgeschlagen, in der der Spillover-Effekt den F&E-Input beeinflusst, d.h. die gesamte

---

548 Dies gilt analog für Unternehmen *j*, jedoch müssen die Indizes getauscht werden. Der Spillover-Parameter θ gilt für beide Unternehmen in gleicher Weise. Für einen Überblick über Arbeiten zu asymmetrischen Spillovers siehe z.B. *De Bondt* (1996), S. 19ff.

549 *Levin/Reiss* (1988) untersuchen ein Modell, in dem die Grenzkosten durch die eigene Investition in prozesskostensenkende Maßnahmen, durch die Prozessinnovation der direkten Konkurrenz und durch F&E von Unternehmen außerhalb der eigenen Branche beeinflusst werden. Diese letzte Form des Spillovers wird auch als „interindustry spillover" bezeichnet (vgl. *Suzumura* (1992), S. 1317) im Unterschied zu „within-industry spillover effects" (vgl. *Griliches* (1992), S. 34) bzw. „intra-industry spillover" (vgl. *De Bondt* (1996), S. 4).

550 Vgl. für eine ähnliche Annahme *Amir* (2000), S. 1015.

551 Vgl. *Amir* (2000), S. 1018.

552 Für Unternehmen *j* gilt dies analog, es müssen lediglich die Indizes getauscht werden.

F&E-Investition setzt sich zusammen aus den eigenen Investitionsausgaben und aus einem Anteil an den F&E-Investitionsausgaben der Konkurrenz in Abhängigkeit vom Spillover-Parameter. Dies würde bedeuten, dass die gleiche kostensenkende Wirkung mit geringeren eigenen Investitionskosten erzielt werden könnte.

- Annahme 14: Jedes Unternehmen profitiert jedenfalls von seiner eigenen F&E-Investition, unabhängig davon ob das Konkurrenzunternehmen ebenfalls in F&E investiert. Falls umgekehrt ein Unternehmen keine eigene F&E-Investition tätigt, kann es über einen positiven Spillover-Parameter dennoch eine Kostensenkung erzielen, ohne selbst investiert zu haben.

Kamien/Zang (2000) gehen in der Modellierung von Spillover-Effekten einen anderen Weg, indem sie ein Modell analysieren, in dem die kostensenkende Wirkung nur dann eintritt, wenn das Unternehmen auch selbst in F&E investiert hat. Ihre Argumentation geht dahin, dass nur jemand, der selbst etwas von dieser Innovation „versteht", in dem Sinn dass er auch selbst investiert hat, das diffundierte Wissen aus der Konkurrenzinvestition deuten kann.[553] „There is ample evidence both anecdotal and statistical that for a firm to realize the benefits from whatever spillovers become available from other firms' research and development activities, it has to buy a ticket in the form of engaging in research and development itself."[554] Demgegenüber wird in der hier gewählten Vorgehensweise der Annahme gefolgt, dass Spillover-Effekte „kostenlos" empfangen werden können.[555]

In der Literatur wurde das Modell von *D'Aspremont/Jacquemin* (1988) zwar kritisiert, da es bei hohen Spillover-Parameterwerten zu steigenden Rückflüssen aus der F&E-Investition kommt.[556] Andererseits hat dieses Modell gerade aufgrund seiner einfachen Handhabbarkeit in vielen Folgearbeiten - z.B. auch im Mengenwettbewerbsmodell von *Zhang/Zhang* (1997) - Verwendung gefunden und wird daher dieser Arbeit zugrunde gelegt, um den Effekt von Wissens-Spillover in die Analyse zu integrieren.[557]

In der weiteren Modellanalyse soll gezeigt werden, dass durch die Berücksichtigung von Spillover-Effekten die Delegation mit dem bislang unvorteilhaften aggregierten Performancemaß aus Gewinn und Kostenreduktion bzw. mit dem Residualgewinn im Managerentlohnungsvertrag ebenfalls aus der Sicht der Unternehmenseigentümer vorteilhaft sein kann. Die Bedeutung des Spillover-Parameters für die konkrete Ausgestaltung des Entlohnungsvertrags wurde bereits von *Zhang/Zhang* (1997) beschrieben: „It is found that the level of R&D spillovers is pivotal in determining equilibrium mana-

---

553 Vgl. dazu auch *Geroski* (1995), der die Kosten der Nutzbarmachung von Spillover-Effekten beschreibt.

554 *Kamien/Zang* (2000), S. 996.

555 Vgl. *Suzumura* (1992), S. 1308, *Kamien/Zang* (2000), S. 997.

556 Vgl. *Suzumura* (1992), S. 1307f, *Amir* (2000), S. 1015, bzw. auch *Henriques* (1990), S. 640, die im Modell einen positiven Zusammenhang zwischen den Konkurrenzinvestitionsniveaus für hohe Spillover-Werte nachweist, d.h. die Investitionsniveaus sind strategische Komplemente bei hohem Spillover.

557 Vgl. *Amir* (2000), S. 1016, und die dort angeführten Folgearbeiten.

gerial incentive schemes [...]".[558] Durch die Berücksichtigung von Spillover-Effekten kann gezeigt werden, dass die bislang unvorteilhaften Performancemaße nun zu einer Verbesserung im Fall der Delegation führen. Wie bereits in Kapitel 6 dargelegt, führen sowohl das aggregierte Performancemaß aus Gewinn und Kostenreduktion als auch der Residualgewinn zu einer höheren F&E-Investition bei Delegation, wodurch geringere effektive Grenzkosten, geringere Absatzpreise und höhere Absatzmengen resultieren. Nachfolgend wird untersucht, wie sich dies in einer Situation mit Spillover-Effekten auswirkt.

Der Gewinn der Unternehmenseigentümer wird nun unter Berücksichtigung des Spillover-Effekts modifiziert zu:

$$G_i = (p_i - (A - x_i - \theta \cdot x_j)) \cdot q_i - \frac{1}{2} \cdot r \cdot x_i^2 \tag{7.1.1}$$

$$G_j = (p_j - (A - x_j - \theta \cdot x_i)) \cdot q_j - \frac{1}{2} \cdot r \cdot x_j^2 \tag{7.1.2}$$

Tabelle 16 stellt nachfolgend die Änderungen für die vier untersuchten aggregierten Performancemaße dar, welche sich durch die Berücksichtigung von Spillover-Effekten ergeben.

Auf eine Analyse des aggregierten Performancemaßes aus Gewinn und Umsatz muss in diesem Kapitel verzichtet werden, da eine allgemeine Lösung für dieses Performancemaß unter Berücksichtigung von Spillover-Effekten nicht möglich ist.

In diesem Kapitel erfolgt keine gesonderte Darstellung der einzelnen Ergebnisse für die drei verbleibenden Performancemaße. Die Struktur der Lösungsermittlung ist identisch zu Kapitel 6, die einzelnen Ergebnisse sind jedoch aufgrund des Spillover-Effekts umfangreicher, wodurch lediglich auf eine verbale Beschreibung der einzelnen Teilspielgewinndifferenzen als Ergebnis einer grafischen Analyse zurückgegriffen wird.

Für die verbleibenden drei Performancemaße (Gewinn und Absatzmenge, Gewinn und Kostenreduktion sowie Residualgewinn) werden zunächst die jeweils geänderten Bedingungen zweiter Ordnung in jeder Stufe dargestellt, um für die nachfolgende grafische Analyse Wertegrenzen ableiten zu können.

Gewinn-Umsatz	$U_i^{GU} = (p_i - \alpha_i \cdot (A - x_i - \theta \cdot x_j)) \cdot q_i - \frac{1}{2} \cdot \alpha_i \cdot r \cdot x_i^2$

[558] *Zhang/Zhang* (1997), S. 392.

Gewinn-Absatzmenge	$U_i^{GM} = (p_i - (A - x_i - \theta \cdot x_j - \alpha_i)) \cdot q_i - \frac{1}{2} \cdot r \cdot x_i^2$
Gewinn-Kostenreduktion[559]	$U_i^{GK} = \alpha_i \cdot ((p_i - (A - x_i - \theta \cdot x_j)) \cdot q_i - \frac{1}{2} \cdot r \cdot x_i^2) + (1-\alpha_i) \cdot (x_i + \theta \cdot x_j)$
Residualgewinn	$U_i^{RG} = (p_i - (A - x_i - \theta \cdot x_j)) \cdot q_i - (1+\alpha_i) \cdot \frac{1}{2} \cdot r \cdot x_i^2$

Tabelle 16: Performancemaße unter Berücksichtigung von Spillover-Effekten[560]

7.2 F&E-Grundmodell mit Spillover-Effekt ohne Delegation

In dieser als Referenzlösung dienenden Situation erfolgt keine Delegation. Beide Unternehmenseigentümer treffen die F&E-Investitions- sowie die Absatzpreisentscheidung selbst. Die SOC in Stufe 4 (Absatzpreisentscheidung) ist stets erfüllt. Die SOC in Stufe 3, in welcher die F&E-Investitionsentscheidung von den Unternehmenseigentümern getroffen wird, ergibt $\partial^2 G_i / \partial x_i^2 = \partial^2 G_j / \partial x_j^2 = -r + \frac{2 \cdot (2 - f^2 - \theta \cdot f)^2}{(4 - f^2)^2} < 0$, woraus sich eine untere Parametergrenze in der Form $r > \frac{2 \cdot (2 - f^2 - \theta \cdot f)^2}{(4 - f^2)^2}$ ermitteln lässt. Die Ober- und Untergrenze für das F&E-Investitionsniveau x_i (x_j) müssen ebenfalls um den Spillover-Parameter ergänzt werden, d.h. $0 \le x_i \le A - \theta \cdot x_j$ bzw. $0 \le x_j \le A - \theta \cdot x_i$. Für die Basisproduktionskosten A gelten folgende Ober- und Untergrenzen, um positive Grenzkosten und positive Absatzpreise und Absatzmengen zu gewährleisten: $x_i + \theta \cdot x_j \le A < a$ bzw. $x_j + \theta \cdot x_i \le A < a$.

559 In der hier untersuchten Ausgestaltung dieses Performancemaßes wird die *gesamte* Kostenreduktion unter Berücksichtigung von Spillover-Effekten, welche sich als Differenz zwischen den Grenzkosten vor und nach der F&E-Investition als $c_i - A = (x_i + \theta \cdot x_j)$ ergibt, miteinbezogen. Alternativ wäre auch eine Konzentration nur auf die eigene kostensenkende Wirkung x_i als Performancegröße möglich, was mit der mangelnden direkten Beeinflussungsmöglichkeit des Konkurrenzinvestitionsniveaus begründet werden kann. Die Analyse zeigt jedoch, dass beide Varianten zur selben Gleichgewichtslösung führen.

560 Die Darstellung erfolgt nachfolgend aus der Sicht von Unternehmen *i*. Für Unternehmen *j* müssen lediglich die Indizes getauscht werden.

7.3 Strategische Delegation der F&E- und Absatzpreisentscheidung

Nachfolgend werden nun für die drei verbleibenden Vertragsvarianten die relevanten Ober- und Untergrenzen der betroffenen Parameter dargestellt.

7.3.1 Gewinn und Absatzmenge

Für das aggregierte Performancemaß aus Gewinn und Absatzmenge ist die SOC in Stufe 4 (Absatzpreisentscheidung) stets erfüllt. Die SOC in Stufe 3 (F&E-Investitionsentscheidung) lautet, ebenso wie im F&E-Grundmodell ohne Delegation, $\partial^2 U_i / \partial x_i^2 = \partial^2 U_j / \partial x_j^2 = -r + \frac{2 \cdot (2 - f^2 - \theta \cdot f)^2}{(4 - f^2)^2} < 0$. Die Ober- und Untergrenzen für das F&E-Investitionsniveau und für die Basisproduktionskosten gelten weiterhin. Für dieses Performancemaß ist in Stufe 2 (Vertragsgestaltung) nach Einsetzen der optimalen Preise und F&E-Investitionsniveaus in Abhängigkeit von den Beteiligungsparametern α_i und α_j eine allgemeine und eindeutige Lösung berechenbar.[561]

7.3.2 Gewinn und Kostenreduktion

Die SOC in Stufe 4 (Absatzpreisentscheidung) ist, wie bereits auch in Kapitel 6 ohne Spillover, nur für positive Werte des Beteiligungsparameters α erfüllt, d.h. $\partial^2 U_i / \partial p_i^2 = -2 \cdot \alpha_i < 0$ bzw. $\partial^2 U_j / \partial p_j^2 = -2 \cdot \alpha_j < 0$ Die SOC in Stufe 3 (F&E-Investitionsentscheidung) ergibt $\partial^2 U_i / \partial x_i^2 = \alpha_i \cdot \left(-r + \frac{2 \cdot (2 - f^2 - \theta \cdot f)^2}{(4 - f^2)^2} \right) < 0$, bzw. $\partial^2 U_j / \partial x_j^2 = \alpha_j \cdot \left(-r + \frac{2 \cdot (2 - f^2 - \theta \cdot f)^2}{(4 - f^2)^2} \right) < 0$ was unter der Annahme, dass $\alpha_i, \alpha_j > 0$ der Untergrenze aus dem F&E-Grundmodell ohne Delegation entspricht. Die Ober- und Untergrenzen für das F&E-Investitionsniveau und für die Basisproduktionskosten gelten auch für das aggregierte Performancemaß aus Gewinn und Kostenreduktion. Auch für dieses Performancemaß ergibt sich in Stufe 2 (Vertragsgestaltung) - allerdings erst nach Annahme einer symmetrischen Lösung der Form $\alpha_i = \alpha_j = \alpha$ - eine eindeutige Lösung für den Beteiligungsparameter.

7.3.3 Residualgewinn

Beim Performancemaß Residualgewinn ist, bei Berücksichtigung von Spillover-Effekten, die SOC in Stufe 4 (Absatzpreisentscheidung) wiederum stets erfüllt. Die SOC in Stufe 3 (F&E-Investitionsentscheidung) ergibt für den F&E-Kostenparameter

---

561 Für die beiden nachfolgend analysierten Performancemaße muss die Annahme einer symmetrischen Lösung der Form $\alpha_i = \alpha_j = \alpha$ getroffen werden.

$r > \frac{2\cdot(2-f^2-\theta\cdot f)^2}{(1+\alpha_i)\cdot(4-f^2)^2}$ für Unternehmen i bzw. $r > \frac{2\cdot(2-f^2-\theta\cdot f)^2}{(1+\alpha_j)\cdot(4-f^2)^2}$ für Unternehmen j. Die Ober- und Untergrenzen für F&E-Investitionsniveau und Basisproduktionskosten gelten weiterhin. In Stufe 2 (Vertragsgestaltung) ergeben sich für das Performancemaß Residualgewinn, nach Annahme einer symmetrischen Lösung der Form $\alpha_i = \alpha_j = \alpha$ zwei Lösungen für den optimalen Kapitalkostensatz α^*. Davon stellt aber wiederum nur eine Lösung ein Maximum in allen Stufen dar.

7.4 Gewinnvergleiche

Alle Gewinne lassen sich nun in Abhängigkeit von fünf Parametern darstellen. Dies sind der Prohibitivpreis a, der F&E-Kostenparameter r, die Basisproduktionskosten A, der Elastizitätsparameter f sowie der Spillover-Parameter θ.

Um eine grafische Analyse der Gewinndifferenzen durchführen zu können, wird der Prohibitivpreis, wie bereits in Kapitel 6, mit $a = 1$ normiert. Für den Elastizitätsparameter f wird eine Unterscheidung in niedrigen, mittleren und hohen Wettbewerb vorgenommen, d.h. $f \in \{\frac{1}{4}, \frac{1}{2}, \frac{3}{4}\}$.[562] Für den Spillover-Parameter wird ebenfalls eine Unterscheidung in die Ausprägungen niedrig, mittel, hoch und vollständig vorgenommen, d.h. $\theta \in \{\frac{1}{5}, \frac{1}{2}, \frac{4}{5}, 1\}$. Die Ergebnisse aus Kapitel 6 entsprechen einer Situation ohne Spillover, d.h. $\theta = 0$. Auf eine nochmalige Darstellung dieser Ergebnisse wird verzichtet.

Zunächst werden die Gesamtspielgleichgewichte für die einzelnen Performancemaße durch Vergleich der relevanten Gewinnfunktionen ermittelt. Es werden jeweils aus Sicht von Unternehmenseigentümer i die zwei möglichen Gewinnfunktionen, gegeben ein bestimmtes Konkurrenzverhalten, verglichen, also G^{NN*} und G_i^{DN*}, wenn Eigentümer j nicht delegiert, sowie G^{DD*} und G_i^{ND*}, wenn Eigentümer j jedenfalls delegiert. Daraus kann dann die jeweils optimale Strategie für Eigentümer i abgeleitet werden. Aufgrund der Symmetrie gelten diese Ergebnisse ebenfalls für Unternehmenseigentümer j. Weiters muss innerhalb der Parametergrenzen für A und r geprüft werden, ob die Absatzpreise, Absatzmengen, F&E-Investitionsniveaus und die effektiven Grenzkosten in allen Teilspielen stets positiv sind.

Die Darstellung erfolgt in tabellarischer Form, auf eine Präsentation der einzelnen Gewinndifferenzen in Abhängigkeit der verbleibenden Parameter r und A wird verzichtet.

---

562 Bei den einzelnen Teilspielvergleichen wird auch kurz auf die Auswirkungen höherer bzw. geringerer Werte von f eingegangen.

7.4.1 Niedriger Wettbewerb

Für niedrigen Wettbewerb, d.h. $f = 1/4$, ergeben sich für die drei Performancemaße folgende Teilspielvergleiche:[563]

7.4.1.1 Gewinn und Absatzmenge

$\theta = 1/5$, $A \in [\frac{1}{2}, \frac{9}{10}]$, $r \in [\frac{7}{2}, 4]$, $p_i, q_i, x_i, c_i > 0$ in allen Teilspielen
$G^{NN*} < G_i^{GMN*}$, Eigentümer *i* delegiert
$G^{GMGM*} > G_i^{NGM*}$, Eigentümer *i* delegiert
$G^{GMGM*} > G^{NN*}$, beidseitige Delegation führt zu einer Verbesserung
$\theta = 1/2$, $A \in [\frac{1}{2}, \frac{9}{10}]$, $r \in [\frac{7}{2}, 4]$, $p_i, q_i, x_i, c_i > 0$ in allen Teilspielen
$G^{NN*} < G_i^{GMN*}$, Eigentümer *i* delegiert
$G^{GMGM*} > G_i^{NGM*}$, Eigentümer *i* delegiert
$G^{GMGM*} > G^{NN*}$, beidseitige Delegation führt zu einer Verbesserung
$\theta = 4/5$, $A \in [\frac{1}{2}, \frac{9}{10}]$, $r \in [\frac{7}{2}, 4]$, $p_i, q_i, x_i, c_i > 0$ in allen Teilspielen
$G^{NN*} < G_i^{GMN*}$, Eigentümer *i* delegiert
$G^{GMGM*} > G_i^{NGM*}$, Eigentümer *i* delegiert
$G^{GMGM*} > G^{NN*}$, beidseitige Delegation führt zu einer Verbesserung
$\theta = 1$, $A \in [\frac{1}{2}, \frac{9}{10}]$, $r \in [\frac{7}{2}, 4]$, $p_i, q_i, x_i, c_i > 0$ in allen Teilspielen
$G^{NN*} < G_i^{GMN*}$, Eigentümer *i* delegiert
$G^{GMGM*} > G_i^{NGM*}$, Eigentümer *i* delegiert
$G^{GMGM*} > G^{NN*}$, beidseitige Delegation führt zu einer Verbesserung

Tabelle 17: Gesamtspiel "GM", niedriger Wettbewerb

[563] Die Parametergrenzen für die Basisproduktionskosten und den F&E-Kostenparameter wurden unverändert aus der Analyse in Kapitel 6 übernommen.

Die beidseitige Delegation stellt für das aggregierte Performancemaß aus Gewinn und Absatzmenge unabhängig vom Ausmaß des Spillover-Effekts bei niedrigem Wettbewerb ein Gleichgewicht in dominanten Strategien dar. Beide Unternehmenseigentümer können ihre Gewinnsituation bei niedrigem Wettbewerb durch Delegation verbessern.[564] Der Beteiligungsparameter wird von den delegierenden Eigentümern stets kleiner Null gewählt, wodurch es zu einer Erhöhung der entscheidungsrelevanten Grenzkosten im Kalkül des Managers kommt. Dieser wählt ein geringeres F&E-Investitionsniveau und einen höheren optimalen Absatzpreis. Es kommt also einerseits zu einer geringeren Investition in prozesskostensenkende Maßnahmen, andererseits wird das Unternehmen am Absatzmarkt bei Delegation glaubhaft als weniger aggressiv positioniert.

7.4.1.2 Gewinn und Kostenreduktion

$\theta = 1/5$, $A \in [\frac{1}{2}, \frac{9}{10}]$, $r \in [\frac{7}{2}, 4]$, $p_i, q_i, x_i, c_i > 0$ in allen Teilspielen
$G^{NN*} < G_i^{GKN*}$, Eigentümer i delegiert
$G^{GKGK*} > G_i^{NGK*}$, Eigentümer i delegiert
$G^{GKGK*} > G^{NN*}$, beidseitige Delegation führt zu einer Verbesserung (!)
$\theta = 1/2$, $A \in [\frac{1}{2}, \frac{9}{10}]$, $r \in [\frac{7}{2}, 4]$, $p_i, q_i, x_i, c_i > 0$ in allen Teilspielen
$G^{NN*} < G_i^{GKN*}$, Eigentümer i delegiert
$G^{GKGK*} > G_i^{NGK*}$, Eigentümer i delegiert
$G^{GKGK*} > G^{NN*}$, beidseitige Delegation führt zu einer Verbesserung (!)
$\theta = 4/5$, $A \in [\frac{1}{2}, \frac{9}{10}]$, $r \in [\frac{7}{2}, 4]$, $p_i, q_i, x_i, c_i > 0$ in allen Teilspielen
$G^{NN*} < G_i^{GKN*}$, Eigentümer i delegiert
$G^{GKGK*} > G_i^{NGK*}$, Eigentümer i delegiert
$G^{GKGK*} > G^{NN*}$, beidseitige Delegation führt zu einer Verbesserung (!)

564 Wenn zwischen den Produkten jedoch nur mehr eine sehr schwache substitutive Beziehung besteht, d.h. f gegen Null geht, bleibt die beidseitige Delegation zwar die Gleichgewichtslösung, sie kann jedoch bei gleichzeitigem Vorliegen von Spillover-Effekten zu einem Gefangenendilemma führen. Die beiden Unternehmenseigentümer erzielen dann bei beidseitiger Delegation mit dem aggregierten Performancemaß aus Gewinn und Absatzmenge einen geringeren Gewinn als bei beidseitiger Nichtdelegation.

$\theta = 1$, $A \in [\frac{1}{2}, \frac{9}{10}]$, $r \in [\frac{7}{2}, 4]$, $p_i, q_i, x_i, c_i > 0$ in allen Teilspielen
$G^{NN*} < G_i^{GKN*}$, Eigentümer i delegiert
$G^{GKGK*} > G_i^{NGK*}$, Eigentümer i delegiert
$G^{GKGK*} > G^{NN*}$, beidseitige Delegation führt zu einer Verbesserung (!)

Tabelle 18: Gesamtspiel "GK", niedriger Wettbewerb

Auch für das aggregierte Performancemaß aus Gewinn und Kostenreduktion stellt die beidseitige Delegation unabhängig vom Ausmaß des Spillover-Effekts bei niedrigem Wettbewerb innerhalb der Parametergrenzen für A und r ein Gleichgewicht in dominanten Strategien dar. Im Unterschied zur Analyse in Kapitel 6 führt diese Strategie bei niedrigem Wettbewerb zu einer Verbesserung der Gewinnsituation für beide Eigentümer bei Vorliegen von zumindest niedrigen Spillover-Effekten.[565] Der Zusammenhang zwischen Spillover-Effekt und den entsprechenden Gewinndifferenzen lässt sich für niedrigen Wettbewerb grafisch folgendermaßen darstellen:[566]

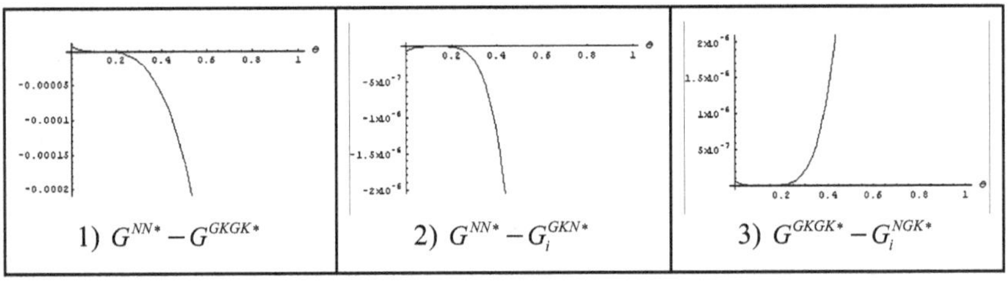

Abbildung 33: Gewinndifferenzen „GK", niedriger Wettbewerb[567]

Bei sehr niedrigem Spillover, im Extremfall $\theta = 0$, ist der Gewinn in Teilspiel NN höher als bei beidseitiger Delegation mit dem aggregierten Performancemaß aus Gewinn und Kostenreduktion; beide Unternehmenseigentümer befinden sich daher in einem Gefangenendilemma. Mit zunehmendem Spillover wird jedoch die beidseitige Delegation bei niedrigem Wettbewerb vorteilhaft.

---

565 Für kleinere Werte von f gilt dies analog, d.h. bei Vorliegen von zumindest geringem Spillover ist die Gleichgewichtslösung der beidseitigen Delegation auch mit einer Gewinnerhöhung für die beiden Unternehmenseigentümer verbunden.

566 Die grafische Darstellung erfolgt aus der Sicht von Unternehmen i, gilt aber aufgrund der Symmetrie analog für Unternehmen j.

567 Für diese zweidimensionalen Darstellungen wurden neben $a = 1$ und $f = 1/4$ die Basisproduktionskosten mit $A = 1/2$ und der F&E-Parameter mit $r = 7/2$ festgelegt.

Der Beteiligungsparameter wird von den delegierenden Eigentümern stets kleiner Eins aber größer Null gewählt,[568] wodurch sowohl der Gewinn als auch die Kostenreduktion im Kalkül des Managers ein positives Gewicht bekommen. Der Manager wählt daher ein höheres F&E-Investitionsniveau als ein gewinnmaximierender Eigentümer. Daraus resultieren geringere effektive Grenzkosten bei Delegation. Der optimale Absatzpreis ist geringer, die optimale Absatzmenge höher. Aufgrund der gesenkten Absatzpreise tritt das Unternehmen am Absatzmarkt glaubhaft als aggressiver auf.

7.4.1.3 Residualgewinn

$\theta = 1/5$, $A \in [\frac{1}{2}, \frac{9}{10}]$, $r \in [\frac{7}{2}, 4]$, $p_i, q_i, x_i, c_i > 0$ in allen Teilspielen
$G^{NN*} < G_i^{RGN*}$, Eigentümer i delegiert
$G^{RGRG*} > G_i^{NRG*}$, Eigentümer i delegiert
$G^{RGRG*} > G^{NN*}$, beidseitige Delegation führt zu einer Verbesserung (!)
$\theta = 1/2$, $A \in [\frac{1}{2}, \frac{9}{10}]$, $r \in [\frac{7}{2}, 4]$, $p_i, q_i, x_i, c_i > 0$ in allen Teilspielen
$G^{NN*} < G_i^{RGN*}$, Eigentümer i delegiert
$G^{RGRG*} > G_i^{NRG*}$, Eigentümer i delegiert
$G^{RGRG*} > G^{NN*}$, beidseitige Delegation führt zu einer Verbesserung (!)
$\theta = 4/5$, $A \in [\frac{1}{2}, \frac{9}{10}]$, $r \in [\frac{7}{2}, 4]$, $p_i, q_i, x_i, c_i > 0$ in allen Teilspielen
$G^{NN*} < G_i^{RGN*}$, Eigentümer i delegiert
$G^{RGRG*} > G_i^{NRG*}$, Eigentümer i delegiert
$G^{RGRG*} > G^{NN*}$, beidseitige Delegation führt zu einer Verbesserung (!)
$\theta = 1$, $A \in [\frac{1}{2}, \frac{9}{10}]$, $r \in [\frac{7}{2}, 4]$, $p_i, q_i, x_i, c_i > 0$ in allen Teilspielen
$G^{NN*} < G_i^{RGN*}$, Eigentümer i delegiert
$G^{RGRG*} > G_i^{NRG*}$, Eigentümer i delegiert

[568] Die SOC in Stufe 4 ist daher stets erfüllt.

$G^{RGRG*} > G^{NN*}$, beidseitige Delegation führt zu einer Verbesserung (!)

Tabelle 19: Gesamtspiel "RG", niedriger Wettbewerb

Für das Performancemaß Residualgewinn stellt die beidseitige Delegation unabhängig vom Ausmaß des Spillover-Effekts bei niedrigem Wettbewerb innerhalb der Parametergrenzen für A und r ein Gleichgewicht in dominanten Strategien dar. Im Unterschied zur Analyse in Kapitel 6 führt diese Strategie bei niedrigem Wettbewerb jedoch zu einer Verbesserung der Gewinnsituation für beide Eigentümer bei Vorliegen von zumindest niedrigen Spillover-Effekten.[569] Der Zusammenhang zwischen Spillover-Effekt und den Gewinndifferenzen lässt sich grafisch folgendermaßen darstellen:

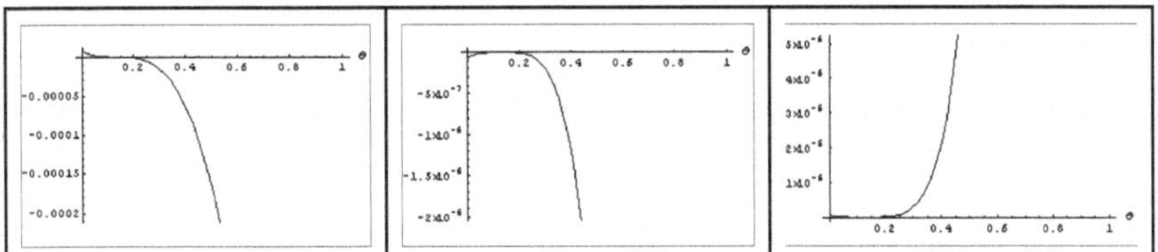

1) $G^{NN*} - G^{RGRG*}$ 2) $G^{NN*} - G_i^{RGN*}$ 3) $G^{RGRG*} - G_i^{NRG*}$

Abbildung 34: Gewinndifferenzen „RG“, niedriger Wettbewerb[570]

Wie auch bereits beim aggregierten Performancemaß aus Gewinn und Kostenreduktion ist die Gewinndifferenz $G^{NN*} - G^{RGRG*}$ bei sehr niedrigem Spillover, im Extremfall $\theta = 0$, positiv, d.h. der Gewinn in Teilspiel NN ist höher als bei beidseitiger Delegation und beide Unternehmenseigentümer befinden sich in einem Gefangenendilemma. Mit zunehmendem Spillover wird jedoch die beidseitige Delegation bei niedrigem Wettbewerb vorteilhaft.

Der Kapitalkostensatz wird von den delegierenden Eigentümern stets kleiner Null gewählt, was einer „Subventionierung“ der F&E-Investitionskosten im Kalkül des Managers entspricht. Der Manager wird daher mehr in F&E investieren als ein gewinnmaximierender Eigentümer, woraus geringere effektive Grenzkosten im delegierenden Unternehmen resultieren. Der optimale Absatzpreis ist geringer, die optimale Absatzmenge höher. Aufgrund der gesenkten Absatzpreise positioniert sich das Unternehmen am Absatzmarkt glaubhaft als aggressiver.

---

569 Für kleinere Werte von f gelten die festgestellten Zusammenhänge analog, d.h. bei Vorliegen von zumindest geringem Spillover ist die Gleichgewichtslösung der beidseitigen Delegation auch mit einer Gewinnerhöhung für die beiden Unternehmenseigentümer verbunden.

570 Für diese zweidimensionalen Darstellungen wurden neben $a = 1$ und $f = 1/4$ die Basisproduktionskosten mit $A = 1/2$ und der F&E-Parameter mit $r = 7/2$ festgelegt.

7.4.1.4 Relativer Vergleich

Im relativen Vergleich der drei Performancemaße zeigt sich, dass bei niedrigem Wettbewerb zunächst für geringe Werte des Spillover-Parameters das Performancemaß aus Gewinn und Absatzmenge das vorteilhafteste mit dem höchsten Gewinn für die Unternehmenseigentümer ist. Mit steigendem Spillover wird es jedoch bei geringem Wettbewerb von den beiden anderen Performancemaßen „überholt", d.h. die Eigentümer erzielen einen höheren Gewinn, wenn sie ihrem Manager entweder einen Vertrag mit Gewinn und Kostenreduktion oder mit dem Residualgewinn als Performancemaß offerieren. Im Vergleich zwischen diesen beiden Performancemaßen zeigt sich, dass für höhere Spillover-Werte der Residualgewinn aus Sicht der Eigentümer vorteilhafter ist.

7.4.2 Mittlerer Wettbewerb

Für mittleren Wettbewerb, d.h. $f = 1/2$, ergeben sich für die drei Performancemaße folgende Teilspielvergleiche:

7.4.2.1 Gewinn und Absatzmenge

$\theta = 1/5$, $A \in [\frac{1}{2}, \frac{9}{10}]$, $r \in [\frac{7}{2}, 4]$, $p_i, q_i, x_i, c_i > 0$ in allen Teilspielen
$G^{NN*} < G_i^{GMN*}$, Eigentümer i delegiert
$G^{GMGM*} > G_i^{NGM*}$, Eigentümer i delegiert
$G^{GMGM*} > G^{NN*}$, beidseitige Delegation führt zu einer Verbesserung
$\theta = 1/2$, $A \in [\frac{1}{2}, \frac{9}{10}]$, $r \in [\frac{7}{2}, 4]$, $p_i, q_i, x_i, c_i > 0$ in allen Teilspielen
$G^{NN*} < G_i^{GMN*}$, Eigentümer i delegiert
$G^{GMGM*} > G_i^{NGM*}$, Eigentümer i delegiert
$G^{GMGM*} > G^{NN*}$, beidseitige Delegation führt zu einer Verbesserung
$\theta = 4/5$, $A \in [\frac{1}{2}, \frac{9}{10}]$, $r \in [\frac{7}{2}, 4]$, $p_i, q_i, x_i, c_i > 0$ in allen Teilspielen
$G^{NN*} < G_i^{GMN*}$, Eigentümer i delegiert
$G^{GMGM*} > G_i^{NGM*}$, Eigentümer i delegiert
$G^{GMGM*} > G^{NN*}$, beidseitige Delegation führt zu einer Verbesserung
$\theta = 1$, $A \in [\frac{1}{2}, \frac{9}{10}]$, $r \in [\frac{7}{2}, 4]$, $p_i, q_i, x_i, c_i > 0$ in allen Teilspielen
$G^{NN*} < G_i^{GMN*}$, Eigentümer i delegiert

$G^{GMGM*} > G_i^{NGM*}$, Eigentümer i delegiert
$G^{GMGM*} > G^{NN*}$, beidseitige Delegation führt zu einer Verbesserung

Tabelle 20: Gesamtspiel "GM", mittlerer Wettbewerb

Die beidseitige Delegation mit einem aggregierten Performancemaß aus Gewinn und Absatzmenge stellt auch bei mittlerem Wettbewerb innerhalb der Parametergrenzen unabhängig vom Ausmaß des Spillovers ein Gleichgewicht in dominanten Strategien dar, welches beide Eigentümer besser stellt. Der optimale Beteiligungsparameter wird von den Eigentümern stets kleiner Null gewählt. Es kommt im delegierenden Unternehmen zu einer Verringerung der F&E-Investition. Der Manager wählt höhere Absatzpreise und das Unternehmen tritt daher am Absatzmarkt als weniger aggressiv auf.

7.4.2.2 Gewinn und Kostenreduktion

$\theta = 1/5$, $A \in [\frac{1}{2}, \frac{9}{10}]$, $r \in [\frac{7}{2}, 4]$, $p_i, q_i, x_i, c_i > 0$ in allen Teilspielen
$G^{NN*} < G_i^{GKN*}$, Eigentümer i delegiert
$G^{GKGK*} > G_i^{NGK*}$, Eigentümer i delegiert
$G^{GKGK*} < G^{NN*}$, beidseitige Delegation nicht vorteilhaft
$\theta = 1/2$, $A \in [\frac{1}{2}, \frac{9}{10}]$, $r \in [\frac{7}{2}, 4]$, $p_i, q_i, x_i, c_i > 0$ in allen Teilspielen
$G^{NN*} < G_i^{GKN*}$, Eigentümer i delegiert
$G^{GKGK*} > G_i^{NGK*}$, Eigentümer i delegiert
$G^{GKGK*} > G^{NN*}$, beidseitige Delegation führt zu einer Verbesserung (!)
$\theta = 4/5$, $A \in [\frac{1}{2}, \frac{9}{10}]$, $r \in [\frac{7}{2}, 4]$, $p_i, q_i, x_i, c_i > 0$ in allen Teilspielen
$G^{NN*} < G_i^{GKN*}$, Eigentümer i delegiert
$G^{GKGK*} > G_i^{NGK*}$, Eigentümer i delegiert
$G^{GKGK*} > G^{NN*}$, beidseitige Delegation führt zu einer Verbesserung (!)
$\theta = 1$, $A \in [\frac{1}{2}, \frac{9}{10}]$, $r \in [\frac{7}{2}, 4]$, $p_i, q_i, x_i, c_i > 0$ in allen Teilspielen
$G^{NN*} < G_i^{GKN*}$, Eigentümer i delegiert
$G^{GKGK*} > G_i^{NGK*}$, Eigentümer i delegiert

$G^{GKGK*} > G^{NN*}$, beidseitige Delegation führt zu einer Verbesserung (!)

Tabelle 21: Gesamtspiel "GK", mittlerer Wettbewerb

Die beidseitige Delegation mit dem aggregierten Performancemaß aus Gewinn und Kostenreduktion stellt bei mittlerem Wettbewerb innerhalb der Grenzen für A und r unabhängig vom Spillover-Parameter ein Gleichgewicht in dominanten Strategien dar. Im Unterschied zur Situation mit niedrigem Wettbewerb führt jedoch die beidseitige Delegation bei geringem Spillover zu einer Verschlechterung der Zielerreichung aus der Sicht der Unternehmenseigentümer und diese befinden sich, wie auch in Kapitel 6 bei $\theta = 0$ gezeigt wurde, in einem Gefangenendilemma. Steigt jedoch der Spillover-Effekt, so führt die beidseitige Delegation auch zu einer Gewinnverbesserung aus der Sicht der Eigentümer. Grafisch lässt sich dieser Zusammenhang für mittleren Wettbewerb folgendermaßen darstellen:

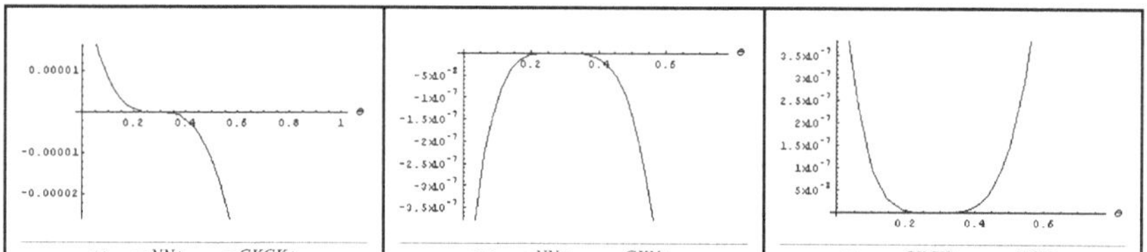

1) $G^{NN*} - G^{GKGK*}$ 2) $G^{NN*} - G_i^{GKN*}$ 3) $G^{GKGK*} - G_i^{NGK*}$

Abbildung 35: Gewinndifferenzen „GK“, mittlerer Wettbewerb[571]

Bei niedrigem Spillover ist der Gewinn in Teilspiel NN höher als bei beidseitiger Delegation. Die Gewinndifferenz $G^{NN*} - G^{GKGK*}$ ist positiv und beide Unternehmenseigentümer befinden sich daher in einem Gefangenendilemma. Mit zunehmendem Spillover wird jedoch die beidseitige Delegation bei mittlerem Wettbewerb vorteilhaft.

Der Beteiligungsparameter wird von den Eigentümern bei mittlerem Wettbewerb stets kleiner Eins aber größer Null gewählt. Das optimale F&E-Investitionsniveau ist im delegierenden Unternehmen stets höher, der Absatzpreis jedoch geringer. Es kommt also bei Delegation zu einer verstärkten Investition in kostensenkende Maßnahmen und zu einem aggressiveren Auftritt am Absatzmarkt.

[571] Für diese zweidimensionalen Darstellungen wurden neben $a = 1$ und $f = 1/2$ die Basisproduktionskosten mit $A = 1/2$ und der F&E-Parameter mit $r = 7/2$ festgelegt.

7.4.2.3 Residualgewinn

$\theta = 1/5$, $A \in [\frac{1}{2}, \frac{9}{10}]$, $r \in [\frac{7}{2}, 4]$, $p_i, q_i, x_i, c_i > 0$ in allen Teilspielen
$G^{NN*} < G_i^{RGN*}$, Eigentümer i delegiert
$G^{RGRG*} > G_i^{NRG*}$, Eigentümer i delegiert
$G^{RGRG*} < G^{NN*}$, beidseitige Delegation nicht vorteilhaft
$\theta = 1/2$, $A \in [\frac{1}{2}, \frac{9}{10}]$, $r \in [\frac{7}{2}, 4]$, $p_i, q_i, x_i, c_i > 0$ in allen Teilspielen
$G^{NN*} < G_i^{RGN*}$, Eigentümer i delegiert
$G^{RGRG*} > G_i^{NRG*}$, Eigentümer i delegiert
$G^{RGRG*} > G^{NN*}$, beidseitige Delegation führt zu einer Verbesserung (!)
$\theta = 4/5$, $A \in [\frac{1}{2}, \frac{9}{10}]$, $r \in [\frac{7}{2}, 4]$, $p_i, q_i, x_i, c_i > 0$ in allen Teilspielen
$G^{NN*} < G_i^{RGN*}$, Eigentümer i delegiert
$G^{RGRG*} > G_i^{NRG*}$, Eigentümer i delegiert
$G^{RGRG*} > G^{NN*}$, beidseitige Delegation führt zu einer Verbesserung (!)
$\theta = 1$, $A \in [\frac{1}{2}, \frac{9}{10}]$, $r \in [\frac{7}{2}, 4]$, $p_i, q_i, x_i, c_i > 0$ in allen Teilspielen
$G^{NN*} < G_i^{RGN*}$, Eigentümer i delegiert
$G^{RGRG*} > G_i^{NRG*}$, Eigentümer i delegiert
$G^{RGRG*} > G^{NN*}$, beidseitige Delegation führt zu einer Verbesserung (!)

Tabelle 22: Gesamtspiel "RG", mittlerer Wettbewerb

Die beidseitige Delegation mit dem Residualgewinn als Performancemaß im Managerentlohnungsvertrag stellt bei mittlerem Wettbewerb innerhalb der Grenzen für A und r unabhängig vom Spillover-Parameter ein Gleichgewicht in dominanten Strategien dar. Im Unterschied zur Situation mit niedrigem Wettbewerb führt jedoch die beidseitige Delegation bei geringem Spillover zu keiner Verbesserung aus der Sicht der Unternehmenseigentümer. Diese befinden sich, wie auch bereits in Kapitel 6 bei $\theta = 0$ gezeigt wurde, in einem Gefangenendilemma und würden sich ohne Delegationsmöglichkeit besser stellen. Steigt jedoch der Spillover-Effekt, so führt die beidseitige Delegation, ebenso wie bereits beim aggregierten Performancemaß aus Gewinn und Kostenreduktion gezeigt wurde, zu einer Gewinnverbesserung aus der Sicht der Eigentümer. Dieser Zusammenhang zwischen Vorteilhaftigkeit der Delegation und Spillover-Effekt wird in Abbildung 36 dargestellt.

Der Kapitalkostensatz wird von den delegierenden Eigentümern auch bei mittlerem Wettbewerb unabhängig vom Ausmaß des Spillovers stets kleiner Null gewählt, was einer „Subventionierung" der F&E-Investitionskosten im Kalkül des Managers entspricht. Das optimale F&E-Investitionsniveau ist im delegierenden Unternehmen stets höher, der Absatzpreis jedoch geringer. Es kommt also bei Delegation zu einem aggressiveren Auftritt am Absatzmarkt.

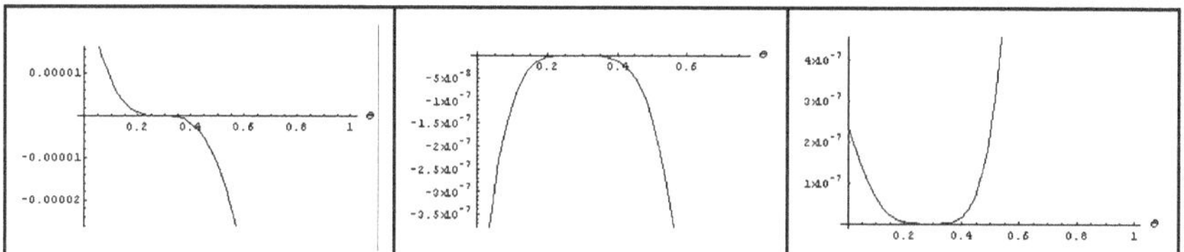

1) $G^{NN*} - G^{RGRG*}$ 2) $G^{NN*} - G_i^{RGN*}$ 3) $G^{RGRG*} - G_i^{NRG*}$

Abbildung 36: Gewinndifferenzen „RG", mittlerer Wettbewerb[572]

7.4.2.4 Relativer Vergleich

Im relativen Vergleich der drei Performancemaße zeigt sich, dass bei mittlerem Wettbewerb unabhängig vom Ausmaß des Spillover-Parameters das Performancemaß aus Gewinn und Absatzmenge das vorteilhafteste mit dem höchsten Gewinn für die Unternehmenseigentümer ist. Im direkten Vergleich zwischen den anderen Performancemaßen aus Gewinn und Kostenreduktion bzw. dem Residualgewinn zeigt sich, dass für höhere Spillover-Werte der Residualgewinn aus Sicht der Eigentümer vorteilhafter ist, beide Performancemaße jedoch hinter der Kombination aus Gewinn und Absatzmenge zurückbleiben.

7.4.3 Hoher Wettbewerb

Für hohen Wettbewerb, d.h. $f = 3/4$, ergeben sich für die drei Performancemaße folgende Teilspielvergleiche:

---

[572] Für diese zweidimensionalen Darstellungen wurden neben $a = 1$ und $f = 1/2$ die Basisproduktionskosten mit $A = 1/2$ und der F&E-Parameter mit $r = 7/2$ festgelegt.

7.4.3.1 Gewinn und Absatzmenge

$\theta = 1/5$, $A \in [\frac{1}{2}, \frac{9}{10}]$, $r \in [\frac{7}{2}, 4]$, $p_i, q_i, x_i, c_i > 0$ in allen Teilspielen
$G^{NN*} < G_i^{GMN*}$, Eigentümer i delegiert
$G^{GMGM*} > G_i^{NGM*}$, Eigentümer i delegiert
$G^{GMGM*} > G^{NN*}$, beidseitige Delegation führt zu einer Verbesserung
$\theta = 1/2$, $A \in [\frac{1}{2}, \frac{9}{10}]$, $r \in [\frac{7}{2}, 4]$, $p_i, q_i, x_i, c_i > 0$ in allen Teilspielen
$G^{NN*} < G_i^{GMN*}$, Eigentümer i delegiert
$G^{GMGM*} > G_i^{NGM*}$, Eigentümer i delegiert
$G^{GMGM*} > G^{NN*}$, beidseitige Delegation führt zu einer Verbesserung
$\theta = 4/5$, $A \in [\frac{1}{2}, \frac{9}{10}]$, $r \in [\frac{7}{2}, 4]$, $p_i, q_i, x_i, c_i > 0$ in allen Teilspielen
$G^{NN*} < G_i^{GMN*}$, Eigentümer i delegiert
$G^{GMGM*} > G_i^{NGM*}$, Eigentümer i delegiert
$G^{GMGM*} > G^{NN*}$, beidseitige Delegation führt zu einer Verbesserung
$\theta = 1$, $A \in [\frac{1}{2}, \frac{9}{10}]$, $r \in [\frac{7}{2}, 4]$, $p_i, q_i, x_i, c_i > 0$ in allen Teilspielen
$G^{NN*} < G_i^{GMN*}$, Eigentümer i delegiert
$G^{GMGM*} > G_i^{NGM*}$, Eigentümer i delegiert
$G^{GMGM*} > G^{NN*}$, beidseitige Delegation führt zu einer Verbesserung

Tabelle 23: Gesamtspiel "GM", hoher Wettbewerb

Die beidseitige Delegation mit dem aggregierten Performancemaß aus Gewinn und Absatzmenge stellt auch bei hohem Wettbewerb unabhängig vom Ausmaß des Spillovers innerhalb der Parametergrenzen für A und r stets ein Gleichgewicht in dominanten Strategien dar. Beide Eigentümer können sich durch Delegation besser stellen.[573]

[573] Für noch höhere Werte von f gelten die hier dargestellten Ergebnisse unverändert, d.h. die beidseitige Delegation ist die dominante Strategie und beide Unternehmenseigentümer können sich durch Delegation mit diesem Performancemaß verbessern.

Der Beteiligungsparameter wird stets kleiner Null gewählt. Der Manager wählt dann entsprechend ein geringeres F&E-Investitionsniveau und einen höheren Absatzpreis.

7.4.3.2 Gewinn und Kostenreduktion

$\theta = 1/5$, $A \in [\frac{1}{2}, \frac{9}{10}]$, $r \in [\frac{7}{2}, 4]$, $p_i, q_i, x_i, c_i > 0$ in allen Teilspielen
$G^{NN*} < G_i^{GKN*}$, Eigentümer i delegiert
$G^{GKGK*} > G_i^{NGK*}$, Eigentümer i delegiert
$G^{GKGK*} < G^{NN*}$, beidseitige Delegation nicht vorteilhaft
$\theta = 1/2$, $A \in [\frac{1}{2}, \frac{9}{10}]$, $r \in [\frac{7}{2}, 4]$, $p_i, q_i, x_i, c_i > 0$ in allen Teilspielen
$G^{NN*} < G_i^{GKN*}$, Eigentümer i delegiert
$G^{GKGK*} > G_i^{NGK*}$, Eigentümer i delegiert
$G^{GKGK*} < G^{NN*}$, beidseitige Delegation nicht vorteilhaft
$\theta = 4/5$, $A \in [\frac{1}{2}, \frac{9}{10}]$, $r \in [\frac{7}{2}, 4]$, $p_i, q_i, x_i, c_i > 0$ in allen Teilspielen
$G^{NN*} < G_i^{GKN*}$, Eigentümer i delegiert
$G^{GKGK*} > G_i^{NGK*}$, Eigentümer i delegiert
$G^{GKGK*} > G^{NN*}$, beidseitige Delegation führt zu einer Verbesserung (!)
$\theta = 1$, $A \in [\frac{1}{2}, \frac{9}{10}]$, $r \in [\frac{7}{2}, 4]$, $p_i, q_i, x_i, c_i > 0$ in allen Teilspielen
$G^{NN*} < G_i^{GKN*}$, Eigentümer i delegiert
$G^{GKGK*} > G_i^{NGK*}$, Eigentümer i delegiert
$G^{GKGK*} > G^{NN*}$, beidseitige Delegation führt zu einer Verbesserung (!)

Tabelle 24: Gesamtspiel "GK", hoher Wettbewerb

Für hohen Wettbewerb zeigt sich, dass die beidseitige Delegation mit dem aggregierten Performancemaß aus Gewinn und Kostenreduktion weiterhin ein Gleichgewicht in dominanten Strategien darstellt. Wie bereits bei mittlerem Wettbewerb gezeigt, ist aber die Vorteilhaftigkeit dieser Strategie vom Spillover-Parameter abhängig. Abbildung 37 zeigt den Zusammenhang zwischen Spillover-Effekt und den entsprechenden Gewinndifferenzen bei hohem Wettbewerb.

Bei hohem Wettbewerb verstärkt sich der bereits für kleinere Werte von f festgestellte Effekt noch, d.h. die Delegation ist erst für hohe Spillover-Werte vorteilhaft.[574] Bei geringem Spillover befinden sich die Unternehmenseigentümer weiterhin in einem Gefangenendilemma, bei hohem Spillover können sie sich jedoch durch Delegation mit einem aggregierten Performancemaß aus Gewinn und Kostenreduktion besser stellen.

Der optimale Beteiligungsparameter wird, unabhängig vom Ausmaß des Spillovers, stets kleiner Eins aber größer Null gewählt. Das optimale F&E-Investitionsniveau ist im delegierenden Unternehmen stets höher als bei Nichtdelegation, der Absatzpreis jedoch geringer. Es kommt zu einem aggressiveren Auftritt am Absatzmarkt, unabhängig vom Ausmaß des Spillovers.

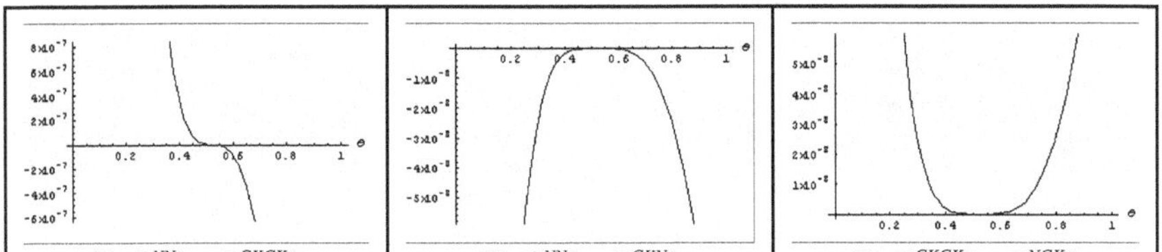

1) $G^{NN*} - G^{GKGK*}$ 2) $G^{NN*} - G_i^{GKN*}$ 3) $G^{GKGK*} - G_i^{NGK*}$

Abbildung 37: Gewinndifferenzen „GK“, hoher Wettbewerb[575]

7.4.3.3 Residualgewinn

$\theta = 1/5$, $A \in [\frac{1}{2}, \frac{9}{10}]$, $r \in [\frac{7}{2}, 4]$, $p_i, q_i, x_i, c_i > 0$ in allen Teilspielen
$G^{NN*} < G_i^{RGN*}$, Eigentümer i delegiert
$G^{RGRG*} > G_i^{NRG*}$, Eigentümer i delegiert (!)
$G^{RGRG*} < G^{NN*}$, beidseitige Delegation nicht vorteilhaft
$\theta = 1/2$, $A \in [\frac{1}{2}, \frac{9}{10}]$, $r \in [\frac{7}{2}, 4]$, $p_i, q_i, x_i, c_i > 0$ in allen Teilspielen
$G^{NN*} < G_i^{RGN*}$, Eigentümer i delegiert
$G^{RGRG*} > G_i^{NRG*}$, Eigentümer i delegiert (!)

574 Für noch höhere Werte von f ist die beidseitige Delegation weiterhin die dominante Strategie, welche jedoch erst für sehr hohe Spillover-Werte für die Eigentümer vorteilhaft wird.

575 Für diese zweidimensionalen Darstellungen wurden neben $a = 1$ und $f = 3/4$ die Basisproduktionskosten mit $A = 1/2$ und der F&E-Parameter mit $r = 7/2$ festgelegt.

$G^{RGRG*} < G^{NN*}$, beidseitige Delegation nicht vorteilhaft
$\theta = 4/5$, $A \in [\frac{1}{2}, \frac{9}{10}]$, $r \in [\frac{7}{2}, 4]$, $p_i, q_i, x_i, c_i > 0$ in allen Teilspielen
$G^{NN*} < G_i^{RGN*}$, Eigentümer i delegiert
$G^{RGRG*} > G_i^{NRG*}$, Eigentümer i delegiert (!)
$G^{RGRG*} > G^{NN*}$, beidseitige Delegation führt zu einer Verbesserung (!)
$\theta = 1$, $A \in [\frac{1}{2}, \frac{9}{10}]$, $r \in [\frac{7}{2}, 4]$, $p_i, q_i, x_i, c_i > 0$ in allen Teilspielen
$G^{NN*} < G_i^{RGN*}$, Eigentümer i delegiert
$G^{RGRG*} > G_i^{NRG*}$, Eigentümer i delegiert (!)
$G^{RGRG*} > G^{NN*}$, beidseitige Delegation führt zu einer Verbesserung (!)

Tabelle 25: Gesamtspiel "RG", hoher Wettbewerb

Bei hohem Wettbewerb und Vorliegen von zumindest niedrigen Spillover-Effekten stellt die beidseitige Delegation mit dem Performancemaß Residualgewinn ein Gleichgewicht in dominanten Strategien dar.[576] Bei sehr niedrigen Spillover-Effekten, im Extremfall $\theta = 0$, gibt es jedoch, wie bereits in Kapitel 6 ausgeführt, zwei Gleichgewichte in reinen Strategien. Dies wird in Teil 3 von Abbildung 38 durch die Gewinndifferenz $G^{RGRG*} - G_i^{NRG*}$ dargestellt.

[576] Für noch höhere Werte von f verschiebt sich der Bereich, ab dem die beidseitige Delegation ein Gleichgewicht in dominanten Strategie darstellt, nach rechts, d.h. erst für höhere Werte von θ lässt sich ein eindeutiges Gleichgewicht feststellen. Auch die Vorteilhaftigkeit dieser Strategie ist mit zunehmendem f erst für sehr hohe Spillover-Werte gegeben.

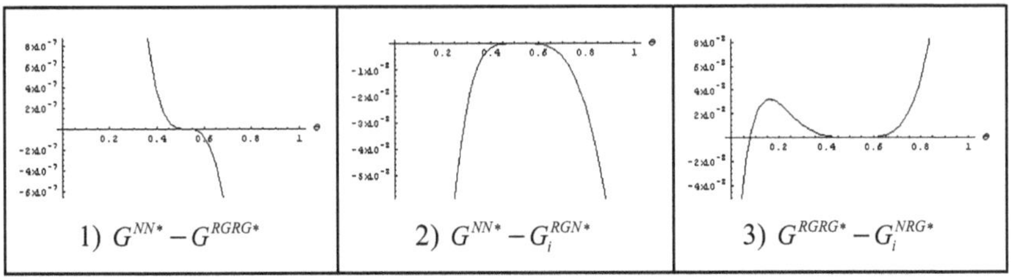

Abbildung 38: Gewinndifferenzen „RG", hoher Wettbewerb[577]

Bei ausreichendem Spillover stellt die beidseitige Delegation ein eindeutiges Gleichgewicht dar, welches jedoch zunächst aus Sicht der Eigentümer nicht vorteilhaft ist. Erst bei hohem Spillover ist der Gewinn in Teilspiel DD höher als jener bei Nichtdelegation.

Der optimale Kapitalkostensatz wird auch bei $f = 3/4$ stets kleiner Null gewählt. Dies führt zu einer verstärkten Investition in prozesskostensenkende Maßnahmen bei Delegation. Weiters wird im delegierenden Unternehmen ein geringerer Absatzpreis gewählt als bei Nichtdelegation, woraus eine höhere Absatzmenge und ein aggressiveres Auftreten auf dem Absatzmarkt resultieren.

7.4.3.4 Relativer Vergleich

Im relativen Vergleich der drei Performancemaße zeigt sich, dass auch bei hohem Wettbewerb unabhängig vom Ausmaß des Spillover-Parameters das Performancemaß aus Gewinn und Absatzmenge das vorteilhafteste mit dem höchsten Gewinn für die Unternehmenseigentümer ist. Ein direkter Vergleich zwischen den beiden anderen Performancemaßen zeigt, dass für höhere Spillover-Werte der Residualgewinn aus Sicht der Eigentümer vorteilhafter ist als eine Kombination aus Gewinn und Kostenreduktion, beide Performancemaße jedoch hinter dem aggregierten Performancemaß aus Gewinn und Absatzmenge zurückbleiben.

7.5 Zusammenfassung

Durch die Berücksichtigung von Spillover-Effekten in der Analyse kann gezeigt werden, dass die beiden bislang unvorteilhaften Performancemaße (Gewinn-Kostenreduktion bzw. Residualgewinn), abhängig von der Ausprägung des Spillover-Effekts und von der Wettbewerbsintensität, zu einer Verbesserung der Unternehmenszielerreichung eingesetzt werden können. Bei niedrigem Wettbewerb, d.h. einem niedrigen Elastizitätsparameter f, reichen bereits niedrige Spillover-Effekte aus, um eine Erhö-

---

577 Für diese zweidimensionalen Darstellungen wurden neben $a = 1$ und $f = 3/4$ die Basisproduktionskosten mit $A = 1/2$ und der F&E-Parameter mit $r = 7/2$ festgelegt.

hung der Gewinne durch Delegation mit einem der beiden Performancemaße im Vergleich zur Situation ohne Delegation zu bewirken. Der so erzielbare Gewinn ist bei niedrigem Wettbewerb und ausreichendem Spillover-Effekt sogar höher als der Gewinn bei Delegation mit dem aggregierten Performancemaß aus Gewinn und Absatzmenge.

Im Unterschied zum Performancemaß aus Gewinn und Absatzmenge übt ein Entlohnungsvertrag mit Gewinn und Kostenreduktion bzw. Residualgewinn keinen direkten Einfluss auf die Absatzpreisentscheidung aus. Sie beeinflussen diese vielmehr mittelbar über eine Senkung der entscheidungsrelevanten Kosten im Managerkalkül, welche zu einer Erhöhung des optimalen F&E-Investitionsniveaus führt. Beide Performancemaße bewirken bei Delegation eine höhere Investition in prozesskostensenkende Maßnahmen, woraus geringere Grenzkosten, ein geringerer Absatzpreis und daher eine höhere Absatzmenge als bei Nichtdelegation resultieren. Dies wurde auch bereits in Kapitel 6 unter Vernachlässigung von Spillover-Effekten gezeigt.

Eine mögliche Erklärung für die Vorteilhaftigkeit der beiden Performancemaße bei Vorliegen von Spillover-Effekten kann in der stärkeren Senkung der effektiven Grenzkosten $c_i = (A - x_i - \theta \cdot x_j)$ aufgrund der erhöhten eigenen F&E-Investition und der erhöhten Konkurrenzinvestition über den Spillover-Effekt gesehen werden. Nur ein Teil dieser erzielten Kostenreduktion wird durch eigene Investitionsmittel, nämlich $\left(\frac{1}{2} \cdot r \cdot x_i^2\right)$ gedeckt.[578] Der Rest wird „kostenlos" über den Wissens-Spillover realisiert.

Die Delegation mit dem aggregierten Performancemaß aus Gewinn und Kostenreduktion bzw. mit dem Residualgewinn ist insbesondere dann vorteilhaft, wenn hohe Spillover-Effekte vorherrschen. Bei geringem Spillover-Effekt und gleichzeitig hohem Elastizitätsparameter f, d.h. bei sehr ähnlichen Produkten und starkem Wettbewerb, sind diese beiden Performancemaße jedoch weiterhin nicht vorteilhaft und führen zu einem Gefangenendilemma für die Unternehmenseigentümer mit geringerem Gewinn als bei beidseitiger Nichtdelegation.

---

[578] Dies gilt analog für Unternehmen j.

8 Resümee

In diesem abschließenden Kapitel sollen nun die aus der Modellanalyse gewonnenen Erkenntnisse hinsichtlich des Wettbewerbseffekts mit den Ergebnissen aus der Literaturrecherche zur Verhaltensbeeinflussung im F&E-Kontext zusammengeführt werden.

Aus Kapitel 4 lassen sich einige Einflussgrößen bei der Gestaltung von Anreizsystemen aus der Sicht der Verhaltensbeeinflussung ableiten. Zur Ermittlung optimaler Entlohnungsverträge im F&E-Kontext finden insbesondere das inhärente Risiko, die auftretenden Informationsasymmetrien und der Neuigkeitsgrad als Besonderheiten von F&E-Investitionen in der ökonomischen Analyse Berücksichtigung. Eine Trennung in F&E-Mitarbeiter, F&E-Manager bzw. Bereichsmanager mit F&E-Verantwortung, wie sie in Kapitel 2 vorgenommen wurde, erscheint für die Einordung der Ergebnisse hilfreich.

8.1 Anreizsysteme für F&E-Mitarbeiter

Für F&E-Mitarbeiter ist die Auswahl geeigneter Beurteilungsgrößen als Basis variabler Entlohnungsbestandteile schwierig. Aufgrund der Informationsasymmetrien, welche insbesondere bei der Ausführung von F&E-Aktivitäten vorliegen, ist ein Rückgriff auf inputorientierte Beurteilungsgrößen und damit auf einen Task-control-Ansatz nicht ohne subjektive Mess- und Beurteilungsverfahren bei der Ermittlung des individuellen Wertbeitrags möglich. Outputorientierte Beurteilungsgrößen lassen sich demgegenüber kaum auf den individuellen Beitrag eines einzelnen F&E-Mitarbeiters zurückführen, da die Ergebnisrealisierung im F&E-Bereich vor allem durch die Verflechtung mit den Leistungsverwertungssystemen gekennzeichnet ist.

Wie in Kapitel 3 dargestellt, geht von einer am Unternehmens- bzw. Bereichsergebnis anknüpfenden variablen Entlohnung aufgrund der Verzerrung und der mangelnden Beziehung zur individuellen Leistung des F&E-Mitarbeiters eine geringere Anreizwirkung aus. In der ökonomischen Analyse in Kapitel 4 wurde gezeigt, dass insbesondere bei risikoaversen Mitarbeitern eine umso höhere Risikoprämie anfällt, je verzerrter die Beurteilungsgröße hinsichtlich des individuellen Wertbeitrags ist. Eine performanceorientierte Entlohnung für diese Gruppe von Mitarbeitern kann aus Sicht der Unternehmenszielerreichung nachteilig sein. Daher werden für F&E-Mitarbeiter neben finanziellen auch nichtfinanzielle Anreizarten, wie z.B. die Gewährung von Zeit und Ressourcen für eigene Forschungsaktivitäten, die Förderung von Weiterbildungsmaßnahmen oder die Entlastung von Routineaufgaben als wichtige Elemente eines Anreizsystems genannt.

In der eigenen Modellanalyse wurde gezeigt, dass es notwendig ist, um eine wettbewerbsbeeinflussende Wirkung über die Entlohnungsvertragsgestaltung auszulösen, das Kalkül des Entscheidungsträgers derart zu verändern, dass eine Abkehr von der reinen Gewinnmaximierung glaubhaft an die Konkurrenten übermittelt wird.

Von den Entlohnungsverträgen einzelner F&E-Mitarbeiter gehen aufgrund der eingeschränkten Entscheidungskompetenz hinsichtlich des Absatzmarkts kaum externe, wettbewerbsbeeinflussende Effekte aus. Da jedoch das Ausmaß des Wissens-Spillovers entscheidend für die Beurteilung der Vorteilhaftigkeit der hier analysierten Performancemaße hinsichtlich des Wettbewerbseffekts ist, kann über die spezielle Ausgestaltung des Entlohnungsvertrags mit Anreizen zum verstärkten bzw. verminderten unternehmensübergreifenden Informationsaustausch zwischen den F&E-Mitarbeitern Einfluss auf das Ausmaß des Spillover-Effekts genommen werden.[579] Die konkrete Höhe des Spillover-Effekts führt ihrerseits zu einer Veränderung der Vorteilhaftigkeit der untersuchten Performancemaße in Managerentlohnungsverträgen, wie sie in Kapitel 7 dargestellt wurde.

8.2 Anreizsysteme für Manager mit F&E-Verantwortung

Für F&E-Manager und insbesondere für Manager von Unternehmensbereichen, welche als Investment Center gestaltet sind, wodurch in der hier unterstellten Definition auch F&E-Verantwortung an den Manager übertragen wird, wird in der ökonomischen Analyse auf outputorientierte Größen und damit auf einen Results-control-Ansatz zurückgegriffen.

Der konkrete Input eines Managers ist aufgrund der vielfältigen Aufgabengebiete kaum beobachtbar bzw. durch den Unternehmenseigentümer aufgrund von Informationsasymmetrien hinsichtlich der Notwendigkeit des Inputs auch nicht beurteilbar, wodurch inputorientierte Bemessungsgrundlagen für diese Mitarbeitergruppe nicht geeignet sind.

In einer 2006 im Februar und März vom *Wirtschaftsforum der Führungskräfte* (*WdF*) in Österreich durchgeführten Umfrage gaben 66 % der 714 teilnehmenden Führungskräfte an, leistungs- bzw. erfolgsorientierte Gehaltsbestandteile erhalten zu haben.[580] Dabei wurde der Gewinn als häufigste Bemessungsgrundlage (64 %) vor der (nicht näher definierten) Zielerreichung (62 %) genannt. Danach folgen mit einigem Abstand der Umsatz (24 %), der Cash Flow (13 %) sowie die Wertsteigerung des Unternehmens (10 %).[581]

Als mögliche outputorientierte Größen wurden in der Modellanalyse neben dem Gewinn der Umsatz, die Absatzmenge und die Kostenreduktion durch F&E-Maßnahmen sowie der Residualgewinn als modifizierte Gewinngröße analysiert. Die ersten beiden aggregierten Performancemaße können als Standard-Performancemaße im Kontext strategischer Delegation betrachtet werden. Die beiden anderen, aus der Literatur im Zusammenhang mit F&E-Entscheidungen bzw. mit der Investment-Center-Steuerung

---

579 Vgl. dazu das in Kapitel 4 dargstellte Modell von *Severinov* (2001).

580 Entnommen aus der Kurzfassung zur *WdF* (2006) Einkommenserhebung, S. 3.

581 Vgl. *WdF* (2006), S. 4.

dargestellten Performancemaße enthalten nebem dem Gewinn keine weitere Absatzmarktkomponente, sondern „interne" Größen, nämlich die Kostenreduktion bzw. die Kapitalbindung.

Aus der Modellanalyse lassen sich hinsichtlich des Wettbewerbseffekts folgende Ergebnisse für die vier untersuchten Performancemaße für Oligopolmärkte mit differenziertem Preiswettbewerb festhalten:

- Die Delegation mit einem aggregierten Performancemaß aus Gewinn und Umsatz führt bei Vernachlässigung von Spillover-Effekten unabhängig von der Ausprägung der Wettbewerbsintensität zu einer Verbesserung der Unternehmenszielerreichung.[582] Die entscheidungsrelevanten Kosten im Managerkalkül werden erhöht, wodurch dieser ein geringeres F&E-Investitionsniveau und einen höheren Absatzpreis wählt. Daraus resultieren eine geringere Absatzmenge und insgesamt ein höherer Gewinn für die Unternehmenseigentümer.

- Die Delegation mit einem aggregierten Performancemaß aus Gewinn und Absatzmenge ist ebenfalls stets vorteilhaft, unabhängig vom Ausmaß des Spillover-Effekts, sofern die Produkte zumindest eine schwach substitutive Beziehung aufweisen. Auch bei dieser Vertragsvariante werden die entscheidungsrelevanten Kosten für den Manager erhöht, wodurch dieser einen höheren Absatzpreis sowie ein geringeres F&E-Investitionsniveau wählt. Daraus resultieren schließlich eine geringere Absatzmenge und ein höherer Gewinn für die Unternehmenseigentümer bei Delegation.

- Die Delegation mit einem aggregierten Performancemaß aus Gewinn und Kostenreduktion stellt sich bei Vernachlässigung von Spillover-Effekten hinsichtlich des Wettbewerbseffekts als nicht vorteilhaft dar. Im Entscheidungskalkül des Managers wird der Kostenreduktion ein positives Gewicht zugeordnet, wodurch vom Manager ein höheres F&E-Investitionsniveau und ein geringerer Absatzpreis gewählt werden. Daraus resultieren für den Unternehmenseigentümer eine höhere Absatzmenge und ein geringerer Gewinn. Bei Vorliegen von Spillover-Effekten kann eine Delegation mit diesem Performancemaß jedoch zu einer Verbesserung der Unternehmenszielerreichung führen, abhängig vom konkreten Ausmaß des Wissens-Spillovers und dem Grad der Differenzierung. Bei sehr hohen Spillover-Effekten ist die Delegation mit diesem Performancemaß jedenfalls vorteilhafter als die Nichtdelegation, unabhängig von der Wettbewerbsintensität. Bei geringer Wettbewerbsintensität, d.h. sehr stark differenzierten Produkten, ist die Delegation auch schon bei geringerem Spillover vorteilhaft.

[582] Eine Analyse dieses Performancemaßes im Zusammenhang mit Spillover-Effekten wurde nicht durchgeführt. Vgl. dazu den Hinweis in Kapitel 7.

- Bei Delegation mit dem Residualgewinn als Performancemaß kommt es ebenfalls zu einer Senkung der entscheidungsrelevanten Kosten im Managerkalkül, wodurch dieser ein höheres F&E-Investitionsniveau und einen geringeren Absatzpreis wählt. Dabei wird die in der Literatur übliche Definition des Residualgewinns als Gewinn abzüglich Kosten auf die Kapitalbindung umgekehrt, indem der Manager eine Subventionszahlung auf das gebundene Kapital erhält. Diese Subvention lässt sich z.B. als Forschungsförderung interpretieren, um den Manager zu einer verstärkten F&E-Investition zu bewegen. Für den Unternehmenseigentümer resultieren bei Vernachlässigung von Spillover-Effekten durch Delegation mit diesem Performancemaß eine höhere Absatzmenge und mithin ein geringerer Gewinn. Werden jedoch Spillover-Effekte berücksichtigt, so stellt die Delegation mit dem Residualgewinn eine Möglichkeit zur Verbesserung der Unternehmenszielerreichung dar, insbesondere bei Vorliegen von sehr hohen Spillover-Effekten.

Im Modell zeigt sich, dass gewinnmaximierende Eigentümer ihre Manager bewusst zu einer Abkehr von der reinen Gewinnmaximierung veranlassen, indem sie andere Performancemaße in den Entlohnungsvertrag aufnehmen. Der Manager trifft seine Entscheidungen mit dem Ziel der Entlohnungsmaximierung, wodurch neben dem Gewinn auch andere Größen maximiert werden. Ein gewinnmaximierendes Ergebnis aus Sicht des Unternehmenseigentümers wird durch bewusste Abkehr vom gewinnmaximierenden Entscheidungskalkül erreicht.[583] Dies ergibt sich in der Modellanalyse aus der Oligopolstruktur, in der das Verhalten der Konkurrenz vom jeweiligen Entscheider berücksichtigt wird. Die Eigentümer können durch die Ausgestaltung und Veröffentlichung des Entlohnungsvertrags also nicht nur Anreize für den jeweils eigenen Manager setzen, sondern auch indirekt die Entscheidungen der Konkurrenten beeinflussen.[584]

Das aggregierte Performancemaß aus Gewinn und Kostenreduktion sowie der Residualgewinn führen zunächst zu keiner Verbesserung der Unternehmenszielerreichung. Werden jedoch ausreichend hohe Spillover-Effekte berücksichtigt, welche in Kapitel 2 als Besonderheiten von F&E-Investitionen allgemein beschrieben wurden, führen diese Performancemaße abhängig von der jeweiligen Wettbewerbsintensität zu einer Erhöhung des Unternehmensgewinns bei Delegation.

Die Verwendung von Performancemaßen, welche neben dem Gewinn eine weitere Absatzmarktkomponente (Umsatz bzw. Absatzmenge) enthalten, stellt sich im Kontext von Preiswettbewerb als vorteilhaft hinsichtlich der Unternehmenszielerreichung dar.[585] Dies wurde auch bereits von *Fershtman/Judd* (1987) und *Sklivas* (1987) für ein

---

583 Vgl. dazu auch *Vickers* (1985), S. 139.
584 Vgl. *Adolph* (1992), S. 414.
585 Dies wurde für das aggregierte Performancemaß aus Gewinn und Absatzmenge auch bei Vorliegen von Spillover-Effekten gezeigt.

zweistufiges Modell, wo dem Manager nur die Absatzpreisentscheidung übertragen wurde, gezeigt. In diesen Modellen, wie auch in der eigenen Untersuchung in Kapitel 6 und 7, werden Informationsasymmetrien und Zielkonflikte zwischen dem Manager und dem Unternehmenseigentümer vernachlässigt. Der Manager dient als Selbstverpflichtungsinstrument, über dessen Entlohnungsvertrag den Konkurrenten am Absatzmarkt glaubhaft ein bestimmtes Entscheidungsverhalten des Unternehmens übermitelt werden kann.

In einer auf den grundlegenden Modellen zur strategischen Delegation aufbauenden Arbeit untersucht *Adolph* (1992) als Erweiterung die Wirkung eines Entlohnungsvertrags mit Gewinn- und Umsatzkomponente, wenn zwischen Manager und Unternehmenseigentümer Informationen über die Marktparameter asymmetrisch verteilt sind.[586] Durch die Delegation und Beteiligung des Managers an Gewinn und Umsatz kann einerseits die Absatzmarktentscheidung unter Verwendung aller verfügbaren Informationen getroffen werden und andererseits dem Konkurrenten ein bestimmtes Verhalten des Unternehmens glaubhaft übermittelt werden. Der Manager erhält durch die Gewinn- und Umsatzbeteiligung einen Anreiz, auf die jeweils aktuellen, nur ihm bekannten Marktbedingungen zu reagieren, wodurch dieses aggregierte Performancemaß auch zur Verhaltensbeeinflussung im Sinne des Unternehmenseigentümers eingesetzt wird.[587]

Zábojník (1998) bringt eine alternative Begründung für die Verwendung eines gewinn- und umsatzbasierten Managerentlohnungsvertrags, welche nicht auf den Wettbewerbseffekt gestützt ist. In einem hierarchisch strukturierten Unternehmen schließen die Unternehmenseigentümer mit den Managern einen Entlohnungsvertrag ab. Die Manager ihrerseits verhandeln mit den Mitarbeitern des Unternehmens über deren Entgelt. Über die Beeinflussung der Gehaltsverhandlungen des Managers mit hierarchisch untergeordneten Mitarbeitern des Unternehmens können Anreize an die Mitarbeiter zum Aufbau von firmenspezifischem Humanvermögen gegeben werden. Wenn der Manager in seiner Entlohnung neben einem Gewinnanteil zusätzlich noch einen Umsatzanteil erhält, profitiert er stärker von dem aufgebauten Humanvermögen der Mitarbeiter und wird von den Mitarbeitergehaltszahlungen weniger stark beeinflusst. Der Manager wird einer Gehaltserhöhung für die Mitarbeiter daher eher zustimmen, da er von deren negativen Konsequenzen weniger stark betroffen ist, als er von den positiven Konsequenzen über die verstärkten Anreize zum Aufbau von Humanvermögen profitiert.[588] Durch eine Umsatzkomponente in der Managerentlohnung wird daher die Verhandlungsposition der Mitarbeiter gestärkt, woraus für sie über höhere Gehaltszahlungen

---

586 Die Analyse erfolgt bei *Adolph* (1992) für Cournot-Mengenwettbewerb.
587 Vgl. *Adolph* (1992), S. 413.
588 Vgl. *Zábojník* (1998), S. 796.

auch Anreize zur verstärkten Investition in, gerade im F&E-Kontext notwendiges Humanvermögen resultieren.[589]

Mit diesen zwei Beispielen kann stellvertretend für zahlreiche weitere Arbeiten eine Verwendung der untersuchten outputorientierten Beurteilungsgrößen in Managerentlohnungsverträgen auch aus anderen Gründen als der Beeinflussung der Wettbewerbssituation gezeigt werden. Die Delegation von Entscheidungen und die Verknüpfung der Managerentlohnung mit aus der Sicht des Unternehmenseigentümers wichtigen Größen erfolgt einerseits, um dadurch asymmetrisch verteilte Informationen durch die Übertragung von Entscheidungskompetenz besser zu nutzen und andererseits um für Zielkongruenz zwischen Eigentümer und Manager zu sorgen.

Als zentrales Ergebnis der Analyse kann festgehalten werden, dass über öffentlich bekannte Managerverträge eine Beeinflussung der Wettbewerbssituation und damit letztlich der Unternehmenszielerreichung möglich ist. Die Vorteilhaftigkeit eines Performancemaßes im Managerentlohnungsvertrag hängt dabei von zwei externen Einflussgrößen ab, nämlich vom Ausmaß des Spillovers und von der Wettbewerbsintensität am Markt. Je nachdem in welchem Umfeld ein Unternehmen agiert, ergeben sich unterschiedliche Beurteilungen der Vorteilhaftigkeit bestimmter Performancegrößen.

Dieser mögliche, positive oder auch negative Wettbewerbseffekt muss daher neben den in Kapitel 3 dargestellten personellen, organisatorischen, informatorischen und institutionellen Rahmenbedingungen bei der konkreten Gestaltung interner Anreizsysteme Berücksichtigung finden.

Als Einschränkung der Ergebnisse hinsichtlich der Vorteilhaftigkeit muss darauf hingewiesen werden, dass sich die der Arbeit zugrunde liegende Modellanalyse mit einem vorgegebenen Delegationsumfang und einem Vergleich von vier ebenfalls exogen vorgegebenen, linearen Entlohnungsvertragsvarianten befasst. Methodisch muss jedoch bei der Beurteilung der Vorteilhaftigkeit bestimmter Gestaltungsempfehlungen für Entlohnungsverträge unterschieden werden, ob die Struktur und die Eigenschaften einer aus Sicht des Unternehmenseigentümers optimalen Entlohnungsfunktion allgemein bestimmt werden sollen, oder ob, wie in der vorliegenden Arbeit, ein bestimmtes, bereits vorgegebenes Anreizsystem evaluiert werden soll.[590]

Bei der allgemeinen Festlegung wird die Gestaltung des Entlohnungsvertrags selbst endogenisiert und gemeinsam mit Anreiz-, Risiko- und möglichen Wettbewerbseffekten berücksichtigt. Ein solch allgemeiner Ansatz müsste also alle Entscheidungsträger des Unternehmens umfassen, den Umfang der Delegation abbilden, die notwendigen Beurteilungsgrößen festlegen und letztlich die Gestalt der optimalen Entlohnungsfunk-

---

589 Vgl. zur Bedeutung des Aufbaus von Humanvermögen im F&E-Kontext auch die Ausführungen zum Modell von *Holmstrom* (1989) in Kapitel 4 dieser Arbeit.

590 Vgl. *Ewert/Wagenhofer* (2005), S. 412f.

tion bestimmen.[591] Dies erscheint unter realitätsnahen Bedingungen aufgrund der inhe-renten Komplexität kaum durchführbar bzw. in Modellen abbildbar. Daher wurde in der vorliegenden Arbeit auf die Untersuchung von in der Literatur vorgeschlagenen bzw. in der Praxis beobachtbaren Performancegrößen zurückgegriffen.

Die so gewonnenen Erkenntnisse müssen allerdings unter dem Blickwinkel der jeweils zugrunde gelegten Organisations- und Delegationsform gesehen werden. In der Modellanalyse wurde eine weit reichende Kompetenzübertragung untersucht, da der Manager sowohl die Absatzpreis- als auch die F&E-Investitionsentscheidung trifft und damit als Leiter eines Investment Centers definiert wurde. Eine Evaluierung der Vorteilhaftigkeit der Organisationsstruktur und damit des Delegationsumfangs wird dadurch nicht vorgenommen. Die aus der Modellanalyse gewonnenen Ergebnisse hinsichtlich der Vorteilhaftigkeit einzelner Performancemaße gelten daher zunächst nur für eine Investment-Center-Organisation. Ob insgesamt jedoch die Gestaltung als Investment Center optimal ist, bedarf einer eigenständigen Analyse und stellt damit zukünftigen Forschungsbedarf dar.

[591] Vgl. *Ewert/Wagenhofer* (2005), S. 412.

Literaturverzeichnis

Adolph, B. (1992): Umsatz- oder Gewinnmaximierung? Optimale Anreizsysteme im Oligopol, Zeitschrift für Wirtschafts- und Sozialwissenschaften, Vol. 112 (3), S. 401-418.

Aghion, P./Dewatripont, M./Rey, P. (1997): Corporate governance, competition policy and industrial policy, European Economic Review, Vol. 41 (3-5), S. 797-805.

Aghion, P./Tirole, J. (1994): Opening the black box of innovation, European Economic Review, Vol. 38 (3-4), S. 701-710.

Amir, R. (2000): Modelling imperfectly appropriable R&D via spillovers, International Journal of Industrial Organization, Vol. 18 (7), S. 1013-1032.

Anthony, R. N./Govindarajan, V. (2007): Management Control Systems, 12. Auflage, Boston et al.

Atkinson, A. (2002): Performance Evaluation, in: *Küpper, H.-U./Wagenhofer, A.* (Hrsg.): Handwörterbuch Unternehmensrechnung und Controlling, 4. Auflage, Stuttgart, Sp. 1375-1384.

Atkinson, A. A./Kaplan, R. S./Young, S. M. (2004): Management Accounting, 4. Auflage, Upper Saddle River.

Backes-Gellner, U./Lazear, E. P./Wolff, B. (2001): Personalökonomik, Stuttgart.

Bagwell, K. (1995): Commitment and Observability in Games, Games and Economic Behavior, Vol. 8 (2), S. 271-280.

Baiman, S. (1990): Agency Research in Managerial Accounting: A second look, Accounting, Organizations and Society, Vol. 15 (4), S. 341-371.

Baker, G. (2000): The Use of Performance Measures in Incentive Contracting, The American Economic Review, Vol. 90 (2), S. 415-420.

Baker, G. P./Jensen, M. C./Murphy, K. J. (1988): Compensation and Incentives: Practice vs. Theory, The Journal of Finance, Vol. 43 (3), S. 593-616.

Bárcena-Ruiz, J. C./Olaizola, N. (2004): Incentives for Innovation under Strategic Delegation, Working Paper.

Baron, J. N./Kreps, D. M. (1999): Strategic Human Resources, Hoboken.

Becker, F. G. (1991): Innovationsfördernde Anreizsysteme, in: *Schanz, G.* (Hrsg.): Handbuch Anreizsysteme, Stuttgart, S. 567-593.

Becker, F. G. (2005): Leistungs- und erfolgsabhängige Vergütungen, Wirtschaftsstudium (08-09), S. 1038-1043.

Bergmann, R. (2005): Gestaltung von Anreizsystemen zur Steuerung von Innovationsprozessen, Berlin.

Berninghaus, S. K./Ehrhart, K.-M./Güth, W. (2006): Strategische Spiele, 2. Auflage, Berlin et al.

Bester, H. (2004): Theorie der Industrieökonomik, 3. Auflage, Berlin et al.

Bester, H./Petrakis, E. (1993): The incentives for cost reduction in a differentiated industry, International Journal of Industrial Organization, Vol. 11 (4), S. 519-534.

Bonanno, G./Haworth, B. (1998): Intensity of competition and the choice between product and process innovation, International Journal of Industrial Organization, Vol. 16 (4), S. 495-510.

Brander, J. A./Spencer, B. J. (1983): Strategic commitment with R&D: the symmetric case, The Bell Journal of Economics, Vol. 14 (1), S. 225-235.

Brockhoff, K. (1986): Effizienz von Forschung und Entwicklung, in: *Staudt, E.* (Hrsg.): Das Management von Innovationen, Frankfurt/Main, S. 343-355.

Brockhoff, K. (1999): Forschung und Entwicklung: Planung und Kontrolle, 5. Auflage, München.

Brockhoff, K. (2002): FuE-Controlling, in: *Küpper, H.-U./Wagenhofer, A.* (Hrsg.): Handwörterbuch Unternehmensrechnung und Controlling, 4. Auflage, Stuttgart, Sp. 597-606.

Bromwich, M./Walker, M. (1998): Residual income past and future, Management Accounting Research, Vol. 9 (4), S. 391-419.

Brown, M. G./Svenson, R. A. (1988): Measuring R&D productivity, Research Technology Management, Vol. 31 (4), S. 11-15.

Bulow, J. I./Geanakoplos, J. D./Klemperer, P. D. (1985): Multimarket Oligopoly: Strategic Substitutes and Complements, The Journal of Political Economy, Vol. 93 (3), S. 488-511.

Christensen, J. (2002): Agency Theory, in: *Küpper, H.-U./Wagenhofer, A.* (Hrsg.): Handwörterbuch Unternehmensrechnung und Controlling, 4. Auflage, Stuttgart, Sp. 28-39.

Christensen, P. O./Feltham, G. A. (2005): Economics of Accounting Vol. II - Performance Evaluation, New York.

Church, J./Ware, R. (2000): Industrial Organization, Boston et al.

Czarnitzki, D./Kraft, K. (2003): Unternehmensleitung und Innovationserfolg, Jahrbücher für Nationalökonomie und Statistik, Vol. 223 (6), S. 641-658.

D'Aspremont, C./Jacquemin, A. (1988): Cooperative and Noncooperative R&D in Duopoly with Spillovers, The American Economic Review, Vol. 78 (5), S. 1133-1137.

Dasgupta, P. (1986): The Theory of Technological Competition, in: *Stiglitz, J. E./Mathewson, G. F.* (Hrsg.): New Developments in the Analysis of Market Structure, Cambridge, S. 519-549.

De Bondt, R. (1996): Spillovers and innovative activities, International Journal of Industrial Organization, Vol. 15 (1), S. 1-28.

Demski, J. S. (1997): Managerial uses of accounting information, Boston et al.

Dierkes, S. (2004): Absatz- und kapitalmarktorientierte Profit Center-Steuerung, Stuttgart.

Ellis, L. W./Honig-Haftel, S. (1992): Reward Strategies for R&D, Research Technology Management, Vol. 35 (2), S. 16-20.

Evers, H. (1991): Leistungsanreize für Führungskräfte, in: *Schanz, G.* (Hrsg.): Handbuch Anreizsysteme, Stuttgart, S. 737-751.

Ewert, R./Wagenhofer, A. (2005): Interne Unternehmensrechnung, 6. Auflage, Berlin et al.

Faulí-Oller, R./Motta, M. (1996): Managerial Incentives for Takeovers, Journal of Economics & Management Strategy, Vol. 5 (4), S. 497-514.

Feltham, G. A./Xie, J. (1994): Performance Measure Congruity and Diversity in Multi-Task Principal/Agent Relations, The Accounting Review, Vol. 69 (3), S. 429-453.

Fershtman, C. (1985): Managerial incentives as a strategic variable in duopolistic environment, International Journal of Industrial Organization, Vol. 3 (2), S. 245-253.

Fershtman, C./Judd, K. L. (1987): Equilibrium Incentives in Oligopoly, The American Economic Review, Vol. 77 (5), S. 927-940.

Francis, P. H. (1992): Putting quality into the R&D process, Research Technology Management, Vol. 35 (4), S. 16-23.

Frey, B. S./Osterloh, M. (2002): Motivation - der zwiespältige Produktionsfaktor, in: *Frey, B. S./Osterloh, M.* (Hrsg.): Managing Motivation, Wiesbaden, S. 19-42.

Frey, B. S./Osterloh, M./Benz, M. (2001): Grenzen variabler Leistungslöhne: Die Rolle intrinsischer Motivation, in: *Jost, P.-J.* (Hrsg.): Die Prinzipal-Agenten-Theorie in der Betriebswirtschaftslehre, Stuttgart, S. 561-579.

Galbraith, J. R. (1982): Designing the Innovating Organization, Organizational Dynamics, Vol. 10 (3), S. 5-25.

Geisler, E. (1995): An Integrated Cost-performance Model of Research and Development Evaluation, Omega, Vol. 23 (3), S. 281-294.

Gerchak, Y. (1998): On allocating R&D budgets among and within projects, R&D Management, Vol. 28 (4), S. 305-309.

Geroski, P. A. (1995): Do Spillovers Undermine the Incentive to Innovate?, in: *Dowrick, S.* (Hrsg.): Economic Approaches to Innovation, Aldershot et al., S. 76-97.

Gerpott, T. J./Domsch, M. (1991): Anreize im Bereich der industriellen Forschung und Entwicklung, in: *Schanz, G.* (Hrsg.): Handbuch Anreizsysteme, Stuttgart, S. 999-1023.

Gersbach, H./Schmutzler, A. (2003): Endogenous Technological Spillovers: Causes and Consequences, Journal of Economics & Management Strategy, Vol. 12 (2), S. 179-205.

Gerybadze, A. (2004): Technologie- und Innovationsmanagement, München.

Gleich, R. (1997): Performance Measurement, DBW, Vol. 57 (1), S. 114-117.

Godener, A./Söderquist, K. E. (2004): Use and impact of performance measurement results in R&D and NPD: an exploratory study, R&D Management, Vol. 34 (2), S. 191-219.

Gomez-Mejia, L. R./Balkin, D. B. (1989): Effectiveness of Individual and Aggregate Compensation Strategies, Industrial Relations, Vol. 28 (3), S. 431-445.

Gomez-Mejia, L. R./Welbourne, T. M. (1988): Compensation Strategy: An Overview and Future Steps, Human Resource Planning, Vol. 11 (3), S. 173-189.

Göx, R. F. (1999): Strategische Transferpreispolitik im Dyopol, Wiesbaden.

Göx, R. F. (2000): Strategic transfer pricing, absorption costing, and observability, Management Accounting Research, Vol. 11 (3), S. 327-348.

Göx, R. F./Schöndube, J. R. (2004): Strategic Transfer Pricing with Risk-Averse Agents, Schmalenbach Business Review, Vol. 56 (2), S. 98-118.

Griffin, A./Page, A. L. (1996): PDMA Success Measurement Project: Recommended Measures for Product Development Success and Failure, Journal of Product Innovation Management, Vol. 13 (6), S. 478-496.

Griliches, Z. (1992): The Search for R&D Spillovers, Scandinavian Journal of Economics, Vol. 94 (Supplement), S. 29-47.

Guzzo, R. A. (1979): Types of Rewards, Cognitions, And Work Motivation, Academy of Management Review, Vol. 4 (1), S. 75-86.

Hachmeister, D. (2002): Performancemaße, erfolgsorientierte, in: *Küpper, H.-U./Wagenhofer, A.* (Hrsg.): Handwörterbuch Unternehmensrechnung und Controlling, 4. Auflage, Stuttgart, Sp. 1385-1395.

Hansen, K. F./Weiss, M. A./Kwak, S. (1992): Allocating R&D Resources: A Quantitative Aid to Management Insight, Research Technology Management, Vol. 42 (4), S. 44-50.

Hauschildt, J. (1992): Ist das Rechnungswesen innovationsfeindlich?, in: *Boysen, K./Hohlfeldt, G./Jacob, H.-J./Nehles, F./Wellmann, R.* (Hrsg.): Der Wirtschaftsprüfer vor innovativen Herausforderungen, Stuttgart, S. 51-67.

Hauser, J./Zettelmeyer, F. (2004): Metrics to Evaluate RD&E, in: *Katz, R.* (Hrsg.): The human side of managing technological innovation, New York et al., S. 393-402.

Henriques, I. (1990): Cooperative and Noncooperative R&D in Duopoly with Spillovers: Comment, The American Economic Review, Vol. 80 (3), S. 638-640.

Hirsch, M. (2006): F&E-Controlling - Ein Überblick, in: *Bertl, R./Leitner, K.-H./Riegler, C.* (Hrsg.): Forschung und Entwicklung - Steuerung, Berichterstattung und Prüfung, Wien, S. 63-84.

Hofmann, C. (2002): Anreizsysteme, in: *Küpper, H.-U./Wagenhofer, A.* (Hrsg.): Handwörterbuch Unternehmensrechnung und Controlling, 4. Auflage, Stuttgart, Sp. 69-79.

Hofmann, C./Pfeiffer, T. (2003): Kongruenz und Divergenz von Erfolgsrechnungen für Planungs- und Steuerungszwecke, Wirtschaftswissenschaftliches Studium, Vol. 32 (7), S. 389-393.

Holler, M. J./Illing, G. (2006): Einführung in die Spieltheorie, 6. Auflage, Berlin et al.

Holmstrom, B. (1989): Agency costs and innovation, Journal of Economic Behavior and Organization, Vol. 12 (3), S. 305-327.

Holmstrom, B./Milgrom, P. (1987): Aggregation and linearity in the provision of intertemporal incentives, Econometrica, Vol. 55 (2), S. 303-328.

Indjejikian, R. J. (1999): Performance Evaluation and Compensation Research: An Agency Perspective, Accounting Horizons, Vol. 13 (2), S. 147-157.

Jägle, A. J. (1999): Shareholder value, real options, and innovation in technology-intensive companies, R&D Management, Vol. 29 (3), S. 271-287.

Jost, P.-J. (2001): Die Prinzipal-Agenten-Theorie im Unternehmenskontext, in: *Jost, P.-J.* (Hrsg.): Die Prinzipal-Agenten-Theorie in der Betriebswirtschaftslehre, Stuttgart, S. 11-43.

Kamien, M. I./Muller, E./Zang, I. (1992): Research Joint Ventures and R&D Cartels, The American Economic Review, Vol. 82 (5), S. 1293-1306.

Kamien, M. I./Zang, I. (2000): Meet me halfway: research joint ventures and absorptive capacity, International Journal of Industrial Organization, Vol. 18 (7), S. 995-1012.

Katz, M. L. (1991): Game-Playing Agents: Unobservable Contracts as Precommitments, The Rand Journal of Economics, Vol. 22 (3), S. 307-328.

Kerr, S. (1975): On the Folly of Rewarding A, While Hoping for B, Academy of Management Journal, Vol. 18 (4), S. 769-783.

Kerr, S. (1995): An Academy Classic - On the folly of rewarding A, while hoping for B, The Academy of Management Executive, Vol. 9 (1), S. 7-14.

Kerssens-van Drongelen, I. C./Bilderbeek, J. (1999): R&D performance measurement: more than choosing a set of metrics, R&D Management, Vol. 29 (1), S. 35 - 46.

Kerssens-van Drongelen, I. C./Cook, A. (1997): Design principles for the development of measurement systems for research and development processes, R&D Management, Vol. 27 (4), S. 345-357.

Kim, B./Oh, H. (2002a): Economic compensation compositions preferred by R&D personnel of different R&D types and intrinsic values, R&D Management, Vol. 32 (1), S. 47-59.

Kim, B./Oh, H. (2002b): An effective R&D performance measurement system: survey of Korean R&D researchers, Omega, Vol. 30 (1), S. 19-31.

Koçkesen, L./Ok, E. A. (2004): Strategic Delegation By Unobservable Incentive Contracts, The Review of Economic Studies, Vol. 71 (247), S. 397-424.

Kopel, M. (1998): Zur verzerrten Performancemessung in Agency-Modellen, Zeitschrift für betriebswirtschaftliche Forschung, Vol. 50 (6), S. 531-550.

Kopel, M./Riegler, C. (2005): Delegation in an R&D Game With Spillovers, Working Paper.

Kopel, M./Riegler, C. (2006a): Performance-Messung in F&E, in: *Bertl, R./Leitner, K.-H./Riegler, C.* (Hrsg.): Forschung und Entwicklung - Steuerung, Berichterstattung und Prüfung, Wien, S. 85-105.

Kopel, M./Riegler, C. (2006b): R&D in a Strategic Delegation Game Revisited - A Note, Managerial and Decision Economics, Vol. 27 (7), S. 605-612.

Kräkel, M. (2004): R&D Spillovers and Strategic Delegation in Oligopolistic Contests, Managerial and Decision Economics, Vol. 25 (3), S. 147-156.

Kreps, D. M. (1990): A course in microeconomic theory, New York et al.

Kriegesmann, B. (1993): Innovationsorientierte Anreizsysteme - Ein empirisch fundierter Beitrag zur Gestaltung und Umsetzung typenspezifischer Anreizstrukturen für innovative Mitarbeiter, Bochum.

Laffont, J.-J./Martimort, D. (2002): The Theory of Incentives, Princeton et al.

Lambertini, L./Trombetta, M. (2002): Delegation and firms' ability to collude, Journal of Economic Behavior & Organization, Vol. 47 (4), S. 359-373.

Lattmann, C. (1991): Anreizaspekte der Leistungsbeurteilung, in: *Schanz, G.* (Hrsg.): Handbuch Anreizsysteme, Stuttgart, S. 851-876.

Laux, H. (2006): Unternehmensrechnung, Anreiz und Kontrolle, 3. Auflage, Berlin et al.

Laux, H./Liermann, F. (2005): Grundlagen der Organisation, 6. Auflage, Berlin et al.

Levin, R. C./Reiss, P. C. (1988): Cost-Reducing and Demand-Creating R&D with Spillovers, The Rand Journal of Economics, Vol. 19 (4), S. 538-556.

Lin, P./Saggi, K. (2002): Product differentiation, process R&D, and the nature of market competition, European Economic Review, Vol. 46 (1), S. 201-211.

Lingle, J. H./Schiemann, W. A. (1996): From Balanced Scorecard To Strategic Gauges: Is Measurement Worth It?, Management Review, Vol. 85 (3), S. 56-61.

Luhmer, A. (2002): Koordination, in: *Küpper, H.-U./Wagenhofer, A.* (Hrsg.): Handwörterbuch Unternehmensrechnung und Controlling, 4. Auflage, Stuttgart, Sp. 1033-1041.

Mansfield, E. (1985): How rapidly does new industrial technology leak out?, The Journal of Industrial Economics, Vol. 34 (2), S. 217-223.

Martin, S. (2002): Advanced Industrial Economics, 2. Auflage, Malden et al.

Mayrhofer, W. (2002): Motivation und Arbeitsverhalten, in: *Kasper, H./Mayrhofer, W.* (Hrsg.): Personalmanagement - Führung - Organisation, Wien, S. 255-288.

Miller, R. (1995): Applying Quality Practices to R&D, Research Technology Management, Vol. 38 (2), S. 47-54.

Mitlacher, E./Mitlacher, L. (2003): Target Costing als Grundlage von Anreizsystemen für Mitarbeiter von F&E-Abteilungen, Zeitschrift für Controlling und Management, Vol. 47 (4), S. 278-283.

Mitrokostas, E./Petrakis, E. (2005): The Scope of Strategic Delegation in Oligopoly, Working Paper.

Neus, W./Nippel, P. (1996): Was ist strategisch an strategischem Verhalten?, Zeitschrift für betriebswirtschaftliche Forschung, Vol. 48 (5), S. 423-441.

O'Neill, P. H./Bridenbaugh, P. R. (1992): Credibility between CEO and CTO - A CEO's perspective; Credibility between CEO and CTO - A CTO's perspective, Research Technology Management, Vol. 35 (6), S. 25-33.

Ojanen, V./Vuola, O. (2006): Coping with the multiple dimensions of R&D performance analysis, International Journal of Technology Management, Vol. 33 (2/3), S. 279-290.

Ornaghi, C. (2006): Spillovers in product and process innovation: Evidence from manufacturing firms, International Journal of Industrial Organization, Vol. 24 (2), S. 349-380.

Osawa, Y./Murakami, M. (2002): Development and application of a new methodology of evaluating industrial R&D projects, R&D Management, Vol. 32 (1), S. 79-85.

Osawa, Y./Yamasaki, Y. (2005): Proposal of industrial research and development performance indices, R&D Management, Vol. 35 (4), S. 455-461.

Otley, D. (2001): Extending the boundaries of management accounting research: Developing systems for performance management, British Accounting Review, Vol. 33 (3), S. 243-261.

Pearson, A. W./Nixon, W. A./Kerssens-van Drongelen, I. C. (2000): R&D as a business - what are the implications for performance measurement?, R&D Management, Vol. 30 (4), S. 355-366.

Perlitz, M./Peske, T./Schrank, R. (1999): Real options valuation: the new frontier in R&D project evaluation?, R&D Management, Vol. 29 (3), S. 255-269.

Reichelstein, S. (2002): Responsibility Accounting, in: *Küpper, H.-U./Wagenhofer, A.* (Hrsg.): Handwörterbuch Unternehmensrechnung und Controlling, 4. Auflage, Stuttgart, Sp. 1703-1713.

Reitman, D. (1993): Stock Options and the Strategic Use of Managerial Incentives, The American Economic Review, Vol. 83 (3), S. 513-524.

Riegler, C. (1996): Verhaltenssteuerung durch Target Costing, Stuttgart.

Riegler, C. (2000a): Hierarchische Anreizsysteme im wertorientierten Management, Stuttgart.

Riegler, C. (2000b): Zielkosten, in: *Fischer, T. M.* (Hrsg.): Kosten-Controlling: neue Methoden und Inhalte, Stuttgart, S. 235-264.

Riegler, C. (2006): Controlling immaterieller Werte, in: *Wagenhofer, A.* (Hrsg.): Controlling und IFRS-Rechnungslegung, Berlin, S. 81-103.

Riegler, C./Hirsch, M. (2005): Performancemessung in F&E und Anreizgestaltung, in: *Seicht, G.* (Hrsg.): Jahrbuch für Controlling und Rechnungswesen 2005, Wien, S. 367-388.

Riekhof, H.-C. (1991): Anreize im Innovationsprozeß, in: *Schanz, G.* (Hrsg.): Handbuch Anreizsysteme, Stuttgart, S. 685-703.

Ritz, R. (2005): Strategic Incentives for Market Share, Working Paper.

Robb, W. L. (1991): How good is our research?, Research Technology Management, Vol. 34 (2), S. 16-21.

Rynes, S. L./Gerhart, B./Parks, L. (2005): Personnel Psychology: Performance Evaluation and Pay for Performance, Annual Review of Psychology, Vol. 56, S. 571-600.

Sappington, D. (1983): Limited Liability Contracts between Principal and Agent, Journal of Economic Theory, Vol. 29 (1), S. 1-21.

Schainblatt, A. H. (1982): How Companies Measure the Productivity of Engineers and Scientists, Research Management, Vol. 25 (3), S. 10-18.

Schmidt, K. M. (1997): Managerial Incentives and Product Market Competition, The Review of Economic Studies, Vol. 64 (219), S. 191-213.

Schumann, P. A./Ransley, D. L./Prestwood, D. C. L. (1995): Measuring R&D Performance, Research Technology Management, Vol. 38 (3), S. 45-54.

Severinov, S. (2001): On information sharing and incentives in R&D, The Rand Journal of Economics, Vol. 32 (3), S. 542-564.

Shields, M. D./Young, S. M. (1994): Managing Innovation Costs: A Study of Cost Conscious Behavior by R&D Professionals, Journal of Management Accounting Research, Vol. 6 (Fall), S. 175-196.

Singh, N./Vives, X. (1984): Price and quantity competition in a differentiated duopoly, The Rand Journal of Economics, Vol. 15 (4), S. 546-554.

Sklivas, S. D. (1987): The strategic choice of managerial incentives, The Rand Journal of E-conomics, Vol. 18 (3), S. 452-458.

Sliwka, D. (2003): Organizational structure and innovative activity, Economics of Governance, Vol. 4 (3), S. 187-214.

Specht, G./Beckmann, C./Amelingmeyer, J. (2002): F&E-Management, 2. Auflage, Stuttgart.

Stainer, A./Nixon, B. (1997): Productivity and performance measurement in R&D, International Journal of Technology Management, Vol. 13 (5/6), S. 486-496.

Staudt, E./Bock, J./Mühlemeyer, P./Kriegesmann, B. (1990): Anreizsysteme als Instrument des betrieblichen Innovationsmanagements, Zeitschrift für Betriebswirtschaft, Vol. 60 (11), S. 1183-1204.

Studt, T. (2005): Measuring Innovation...Gauging Your Organization's Success, R&D Magazine, Vol. 47 (2), S. 42-44.

Suzumura, K. (1992): Cooperative and Noncooperative R&D in an Oligopoly with Spillovers, The American Economic Review, Vol. 82 (5), S. 1307-1320.

Tirole, J. (1988): The Theory of Industrial Organization, Cambridge et al.

Van der Stede, W. A./Chow, C. W./Lin, T. W. (2006): Strategy, Choice of Performance Measures, and Performance, Behavioral Research in Accounting, Vol. 18, S. 185-205.

Vickers, J. (1985): Delegation and the Theory of the Firm, The Economic Journal, Vol. 95 (Supplement: Conference Papers), S. 138-147.

von Werder, A./Grundei, J. (2004): Konzeptionelle Grundlagen der Center-Organisation: Gestaltungsmöglichkeiten und Effizienzbewertung, in: *von Werder, A./Stöber, H.* (Hrsg.): Center-Organisation - Gestaltungskonzepte, Strukturentwicklung und Anwendungsbeispiele, Stuttgart, S. 11-54.

Wagenhofer, A. (1995): Verursachungsgerechte Kostenschlüsselung und die Steuerung dezentraler Preisentscheidungen, Zeitschrift für betriebswirtschaftliche Forschung (Sonderheft 34), S. 81-118.

Wagenhofer, A. (2002): Moderne Entlohnungssysteme aus betriebswirtschaftlicher Sicht, in: *Bertl, R./Mandl, D./Mandl, G./Ruppe, H. G.* (Hrsg.): Moderne Mitarbeiterentlohnung, Wien, S. 101-123.

Wagenhofer, A./Ewert, R. (1993): Linearität und Optimalität in ökonomischen Agency Modellen, Zeitschrift für Betriebswirtschaft, Vol. 63 (4), S. 373-391.

Wagner, D. (1991): Anreizpotentiale und Gestaltungsmöglichkeiten von Cafeteria-Modellen, in: *Schanz, G.* (Hrsg.): Handbuch Anreizsysteme, Stuttgart, S. 91-109.

WdF (2006): WdF-Einkommenserhebung 2006, http://www.wdf.at, (Stand: 19.06.2006).

Weber, T. (2005): Optimale Zeitallokation auf Routineaufgaben und Erfindungen, Zeitschrift für Betriebswirtschaft, Vol. 75 (12), S. 1223-1243.

Welge, M. K./Al-Laham, A. (2003): Strategisches Management, 4. Auflage, Wiesbaden.

Wolff, B./Lazear, E. P. (2001): Einführung in die Personalökonomik, Stuttgart.

Wolff, B./Lucas, S. (2004): Anreizsysteme, in: *Gaugler, E./Oechsler, W. A./Weber, W.* (Hrsg.): Handwörterbuch des Personalwesens, 3. Auflage, Stuttgart, Sp. 20-37.

Zábojník, J. (1998): Sales maximization and specific human capital, The Rand Journal of E-conomics, Vol. 29 (4), S. 790-802.

Zhang, J./Zhang, Z. (1997): R&D in a Strategic Delegation Game, Managerial and Decision Economics, Vol. 18 (5), S. 391-398.

Zimmerman, J. L. (2006): Accounting for Decision Making and Control, 5. Auflage, Boston et al.

zu Knyphausen-Aufseß, D. (2004): Strategisches Management, in: *Schreyögg, G./von Werder, A.* (Hrsg.): Handwörterbuch Unternehmensführung und Organisation, 4. Auflage, Stuttgart, Sp. 1383-1392.

Zwiebel, J. (1995): Corporate Conservatism and Relative Compensation, The Journal of Political Economy, Vol. 103 (1), S. 1-25.

FSC
www.fsc.org
MIX
Papier | Fördert
gute Waldnutzung
FSC® C083411

Kolibri 360 GmbH
Ferdinand-Jühlke-Straße 7
99095 Erfurt, Deutschland
produktsicherheit@kolibri360.de